Ardèche und Cevennen

Maria Weinhold / Thomas Schmitt

ARDÈCHE UND CEVENNEN

Wege durch eine alte Kulturlandschaft Südfrankreichs

SCHELZKY & JEEP

Bildnachweis:
Frank Böttcher, Berlin: S. 37
Harald Burghardt: S. 17, 85, 90, 136, 140
Christoph Brandt, Hamburg: S. 30(1), 36, 40(1), 58, 59, 72, 74, 75, 79, 127, 129, 135, 168 (3,4,5), 170, 200, 201, 273, 274(1,2)
Knut Hinrichs, Hamburg: S. 55, 121, 181, 185,Titel, Titelrückseite
Andi Schmitt, Würzburg: S. 15, 139, 163
Robert Schlösser: S. 122, 230
Elke Sonntag: S. 53, 82, 83
Maria Weinhold / Thomas Schmitt: alle übrigen
Zeichnungen (S. 31, 122): Robert Schlosser, Hamburg

Titelbild: Blick vom Tanargue auf das Hügelland vor dem Rhônetal

Unsere Reiseführer sind äußerst sorgfältig recherchiert und werden bis kurz vor Drucklegung laufend aktualisiert. Dennoch können wir für eventuell auftretende Fehler keine Haftung übernehmen. Sollten Sie uns aktuelle Informationen zukommen lassen wollen, schreiben Sie uns bitte.
Verlag Schelzky & Jeep
Fidicinstr. 29
D–10965 Berlin

Die Deutsche Bibliothek – CIP-Einheitsaufnahme

Weinhold, Maria:
Ardèche und Cevennen : Wege durch eine alte Kulturlandschaft Südfrankreichs / Maria Weinhold/Thomas Schmitt. – 3. Aufl. – Berlin : Schelzky und Jeep, 2000
ISBN 3–89541–148–5

Erstausgabe
1. Auflage 1995
2. überarbeitete Auflage 1997
3. überarbeitete u. aktualisierte Auflage 2000

Lektorat: Susanne Feess, Berlin
Satz und Lithos: JPP, Berlin
Karten: Henrik Jeep, Berlin und Peter Junk, Hamburg
S. 6: Nicole Stöcker, Komm & Design, Hamburg
Druck und Bindung: Druckhaus Köthen

gedruckt auf chlorfrei gebleichtem Papier
Printed in Germany
ISBN 3–89541–148–5

INHALT

KLEINE LANDESKUNDE 9

Das Reise- und Wandergebiet 9
Landschaftsformen und ihre Geschichte 12
Klima und Wasserhaushalt 16
Die Pflanzenwelt 18
Die Geschichte der Hugenotten 20
Die Landwirtschaft in den Cevennen 25
Haustypen 26
Das Dorf 27
Die Terrassengärten 27
Das Weideland 28
Die Eßkastanienhaine 29
Die Magnanerie 31
Die Geschichte der Seidenherstellung in den Cevennen 32
Anfänge der Seidenraupenzucht in Südfrankreich 32
Die Seidenindustrie 33
Der Niedergang 34
Auswirkungen der modernen Wirtschaftsentwicklung 35
Landflucht 35
Kleine städtische Zentren 35
Frankreichs »wilder Süden« – die wiederentdeckten Cevennen 36
Der Nationalpark der Cevennen 37

I. IN DEN NÖRDLICHEN CEVENNEN 40

Überblick 40
1. Auf dem Dach der Ardèche: Gerbier de Jonc und Mont Mézenc 45
2. Maultierwege aus den Hochtälern auf das »Plateau Ardèchois« 48
• Von Montpezat zum Vestide du Pal 48
• Im Hochtal der Bourges: Wanderung zu den Kaskaden von Ray-Pic 51
• Von Valgorge auf den Sommet de Mejan 53
3. Das Tal der Borne 56
• In den Schluchten am Oberlauf der Borne 56
• Aus dem Tal der Borne nach Montselgues 58
4. Berglandschaft mit alten Vulkankegeln – Antraigues und seine Umgebung 60
• Zum Schloß von Crau 60
5. Wege aus dem Tal der Beaume in die Ausläufer des Tanargue 63
• Spaziergang zum Weiler La Roche (sentier botanique) 64
»Als es im Beaumetal noch keine Straße gab« 68
• Über die Tour de Brison nach Sanilhac 68
Largentière und die umliegenden Dörfer Montréal, Tauriers, Chassiers 70
6. Auf den kargen Höhen der »Corniche du Vivarais« 72
• Auto-/Radtour über die Corniche mit Spaziergang nach Thines 72
Maultierwege aus dem südlichen Vivarais in die Auvergne 76
7. Auf alten Tal- und Kammwegen 78
• Aus dem Tal der Thines auf den »chemin muletier« 78
• In den Kastanienwäldern um St-Jean-de-Pourcharesse 81
• Aus dem Tal der Drobie auf die Kammstraße 84

II. ZWISCHEN CEVENNEN UND RHÔNETAL 86

Überblick 86
1. Durch die Garrigue – in der Landschaft zwischen Villeneuve-de-Berg, Vallon-Pont-d'Arc und Rhône-Tal 91

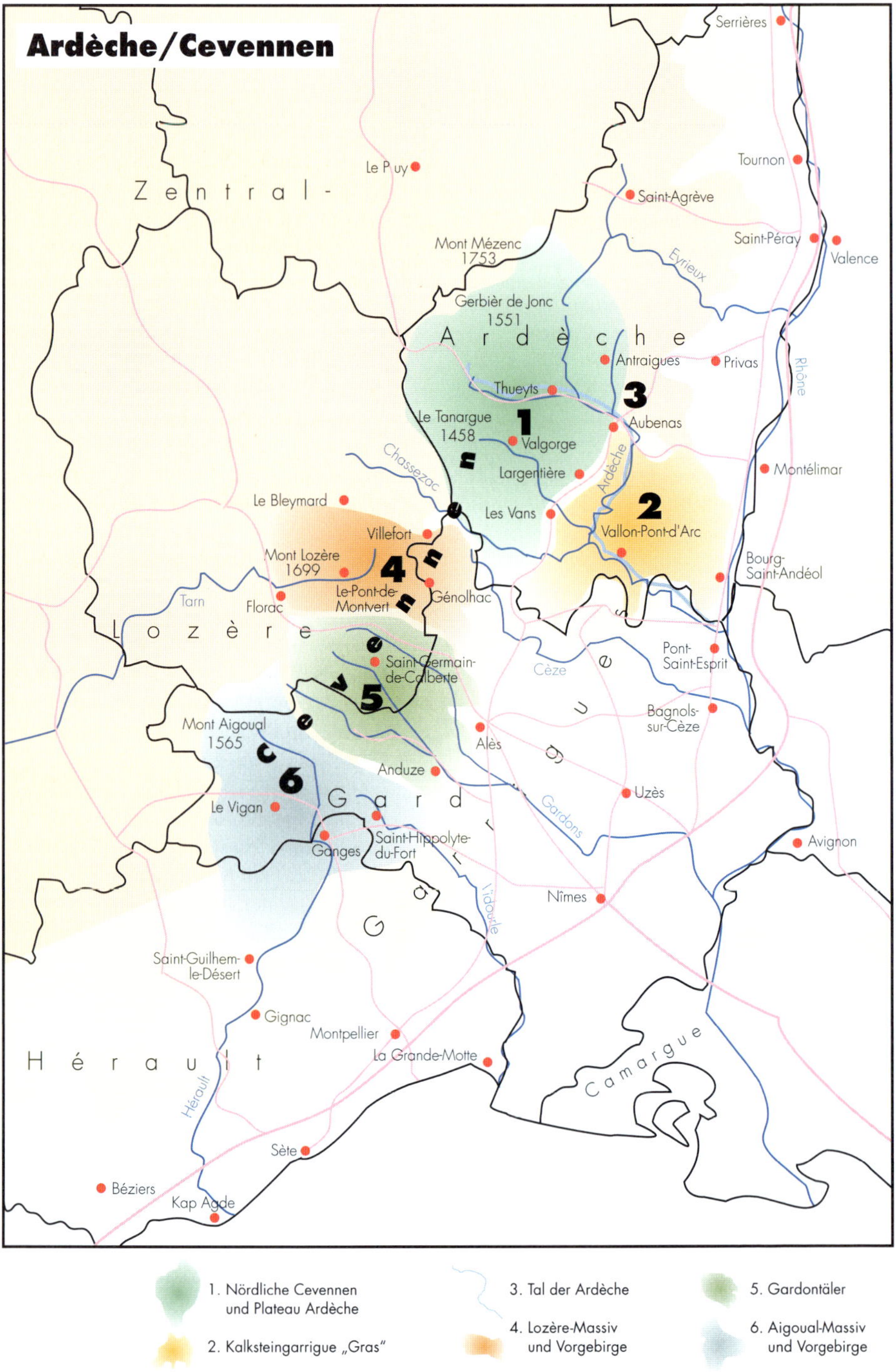
Ardèche/Cevennen
Zentral-
Le Puy
Serrières
Tournon
Saint-Agrève
Saint-Péray
Valence
Mont Mézenc
1753
Eyrieux
Gerbièr de Jonc
1551
Ardèche
Antraigues
Privas
Rhône
Thueyts
3
Aubenas
1
Le Tanargue
1458
Valgorge
Chassezac
Largentière
Ardèche
Montélimar
Le Bleymard
Les Vans
2
Vallon-Pont-d'Arc
Villefort
Mont Lozère
1699
4
Bourg-
Saint-Andéol
Le-Pont-de-
Montvert
Génolhac
Tarn
Florac
Lozère
Cevennen
Pont-
Saint-Esprit
Saint-Germain-
de-Calberte
Cèze
5
Bagnols-
sur-Cèze
Mont Aigoual
1565
Alès
Anduze
6
Uzès
Gard
Le Vigan
Gardons
Ganges
Saint-Hippolyte-
du-Fort
Avignon
Garrigue
l'Idoule
Nîmes
Saint-Guilhem-
le-Désert
Gignac
Montpellier
La Grande-Motte
Hérault
Camargue
Hérault
Sète
Béziers
Kap Agde
1. Nördliche Cevennen
und Plateau Ardèche
2. Kalksteingarrigue „Gras“
3. Tal der Ardèche
4. Lozère-Massiv
und Vorgebirge
5. Gardontäler
6. Aigoual-Massiv
und Vorgebirge

• Von Rochecolombe nach Sauveplantade 91
• Im Tal des Ibie 95
• Aus der Hochebene in das Weintal von Valvignères und Alba (Dent de Rez) 97
• Mit dem Blick in das Rhônetal – Bourg-St-Andéol, St-Montant und Larnas 101
2. Ausflüge in Fluß-Schluchten 103
• Zu den Felswänden am Cirque de Gens 103
• In das Hügelland des Chassezactals 105
• Durch die Schlucht der Beaume nach Labeaume 108
3. Prähistorische Siedlungsgebiete 110
• Höhlen und Grotten bei Orgnac 110
Prähistorischer Spaziergang 1 111
Prähistorischer Spaziergang 2 113
• Rundweg durch den »Bois de Païolive« 114
• Von Cornilhon zum Cirque d'Endieu 116
• Auf der Montagne de la Serre um St-André-de-Cruzières 121

III. DAS TAL DER ARDÈCHE VOM GEBIRGE BIS ZUR RHÔNE 124

Überblick 124
1. Von der »Riesenchaussee« zur Teufelsbrücke – der Oberlauf der Ardèche bei Thueyts 125
2. Spaziergang durch Aubenas 130
3. Am Fluß entlang von Dorf zu Dorf – Balazuc, Vieil Audon, Chauzon 134
4. In die Gorges de l'Ardèche 137
• Von Chames zum Biwakplatz Gaud 138
• Vom Mas de Serret zur Chataigneraie 140
5. Auf die Felsen am Ausgang der Schlucht – Aiguèze 142
6. Die Höhlen der Ardèche im Überblick 144

IV. DAS LOZÈRE-MASSIV UND SEINE VORGEBIRGE 148

Überblick 148
1. Auf der Régordane – Straße der Römer, Maultierkarawanen, Händler und Wallfahrer 149
2. Flußtäler in der Cézerènque 157
• Wandern und Baden im Hochtal der Cèze 157
• In den Schluchten des Luech 160
• In der Schlucht des Séguissous: Les Aiguières bei Suzon 162
3. Auf Wirtschaftswegen aus dem Tal bei Vialas auf das Plateau des Mont Lozère 164
• Rundwanderung über das Tal des Rieutord 164
• An der Südostflanke des Lozère – von Vialas zu den Bergweilern Gourdouze und Les Bouzèdes 167
Auf den Wegen der Transhumance 170
4. Von Felgérolles über die Sommerweiden des Lozère-Hochlandes zu den Kaskaden des Tarn 172

5. Rundtour über »La Cham des Bondons« und ein prähistorischer Spaziergang zu den Menhiren 176

V. DIE GARDON-TÄLER 181

Überblick 181
1. Von Paßhöhe zu Paßhöhe: Auf der Schneise der Transhumance zwischen Col de Jalcreste und Col des Abeilles 185
2. In die cevenolischen Hochtäler: Ziegenkäse und Schinken vom Schloß 191
   • In der Vallée Française und auf den Erkundungswegen des »Écomusée de la Cévenne« 191
3. In den Kamisardenwäldern bei Saint-Germain-de-Calberte: Rocs de Galta 195
4. Aus der Vallée Borgne auf den Paßweg 199
   • Überblick
   • Aus dem Tal des Gardon de St-Jean zum Col de Mercou (Mont Brion) 200
   • Vom Col de l'Asclier zum Berghof Bonperrier 202
5. Auf der »Corniche des Cévennes« von Anduze nach Florac (Abstecher in die Täler des Gardon de Mialet und der Salindrenque) 203

VI. SÜD-CEVENNEN: DAS AIGOUAL-MASSIV UND SEINE VORGEBIRGE 212

Überblick 212
1. In den Vorgebirgen des Aigoual-Massivs 217
   • Mit Blick auf das Aigoual-Massiv und Gesamtcevennen: auf dem Balkonweg der Montagne de la Fage 217
   • Zwischen Weinbergen und Garrigue um St-Hippolyte-du-Fort: Eingemachtes aus der Bauernküche des Languedoc 220
2. In den Kalksteinbergen zwischen dem Buèges- und dem Héraulttal 225
   • Von St-Jean-de-Buèges durch die Gorges de la Buèges zur Pont de Vareilles 225
   • Wanderung in den »Monts de Désert de St-Guilhem« 227
3. In den Bergdörfern der ehemaligen Seidenraupenzüchter: zwischen dem oberen Héraulttal und dem Col de la Lusette 235
4. Im Viganais von Dorf zu Dorf: Rundwanderung im Tal des Coudoulous 240
5. Vom Causse de Blandas in die Schlucht der Vis: Cirque de Navacelles 246
6. Kapriolen eines Flusses – vom Verschwinden und Wiedererscheinen des Bonheur (L'Abîme du Bramabiau) 250
7. Wanderung der »4000 Schritte« – von Valleraugue auf den Gipfel des Aigoual 254

PRAKTISCHE REISEINFORMATIONEN 259

Vor der Reise 259
Reisezeit 261
Karten 261
Anreise 261
Unterkunft 264
Sport 266
Wandern 268
Küche und Weine 271

ANHANG 278

Literaturauswahl 278
Ortsregister 280

Das Reise- und Wandergebiet

Robert Louis Stevenson (1850–1894)

Als der englische Schriftsteller und Autor der »Schatzinsel« Robert Louis Stevenson im September 1878 eine Abenteuer- und Erkundungsreise durch die Cevennen plante, reiste er mit Schiff und Kutsche nach Le Monastier-sur-Gazeille im Velay. Dort ließ er sich einen Schlafsack und passende Wanderkleidung nähen und trat seinen knapp 14tägigen Fußmarsch durch die Cevennen mit der Eselin Modestine an, die sein Gepäck über die Bergwege schleppte. Sein Buch »Reise mit dem Esel durch die Cevennen« weckte das Interesse an der abgelegenen Bergwelt, und seine Wanderroute fand die ersten Nachahmer. Mit ihm setzte der Abenteuer- und Wandertourismus in den Cevennen ein. Heute organisiert eine internationale Reisegesellschaft 14tägige Tagesetappenmärsche auf dem in vielen Karten eingezeichneten »Itineraire Stevenson« durch die Cevennen von Monastier bis St-Jean-du-Gard.

Der französische Schriftsteller und Archäologe André Chamson, der in der Gegend des Mont Aigoual aufwuchs und dort seine literarischen Motive fand, soll bedauert haben, daß Stevenson nicht bis in das südliche Gebirgsmassiv vorgedrungen war. Das wären doch überhaupt erst die Cevennen. Als Stevenson bei seiner Überquerung des Mont Lozère den Paß Finiels erreichte, blickte er auf das ihm zu Füßen liegende Hügelland und schrieb:

Der Mont Lozère verläuft ziemlich genau ostwestlich und schneidet das Gévaudan in zwei ungleiche Teile. (...) Hinter mir lag das nördliche Hochland, durch welches mein Weg geführt hatte, von einem stumpfen Menschenschlag bevölkert, ohne Wald, ohne großartige Bergformationen und in der Vergangenheit für wenig bekannt, es sei denn für seine Wölfe. Vor mir jedoch, halb verschleiert im Sonnendunst, lag ein neues Gévaudan, fruchtbar, pittoresk und berühmt für aufregende Ereignisse. In weiterem Sinne befand ich mich in Le-Monastier zwar in den Cevennen, wie übrigens auch auf meinem gesamten bisherigen Wanderweg. Landläufig gibt es aber einen strengen Sinn, in welchem nur diese wirre und struppige Gegend zu meinen Füßen Anspruch auf den Namen hat, und in diesem Sinne verwenden ihn die Bauern. Es sind also die Cevennen par exellence, *die Cevennen der Cevennen.*

Wiewohl dem Volksmund abgelauscht, hat Stevenson diese emphatische Eingrenzung geprägt, und kein Autor mag seitdem darauf verzichten, von der »Cevenne der Cevennen« zu sprechen, wenn von den Cevennen der Gardontäler die Rede ist.

Die Cevennen gehören zum Französischen Zentralmassiv. Die leicht gewellte, gleichförmige Hochfläche dieses alten, im Durchschnitt nur etwa 500 m hohen Ge-

Granitgemäuer auf dem Mont Lozère

birgssockels gliedert sich in verschiedene Landschaften. Im nördlichen Teil überragen die mächtigen Vulkankegel der Auvergne das Hochland, im Süden liegen die durch Flußcanyons voneinander getrennten Kalksteinplateaus der Causses. Der Steilabfall des Zentralmassivs nach Südosten sind die Cevennen. Die Gardontäler als das »Herz« der Cevennen repräsentieren gewissermaßen ihr Landschaftsmuster: der Wechsel von Höhenzügen (serres) und Flußtälern (valats), die fast parallel und hintereinander gestaffelt wie eine Sichel am Süd-Ostrand des Zentralmassivs aufgefaltet sind. Dieses Landschaftsprofil stellt die Zusammengehörigkeit einer Gebirgskette her, die vom Hérault bis zur Ardèche, und noch weiter nördlich reicht. So gelten die Cevennen als ein »Gebirge der Täler«, durchzogen von Flüssen, die jeweils wiederum diverse Zuflüsse in sich aufnehmen. Eine landläufige Erklärung für die Herkunft des Namens »Cevennen« greift diese Besonderheit der Landschaft auf: »**sept veines fluviales**« (= sieben Flußadern) durchgliedern das Bergland.

Schwerpunkt im Süden ist das **Aigoual-Massiv**. Daran schließt sich von Nordwesten her, vermittelt über die kleine Kalkstein-Hochebene Can de l'Hospitalet, die durch Grabenbrüche von dem Causse Méjean abgetrennt wurde, der Querblock des **Mont Lozère** an. Nordwestlich des Basaltplateaus des Coiron bildet die Gebirgsbarriere **Mézilhac–Col l'Escrinet** eine Art »Abschluß« der hintereinander aufgereihten Höhenzüge, die an das Hochplateau des Zentralmassivs stoßen. Die nördlich gelegenen sog. »Boutières« sind eine deutlich niedrigere Hügelkette an der Ostflanke des Zentralmassivs. Von Südwesten nach Nordosten schmiegt sich der Gürtel der **Kalkstein-Garrigue** an die Verwerfungslinie der Cevennen.

Seit der Französischen Revolution sind die Cevennen politisch gevierteilt: die Départements Gard und Lozère nehmen die größte Fläche ein, im Süden gehört Ganges zum Département Hérault; im Norden der Gebirgskette gehört die »Cévenne vivaroise« zum Département Ardèche. Wenn von »der Ardèche« gesprochen wird, können der Fluß

Weiler in den Südcevennen

wie auch das Département gemeint sein.

Charakteristisch für die Cevennen ist die Abgeschiedenheit der Täler, die durch die Bergkämme voneinander getrennt sind. Jedes Tal ist für sich ein Stück »Cevenne«. Die okzitanische Namensbezeichnung unterschied den Bauern der Cevennentäler (okz. »raiol«) von dem »gavot«, dem Bauern der Hochebene des Lozère oder der Causses. Über die alten »Fernstraßen«, die sog. Drailles (Herdenwege), Maultierpfade und Kutschenwege stellten Hirten und Händler jahrhundertelang die einzige Verbindung her.

Das alte Wegenetz ist noch heute vorhanden. Es gibt die alten Schneisen, auf denen die Schaftrecks aus der Ebene des Languedoc auf die Gebirgsweiden der Cevennen und des Zentralplateaus geführt wurden. Der gleichen Spur folgten die Handelswege der Maultierkarawanen von den Marktflekken an den Talausgängen über die Kammlinie der Höhenzüge. Es gibt auch heute noch die alten Verbindungswege zwischen den Cevennenweilern an den terrassierten Hängen und die Maultierpfade aus den Tälern auf die Pässe. Die vorgeschlagenen Touren entdecken die verschiedenen Landschaftsregionen kleinräumig und auf diesen alten Reisewegen, Maultierpfaden und Handels-»Straßen«. Unter den Routen, die abwechselnd für Auto-, Fahrrad- und Wandertouren vorgeschlagen werden, nehmen deshalb die Wanderwege den größten Raum ein. Die Touren vermitteln landschaftstypische Erlebnisse, sind aber jeweils nur eine

Alter Wirtschaftsweg bei Montselgues

– persönlich gefärbte – Auswahl innerhalb einer Bandbreite von diversen anderen Möglichkeiten.

Die Landschafts- und Tourenbeschreibungen beginnen im Süden des Départements Ardèche, dem vom mediterranen Klima bestimmten »Bas Vivarais«. Im nördlichen Teil des Départements, dem »Haut Vivarais«, ändern sich das für die Cevennen charakteristische Landschaftsprofil und das Klima. Einige Ausflüge führen auf die vulkanisch geprägte Hochfläche des »Plateau Ardèchois« im Westen des Départements, wo die Loire, aber auch die Ardèche und andere Zuflüsse der Rhône ihre hochgelegenen Quellen haben. Sie führen durch eine herbe, »nordische« Landschaft mit dem gemäßigten Klima der »Ardèche au beurre« (der sog. »Butter-Ardèche«) im Unterschied zu den nach Südosten hin auslaufenden Bergkämmen und tief eingekerbten Erosionstälern der »Ardéche à l'huile« (der sog. »Öl-Ardèche«). Die Landschaften entlang dem Flußlauf der Ardèche werden ebenso erkundet, wie die grandiosen Felstäler, Flußschluchten und Hügelketten der Kalkstein-Garrigue zwischen Cevennen und Rhônetal.

Ein weiterer Schwerpunkt ist der mächtige Querriegel des Mont Lozère und seine südöstlichen Vorgebirge. Es folgt die Landschaft der ausgedehnten Bergpanoramen von Höhenkämmen und Gardontälern, die im Südwesten vom Aigoual-Massiv abgeschlossen wird. Zwischen den Tälern des Vidourle, des unteren Hérault und der Buèges liegt schließlich der für Erkundungs- und Wandertouren abwechslungsreiche südliche Landschaftsgürtel der Kalkstein-Garrigue.

Granitblöcke, Höhlen und Schluchten –Landschaftsformen und ihre Geschichte

Von Norden nach Süden markiert der Lauf der Rhône die Trennungslinie zwischen der Provence und dem Languedoc. Von Lyon bis Valence ist das enge Tal scharf von Bergen begrenzt: Die Ausläufer des Alpenvorlandes rücken dicht an das linke Rhôneufer heran. An das rechte Rhôneufer stoßen die nach Osten hin sanft abfallenden Berghänge des Zentralmassivs. Dieses ausgedehnte, schildförmige Bergland im Süden Frankreichs bedeckt fast ein Viertel der französischen Bodenfläche. Es liegt im Schnitt 500 m über dem Meeresspiegel. Einzelne Höhenzüge erheben sich über 1000 m, die Vulkankegel in der Auvergne über 1500 m.

Der alte Gebirgssockel hat einen starken Süd-Ostabfall: Die **Cevennen** reihen sich in einem Gürtel von Gebirgszügen, von Nord-West nach Süd-Ost verlaufend, hintereinander und bilden die »Bordüre« des Massivs. Die Gipfel des Lozère-Massivs (1699 m) und Mont 6Aigoual (1567 m) sind nur mäßig hoch und bestehen überwiegend aus dem Tiefengestein Granit. Sie bilden eine Wetter- und Wasserscheide. Die Flüsse, die über den steilen Südostabfall des Zentralmassivs herunter- und dann zum Rhônebecken fließen, haben mit ihrer durch das Gefälle gesteigerten Aushöhlungskraft tiefe Taleinschnitte im **Schiefergestein** der Seitenkämme gegraben.

Eher sanft sind die Westhänge der Cevennen: hier fließen Tarn, Jonte, Vis und Trévezel von den Bergen herunter und stoßen auf die im Süden des Zentralmassivs liegende Kalksteinscholle. Diese durchfließen sie in tiefen Canyons, die die großen Causses voneinander trennen (Causse Méjean, Causse de Sauveterre, Causse Noir u.a.).

Fährt man im Rhônetal weiter Richtung Süden, registriert man bei Montélimar eine Öffnung des Tales. Hier beschreiben die Cevennen einen südwestlichen Bogen, so daß zwischen der Auffaltungskante des Gebirges und dem Fluß ein breites Becken liegt, das mit Sedimentgestein gefüllt ist. Die im Gebirge entsprungenen Flüsse Ardèche, Cèze und die verschiedenen Gardons durchfließen die Senke des »Piedmont« und graben sich tief durch das 400–500 m hohe **Kalksteinplateau**, bevor sie in die Rhône münden. Auf den Kalkböden dieser Region macht sich die immergrüne mediterrane Strauchheide breit: Diese sog. »Garrigue« liegt in einem breiten Gürtel zwischen den Cevennen und den Küstenebenen am Mittelmeer und der Rhôneniederung. Im Umkreis der Ardèche hat diese Landschaftszone die Bezeichnung »Gras« erhalten.

Die Gesteinsarten **Schiefer**, **Granit** und **Kalkstein** formen das Landschaftsrelief und bringen unterschiedliche Vegetationszonen hervor. Ihre erdgeschichtliche Entwicklung geht weit in das Erdaltertum zurück. Vor rund 440 Millionen Jahren war Frankreich vom Meer bedeckt. Nur der Sockel des Zentralmassivs und der Armorikanische Rücken (Bretagne) ragten heraus. In Jahrmillionen legte sich eine dicke Schicht von Sedimenten, vorwiegend Muschelkalk, auf dem Meeresboden ab.

Im Zuge der Auffaltung des **variskischen Urgebirges**, die vor etwa 280 Mill. Jahren

Kalkstein am Chassezac

»Blockmeere« aus Granitfelsen

vom Französischen Zentralmassiv ausging, wurde dieses Sedimentgestein angehoben, senkrecht gestellt und gespalten. Dabei wurden die tieferen Lagen unter dem Druck der aufliegenden Gebirgsmassen und unter extremen Temperaturen zu spaltbaren Schichten zusammengepreßt und in sog. metamorphisches Gestein verwandelt. Es entstand das **Schiefergestein** der Cevennenkämme der Gardontäler und der kristalline Kalkstein des Viganais. Das Sedimentgestein, das der Metamorphose entging, baute quer durch Europa das bis zu 7000 m hohe variskische Urgebirge auf, das bis zum Ende des Erdzeitalters des Perm wieder abgetragen und eingerumpft wurde. Die Trümmerprodukte dieser Abtragung finden sich an den Bruchkanten der heutigen Cevennen als mächtige Sandsteinablagerungen wieder. Dort überdeckten sie die waldreichen Ebenen und leiteten im Becken von Alès den Transformationsprozeß zur Kohle ein.

Nach der Einebnung der riesigen Urgebirgskette blieb nur der variskische Faltenrumpf stehen. Relikte dieser alten Sockelebene aus der Zeit des Erdaltertums sind allen erdgeschichtlichen Verwandlungs- und Überlagerungsprozessen zum Trotz gebietsweise heute noch im Vivarais und in den Cevennen sichtbar. Die auffallend gleichmäßigen Hochflächen des Borne- und Chassezac-Massivs und die kargen Plateaus oberhalb von Barre-des-Cévennes gehören dazu.

Die erste Auffaltungskante der Cevennen zeichnete sich ab. Heftige Bewegungen der Erdrinde beförderten granitisches Magma hoch, das zu Beginn des Trias bis zur Oberfläche des Bergrumpfes vordrang. Das granitische Urgestein wird später Tanargue, Lozère, Aigoual, Liron und Lingas bilden.

Zu Beginn des Erdmittelalters war die Landschaft in Südfrankreich flach und seicht. Aus dem »Bergland« brachten die Flüsse große Mengen an Kies, Sand und Ton mit und lagerten sie an den Bergrändern und in den sumpfigen Niederungen ab. Es entstand der fruchtbare Gürtel aus Sandsteinen, Tonen und Mergel, der sich von Südwesten bis Nordosten an der ersten Auffaltungskante der Berge entlang zog (Alès-Becken und Ardèche-Senke von Flaviac bis Joyeuse). Im Erdzeitalter des Jura breitete sich bei einem fast tropischen Klima das Mesogée-Meer zwischen Afrika und Europa aus und drang in die Region der Causses und in das Becken des Languedoc ein. Auch das Gebiet der Cevennen wurde überflutet. Die schon vorhandenen Cevennenkanten markierten ein Bassin aus kontinentalen Sandsteinablagerungen, das sich nach Osten zum Mésogée-Ozean abgrenzte. An die seichten Matschlagunen im Westen schwappte das warme, flache Wasser des Golfes der Causses. Riesenreptilien stapften durch schmutziges Lehmgelände an der »Küste« von St-Laurent-de-Trèves und Camprieu. Ihre Spuren entdeckt man in den Sandsteinfelsen am heutigen Westrand der Cevennen. Das Jurameer war reich an

Das Tal des Ibie

Graslandplateau

Ammoniten, Belemniten, Schnecken, Muscheln und großen Echsen. In 90 Mio. Jahren lagerten sich in dem flachen Meer dicke Muschelbänke ab. Sie bildeten das Gesteinsmaterial des Kalksteinsockels der Causses. In den tieferen Meeresteilen, wie z.B. im Becken des Languedoc und der Ardèche, entwickelten sich die weißen Kalke der späteren Kreidezeit. Man findet die weißen Kreidefelsen im Ardèche-Canyon und im Garrigue-Gürtel des unteren Hérault.

Erst in der Epoche des Tertiärs bildete sich der heutige Umriß Südfrankreichs heraus. Nachhaltigste Wirkung hatten die massiven Kräfte der allgemeinen tektonischen Mobilisierung, die vor etwa 60 Mio. Jahren die Alpen und die Pyrenäen emporschoben und auffalteten und dabei den Rückzug des Meeres einleiteten. Unter der Einwirkung dieser Gebirgsbildungsprozesse wurden Teile des Rumpfes des variskischen Urgebirges am Ostrand des Zentralmassivs ebenfalls erneut emporgehoben und aufgefaltet. Die Kalksteinscholle zwischen Westcevennen und Rouergue-Massiv geriet dabei ebenso unter Druck wie die Kalksteinregion am Südostrand der Cevennen. Das brüchige Gestein wurde durch Gräben »zerrissen«.

Entlang der südöstlichen Bruchlinie der Cevennen senkte sich die seit dem Trias mit Sandstein, Ton und Mergel gefüllte Niederung erneut ab. Durch die tektonischen Bewegungen entstand ein mächtiger, bis zu 4000 m tiefer Grabenbruch, der von Anduze bis Vallon-Pont-d'Arc die Trümmerprodukte von Sedimentgestein aufnahm, die von den Bergen heruntergespült wurden. So wurde wieder eine fruchtbare Niederung aufgeschüttet, die von Flaviac bis Joyeuse/ Lablachère und von Alès bis Anduze deutlich erkennbar ist. Die Nationalstraße folgt ihrem Verlauf. Östlich der Senke bildeten die Gesteinsbänke der Muschelkalkablagerungen die Kalksteintafel. Dies ist die Region des späteren Garrigue-Gürtels zwischen Cevennen und Rhône. Im Zuge des Absenkungsprozesses verließ das Meer schließlich das untere Languedoc und hinterließ die Schneise zwischen Zentralmassiv und Alpen.

In einer letzten erdgeschichtlichen Etappe bildete sich schließlich die Landschaft heraus, wie sie heute ist. Vor 1,8 Mio. Jahren ereignete sich am südöstlichen Rand des Zentralmassivs eine weitere massive Auffaltung der Cevennen. Der jähe Bruch zwischen Gebirge und Languedoc zu Beginn

Schlucht der Ardèche ▶

des Quartiärs riß die Flußtäler in den Schiefer- und Granitcevennen auf und ließ den Kalksockel der Causses wieder zerbersten. Es entstanden die Grabenbrüche von Tarn, Dourbie, Jonte, Trévezel und Vis. Gräben trennten jetzt den Lozère von den Causses und ließen auf dem Lozère-Massiv die einsamen runden Kalkbuckel stehen, die das Jura-Meer bezeugen. Vor allem aber kam es in den Bruchzonen des alten Gebirges zu massiven vulkanischen Eruptionen. Bis in die Menschheitsvorgeschichte hielt die Vulkantätigkeit an, die das Relief vom Norden des Zentralmassivs bis zu den Ausläufern des Velay (im Nordwesten des Départements Ardèche) geformt hat.

Die Vergletscherungen von zwei kleinen Eiszeiten beeinflußten die Gebirgsregion von Lozère und Aigoual und ließen Gletschermoränen zurück. Die wechselnden Etappen von Vereisung und Schneeschmelze verstärkten den Erosionsprozeß. Die Flüsse gruben sich tiefer in Kalk, Schiefer und Granit hinein.

Man findet in der Landschaft einerseits die Erscheinungen eines **Kalksteingebirges**: Karste, verschwindende und wieder zutage tretende Flüsse, Höhlen, Grotten und Schluchten. Verwitterungsvorgänge höhlten Felsen aus, bildeten Felsenburgen, -nadeln und seltsame Formationen. Das Tiefengestein Granit begegnet einem in markanten Abtragungs- und Verwitterungsformen: Auf dem Tanargue, Lozère, Lingas und Aigoual liegen zertrümmerte Gesteinsmassen aus rund geschliffenen Granitblöcken, die sog. Blockmeere. Das Schiefergestein kennzeichnet die Felslandschaft der Cevennen-Täler. Die ungeheure Wucht der steil fließenden Gebirgsflüsse hat den für Abtragung anfälligen Schiefer tief ausgehöhlt und bizarre Engstellen und große Becken geschaffen.

Klima und Wasserhaushalt

Mit ihren südlichen Ausläufern nur 80 km vom Mittelmeer entfernt, liegen die Cevennen im Bereich des **mediterranen** Klimas mit seinen heißen, trockenen Sommern und milden, regenreichen Wintern. In den zerklüfteten, engen Tälern sind im Juli und August nicht selten 40° C anzutreffen.

Wasserfall bei Rochecolombe

Da jedoch mit zunehmender Höhe die Temperaturen sinken und die Niederschlagsmengen steigen, weicht das Mittelmeerklima im Bergland einem gemäßigten, auf dem Mont Lozère und Mont Aigoual sogar extremen Klima. Der Grund dafür ist die Wetter- und Wasserscheide, die auf der Kammlinie des Gebirgshochlandes verläuft und zwei entgegengesetzte Klimazonen trennt: Auf dem Lozère entspringt der Tarn und wendet sich mit seinen Zuflüssen über die Garonne zum Atlantik. Hérault und Vidourle fließen zum Mittelmeer; die Gardons, Cèze und Ardèche gelangen über die Rhône ebenfalls dort hin.

Unter dem Einfluß des im Gebirge aufeinanderprallenden atlantischen und mediterranen Klimas sind die Wetterverhältnisse in den Gebirgsregionen extremen Schwankungen unterworfen: Auf die heißen Sommermonate und die heftigen Niederschläge

Sturzbäche nach heftigen Regenfällen

im Herbst können lange, schneereiche Winter folgen. Meterhoher Schnee schneidet auf dem Mont Lozère nicht selten ganze Landstriche und Ortschaften von der Außenwelt ab, Zufahrtswege und Telefonleitungen brechen unter der Schneelast zusammen. Andererseits kann es Jahre geben, in denen so gut wie kein Schnee fällt. Auf dem Mont Aigoual werden Niederschlagsmengen von 2240 mm pro Jahr gemessen; 227 Tage im Jahr ist der Gipfel in Nebel gehüllt. Die Durchschnittstemperatur liegt im Juli bei 14° C. Am Fuß des Berges aber, im Tal von Valleraugue, wachsen im Mittelmeerklima (ein Drittel des Jahres über 20° C, im Winter nie unter 4° C) Palmen, Mimosen und Oleander.

Auch unter dem Einfluß der **Windverhältnisse** wird das Cevennenklima modifiziert. Auf dem Aigoual bläst der Wind zwei Drittel des Jahres mit einer Geschwindigkeit von 60 km/h. Stürme pfeifen über das Berghochland des Lozère und die Hochebenen der Causses. Aus Nord-West kommt der **Mistral**. Der schneidend kalte Wind streicht vom Zentralmassiv herunter, fegt durch das Rhônetal und läßt die Temperaturen im Sommer um 10° C sinken. Er weht vorwiegend in den Frühjahrsmonaten, wenn zwischen einem warmen Tief über dem Mittelmeer und einem kalten Hochdruckgebiet über dem Zentralmassiv ein starkes Luftdruckgefälle entsteht. Dann bläst der Mistral den Himmel wolkenfrei und verschafft Weitsicht bis zum Alpenrand. Kühl und trocken kommt der **Tramontane** aus den Alpen. Mit Wüstenstaub angereichert ist der gelegentlich aus der Sahara herüberwehende heiße Südwind **Scirocco**.

Die **Niederschlagsmengen** sind in den Cevennen beachtlich; wegen der einseitigen Verteilung der Regenfälle ist der Nutzen allerdings sehr unzuverlässig. Bäche und Flüsse, die im Sommer oft austrocknen, können sich nach Wetterstürzen im September urplötzlich in reißende Fluten verwandeln. Die vom Mittelmeer heranströmenden feuchten Luftmassen steigen an der Gebirgsbarriere auf, kühlen ab und entladen sich nach der sommerlichen Hitze, zumal wenn sie auf kalte, atlantische Luft treffen, in heftigsten Wolkenbrüchen. So spricht man bei katastrophenmäßigen Überschwemmungen von »Gardonnades« und »Vidourlades«. Erst im Herbst 1992 wurden das Ardèche-Tal und die Nachbartäler von einer Flutwelle verwüstet. Zur Sicherung einer regelmäßigen Wasserversorgung bauten die cevenolischen Bauern in ihren Dörfern seit jeher Wasserbecken, Zisternen und Kanalsysteme. Staustufen und Stauseen domestizieren einige der großen Flüsse.

Auch auf den Causses und in der Garrigue fallen im Frühjahr und Herbst große Niederschlagsmengen, aber das Wasser versikkert sofort im porösen Gestein und betreibt dort sein unterirdisches Aushöhlungswerk.

Seit heute morgen hat wieder ein scharfer Mistral eingesetzt. Das ist der große Nachteil von all den schönen Erlebnissen, die einem in der Provence begegnen können. Strabon nennt den furchtbaren Wind »Melanboreas«, den schwarzen Nordwind; dieses Wort benutzen noch heute die Einwohner der Dauphiné. In der Provence dagegen nennt man ihn Mistral. Strabon und Diodoros von Sizilien versichern, seine wilde Kraft sei so groß, »daß er Steine fortbewege und Wagen umwerfe«. Es ist noch keine vierzehn Tage her, daß die Postkutsche während der Fahrt über die Brücke von Beaucaire von acht Männern festgehalten werden mußte; die zogen an

Winter im oberen Ardèchetal

Seilen, die am Verdeck befestigt waren. Die Kutsche war drauf und dran, in die Rhône zu fallen. Der Nordwind trifft auf das lange, von Norden nach Süden verlaufende Tal dieses Flusses, das wie die Spitze eines Blasebalgs wirkt und seine Kraft verdoppelt. Wenn in der Provence der Mistral herrscht, weiß man nicht, wo man Schutz suchen soll. Es ist zwar an sich schönster Sonnenschein, aber ein kalter und unerträglicher Wind dringt selbst in die abgeschlossensten Wohnungen und reizt die Nerven derartig, daß auch der Widerstandsfähigste davon grundlos schlechte Laune bekommt. In solchen Fällen haben unsere Vorfahren, denke ich, Ölbäder genommen.

Stendhal, Reisen in Südfrankreich. Tagebucheintrag vom 16. Juni 1837

Die Pflanzenwelt

Zwischen der Rhôneniederung und den höchsten Erhebungen der Cevennen liegt eine Höhendifferenz von 1700 m. Den unterschiedlichen Klimaverhältnissen und einem ausgesprochen zerklüfteten Relief entspricht eine Abfolge von Vegetationsstufen.

In der **mediterranen** Zone zwischen 100 und 500 m wachsen Mandelbäume, Mimosen, Oleander, Palmen, Zypressen und Feigen. Orangen- und Zitronenbäume gedeihen nur in geschützten Innenhöfen. An den Süd-Osthängen der Vorgebirge liegen Weinfelder, vereinzelt auch Ölbaumgärten. In den südlichen Lagen der Flußtäler werden Wein und Oliven auf Terrassen tief bis ins Gebirge hinein angebaut.

Ein Hinweis auf typisches Mittelmeerklima mit trockenen, heißen Sommern und Niederschlägen von Herbst bis Frühjahr ist die immergrüne **Steineiche** (frz. chêne vert). Sie ist ein kleinwüchsiger Baum, der auf allen Böden wächst, und charakteristischer Bestandteil des dichten, mediterranen Buschwaldes. Die Steineiche unterscheidet sich von der immergrünen **Kermeseiche** durch die grau-filzige Unterseite der Blätter. Die Kermeseiche ist ein niedriger, undurch-

Schwarzkiefern am Roc de la Vigne

Der Erdbeerbaum

dringlicher Busch, der oft an den trockensten, stark überweideten Berghängen anzutreffen ist. Die Blätter sind steif, glänzend dunkelgrün und haben äußerst stachelige Ränder.

Die provencalische Bezeichnung für die Kermeseiche ist »Garoulia«. Nach ihr wurde die ganze Pflanzengesellschaft, die eine niedrige wachsende Kümmerform der mittelmeerischen Macchia ist, »Garrigue« genannt. Im Mittelalter hat man durch Brandrodung, übermäßig praktizierten Holzschlag und Überweidung die riesigen Eichenwälder des Mittelmeerraumes beseitigt. Es entwickelte sich als Nachfolgevegetation zuerst der Steineichenwald und als nächste Degenerationsform die Garrigue. Sie breitet sich nun auf den kargen Böden und in den Felslandschaften der Kalksteinregion gebietsweise endlos und eintönig aus. Zu den immergrünen Eichenbäumen gesellen sich der scharfriechende Buchsbaum, Wacholderbusch, Erdbeerbaum, Therebinten- und Mastixstrauch. Auffallend ist die **Baumheide**, die als dichter, immergrüner Strauch bis zu 4 m hoch wachsen kann. Im Frühjahr ist die immergrüne Pflanzendecke farbig untermischt. Die Ginsterhalden blühen leuchtend gelb. Man findet lilafarbene Büschel von wildwachsendem Lavendel und auf silikathaltigen Böden die weißen, salbeiblättrigen Zistrosen und Asphodelen. Die wildwachsenden Kräuter, Basilikum, Bohnenkraut, Fenchel, Rosmarin, Salbei und Thymian, Majoran und Minze verströmen den würzigen, aromatischen Geruch, der zu jeder Jahreszeit der Garrigue ihren besonderen Reiz verleiht.

Die Gebirgswälder zwischen 500 und 1000 Höhenmetern kennzeichnen die **hochmediterrane Vegetationsstufe**. Hier wachsen die laubabwerfenden Eichenbaumarten: auf Schieferböden an Südhängen die Stiel-Eiche (chêne rouvre) und als kleinerer Baum oder Strauch an trockenen, gewöhnlich kalkhaltigen Hängen die Flaum-Eiche (chêne pubescent). Im Unterschied zu den immergrünen Eichen verdorren die Blätter dieser sog. Weißeichen im Herbst, bleiben aber während des Winters und bis zum Aufgehen ihrer neuen Sprosse am Baum. Charakteristisch für die Cevennen sind die Wälder der Edelkastanien und Maulbeerbäume. Die Eßkastanie wächst nur auf Schiefer- und Granit-, nicht auf Kalksteinböden und wurde in den Cevennen in systematischer Kultur angepflanzt, gepflegt, geerntet und zurückgeschnitten. Die hochmediterranen Steineichen- und Kastanienwälder werden von den Strandkiefern zurückgedrängt. Flächen von Ginster und niedrig wachsendem Buschwerk lösen die alten Wälder-Kulturen ab.

Die **montane Vegetationsstufe** beginnt in den Regionen zwischen 1000 und 1500 m; dies war die Domäne der beiden wichtigsten Bäume des Bergwaldes, der Buchen und Tannen. Brandrodung, Kahlschlag und Überweidung haben auch hier die ehemaligen Bestände vernichtet und Grasland zurückgelassen. Auf dem Kamm des Mont Lozère und des Lingas-Gebirges (St-Guiral) sind an Quellgewässern und am Rand von Blockmeeren noch alte Buchenstandorte zu finden. Infolge der Wiederaufforstung des Aigoual bevölkern neue Buchenbestände die kahlen Kuppen, bevorzugt die Nordhänge, weil der Baum Schatten, Nebel und Feuchtigkeit liebt. Laricio-Kiefern findet man auf dem Lozère-Massiv in der Nähe des Pic Cassini, unterhalb des Mont Aigoual und in den »Monts de Désert de St-Guilhem«.

Ab 1450 m überzieht die **Grassteppe** das mit Granitblöcken übersäte Hochland des Lozère. Hier herrscht bereits die Vegetation einer **subalpinen Zone**, die gewöhnlich erst zwischen 1700 und 3000 m Höhe anzutreffen ist. Die durch Brandrodung und Überweidung erzeugte Grasnarbe wechselt ab mit Flachmoorwiesen und Torfgruben. Es sind die Relikte der kleinen Eiszeit, die den Lozère glazial überformt hat. Riedgräser, Moose, Wasserklee und der Insekten fressende Sonnentau bilden die ganz spezifische Flora dieses Milieus. Mit dem Rückgang der Landwirtschaft und dem Ende der Wanderschäferei breiten sich im Sommer blühende Flächen von Heidekraut (callune, bruyère) und Teppiche von Blau- und Kronsbeeren aus. Die neue »Pflanzendecke« reichert den Boden an und bildet einen natürlichen Erosionsschutz.

Die Geschichte der Hugenotten – Machtkämpfe auf dem Weg zur französischen Nation

Museen und Gedenkstätten, »Kamisardengrotten« und »Hugenottenhöhlen« sowie ein auffallend reichhaltiges Angebot in den örtlichen Buchhandlungen erinnern an ein Kapitel der Geschichte Frankreichs, in dem die Cevennen eine Rolle gespielt haben. Als eine der Hochburgen des südfranzösischen Protestantismus standen die kleinen Städte an den Talausgängen der Cevennen seit 1561 im Zentrum der Religionskriege und waren bis zur Französischen Revolution jahrzehntelang Schauplatz von Verfolgung, Repressalien und Widerstand im Machtkampf der Glaubensrichtungen.

Erst in die allerletzte Phase dieses Kampfes fielen die sog. Kamisardenkriege, in denen sich von 1702 bis 1704 der Widerstand der protestantischen Bevölkerung der Cevennen als eine Art Guerillakampf in den Bergen gegen die Truppen des Königs Ludwig XIV. organisierte. Er wurde gebrochen durch den Befehl zum »Großen Niederbrennen der Cevennen«.

Das unbeirrte Festhalten an den protestantischen Glaubensinhalten auch nach dem Widerruf des Ediktes von Nantes, das Auffinden von Wegen zur Betätigung der inkriminierten Religion im Untergrund und das Aufbegehren der Kamisardenrebellen, – das wird heute als ein Moment cevenolischen Widerstandsgeistes und Freiheitswillens in der Erinnerung bewahrt.

Ein Überblick über die Etappen des Kampfes soll die Ereignisse verdeutlichen:

Jean Calvin

Politische Ausgangssituation
Zu Beginn der Religionskriege herrschten in Frankreich andere Machtkonstellationen vor als in Deutschland. Im Unterschied zu den auf deutschem Boden zersplitterten Fürstentümern, die mit dem kaiserlichen Reich um die Vorherrschaft einer Zentralgewalt konkurrierten, war das Streben der Territorialfürsten nach Selbständigkeit in Frankreich erfolgreich in die Schranken verwiesen worden. Bereits unter Ludwig XI. (1461–1483) war die Macht des Königs stark. Außer einigen Gebieten im Süden und den Territorien des Hauses Bourbon in der Mitte Frankreichs war die Krondomäne geeint. Der König verfügte über ein Land mit vergleichbar hoher Bevölkerungszahl und kassierte die höchsten Steuereinnahmen in Europa. Es gab ein stehendes Heer. In einem Konkordat mit dem Papst war es König Franz I. 1516 gelungen, die Kirche in ein Abhängigkeitsverhältnis zum König zu zwingen: Der König benannte die Bischöfe und Äbte in den Klöstern; die Prälaten mußten dem König Treue geloben und erhielten von ihm weltlichen Besitz.

Ausbreitung des Protestantismus
Gleichzeitig mit der Ausbreitung des Protestantismus in Deutschland setzte auch in Frankreich eine Erneuerungsbewegung in der Kirche ein, die sich allerdings nicht auf Luther berief, sondern vom calvinistischen Genf ausging. Von dort verbreitete sich der neue Glaube über Grenoble nach Lyon und weiter nach Montpellier, Toulouse und Bordeaux. Händler, Geistliche und Maultiertreiber brachten Pamphlete und erstmalig übersetzte Bibelteile in die Marktorte der Cevennen. Hier stieß die Polemik gegen den Sittenverfall der Kirche, den Ablaßhandel, das Fegefeuer und die Heiligen- und Marienverehrung bei den Handwerkern, Gerbern und Schustern, Tuchmachern, Webern und Schneidern auf offene Ohren. Rasch breiteten sich die protestantischen Lehren des Reformators Calvin (1509–1564) im Bergland der Cevennen aus. Das neue Schrifttum nährte den Haß der Bauern auf den Kirchen-Zehnten und legitimierte die Verweigerung der Steuerabgabe an die Kirchenfürsten. Die Zehent-Pächter wurden davongejagt.

Die Anhänger der neuen Glaubenslehre aus Genf mußten es sich gefallen lassen, von den Katholiken als »Eidgenossen« (französisch »Eyguenets«, später »Huguenots«) verspottet zu werden. Schon seit 1522 verbot das Parlament in Paris unter Androhung schwerster Strafen, die Bibelübersetzung zu lesen, die Lehren Calvins und Luthers zu verbreiten und der katholischen Lehre zu widersprechen.

Doch trotz der einsetzenden Verfolgung der Ketzer – öffentlicher Auspeitschungen, Brandmarkungen und Verbrennungen auf dem Scheiterhaufen – breitete sich die neue Lehre weiter aus. Der Calvinismus fand insbesondere bei dem französischen Adel im Süden des Landes eine große Anhängerschaft. Die Städte Annonay, Aubenas, Privas, Viviers, Villeneuve-de-Berg, Alès, St-Jean-du-Gard und Anduze schlossen sich der Reformation an. Bis 1561 gab es etwa 670 protestantische Kirchen in Frankreich.

Kampf um die Macht in Frankreich
Als Franz I. im Jahre 1534 selbst in seinem Schloß in Amboise reformerische Plakate entdeckte, die sich gegen die Korruption der Kirche richteten (sog. Plakat-Affäre), sah er die Königsmacht bedroht. Er ordnete Hin-

richtungen in großem Maßstab an. Unter der Regentschaft seines Sohnes Heinrich II. konstituierte sich in Paris seit 1547 die »Chambre ardente«, die Scheiterhaufenkammer.

Im Süden des Landes bekannte sich der Adel dennoch in großem Ausmaß zur Reformation, so daß sich zunehmend eine Spaltung des französischen Königsgebietes in einen katholischen Norden und einen protestantischen Süden herauskristallisierte.

Mit dem unerwarteten Tod Heinrichs II. im Jahre 1559 veränderte sich die Machtkonstellation schlagartig. Sein sechzehnjähriger Sohn Franz II. berief formell die lothringischen Herzöge von Guise zur Leitung des Königsreiches und starb nach einem Jahr. Der zehnjährige Bruder Karl IX. regierte bis 1574 nur zum Schein. Tatsächlich hielt die Königin-Mutter, Katharina von Medici, mit Unterstützung der Guisen die Regierungsgeschäfte in der Hand.

Der protestantische Adel im Süden des Landes sah sich durch die anmaßende Herrschaft der Lothringer herausgefordert. Sie erschienen ihnen wie die rechtlosen Räuber der Königsgewalt. Der Hugenotte Seigneur Admiral von Coligny rief 1560 zum Bürgerkrieg auf. Der Aufstand von Amboise brachte eine Niederlage. Im Gegenzug gelang den Protestanten der siegreiche Angriff auf Rouen und Lyon.

In acht aufeinanderfolgenden Religionskriegen kämpften drei Parteien um die Macht in Frankreich: die Anhänger des Königshauses, die Protestanten und die Liga, eine Vereinigung extremistischer Katholiken.

Als Heinrich von Navarra, der spätere Thronfolger und König von Frankreich Heinrich IV., Margarete von Valois, die Tochter Katharinas von Medici, heiratete, befehligte diese ein Blutbad (»Pariser Bluthochzeit«) unter den Hugenotten. In der Nacht zum 24. August 1572 ließ sie praktisch die gesamte zur Hochzeit angereiste protestantische Prominenz ermorden. Das Blutbad griff auf die Stadt und das gesamte Land über. Halten konnten sich die Hugenotten in ihren südlichen Rückzugsgebieten: Nîmes, Sommières, Anduze und Privas blieben fest in der Hand der Protestanten. Die Seefestung La Rochelle war ein wichtiger Rückzugs- und Stützpunkt im Westen des Landes.

Festigung der Königsmacht und Edikt von Nantes

Nach dem Tod des dritten Sohnes Katharinas von Medici, Heinrichs III., wurde schließlich der Hugenotte Heinrich von Navarra aus dem Haus der Bourbonen 1589 legitimer Thronerbe. Unterdessen hatte sich die katholische Liga unter Heinrich Guise mit Spanien verbündet, und so hatte der neue protestantische König Heinrich IV. ab 1589 als erstes gegen die katholische Liga und die spanische Armee zu kämpfen, die Paris in ihrer Hand hielten. Die Behauptung des französischen Territoriums und seiner Königsmacht gelang ihm, als er 1590 die Stadt zurückerobern und die Machtfrage für sich entscheiden konnte.

Den letzten Ausschlag für die Konsolidierung der Königsmacht gab allerdings erst die taktische Maßnahme, die er mit dem berühmt gewordenen Ausspruch »Paris ist eine Messe wert« einleitete: 1593 trat er aus Gründen der Staatsraison zum katholischen Glauben über und festigte damit den inneren Frieden. 1598 erließ er das Edikt von Nantes. Innerhalb der existierenden Gemeinden wurde den Protestanten Glaubensfreiheit zugesichert, allerdings durften sie ihren Einflußbereich nicht weiter ausdehnen. Erzwungene Abschwörungen wurden rückgängig gemacht und Galeerensträflinge freigelassen. Die Protestanten erhielten die politische Gleichberechtigung in Ämtern und Rechtsprechung und bekamen sog. Sicherheitsplätze (Grenoble, La Rochelle, Vallon-Pont-d'Arc, Les Vans, Privas, Nîmes, Alès) zugebilligt.

Das vorläufige Ergebnis der Glaubenskriege war die Stabilisierung des französischen Territoriums und der Königsmacht. Die Krone hatte über den Adel gesiegt. Wirtschaftlich wurde mit der Verwirklichung des nationalen Einheitsstaates der Ausbau eines gesamtstaatlichen Finanzwesens und die Förderung von Landwirtschaft, Handel und Gewerbe organisiert.

Herausbildung eines absolutistischen Staates

Der Nachfolger Heinrichs IV., Ludwig XIII., setzte ab 1610 bis 1643 die Ausbildung des später sog. absolutistischen Staates fort. Während seiner Minderjährigkeit regierten als Stellvertreter zunächst Kardinal Richelieu, der als leitender Minister die fortbestehende Opposition des Hochadels und die Sonderrechte der Hugenotten bekämpfte: 1628 versammelte Richelieu eine Belagerungsarmee von 30 000 Mann auf der Landseite der stärksten Stadt der Hugenotten, dem von England über See unterstützten La Rochelle. Ein Angriff der Engländer wurde zurückgeschlagen und die Stadt von jeglicher Nahrungsmittelzufuhr abgeschlossen und ausgehungert.

Nachdem Richelieu den vernichtenden Feldzug gegen die Festung La Rochelle beendet hatte, zogen seine Truppen in dem protestantischen Hauptgebiet westlich von Montélimar auf und eroberten Privas. Der protestantische Herzog von Rohan hatte Truppen im Vivarais, in Alès und in Anduze zusammengezogen. Als auch die Stadt Alès kapitulierte, mußte der Herzog von Rohan einen Generalfrieden mit Richelieu schließen. In dem Friedensvertrag von Alès wurde den Protestanten 1629 das Fortbestehen des Ediktes von Nantes zugesichert. Dafür mußten alle protestantischen Stadtbefestigungen und Burgen zerstört oder geschleift werden. Als politische Partei, die als unabhängige Gegenmacht auftreten konnte, war der französische Protestantismus damit endgültig erledigt.

Ab 1661 übernahm Ludwig XIV. die Regierungsgeschäfte und vollendete die souveräne Machtentfaltung einer königlichen

Dragoner, kolorierter Stich, 1686

Zentralgewalt. Nach der schon vollzogenen Ausschaltung des Adels wurde die Regierungsgewalt durch königliche Intendanten in den Provinzen und königliche Magistrate in den Städten ausgeübt. Der Finanzminister Colbert entwickelte das Wirtschaftssystem nach den Prinzipien des Merkantilismus: Durch Zölle wurden die heimischen Produkte gegen Importe geschützt, und gleichzeitig sollten die Exporte gesteigert werden, um die Edelmetalle ins Land zu ziehen. Dazu ließ man staatliche Manufakturen bauen (Gobelins und Rüstungswerkstätten) und unterstützte private Industrieansiedlungen (Seidenweberei, Spitzen, Wandbehänge, Glaswaren). Die ständische Gliederung blieb zwar erhalten, aber Klerus und Adel waren politisch entmachtet. Durch Grundbesitz, Steuerfreiheit und Sondergerichtsbarkeit blieben sie privilegiert. Das Bürgertum nahm am wirtschaftlichen Aufschwung teil und errang durch den konzessionierten Ämterkauf (Dienstadel, »Noblesse de robe«) politische Mitsprache. Die Kleinbürger und Bauern trugen durch hohe Besteuerung die Staatslasten.

Kirchenpolitisch sicherte Ludwig XIV. die katholische Staatskirche mit königlichen Weisungsrechten und der Zensur päpstlicher Beschlüsse. Zur Wiederherstellung der Glaubenseinheit setzte eine neuerliche Verfolgungsbewegung gegen die Protestanten ein. Eine Religionsfreiheit, die womöglich einen alternativen Machtanspruch geltend machen konnte, war nicht vereinbar mit dem Souveränitätsanspruch des absolut herrschenden Königs: »Un Roi, une loi, une foi dans le royaume«, lautete die Parole.

Königliche Dragoner wurden in die Dörfer und Städte der Cevennen geschickt, wo sich die protestantischen Familien die militärischen Einquartierungen und Drangsalierungen durch die Soldaten des Königs – die alles machen durften, nur nicht töten – gefallen lassen mußten. Mit Plünderungen und Mißhandlungen wurde die Abschwörungsformel (»je me réunis«) erpreßt. Protestantische Krankenhäuser und Schulen wurden zwangsweise geschlossen und die Friedhofsbenutzung verboten. Unter dem zunehmenden Druck der Verfolgung wanderten die Hugenotten massenweise aus. Der lutherische König von Dänemark empfing sie mit offenen Armen und sicherte ihnen freie Religionsausübung zu. Die Stadt Amsterdam ließ Häuser bauen und versprach ihnen die Bürgerrechte. Der englische König Karl II. verlangte für großzügige Geldspenden den Beitritt zur anglikanischen Kirche. Der Große Kurfürst von Brandenburg formulierte ein »Einladungsedikt«.

Schließlich wurden 1685 durch den Widerruf des Edikts von Nantes der protestantische Gottesdienst verboten, die Pastoren ausgewiesen und die Kirchen zerstört. Die französischen Protestanten, die bereits unter den Amtsvorgängern Ludwig XIV. militärisch und politisch ausgeschaltet waren, verloren durch die »Révocation« auch den Rest ihres erkämpften wirtschaftlichen und politischen Einflusses innerhalb des Staates. Die protestantische Religionsausübung wurde fortan als Staatsverbrechen und Gesetzesbruch unerbittlich und mit staatlichem Terror verfolgt. Die Hugenotten durften nicht fliehen, sondern mußten konvertieren. Falls sie ihrem Glauben nicht abschworen, drohte den Männern der Galeerendienst und den Frauen der Kerker. Daher ergriffen etwa eine halbe Million Hugenotten heimlich die Flucht ins protestantische Ausland (Holland, Brandenburg, Preußen), andere schworen ab und führten ein Doppelleben in heimlichen Bünden im Untergrund.

Die Kamisardenkriege

Trotz der Terrormaßnahmen des Sonnenkönigs hielt sich der protestantische Glauben in abgelegenen Gegenden, so vor allem in den Cevennen, wo eine unerwartet starke religiöse Gegenbewegung einsetzte. Hier trafen sich die Protestanten zu heimlichen Versammlungen in den Bergen, wo die Laienprediger in der Nacht Gottesdienste abhielten und Psalmen gesungen wurden (»Eglise du désert«-Kirche der Wüste). Ein zum Teil besessener Verkündigungseifer griff um sich und entlud sich in prophetischen Schwärmereien. Hier formierte sich in einem letzten Aufbegehrungsakt der Protestanten in Frankreich der Widerstand der Kamisarden-Rebellen (camisards – ethym. die nur im Hemd kämpfen) gegen die Dragoner und Truppen Ludwigs XIV.

Die Kamisardenkriege begannen mit der Ermordung des Abbé du Chayla in Le Pont-de-Montvert. Im Zuge der gegenreformatorischen Missionstätigkeit war der Abt in die Cevennen geschickt worden, wo er bald für seine Handhabung der Folterwerkzeuge berüchtigt war. 1702 stürmten Bauern und Handwerker unter Führung des Wollkämmers Pierre Esprit Séguier das Gefängnis, befreiten die Gefangenen und töteten den Priester. Zwei Jahre lang leisteten nicht mehr als etwa 2000 Kamisarden unter der Anführerschaft von Jean Cavalier den Truppen der königlichen Strafexpedition erbitterten Widerstand. Die Kamisarden organisierten ihre Mannschaften in verschiedenen Gebirgsteilen: Der Ziegelbrenner Nicolas Jouany kämpfte mit seinen Leuten auf dem Lozère, der Wollkämmer Henry Castanet auf dem Aigoual, der Schweinehirt Pierre Laporte aus Le Mas-Soubeyran, genannt Roland, in den Gardontälern und der Wollkämmer und »Prophet« Abraham Mazel auf dem Bougès. Sie unterhielten in den Bergen ihre geheimen Waffenlager und Stützpunkte, konnten die Unwegsamkeit des Berglan-

Kampf der Kamisarden,
Ölgemälde von Pierre Antoine Labouchère

des taktisch ausnützen und waren sich eines starken Rückhalts in der protestantischen Bevölkerung sicher. So gelang es ihnen, obwohl zahlenmäßig und mit ihren Hellebarden und alten Feuerbüchsen der königlichen Armee hoffnungslos unterlegen, als Bergguerilla dem Heer empfindliche Niederlagen zu bereiten.

Als ihre Revolte nicht bezwungen werden konnte, befahl der König das »Große Niederbrennen«. Plündernd und brandschatzend zogen die Soldaten durch 446 Weiler, Dörfer und Marktflecken der Cevennen. In Alès ließ sich 1704 der Kamisardenführer Cavalier in Verhandlungen mit Feldmarschall Villars ein und ging dessen Versprechungen im Falle eines bedingungslosen Rückzugs der Rebellen auf den Leim. Cavalier wurde als angeblich wiedergewonnener Katholik beschenkt und kein Gefangener freigelassen. In den Bergen hielten die Kämpfe noch kurze Zeit an. Die Taktik der »verbrannten Erde« hatte die Dörfer zerstört und die Bevölkerung dezimiert. Dann wurden die königlichen Truppen abgezogen. Ohnehin banden die Cevennenkriege jahrelang Teile der königlichen Armee, die König Ludwig dringend für den Spanischen Erbfolgekrieg benötigte.

Nach der Französischen Revolution erhielten die Protestanten in Frankreich das Recht zur freien Religionsausübung und wurden politisch gleichgestellt.

Schafe, Kastanien und Seide – die Landwirtschaft in den Cevennen

Auf den Wegen in die abgelegenen Täler der Schiefercevennen trifft man auf das sog. Mas, den Gebäudekomplex eines Landgutes oder Weilers in den Cevennen. Teile davon liegen oft in Ruinen. In der Umgebung finden sich Reste von Terrassenmauern, die sich weit die Hänge hochziehen, Brunnen, Wasserbecken und Steingräben.

Aus Bruchstein geschichtete Feldmauern gliedern auch die offenen Hochflächen der Granitmassive. In der Nähe der gedrungenen Häuser aus Granitstein liegen Dreschplätze, Mühlen mit gemauerten Wasserkanälen und Backhäuser.

Das trockene Hügelland der Garrigue ist überzogen von Steinmauern, die das Land in rätselhafte Areale teilen. Zwischendrin finden sich die urtümlichen Steinbauten, für die sich in der Provence die Bezeichnung Borie durchgesetzt hat. Hier werden sie Capitelle genannt.

Alle diese Agrarbauten sicherten noch bis in den Anfang dieses Jahrhunderts die Subsistenz der Bauernfamilien, die mit dem, was sie in der Nähe des Hofes anbauten, ihr Überleben bestreiten konnten. In den abgelegenen Regionen verfallen die Weiler. Einige wurden inzwischen auf Kosten der Behörde des Nationalparks wieder instandgesetzt (S. 38f).

Die unterschiedlichen Klima- und Bodenverhältnisse der Cevennen und ihrer Vorgebirge bestimmten die landwirtschaftliche Nutzung und modifizierten dementsprechend den Haustyp und den Grundriß der Dorfanlage. An den südlichen Talhängen lagen die Terrassen für den Wein-, Obst- und Olivenanbau, Kastanien- und Maulbeerbaumkulturen wuchsen in mittlerer Berglage, Getreideanbau und Viehzucht

Gehöft auf dem »Plateau Ardèchois«

Stallgebäude aus Granit

Mas in der Garrigue

Berghof auf dem Lozère

Schieferhäuser in den Südcevennen

wurde auf den Hochflächen der Gebirgsregionen betrieben.

Das agropastorale System der bäuerlichen Subsistenzwirtschaft gliedert sich in mehrere Zonen, die das Dorf konzentrisch umgeben.

Haustypen

- Das typische Cevennenhaus in der Schieferregion ist ein hoher, schmalbrüstiger, an den Hang gebauter Hausblock. Hanglage und Enge des Tales legten es nahe, die Häuser in die Höhe zu bauen. Die unverputzten grau-braunen **Schiefermauern** wirken schmucklos und düster. Sie unterscheiden das Bauernhaus von dem ebenso hohen, eleganten Stadthaus des 19. Jh. Das Schiefergestein prägt die Cevennentäler: Fassaden, Dächer, Wege und Terrassen – alles erhält eine auffällige Einheitlichkeit in Material und Farbe.
- Aus großen, unregelmäßig gehauenen **Granitquadern** sind die Weiler in den Bergregionen, in denen dies Gestein vorherrscht. Das Material war zu schwer und die Arbeitsmittel zu primitiv, um damit in die Höhe zu bauen. Stall-, Neben- und Erweiterungs-

räume wurden angefügt, der Hofkomplex breitete sich auf der Fläche aus. Die Dächer findet man mit grauen Schindeln oder Stroh gedeckt. Die Bergweiler auf den Hochflächen des vulkanischen Gebirges der Ardèche haben tief heruntergezogene Stroh- oder Ginsterdächer.

- Die Bauernhöfe und Weiler auf den Plateaus der Garrigue sind massige Gebäudekomplexe mit den hellen Mauern aus **Kalk- oder Sandstein**. Oft wurden auch Kieselsteine aus den trockenen Flußtälern für den Mauerbau verwendet. Charakteristisch sind die überwölbten Terrassen. Diese luftigen und gleichzeitig überdachten Außenräume sind der wichtigste Wohn- und Arbeitsraum in den heißen Sommermonaten.

Das Dorf

Das Cevennendorf ist keine Siedlung von einzelnen Bauernhöfen, wie man sie aus dem mitteleuropäischen Raum kennt. Mehrere ineinander geschachtelte Wohn- und Wirtschaftsgebäude bilden eine geschlossene Gruppe mit Außentreppen, Innenhöfen, Terrassen und engen Gassen.

Das Wohnhaus gehörte der Großfamilie, die den Wohnraum im ersten Stock mit Feuerstelle und Herd gemeinschaftlich nutzte. Der Kamin beherrschte die »salle commune« (Gemeinschaftsraum), in der das offene Feuer nie ausging. Am Abend versammelten sich dort die Familienmitglieder und Nachbarn. Daneben gab es kleine Schlafkammern. Einige Schafe, die dem Gemeindehirten anvertraut wurden, ein Maulesel, ein paar Ziegen und etwas Federvieh hatten im Erdgeschoß des Hauses ihren Platz. In diesem sog. »cave«, dem ebenerdigen Keller, befanden sich auch die landwirtschaftlichen Geräte, Pflug, Schaufel und Hacke, Holzvorräte, einige Fässer und Tonkrüge zur Lagerung von Öl und Korn und manchmal eine Weinpresse. Die eigentlichen Wirtschaftsgebäude, Heuschober, Getreide-, Kastanien- oder Ölmühle, Backofen und Dreschplatz wurden gemeinschaftlich genutzt und befanden sich irgendwo im Dorf. Backofen und Mühle waren seigneuraler Besitz, denn nur die kirchlichen und fürstlichen Feudalherren hatten das Recht, Öfen und Mühlen zu bauen. Für ihre Benutzung hatten die Bauern Abgaben zu zahlen. Erst mit der Abschaffung der feudalen Privilegien wurden Mühle und Backofen kommunales Eigentum.

Granitarchitektur in L'Hopital

Häufig kennzeichneten Zypressen oder Kiefern die Familiengrabstätten in einer abseits gelegenen Ecke des Gartengeländes. Weil den protestantischen Familien die Beisetzung auf dem Gemeindefriedhof nicht gestattet war, hatten sie ihre Gräber auf dem eigenen Grundstück.

Die größeren Dörfer haben ihr kleines Zentrum mit Bar, Läden, Platanenplatz und Brunnen in der Nähe der Kirche. Dort findet man auch die Mairie, den Amtssitz des Bürgermeisters. Die katholische Kirche beherrscht das Dorfzentrum. Der große, schmucklose Hallenbau des »temple«, das Kirchengebäude der Protestanten, steht oft außerhalb des Dorfes.

Die Terrassengärten

Außerhalb des dicht gebauten Dorfkerns finden sich die Terrassenkulturen, eine hoch am Berghang kunstvoll gebaute Landschaft aus Stützmauern, Treppen, mit Mauern eingefaßten und gepflasterten Wegen und Wasserkanälen. Aus dem Okzitanischen sind mehrere Bezeichnungen für diese Terrassen bekannt, auf denen Gemüse, Oliven-

Die Geologie der Terrassen:
a) Granit
b) Schiefer
c) Sandstein
d) Kalkstein

bäume und Rebstöcke angepflanzt wurden: »bancels« (= Stützbank für die Erde) oder »faisses« (aus dem lat. fascis = Bündelung). Bau und Pflege der Terrassenmauern war eine wichtige Gemeinschaftsaufgabe für die Bewohner der steilen Talhänge in den Schiefercevennen. Der Bauer war zunächst einmal Maurer und Architekt. Jede Kultivierung des Bodens mußte damit beginnen, die Erde von den Steinen zu befreien und Stufungen am Berghang vorzunehmen, die ihm die Geometrie eines Amphitheaters verliehen. Die Terrassen stützten die Pflanzungen und schützten den Boden vor Erosion. Die Trockenmauern mußten mühselig aufgebaut und Jahr für Jahr sorgfältig instandgehalten werden. Ein kunstvoll gemauertes Netz von Wassergräben leitete das Wasser aus dem Brunnen oder Fluß auf die Felder. In einem Kanalsystem wurden die durch starken Regen verursachten Gießbäche auf-gefangen und so geleitet, daß sie die Gebäude nicht bedrohten. Schmale, von Mauern begrenzte Wege, die nicht befahrbar waren, führten von den Häusern über Steintreppen in die Gärten und Wiesen, zum Dreschplatz, Brunnen und Waschplatz.

In der weiteren Umgebung des Haus- und Hofkomplexes lagen die Wiesen mit Obst- und Maulbeerbäumen. Dann begann die Zone der Eßkastanienhaine (s.u.).

Das Weideland

Jenseits der bewirtschafteten und eingehegten Gebiete lag das unbestellte Land. Die weiten, von Buschwald oder Grassteppe überzogenen Flächen, die oft in steiniges Gebiet übergingen, wurden von den Hirten als Weideland benutzt. Im Frühling wurde das verstrauchte Terrain abgebrannt (*écobuage*), um den Boden zu düngen, den Graswuchs zu fördern oder neue Weideflächen durch Brandrodung herzustellen.

Der jährliche Weidewechsel der Schafherden aus dem Tiefland auf die Sommerweiden des Berglands schuf einerseits eine buchstäblich »fruchtbare« Verbindung in

Terrassenkultur

500 und 800 m Höhe. In den Cevennen wurde der Kastanienwald auch in niedrigeren Lagen systematisch angepflanzt und bewirtschaftet, seitdem Benediktinermönche den Baum im 12. Jh. eingeführt hatten.

Höhepunkt des Jahres war die Erntezeit von Oktober bis Dezember. Dann wurden

Schafherde beim Aufstieg

Form der ausgehandelten Bezahlungsbedingungen, führte zwangsläufig aber auch zu Konflikten zwischen den herumziehenden Hirten und den ansässigen Bauern (siehe »Transhumance«, S. 170f).

Die Eßkastanienhaine

Immer noch überziehen dichte Kastanienwälder die Berghänge der Cevennen. Auf den Waldwegen stößt man auf langgezogene Terrassierungen – Mauern über Mauern, die bezeugen, daß ganze Bergregionen künstlich als »Wald-Gärten« angelegt und unterhalten wurden. In diesen »châtaigneraies« findet man die »clèdes«, die Steinhäuschen, in denen Eßkastanien getrocknet wurden. Jahrhundertelang waren sie die Ernährungsgrundlage der Cevennenbauern. Das Bild vom »Brotbaum der Cevenne« drückt dies aus. Die Bäume fanden in der Zone der Berghänge zwischen den dürren Kalkplateaus der Causses im Süden des Zentralmassivs und dem Gürtel der Garrigue im Südosten ideale Wachstumsbedingungen vor. Edelkastanien gedeihen nur auf Schiefer- und Granitböden und spontan nur am Abhang der Bergkämme zwischen

die Früchte frisch gegrillt, gekocht oder als süßes Mus gegessen. Um die Kastanien für das ganze Jahr haltbar zu machen, mußten sie getrocknet werden. Hierzu wurden sie auf die Trockengestelle der »clède« gelegt. Unter ihnen brannte ein langsam schwelendes Feuer, das, Tag und Nacht inganggehalten, die Früchte einer gleichbleibenden Wärme aussetzte, bis sie nach vier Wochen getrocknet waren. Als »blanchettes« waren die Kastanien dann eine karge, aber nährstoffreiche Zugabe zu den Mahlzeiten. Die Trockenkastanien wurden in der Kastanienmühle zu Mehl gemahlen und daraus Suppen gekocht und Kuchen und Brot gebacken.

Die Bedeutung des Kastanienwaldes erschöpfte sich jedoch nicht in der Fruchtproduktion:

Auch der Baum selbst nimmt an der gewerblichen Geschäftigkeit teil. In jedem lebendigen chastanet *sieht sein Herr bereits den gefällten Baum, der zum Bottich, zum Faß oder zur Tonne wird. Im März jeden Jahres rücken die Landleute dem Unterholz der wilden Kastanienbäume zu Leibe, dem Rohstoff für die Faßreifen: Diesen geben sie ihre Form, stapeln sie zu Rädern übereinander und verkau-*

Eßkastanienkulturen

fen sie. Die kleinen Städte dröhnen vom Gehämmer der Böttcher: Die Böttcher von Sumène verkaufen zwischen 1490 und 1600 ihre Erzeugnisse im ganzen Languedoc und auch nach Marseille, wo in ihnen Wein, Thunfisch, Anchovis und gesalzene Sardinen aufbewahrt werden. Die Cevennengemeinden versorgen Marseille mit Faßreifen, Fässern, Weidenruten und Holz, das entweder schon geformt oder dazu bestimmt ist, in den Werkstätten des provenzalischen Böttchergewerbes zusammengebaut zu werden.

E. Le Roy Ladurie in »Die Bauern des Languedoc«

Die Kastanie war »der Königsbaum« der Cevennen und wurde durch Rückschnitt der Triebe im Frühjahr, Sortenveredelung, Lockerung des Bodens und Instandhaltung der Terrassenmauern dementsprechend sorgfältig gepflegt. Im 16. Jh. registrierten die Landvermesser von Nîmes eine Ausdehnung der Kastanienwälder. Die Bergdörfer waren dicht besiedelt, denn der Kastanienbaum war zwar keine üppige, aber eine sichere Ernährungsgrundlage und Einkommensquelle für die Bergbauern. Die Früchte wurden in die Städte Italiens und des Languedoc exportiert; außerdem diente das Holz als Rohstoff für ein lebhaftes Gewerbe in den größeren Dörfern. Die Cevennen waren so stark bevölkert wie die Ebene bei Nîmes.

Im Département Ardèche wurden noch im Jahr 1880 auf knapp 60 000 ha Kastanienwald 40 000 t Früchte geerntet. Kurz danach setzte der Niedergang ein. Eine Pilzkrankheit befiel die Bäume und reduzierte die Bestände beträchtlich. Die Tannin herstellenden Fabriken in Sauveur-de-Montagout, Lalévade-d'Ardèche und Joyeuse blühten auf, als die kranken Bäume flächenweise gefällt wurden.

Seit 1973 gibt die Landwirtschaftskammer beispielsweise des Département Ardèche Zuschüsse für die Instandsetzung und Pflege von Kastanienwäldern, für das Säubern des Unterholzes, das Beschneiden der Bäume und die Herstellung von Anfahrtswegen. Die französische Kastanienproduktion soll wieder die Konkurrenz zu den größeren Früchten aus Italien und Spanien aufnehmen können. Bislang werden die bekannten »Marrons glacées d'Ardèche« in den Confiserien in Montélimar und Privas nämlich aus ausländischen Maronen hergestellt. Die Konditorinnungen werden aufgefordert, neue Rezepte mit Kastanien zu kreieren. Brot aus Kastanienmehl ist mittlerweile eine willkommene Ergänzung in der Warenpalette der großen Boulangeries.

Verwilderte Terrassen

Besichtigungstips
»**La Maison du Châtaignier**« in St-Pierreville: Juli und August tägl. 10–12 Uhr und 15–19 Uhr; April bis November an ausgewählten Tagen 14–18 Uhr. Auskünfte Tel. 04 75 66 64 33 oder 04 75 66 64 64.
»**La Musee de la Châtaigneraie**« in Joyeuse: im Juli und August tägl. 16–19 Uhr; Juni bis September tägl. 14–18 Uhr. Tel. 04 75 39 90 66.
»**La Figarette, Maison de la châtaigneraie et du châtaignier**«, Mas de Manières, in 48160 St-Martin-de-Boubaux, Tel. 04 67 59 13 13 oder 04 66 45 51 75.

Die Magnanerie

Die hohen Schieferhäuser in den Cevennendörfern, die Ruinen von Manufakturen der Jahrhundertwende an den Flüssen und die stattlichen Landgüter auf den Kalksteinplateaus der Garrigue erinnern an einen verschwundenen Produktionszweig der südfranzösischen Landwirtschaft. Jahrhundertelang hatte man hier die **Seidenraupenzucht** (*frz. sériciculture*), zunächst allerdings nur als bescheidenen und zusätzlichen Erwerbszweig, betrieben. Es gehörte zum Ablauf des Arbeitsjahres, im Frühling die Seidenschmetterlingseier zu kaufen und die Raupen mit Maulbeerbaumblättern zu mästen. Nach der Verpuppung wurden die Seidenraupenkokons gesammelt und auf den Märkten verkauft. Diese Prozedur erforderte fünf Wochen lang den Arbeitseinsatz der ganzen Familie, denn es hieß, unablässig

Bauernhaus mit Magnanerie

Maulbeerblätter für vier Mahlzeiten aus dem Garten heranzuschaffen.

Bis zum Ende des 18. Jh. spielte die Seidenraupenzucht in den Cevennen eher eine untergeordnete Rolle. Die Bedingungen der Aufzucht waren primitiv und die Erträge aus den Kokonernten unzuverlässig. Da die Raupen nur die zarten, gerade erst ergrünten Blätter fraßen, konnte dieser Produktionszweig nur einmal im Jahr betrieben werden. Manche Familien besaßen in einfacher Ausführung auch die Geräte und Vorrichtungen für die weitere Verarbeitung der Kokons: den Ofen für das Ersticken der Larven, die Haspeln für das Abwickeln des Rohseidenfadens und das Spinnrad. Der im bäuerlichen Familienbetrieb hergestellte Seidenfaden fand auf den Märkten von Les Vans, Anduze, Alès und Le Vigan seine Abnehmer. Die Herstellung der begehrten Luxusware brachte etwas Geld ein, und dies war ein Zubrot zu Kastanien, Speck und Wein.

Die heute so auffällige Architektur der hoch aufragenden Cevennenhäuser geht auf die Ausweitung der Seidenraupenzucht am Anfang des 19. Jh. zurück. Damals wurden die Häuser um eine Etage aufgestockt und die Terrassen fast ausschließlich mit Maulbeerbäumen bepflanzt. Oft stand das Haus vereinzelt am Hang, um in der unmittelbaren Nähe großer Maulbeerbaumkulturen die Fütterung der Seidenraupen zu erleichtern. Im obersten Stockwerk des Hauses wurde die sog. »Magnanerie« eingerichtet, in denen Kamine für eine ständig gleichmäßige Wärme sorgten: Hier lagen die Seidenraupenwürmer (okz. magnan, lat. magnare, essen) auf Holzgestellen und fraßen sich durch das frische Laub der Maulbeerbäume. Neuere Züchtungen dieses Baumes ermöglichten jetzt eine mehrmalige Wiederholung der Prozedur in einem Jahr.

Für die Bauern in den Cevennen begann die **Seidenraupenzucht** mit dem Kauf der Eier der Seidenraupenschmetterlinge in der Zuchtanstalt. 14 Tage lang wärmte die Bäuerin die Eier am Busen, bis die 1 mm großen Raupen schlüpften und die Mästung begann. Im letzten Jahrhundert nahmen die Zuchtanstalten die Eierbestellung auf und ließen die Eier fachmännisch unter konstanten Wärmebedingungen ausbrüten. Das Schlüpfen der Raupen mußte mit dem Knospen der Maulbeerbäume zusammenfallen – die Tiere fressen nämlich nur ganz junge Blätter. Die Würmer lagen auf Holzgestellen in der Magnanerie und verschlangen mit lauten Schmatzgeräuschen Unmengen von Maulbeerblättern.
Die Raupen von 12 Gramm Eiern vertilgen täglich 100 Kilogramm Blätter. In vier Wochen häuten sich die Raupen viermal und vergrößern ihr Gewicht um das Zehntausendfache. Nach jeder Häutung muß das Raupenbett gereinigt und erneuert werden. Vier Wochen später sind die Würmer so groß wie ein Finger, hören auf zu fressen und sind bereit sich einzuspinnen. Dafür klettern sie in aufgestelltes trockenes Heidekrautgestrüpp und bilden ihren Kokon aus. Ein paar Tage später beginnt die Ernte. Die Kokons werden aus dem Gestrüpp gepflückt, gereinigt und aussortiert. Nach dieser sog. »décoconnage« wird die Larve im Kokon durch Hitze getötet und der etwa 700–1400 m lange Rohseidenfaden abgewickelt.

Die Geschichte der Seidenherstellung in den Cevennen

Die Anfänge der Seidenraupenzucht in Südfrankreich

Die Seidenraupenzucht begann in den Cevennen schon im 13. Jh. Eine Notariatsakte aus dem Jahre 1296 bezeugt, daß Raymond de Cuassargues, Bürger des Städtchens Anduze, das Gewerbe eines »trahandiers«, eines Seidenfadenziehers, ausübte. Eine größere Bedeutung erhielt die südfranzösische Seidenproduktion allerdings erst nach dem vorläufigen Ende der Religionskriege 1598. Die Aufklärungsschrift von Olivier de Serres, einem protestantischen Agronomen aus dem Vivarais, über »Das Pflücken der Seide durch die Ernährung der Raupen, die sie herstellen« weckte das Interesse Heinrichs IV. Eine heimische Seidenherstellung könnte den wachsenden Bedarf von Adel und Klerus befriedigen, ohne daß durch Außenhandel mit den asiatischen Märkten Gold aus dem Land gezogen würde. Dies war ganz im Sinne des um eine neue Wirtschaftspolitik bemühten Königs. Großflächig wurde die Anpflanzung von Maulbeerbäumen entlang der Straßen veranlaßt. Allein der Gärtner Francois Trancat aus Nîmes lieferte Ende des 16. Jh. für das Languedoc und die Provence 4 Mio. Maulbeerbaumsetzlinge aus seiner Pflanzschule. Colbert verfolgte die merkantilistische Wirtschaftspolitik der Einfuhrbeschränkungen weiter und protegierte die französische Seidenherstellung durch Prämien für jeden gepflanzten Maulbeerbaum. Er förderte außerdem die weiterverarbeitenden Handwerke der Seidenspinnerei, -weberei und -stickerei und stimulierte die Errichtung von Seidenmanufakturen durch Vergabe unverzinslicher Darlehen und Subventionen.

Die Aufhebung des Edikts von Nantes am Ende der absolutistischen Herrschaft Ludwigs XIV. bedeutete für die zahlreichen protestantischen Gemeinden in den Cevennen vorläufig einen Rückgang der Seidenproduktion. Züchter, Spinner und Weber flüchteten aus Glaubensgründen nach Holland, Deutschland und in die Schweiz.

Die großflächige Vernichtung von Oliven- und Eßkastanienbäumen durch einen heftigen Kälteeinbruch im Winter des Jahres 1709 gab den Anstoß zur abermaligen, hektischen Anpflanzung von Maulbeerbäumen.

Die Seidenindustrie

Die Umwälzung der Seidenherstellung in den Cevennen brachte die Industrialisierung der Seidenspinnerei. Zunächst wurde die Abwicklung des Rohseidenfadens von der Sphäre der familiären und handwerklichen

Seidenraupen auf Maulbeerblättern

Produktion getrennt und in Manufakturen verlegt. Die Seidenkokons ernährten die sog. »Filatures«, die bald in jeder Kommune errichtet wurden. Mit dem Verkauf der Seidenkokons folgten ihnen Frauen und Kinder hinterher und zogen in die Spinnereifabriken. War die Kokonernte versponnen, wurden die Arbeitskräfte wieder entlassen. Mit der Anpflanzung von japanischen Neuzüchtungen von Maulbeerbäumen, die bis zu fünf Ernten im Jahr erlaubten, wurde aus der saisonalen die ganzjährige Arbeit in den Manufakturen. Die Nachfrage der Lyoner Seidenwebereien war immens. Da hohe Handelszölle den Import der asiatischen Seide begrenzten, waren sie auf die heimischen Erzeugnisse angewiesen.

Am oberen Hérault, in den Gardontälern und im Bas Vivarais breitete sich eine wahre

Fütterung der Seidenraupen, Stich von Karel de Mallery, 1603

Euphorie unter den Seidenzüchtern aus: Die ganze Landwirtschaft konzentrierte sich auf die Herstellung von Seidenkokons. 1820 wurden 950 000 kg Kokons geerntet, bis 1855 konnte die Produktion auf 25 Mio. kg gesteigert werden. Die Bauern erweiterten ihre Höfe, pflanzten neue Maulbeerbaumzüchtungen und versuchten, mehrere Kokonernten im Jahr zu realisieren. Es winkte ein gewisser Wohlstand, denn der in der Seidenindustrie gefragte Rohstoff konnte massenhaft abgesetzt werden. Im Nachhinein verklärten sich diese 35 Jahre Seidenraupenzucht für den Bedarf frühkapitalistischer Industriebetriebe zu einem »goldenen Zeitalter«.

Die Ortschaften des »Gras« in der südlichen Ardèche von Labeaume, St-Alban-Auriolles, Grospierres bis Lablachère und Les Vans waren ein Zentrum der südfranzösischen Seidenraupenzucht, ebenso wie die Bergdörfer am oberen Hérault, um Anduze und St-Jean-du-Gard. Die Jahreszahlen- auf den Portalgewölben der stattlichen Landhäuser (der »Mas sériciculture«) erinnern an die Zeit der Prosperität in der ersten Hälfte des 19. Jh.

Der Niedergang

Das Jahr 1853 markiert den Niedergang der Seidenindustrie in den Cevennen und in der Ardèche. Nachlässigkeiten bei der hygienischen Kontrolle der Schmetterlingseier führten zu einer rasanten Ausbreitung der Raupenkrankheit »Pebrine«. Die Kokonernten wurden rasch verringert. Die wissenschaftliche Seite des Problems konnte sogar noch gelöst werden: Louis Pasteur entwickelte Maßnahmen zur Selektion der gesunden Eier. Doch der Sturz des Seidenpreises, hervorgerufen durch die Öffnung des Suezkanals, brachte das Aus für die französischen Seidenraupenzüchter. Die Lyoner Seidenweberfabrikanten und Händler hatten sich schließlich durchgesetzt mit der Forderung nach Abschaffung der Schutzzölle auf Seidenimporte aus Asien. Nach Wegfall der staatlichen Protektion sank die Nachfrage nach heimischer Seide drastisch. Rohseide aus Japan und China überschwemmte den Markt. Der wirtschaftspolitische Beschluß hatte die cevenolische Seidenproduktion zum Erliegen gebracht.

Die weggefallene Rentabilität der Kokonzucht in den Cevennen führte zur Stillegung der Spinnereien in den Bergdörfern, dem finanziellen Ruin der Seidenzüchterfamilien und einer massenweisen Landflucht. Zwischen 1850 und 1870 wurden 30 000 Personen registriert, die aus der Ardèche auswanderten. Nur noch wenige Familien von Seidenraupenzüchtern hielten bis in die Mitte dieses Jahrhunderts den Zuchtbetrieb aufrecht. 1968 schlossen die letzten Magnaneries in der Vallée Française.

Auswirkungen der modernen Wirtschaftsentwicklung

Landflucht

Ein massiver Wegzug seit mehr als hundert Jahren hat die Cevennen geleert. Krankheitsbefall von Seidenraupen und Kastanienbäumen, Sturz der Kokon- und Kastanienpreise, existentieller Ruin und Suche nach besseren Verdienstmöglichkeiten lösten eine Abwanderungsbewegung aus. Die jüngeren Leute zogen in die Industriestädte des Rhônetals und der Küstenregionen. Bis zum Anfang dieses Jahrhunderts dezimierte sich die Cevennenbevölkerung um ein Drittel.

Nach dem 2. Weltkrieg unterwarf die Einbindung Frankreichs in den europäischen Wirtschaftsraum die Cevennen als einer der ärmsten Regionen Frankreichs einem neuen Produktivitätsmaßstab. Die Resultate sind in den neueren Statistiken abzulesen: Zwischen 1945 und 1975 wanderte ein weiteres Drittel der Bevölkerung ab.

In den entlegenen Bergdörfern wird nun eine stark überalterte Bevölkerung registriert. Etliche Häuser sind in den Dörfern ganz verwaist. Nur zu den traditionellen Familienfesten und in den Ferien suchen die abgewanderten Familien ihre in den Dörfern zurückgebliebenen Alten auf und pflegen den Kontakt zum Familienbesitz. Schulen, Läden und Bars sind nur noch selten in den Dörfern der Bergregionen zu finden. Brot, Fleisch und Krämerwaren werden an bestimmten Wochentagen in den Dörfern

Joyeuse

ausgefahren. Schulbusse holen die wenigen Kinder aus den Dörfern ab und fahren sie in die kleinen Städte an den Talausgängen. Angehörige eines Haushaltes, in dem Landwirtschaft betrieben wird, müssen für einen Nebenverdienst in den Städten ein Pendlerdasein in Kauf nehmen.

Kleine städtische Zentren

Die Abwanderung aus dem Bergland hat in der Ardèche und in den Cevennen die bekannten »Ungleichheiten« hervorgebracht: Die ländliche Zone ist entvölkert oder nur noch von den Alten bewohnt, Städte am Rand der Gebirge haben einen leichten Einwohnerzuwachs erlebt, die Bevölkerungskonzentration findet in den Industriegebieten des Rhônetals statt.

Kleine urbane Zentren an den Südosthängen der Cevennenvorgebirge sind im Département Ardèche die Städte Annonay, Privas, Aubenas, Joyeuse und Les Vans. Im Rhônetal haben Le Cheylard, Tournon und Le Teil städtische Anziehungskraft. Bereits der überwiegende Teil der erwerbstätigen Bevölkerung des Départements arbeitet in diesen Städten in den Dienstleistungssektoren Handel, Verkehr, Verwaltung und Tourismus. An zweiter Stelle stehen Baugewerbe und Industrie. Die althergebrachten Spinnereien und Webereien sind verschwunden. Eine Nachfolge findet die traditionelle Textilindustrie der Ardèche lediglich in zwei kleineren Betrieben in Le Cheylard und Aubenas, Pharmaindustriewerke stehen in Annonay, Aubenas und La Voulte, in Annonay gibt es das Autowerk Renault. Es gibt kleine Standorte für eine Schmuck-, Papier- und Lederindustrie (z.B. Louis Vuitton in Tournon) und nicht zuletzt die bekannte Lebensmittelindustrie (glasierte Maronen und Confiserie) der Firmen Clément Faugier in Privas und Sabaton in Labégude.

Für die Cevennen des Département Gard ist Alès das kommerzielle Zentrum. Die Stadt, die im 18. Jh. berühmt war für ihren Seiden- und Kokonmarkt (6200 t Kokons und 520 000 kg Rohseide wurden jährlich umgesetzt), wurde im 19. Jh. zu einem industriellen Zentrum des Languedoc durch Kohlebergbau, Schwer- und Seidenindustrie. Mit Supermärkten, Verwaltungsgebäuden und Schulen wirbt sie heute für sich als »Hauptstadt der Cevennen« .

Die Industriestädtchen des 19. Jh., Anduze, St-Hippolyte-du-Fort und Le Vigan im Département Gard, ferner Ganges im Département Hérault beziehen aus ihrer Lage am Rand des Gebirges ihre heutige Bedeutung als kleine Zentren von Handel und Tourismus.

Von Aubenas bis Ganges findet man in der Umgebung dieser Städte Gewerbegebiete und kleine Ansiedlungen der lokalen Industrie. Beidseitig der Ausfallstraßen blickt man kilometerlang abwechselnd auf die Flachbauten von Supermärkten, Lagerhallen und Tankstellen. Dazwischen reihen sich die Stellwände überdimensional großer Werbeplakatflächen hintereinander.

Frankreichs »wilder Süden« – die wiederentdeckten Cevennen

Ein großer Teil der entvölkerten Cevennen wurde 1970 zum Nationalpark erlärt. In dessen Kernzone leben nur noch 600 Einwohner. Gleichzeitig aber erleben die nördlichen Cevennen im Département Ardèche und die Randgebiete des südlichen Berglands seit etwa 30 Jahren einen Zuzug. Städter aus dem Languedoc und aus Paris entdeckten die verwaisten Weiler und kauften Zweitwohnsitze. Pensionäre, Freiberufler und Kunsthandwerker siedelten sich dauerhaft an, und bald zog das abgelegene Bergland auch ausländisches Kaufinteresse an. Obwohl die Grundstückspreise stiegen, gab es bereits Anfang der achtziger Jahre ca. 20 000 »**Residences secondaires**« in den Cevennen, fast ebensoviel wie Erstwohnsitze. Mittlerweile fragt man sich allerdings nach dem Nutzen für die Region. Verfallende Dorfsubstanz wird zwar instandgesetzt, aber die kleinen Lebensmittelgeschäfte der Bergdörfer können sich trotzdem nicht halten, und der ländliche Exodus hält an. Schon längst werden die Folgen eines »Aus-

Freizeit ...

... in Südfrankreich

Blick von Aubenas auf die nördlichen Cevennen

verkaufs der Dörfer« kritisch überdacht. Im Sinne eines »integrierten Tourismus« werden Maßnahmen gefordert, die das Bleiben der lokalen Bevölkerung ermöglichen.

Mißtrauisch beobachteten die Einheimischen auch den Zuzug ökologisch denkender Jungbauern. Diese sog. »**neo-ruraux**« kamen aus den Großstädten, um in den Bergdörfern im Süden Frankreichs alternative Lebensprojekte auszuprobieren. Mit dem Ziel der Selbstversorgung auf der Basis einer kleinen Landwirtschaft versuchen sich die Neo-Ruralen in der Herstellung der traditionellen Produkte: Ziegenkäse, Honigsorten, Konfitüren aus Wildfrüchten, Kastanienmehl und Maronenmus, Charcuterie vom Wildschwein und Olivenöl bereichern die kleine Feinkostproduktion, die auch von den anderen Bauern betrieben wird. Sie versuchen, mit touristischen Angeboten wie »Produkte vom Bauernhof«, »Gastzimmer auf dem Bauernhof«, Ferienwohnung- und Campingplatzvermietung ihren Lebensunterhalt zu sichern.

Seit 20 Jahren gewinnt der **Tourismus** in den Cevennen ökonomisch an Bedeutung. Die lokalen Fremdenverkehrsvereine vermarkten die Cevennen werbewirksam als »wilden Süden Frankreichs«, als Naturreservat und einsame Idylle für gestreßte Städter. Neuerdings wird versucht, das in- und ausländische Urlauberpublikum, das sich zunächst auf die touristischen Anziehungspunkte der berühmten Flußschluchten konzentrierte, für die abgelegenen Täler und Bergdörfer zu interessieren. Das Wiederbelebungsprogramm für diese Regionen wirbt für einen »grünenTourismus«, für »ökologisch und kulturell bewußtes Entdekken« der Cevennen.

Der Nationalpark der Cevennen

In den letzten 30 Jahren sind in Frankreich sieben Nationalparks eingerichtet worden. Große Teile der Cevennen wurden 1970 zum »Parc national des Cévennes« (P.N.C.) erklärt. Das Gebiet umfaßt eine 914 km² große zentrale Zone, die sich vom äußersten Ende des Mont Lozère über die Bergrücken zwischen den Gardontälern zum Mont Aigoual erstreckt. Für die Randgebiete der

Frankreichs »wilder Süden«

Kernzone, die nicht den strengen Parkgesetzen unterworfen sind, gibt es diverse staatliche Förderungsprogramme.

Die Parkbehörde sitzt in Florac und beschäftigt 60 Mitarbeiter, von denen 30 im Außendienst als Parkbetreuer und Sektorenleiter unterwegs sind. 600 Einwohner leben noch in dem Schutzgebiet, die, ebenso wie auch die etwa 40 000 Einwohner der Randzone, für die Programme der Umweltschutzbehörde gewonnen werden sollen.

Die Parkbehörde hat sich zunächst den Landschafts- und Artenschutz zur Aufgabe gemacht. Das Wiedereinsetzen von Auerhahn, Gänsegeier, Biber und Hirsch gehört ebenso in das Programm wie die Inventarisierung der Mufflons im Aigoual-Massiv und die Unterstützung der reinrassigen Zucht von ursprünglichen Arten (Merens-Pony, Aubrac-Kuh, Raiol-Schaf). Die Greifvögel, Steinadler, Schlangenadler, Bussard- und Falkenarten beleben mittlerweile wieder die weiten Landschaften des Parks; Gänsegeier bevölkern die Jonte-Schluchten. Die Vegetationsvielfalt ist groß, etwa 1200 Pflanzenarten sind anzutreffen, darunter auch endemische Pflanzen, also Arten, die nur hier vorkommen.

Les Cévennes
Parc National

Eine weitere Zielsetzung des Parks ist die Pflege des kulturellen Erbes (»Patrimoine«) der alten bäuerlichen Architektur. Ständige Ausstellungen im Schloß von Florac und im Informationszentrum Maison du Mont Lozère in Le Pont-de-Montvert geben einen Einblick in die traditionellen, ländlichen Lebensformen. Sie werden ergänzt durch das Freilichtmuseum Mas Camargue und restaurierte Gebäudekomplexe auf der Hochebene des Lozère-Massivs: Weiler, Mühlen, Backhäuser, Wasserkanäle und -reservoirs wurden hier instandgesetzt, um die Landschaft kulturell interessant zu machen.

In den Cevennentälern der Gardons gibt es seit 1989 das »Écomusée de la Cévenne« mit Lehrpfaden, Museums-Magnanerie in La Roque, dem Seidenmuseum »Musée de la soie« in St-Hippolyte-du-Fort, dem Museum der Cevennentäler (»Musée des vallées cévenoles«) in St-Jean-du-Gard und anderen Einrichtungen (siehe Vallée Française). Der Park gibt eine Publikationsreihe (»Revue du Parc national des Cévennes«) heraus, die mit kenntnisreichen Studien über die ländliche Bauweise, die Bodenbeschaffenheit, prähistorische Fundstätten, Tierarten und Pflanzen informiert.

Die Maßnahmen des P.N.C. zum Landschafts- und Artenschutz und zur Erhaltung und Wiederbelebung des kulturellen Erbes bezwecken die touristische Entwicklung der Region. Geplant sind Angebote an einen »grünenTourismus« (Tourisme vert). Mit dem »Hauch einer anderen Welt« wird für das Bergland der Cevennen geworben und eine gezielte Vermarktung seiner Natursehenswürdigkeiten betrieben.

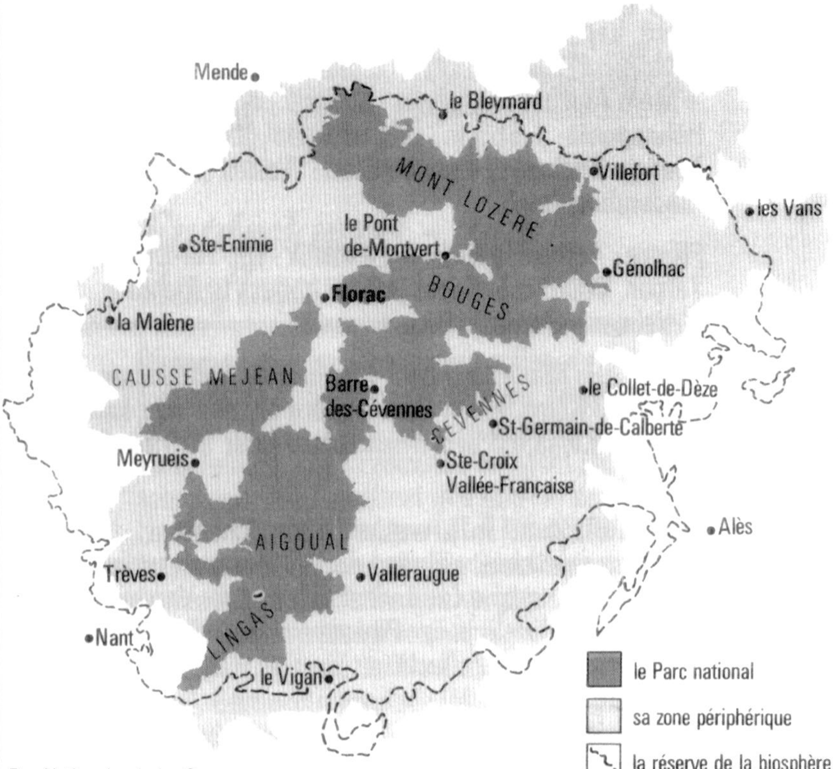

Der Nationalpark der Cevennen

Die Parkbehörde tut einiges, um die abgelegenen Landschaften zugänglich zu machen. Die von Macchia überwucherten Pfade der Transhumanz, die uralten Schafswege, werden wieder freigelegt, das weiträumige Wanderroutennetz der Grandes Randonnées (abgekürzt als GR) mit Etappenquartieren (Gîtes d'étape) ausgebaut. In bestimmten, landschaftlich besonders reizvollen Regionen sind zusätzlich Wege nach Wandervorschlägen der Parkbehörde ausgeschildert und beschrieben.

Die Bewohner der Kernzone und der angrenzenden Gebiete erhalten Perspektiven für neue Einkommensquellen aus dem Programm des »sanften Tourismus«. Für das Errichten von Ferienhäusern und -wohnungen (Gîtes ruraux) wird staatliche Förderung zugesagt. Die Bergtouristen schätzen die lokalen Feinkostprodukte wie Honig, Ziegenkäse, selbstgemachte Wildfrüchtekonfitüren, Brot aus Kastanienmehl sowie die einheimische Küche in den »Fermes Auberges«.

Viehzüchter und Landwirte erhalten Hilfsprogramme und Anregungen für landwirtschaftliche Methoden, die in Einklang mit dem Naturschutz zu bringen sind.

I. IN DEN NÖRDLICHEN CEVENNEN

Überblick

Am Ostrand des vulkanischen Berglands des Zentralmassivs reihen sich die Gebirgszüge der Nordcevennen aneinander. In Richtung Nordwest–Südost hintereinander gestaffelt, werden die scharf geschnittenen Höhenrükken von der Serre de Borne bis zum Col d'Escrinet durch die tief eingekerbten Flußtäler von Chassezac, Borne, Beaume, Ligne, Ardèche, Fontolière, Bourges, Bézorgues und Volane voneinander getrennt. Die Wasserläufe entspringen auf den Hochflächen des Zentralmassivs und werden von den starken Regenfällen der Klima- und Wetterscheide auf dem Plateau gespeist. Das steile Gefälle der Gebirgsflüsse verstärkt die Energie der Wassermassen, die nach kräftigem Niederschlag zu Tal fließen. Von 1000 Höhenmetern bei Fialouses fällt die Bourges auf der nur 4 km langen Strecke bis Burzet auf 500 Höhenmeter; in Mezilhac noch auf 900 m Höhe, hat die Volane über 400 m hinter sich, wenn sie die 4 km entfernte Pont-de-l'Huile unterhalb des Bergsporns von Antraigues passiert. In Jahrmillionen höhlten die Gebirgsflüsse das brüchige und für Abtragung anfällige Schieferstein aus und bildeten in den Cevennentälern eine schroffe Felsenlandschaft mit steilen Uferabbrüchen. Mit der Wucht ihrer Aushöhlungskraft vertieften sie die Taleinschnitte (valats) zwischen den Höhenkämmen (serres).

Brücke bei Thines

Antraigues

Ausgedehnte Kastanienwälder breiten sich auf Hangterrassen aus, die in den abseits gelegenen Bergregionen verwildert sind. In den niedrigen Lagen der Cevennen bestimmt der mediterrane Buschwald mit Steineichen, Pinien, Buchsbaum, Strauchheide und wilden Kräuterbüschen die Vegetation. Bis tief in die Täler hinein werden Obst und Wein auf Terrassen angebaut. Oberhalb von 1000 Höhenmetern tut sich eine karge Landschaft von einsamen Hochflächen, hochgelegenen Weiden und Wäldern auf. Die angestammten Eichen- und Buchenwälder wurden durch Kahlschlag und Brandrodung vernichtet. Heide-, Gras- und Ginsterflächen haben sich ausgebreitet und werden nur gebietsweise von eintönigen, aufgeforsteten Tannenwäldern unterbrochen. Das Tiefengestein Granit ist allgegenwärtig, auf den Halden liegen die rund geschliffenen Steinblöcke.

Im Nordwesten des Département Ardèche stoßen die am weitesten nach Norden vorgeschobenen Kämme der Cevennen auf das Hochplateau des Zentralmassivs. Dieses »**Plateau Ardèchois**« erstreckt sich von den Hochflächen des Tanargue- und Borne-Massivs über den Mont Mézenc bis zu den Bergen um St-Agrève. Es unterscheidet sich

Blick über das Plateau Ardèchois

in Landschaftsrelief und Klima deutlich von der »Böschung« des Zentralmassivs, dem Cevennen-Bergland. Der Wechsel ist drastisch nachzuvollziehen, wenn man den schmalen Serpentinenstraßen folgt, die sich aus den tief zerklüfteten Talschluchten vor großartiger Bergkulisse in die Gebirgsregion hochwinden. Die Gebirgsformationen des Ardèche-Plateaus bieten nach dem Aufstieg aus den Südosttälern einen gänzlich neuen Landschaftseindruck.

Der Rand des Zentralmassivs markiert die Wasser- und Klimascheide zwischen Atlantik und Mittelmeer; hier verliert sich der mediterrane Klimaeinfluß. Das »Plateau« der Ardèche überrascht durch die weitflächige, sanft gewellte Landschaft von Wiesen, Weiden, Waldabschnitten und Mooren auf einer durchschnittlichen Höhe von 1200 m. Charakteristisch für das Bergprofil sind die Kegel und Kuppen erloschener Vulkane, die hier »sucs« genannt werden. Die Gipfel erreichen eine Höhe von knapp 1700 m Höhe.

Die Gebirgslandschaft im Nordwesten der Ardèche gehört geologisch zum Zentralmassivs, auf dem der Vulkanismus (seit dem Erdzeitalter des Tertiär bis in die Menschheitsvorgeschichte) maßgeblich die Landschaft geformt hat. Die markanten Kegel und Kuppen des »Plateau Ardèchois« gehören zu den Südostausläufern der Vulkankette des Velay. Infolge der Auffaltung der Alpen und der Pyrenäen vor 60 Mio. Jahren wurde nicht nur die südöstliche Kante des Zentralmassivs zusammengeschoben und in die Höhe gedrückt. Unter der Einwirkung gewaltiger Kräfte zerriß die Granitscholle des alten Massivs und schuf tiefe Grabenrisse und Krateröffnungen. Die ausgeworfenen Basalt- und Aschemassen bauten neue Gebirgszüge auf. Dünnflüssige, basische Lavamasse ergoß sich im Mézenc-Gebiet und am Escrinet in die alten Stromtäler; so entstand z.B. das Lavaplateau Coiron.

In der Landschaft sind verschiedene Berg- oder Felsformen auszumachen, die der Vulkanismus hervorgebracht hat. Dickflüssige

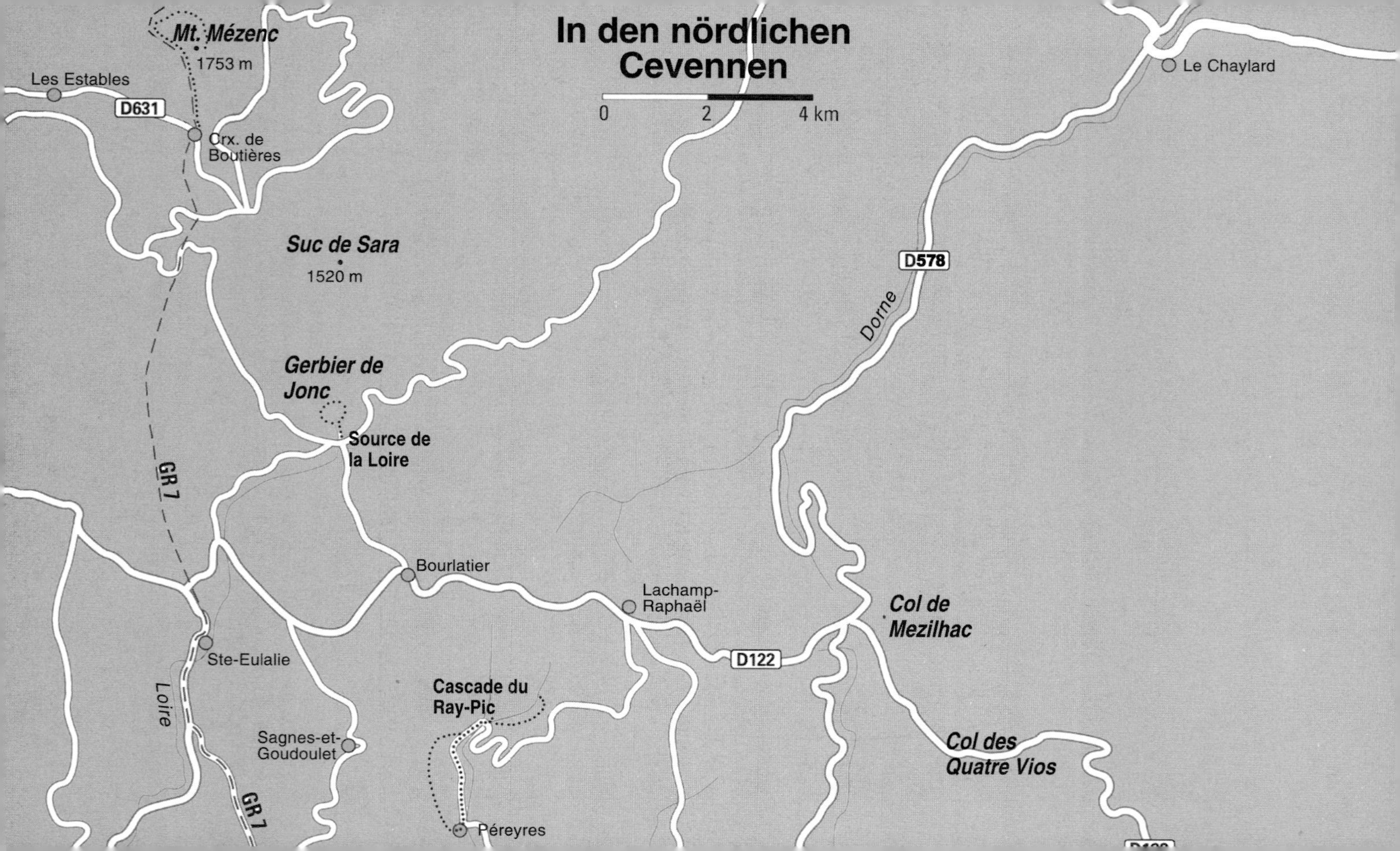
In den nördlichen Cevennen
0
2
4 km
Mt. Mézenc
1753 m
Les Estables
D631
Crx. de Boutières
Le Chaylard
Suc de Sara
1520 m
D578
Dorne
Gerbier de Jonc
Source de la Loire
GR 7
Bourlatier
Lachamp-Raphaël
Col de Mezilhac
D122
Ste-Eulalie
Loire
Cascade du Ray-Pic
Sagnes-et-Goudoulet
Col des Quatre Vios
Péreyres
GR 7

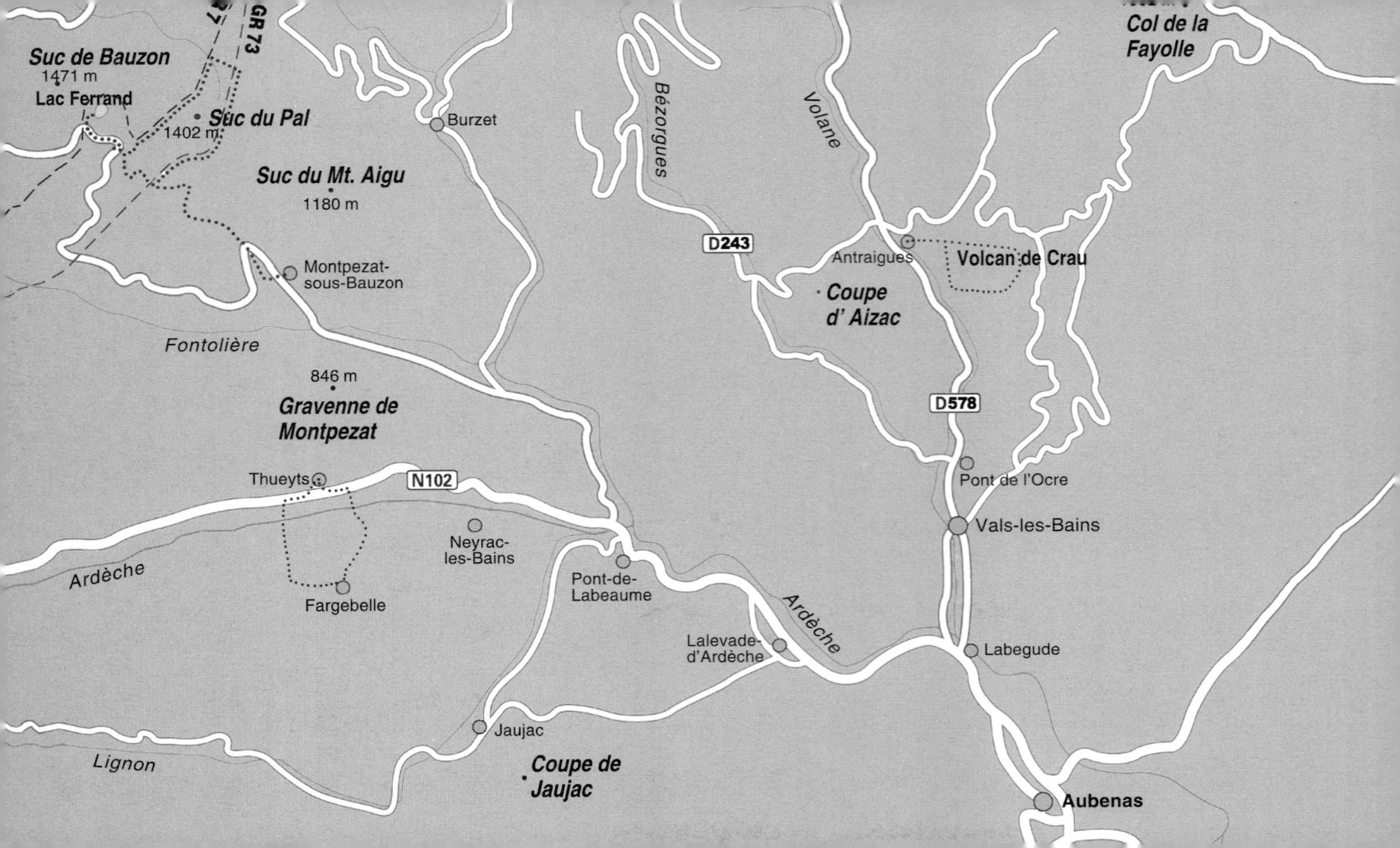

Suc de Bauzon
1471 m
Lac Ferrand
GR 73
Suc du Pal
1402 m
Burzet
Bézorgues
Volane
Col de la Fayolle
Suc du Mt. Aigu
1180 m
D243
Antraigues
Volcan de Crau
Montpezat-sous-Bauzon
Coupe d' Aizac
Fontolière
846 m
D578
Gravenne de Montpezat
Pont de l'Ocre
Thueyts
N102
Vals-les-Bains
Neyrac-les-Bains
Ardèche
Pont-de-Labeaume
Fargebelle
Ardèche
Lalevade-d'Ardèche
Labegude
Jaujac
Lignon
Coupe de Jaujac
Aubenas

Lavaeffusionen haben z.B. die sog. Quellvulkane aufgebaut, deren markante Gestalt mit einer Glocke zu vergleichen ist: die Hänge sind steil, und die Kuppe hat eine flache Rundung und keine Kraterõffnung. Zähflüssiges Material hat erstarrend den Berg höher wachsen lassen und den Schlot verstopft. Der Mont Gerbier de Jonc ist ein Beispiel für die markante Form des »Kegelklotzes« eines solchen Quellvulkans.

Auf dem Lavaplateau des Coiron sind die sog. »necks« ein auffälliges Relikt des Vulkanismus. Erosionsprozesse haben das weiche Kalk- und Mergelgestein des Vulkanbergs weitgehend abgetragen. Nur die Basalte, die in den Gängen oder Schloten erstarrt sind, blieben als verwitterungsresistente Vulkanruine stehen: Als Felsnadel oder Restkegel ragen sie nun, wie z.B. die Vulkanruine am Turm von Mirabel, aus dem Boden heraus.

Die unterirdische Aktivität an der Kante des Plateaus ist bis heute noch virulent: Zahlreiche Mineralquellen treten heiß an die Oberfläche. Entlang der Bruchkante der Cevennen liegen die Heilbäder von St-Laurent-les-Bains, Neyrac-les-Bains, Vals-les-Bains und St-Georges, von hier kommen die bekannten Mineralwässer Asperjoc, Pestrin, Vals und Rochemaure.

Die oft eintönigen und kargen Hochflächen des Gebirgsplateaus am nordwestlichen Rand des Départements sind verhältnismäßig dünn besiedelt. Seit der Jahrhundertwende hält die Abwanderung in die südlichen Täler an. Verschiedene Anstrengungen werden unternommen, um den Sommertourismus an den Seen von Issarlès und St-Martial anzukurbeln und die Region für den Wintersport interessant zu machen.

Zwei maßgebliche Straßenachsen erschließen das Gebiet der nördlichen Cevennen. Schon 1780 wurde die Straße gebaut, die aus dem Rhônetal in das Gebirge führte und das Vivarais mit der Auvergne verband. Sie war ein Teil der Straße, die von Clermont-Ferrand bis nach Montpellier verlief und dem Handel und der Kontrolle über die Cevennen diente. Zu den ersten Brükken für diese »Route de la Chavade«, die heutige N 102, die durch tief zerklüftetes Bergland führt, gehört die Brücke über den »Höllenschlund« (»Gueule d'Enfer«) von Thueyts. Die Straße begleitet den Oberlauf der Ardèche und erreicht mit den Wäldern von La Chavade und Mazan das Plateau der Ardèche.

Die Nationalstraße 104 führt von Privas über den Col l'Escrinet nach Aubenas und erreicht die sog. Ardèche-Senke (S. 14). Zwischen dem fruchtbaren Hügelland der südöstlichen Gebirgsausläufer der Cevennen und der Kalksteintafel des »Gras« breiten sich von Aubenas bis Lablachère die Weinhänge, Obstplantagen, Gärten und Gehöfte der »Côte du Vivarais« aus. Auf den fruchtbaren Böden in der Senke und an den Vorgebirgshängen wird der Anbau von Wein und Obst betrieben. Mit den Ernten beliefern die Bauern die großen Wein- und Obstkooperativen in St-Sernin, Rosières, Lablachère und Ruoms. An den Talausgängen der nördlichen Cevennen liegen die kleinen Geschäfts- und Tourismuszentren Aubenas, Joyeuse und Les Vans, deren mittelalterliche Stadtkerne von Supermärkten, Tankstellen und Gewerbegebieten umgeben sind.

Etwas abseits der großen Verkehrsachse findet man im Hügelland kleine, z.T. befestigte Ortschaften mit mittelalterlichen Gassen, engen Häuserreihen, Burgfried und Stadtmauern: Largentière, Montréal, Tauriers, Chassiers, Jaujac. Von hier aus lassen sich zahlreiche Wanderungen in die Vorgebirge des Tanargue vornehmen. Markiert ist eine viertägige Rundwanderung, die »Tour du Tanargue«, deren Beschreibung in der Maison de la Presse in Joyeuse erhältlich ist.

Die kleinen Täler nordwestlich von Aubenas haben jeweils ihr kleines gewerbliches und kommerzielles Zentrum am Talausgang: Vals-les-Bains und Antraigues an der Volane, Burzet an der Bourges, Montpezat an der Fontolière.

1. Auf dem Dach der Ardèche: Gerbier de Jonc und Mont Mézenc

Dieser Tourenvorschlag führt auf das Plateau der Ardèche. Um die weitflächige Landschaft des Hochlands mit seinen vulkanischen Bergformationen kennenzulernen, bietet sich eine Autorundtour mit zwei kurzen Wanderungen an, die eine Besteigung der zwei markantesten Kegel im Mézenc-Massiv einschließen. Der Gerbier de Jonc (1551 m) ist eine touristische Wallfahrtsstätte, denn hier sind die Quellen der Loire zu besichtigen, die an seinem Hang zutage treten. Weil es nicht um irgendeinen, sondern um den Ursprung des längsten Flusses von Frankreich geht, behaupten auch gleich mehrere Bauernhöfe, nur aus ihrem Brunnen fließe die wahre Loire. Die Karthographen aber haben einen Hof als »geographischen Ort« der Quelle festgelegt. Seitdem wissen die Touristen, was sie fotografieren müssen und in welcher Schlange sie sich anzustellen haben, um garantiert Loire-Quellwasser in ihre Flaschen abzufüllen.

Der Mont Gerbier de Jonc ist ein sog. Phonolith. So heißt das Vulkangestein, das zum Klingen kommt, wenn man mit dem Hammer darauf schlägt. Der Berg hat die Gestalt eines Quellvulkans (s.o.), der durch jahrtausendelange Erosion stark abgetragen wurde. Man steht vor einem steilen, 136 m hohen Kegel mit einer flach gerundeten Kuppe, der auf dem sanft gewellten Hochland einsam aufragt.

Der Mont Mézenc ist mit seinen 1753 Höhenmetern der höchste Berg der Ardèche. Schon aus der Ferne kann man den Vulkanberg an seiner Trapezform erkennen.

Autofahrt

Von Aubenas aus begleitet die N 102 den Oberlauf der Ardèche. In Labégude verläßt man die Nationalstraße, folgt dem Hinweisschild zu dem hübschen Städtchen und traditionellen Badeort Vals-les-Bains, überquert im Ort den Fluß Volane und fährt auf der D 578 Richtung Antraigues eine kurze Strecke im Volane-Tal. In Le Pont de l'Ocre zweigt die D 243 links ab. Die schmale Straße windet sich in dem malerischen Tal der Bézorgues die Berge hoch. Auf den Bergvorsprüngen liegen die Dörfer Juvinas und Labastide-de-Juvinas, von Wiesen-, Obst- und Gartenterrassen umgeben. Nach Erreichen von Labastide fährt man weiter Richtung Freyssenet und von da aus in tiefen Kehren auf der D 354 nach Lachamp-Raphaël. Dabei schraubt sich die Straße immer höher und gelangt schließlich in eine karge und weitflächige Landschaft. Die Paßstraße D 122 von Privas nach Le Puy ist erreicht und in 1330 m Höhe der kleine Wintersportort Lachamp-Raphaël. In großen Schleifen führt die D 122, später die D 378, über die weitflächig gewellte Hochebene. Dabei kommt man an der »Ferme de Bourlatier« vorbei, einem ehemaligen Bergbauernhof, der heute als Museum besichtigt werden kann. Auf teppichartigen Wiesen thront schließlich der massige Kegel des Gerbier de Jonc wie ein Zuckerhut.

Wanderung

Die Besteigung des **Gerbier de Jonc** dauert von hier aus 20 Min. Ein kurzer, aber sehr steiler Anstieg auf verschiedenen, gut sichtbaren Wegen, die zunächst etwas geröllig sind, führt im letzten Abschnitt zwischen einigen Felsnadeln hindurch. Hier muß man sich manchmal mit den Händen abstützen, um über die hohen Steinstufen zu klettern. Die Rundsicht lohnt auf jeden Fall die kurze Anstrengung.

Ab 10 Uhr morgens ist die einsame Straße am Fuß des Kegels eine kleine Budenstadt. Man flaniert von den Bottichen mit

Berghonig zu den Preiselbeer- und Brombeerkonfitüren, kann Heidelbeertorte und heiße Pfannkuchen essen, Bier trinken und T-Shirts kaufen. Gegenüber dem Gasthaus »Source de la Loire« liegt die kleine Ferme mit der Loirequelle, die sich mit dem offiziellen Hinweisschild »geographische Quelle« den Besucherstrom sichert.

Die Weiterfahrt auf der D 378 zum Vulkanmassiv des Mézenc führt durch eine weite und einsame, grüne Landschaft von Wäldern und offenen Flächen mit dem Auf und Ab der Vulkankegel. Die gut ausgebaute Straße streift ein paar abseits gelegene Gebirgshöfe mit den auffallend tief heruntergezogenen Dächern. Über Les Estables, einen Wintersportort im breiten Hochtal der Gazeille, erreicht man schließlich den Ausgangspunkt für die Wanderung zum Mont Mézenc, das Croix de Boutières (1506 m) am Wegkreuz an der D 631.

Wanderung

Der schattige Weg auf weichem Waldboden beginnt links unterhalb des »Chalet La Burle« (kleine Restaurant-Bar Tel. 04 71 08 30 38) und ist als GR rot-weiß (GR 7/420) markiert. Der erste Abschnitt der Wanderung führt durch einen Tannenwald. Nach 35 Min. erreicht man den Fuß des steinignackten Vulkanbergs. Von einer Orientierungstafel führen gut markierte Wege auf den Mont Mézenc (1753 m) mit seiner auffälligen Trapezform und drei »Gipfelpunkten«. In etwa 15 Min. erreicht man das Gipfelkreuz auf der einen oder die beiden Orientierungstafeln auf der anderen Seite. Bei günstigem Wetter umfaßt die grandiose Aussicht die Vulkankette des Zentralmassivs, das Rhônetal und das Alpenvorland.

Die **Autofahrt** verläuft wieder über Les Estables und erreicht den Gerbier de Jonc. Hier zweigt die D 116 im spitzen Winkel rechts ab und begleitet die Quellflüsse der Loire durch die Bergwiesen. Auf der Höhe ihres ersten größeren Zuflusses, des l'Aigue Nègre, ist die Loire bereits ein kleiner Fluß geworden und bildet kurz darauf schon die ersten schönen Wasserfälle und Becken: Für ein Bad überquert man die Brücke an der Abzweigung der D 122 und geht zu den Uferwiesen der Loire hinunter.

Die D 116 führt durch Ste-Eulalie und weiter durch die Moorwiesen und Weiden des Hochtals der Loire. Man beachte die zweite Abzweigung links. Wir folgen einer winzigen Straße, die als Grande Randonnée markiert ist, und werden durch eine sehr herbe und abgeschiedene Landschaft und an ginstergedeckten Bauernhöfen vorbei zu der D 289 geleitet, die von Sagnes-et-Goudoulet kommt und nach Burzet hinunterführt. Die Straßenführung ist spektakulär. In tiefen Kehren windet sich die kleine Straße vom Plateau herunter und bringt die Veränderung der Landschaft unmittelbar zur Anschauung. Von der großflächigen, kühlen Hochebene kommt man mit jeder Kehre tiefer in die zerklüfteten Bergformationen der Cevennen mit ihren Felsen und Flußkerben. Man sieht wieder Terrassenanbau, Pappeln, Kastanien und Weinstöcke, kleine Dörfer und Landsitze am Hang und die malerische Brücke über die Bourges, bevor man in die schmalen Gassen des Städtchens Burzet hineinfährt. Von St-Pierre-de-Colombier erreicht man über die D 343 wieder das Tal der Bézorgues, oder man bleibt auf der D 26 und fährt ab Pont-de-Labeaume am Flußlauf der Ardèche entlang nach Aubenas.

Aus dem Reiseführer von 1908:

Vals ist einer der berühmtesten Badeorte von Frankreich, und sogar von Europa. Genau genommen verdankt es seinen Ruf der enormen Ausfuhr von Mineralwasser – dank der Vielfalt seiner Quellen. Unterdessen suchen immer mehr Badegäste die Thermalstation in Vals auf, allerdings überwiegend regionale Klientel; die Nordfranzosen und Ausländer sind eher in der Minderheit. Die Cevenolen, Lyonaiser und Provencalen reisen gerne an – auch die weniger reichen – wegen der exzellenten Bedingungen, unter denen man hier leben kann: Sie treffen auf das eigene

Charakteristisch für die Bauernhäuser auf dem Plateau Ardèchois sind tief heruntergezogene Dächer

Klima, die bekannten Gewohnheiten und sogar auf ihre Sprachgepflogenheiten. Vals besitzt einerseits Grand-Hotels mit allem wünschenswerten Komfort, anderseits findet man aber auch Häuser der zweiten Klasse mit viel Gastfreundschaft und großzügiger Bewirtung. Badegäste, die mit ihrer Familie nach Vals fahren, mieten sich gern ein Appartement oder ein Haus. Häufig findet man Wild, Forellen und Trüffel zu annehmbaren Preisen auf dem Markt und bei den Händlern von Vals oder am Samstag auf dem Markt von Aubenas (eine Straßenbahn verbindet diese Stadt mit dem Badeort und erlaubt es den Reisenden, sich in der Nähe der Thermal-Station einzuquartieren).

Paul Joanne, Les Cévennes, Paris Librairie Hachette, 1908

Adressen

43150 Les Estables

- Office de Tourisme, Tel. 04 71 08 31 08/ Fax 04 71 08 31 41
- Auberge »Les Fermiers du Mézenc«, Tel. 04 71 08 34 30
- Restaurant »Les Trois Monts«, Tel./Fax 04 71 08 35 06
- Chambres/Table d'Hôte »La Vacheresse«, bei Chantal Ollier und Gilles Fourcade, Tel./Fax 04 71 08 31 70, »Le Moulinou«, in Moudeyres bei Lucia und Bertrand Gaboriaud, Tel. 04 71 08 30 52 und »Le Chalet d'Ombre«, bei Christine und Philippe Bousseaud, Tel. 04 71 08 33 52
- Gîte d'étape »La Maison Forestière«, am Fuß des Mont Mézenc (Ski-Langlauf u. Abfahrt), Tel. 04 71 08 34 03/ Fax 04 71 08 30 79

07530 Lachamp-Raphaël

- Mairie, Tel. 04 75 38 78 86
- Hôtel-Restaurant »L'Escapade«, Tel. 04 75 38 77 81
- Ferme de Bourlatier, ständige Ausstellung über die ländliche Architektur in der Montagne Ardèchoise, geöffnet vom 25.5. bis zum 5.10. von 10–12 und 14–19 Uhr, Tel. 04 75 38 84 90

07510 Sagnes-et-Goudoulet

- Mairie, Tel. 04 75 38 82 33
- Ferme-Auberge »Les Grands Sagnes« bei Mme Lucienne und Mme Marie-Thérèse

Chaneac; familiäre, lokale Küche mit freundlichen Gästezimmern, Langlaufpiste im Winter, Tel. 04 75 38 80 28
- Hôtel-Restaurant Chanéac mit kulinarisch empfehlenswerter Küche auf der Basis von Wildkräutern der Region und längst vergessenen Obst- und Gemüsesorten, die Jean-François Chanéac für seine Rezepte wiederentdeckt hat; Spezialitäten: Forellenfilet an Perlgraupen und die Terrine von Wildpflanzen, Tel. 04 75 38 80 64

07510 Usclades-et-Rieutord: siehe S. 51

07600 Vals-les-Bains
- Office de Tourisme, Tel. 04 75 37 49 27/ Fax 04 75 94 67 00
- »Grand Hôtel des Bains«, Tel. 04 75 37 42 13
- Restaurant »Chez Mireille« bei M. u. Mme Martin in der Rue Jean Jaurès: das kleine, unauffällige Gourmet-Restaurant lohnt einen Besuch wegen seiner ausgezeichneten Küche zu günstigen Preisen; ganzjährig geöffnet, Tel. 04 75 37 49 06
- Das »Hôtel du Vivarais« ist ein schönes, altmodisches Haus der Jahrhundertwende mit hervorragender Küche auf Grundlage der regionalen Produkte: Maronen, Pfirsiche und Steinpilze; empfehlenswert im Herbst: mit Maronen gefülltes Täubchen an Steinpilzen, Tel. 04 75 94 65 85

07380 Pont-de-Labeaume
- »Auberge la Truite Enchantée«, Tel. 04 75 38 05 02

2. Maultierwege aus den Hochtälern auf das »Plateau Ardèchois«

Bevor die modernen Straßenzüge in die Gebirgsregion vordrangen, gab es steingepflasterte, breite Wege, auf denen seit Hunderten von Jahren die Maultiere aus den Hochtälern der Cevennen auf die Pässe geleitet wurden. Die Ortschaften am Ausgangspunkt dieser alten Routen profitierten von dem Durchzug der Saumtiere und waren Marktflecken. Die solide steinuntermauerten Wege waren kunstvoll gebaut und machten eine stellenweise schroffe und wild zerklüftete Berglandschaft relativ bequem zugänglich. Mit ihrer Entwertung durch die neuen Straßen sank auch die Bedeutung der Ortschaften. Inzwischen bemühen sich die Gemeinden wieder um die Instandhaltung der Wege, um Tourismus anzulocken.

Von Montpezat zur Vestide du Pal (Lac Ferrand)

Im Tal der Fontolière steigt die D 536 in großzügig geschwungenen Serpentinen durch eine bizarre Fels- und Gebirgslandschaft auf das Hochplateau im Nordwesten des Départements. Vor der Gebirgsbarriere des »Plateau Ardèchois« mit den Vulkankegeln Suc du Pal und Suc de Bauzon liegt in einem grünen Hochtal die Ortschaft Montpezat-sous-Bauzon. Hier beginnt oberhalb der Fontolière der direkte Weg in das Gebirge. Es ist die alte Streckenführung, ein gepflasterter Weg, genannt »la Peyrouse«, dessen Anlage sicher sehr weit zurückliegt. Im Städtchen macht das Schild »Chemin de César« auf ihn aufmerksam.

Der Weg führt breit und mit gemächlichem Anstieg zum Col du Pal. Oben überrascht ein völlig neues Landschaftsbild. Wind streicht über sanft gewellte, grüne Hochflächen mit Wiesen, Weiden und dunklen Tannenwäldern. Vom Paß blickt man Richtung Südosten in die tiefen Erosionstäler, wo Weinberge, Obstplantagen und Kastanienwälder im Hitzedunst des mediterranen Klimas liegen. Der Gebirgsrand markiert die Wasserscheide zwischen Mittelmeer und Atlantik. Auf dem Plateau führt der Weg (GR 73 und GR 7) am Suc du Pal entlang und umrundet dann das weiträumige, alte Kraterbecken La Vestide du Pal, in dem einzelne Vulkankuppen stehengeblieben sind.

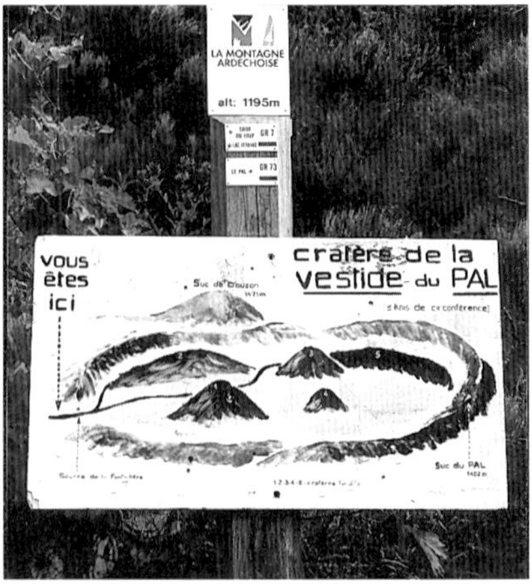

Hinweise für die Wanderung

- **Anfahrt**: Von Aubenas auf der N 102 bis nach Pont-de-Labeaume. Hat man die Ardèche auf der Pont Rolandy überquert, folgt man der D 536 nach rechts. Sie begleitet die Fontolière bis nach Montpezat-sous-Bauzon. Vor der Kirche ist ein großer Platz zum Parken.
- **Dauer**: Auf- und Abstieg inkl. Rundweg 5.30 Std.
- **Typ und Schwierigkeitsgrad**: lange Rundwanderung
- **Höhenunterschied**: 634 m
- **Orientierung**: Aufstiegsweg gelber Balken, auf dem Plateau zuverlässige rot-weiße Markierung der GR 73 und GR 7 und Holzschilder
- **Karte**: IGN Nr. 2837 Est Thueyts/Burzet
- **Jahres-/Tageszeit**: März bis Nov.; die deutliche Abkühlung auf dem Plateau macht das Wandern auch über Mittag angenehm.

Wegbeschreibung

Der Ausgangspunkt der Wanderung liegt mitten in Montpezat. An der kleinen Hauptstraße Marc Seguin steht der Brunnen Fontaine Ronde. Gegenüber davon weist das kleine Schild »Voie Jules César« auf eine Gasse, die aus dem Ort herausführt. Man kommt an Obstgärten und Wiesen vorbei und erreicht die D 536. Auf der gegenüberliegenden Seite beginnt der kopfsteingepflasterte Weg, der an einer Gabelung nach etwa 200 m links weitergeht (gelber Balken auf dem Stein) und in einen Kastanienwald führt. Im Schatten läuft man in Serpentinen weiter hinauf, bis sich der Wald nach etwa 30 Min. lichtet und den Blick auf den gegenüberliegenden offenen Gebirgskamm mit den charakteristischen Kuppen der »Sucs« freigibt. Schließlich läßt man den Wald hinter sich und blickt auf den Weiler Le Faud herunter, der im Talschluß des gleichnamigen Flusses liegt. Der Weg beschreibt eine Schleife um eine kahle, mit Ginster überwucherte Kuppe und erreicht einen kühlenden Eichenhain, später einen von Granitblöcken durchzogenen Buchenwald (auffällig schöne »Straßen« -Pflasterung). Nach 1.45 Std. ist die Paßhöhe Croix de Pal erreicht.

Wenn man auf dem Plateau nur essen gehen und baden will, kann man von hier aus direkt das etwas versteckt im Wald gelegene Hotel-Restaurant »Domaine du Lac Ferrand« ansteuern. Hierfür geht es weiter auf der kleinen Fahrstraße, die sich durch Wiesen und Weiden schlängelt und als GR 73 gekennzeichnet ist. An dem Weiler Le Pal vorbei, erreicht man in 15 Min. die D 536 an der Brücke über die Fontolière. Eine weitere Viertelstunde muß man nun noch auf der Asphaltstraße (GR 7) gehen, um zu dem Restaurant zu gelangen. Dort liegt in der Lichtung eines Tannenwaldes in Wiesen gebettet der kreisrunde, kleine Lac Ferrand, der neuerdings zu der Anlage des nobel restaurierten ardechoisen Bauernhofes aus dem 16. Jh. gehört.

Für den Rundweg um das Kraterbecken La Vestide du Pal schlägt man an der Croix de Pal die Route forestière nach Nord-Osten ein, die rot-weiß markiert ist (GR

73). Mit abwechslungsreichen Panoramablicken in die Süd-Ost-Täler und später auf die Silhouetten des vulkanischen Berglands geht es über waldiges Hügelland, an blühenden Bergwiesen vorbei und durch kleine Moor- und Heidelandschaften bis zur Croix de Moise (ca. 65 Min.). Ein Holzschild weist an dieser Kreuzung 1268 Höhenmeter aus und zeigt den links abbiegenden Waldweg GR 7 nach Cros de Loup an.

Im Schatten von Tannenwäldern und über offene Wiesenflächen führt dieser Wegabschnitt bis zur Brücke über die Fontolière an der Landstraße D 536 (70 Min.). Von hier aus kann man einen Abstecher zu der »Domaine du Lac Ferrand« machen, um eine Erfrischungspause und ein Bad im See einzulegen (30 Min. hin und zurück); für den Rückweg nach Montpezat ist eine Wegzeit von 1.30 Std. einzuplanen.

Auto- oder Radtour

(Zur Orientierung empfiehlt sich für diese Tour die Mitnahme der o.g. Wanderkarte) Wenn man mit dem Auto/Rad auf der D 536 im Fontolière-Tal auf das Plateau hochfährt, bietet sich eine Runde um das Gebiet des Lac Ferrand an: Vor dem Weiler Fontolière (der an der D 536 hinter der Brücke über dem Fluß liegt) biegt eine kleine Straße ab, die um den Krater La Vestide du Pal herum- und auf einem Waldweg zum Cros du Loup führt. Von hier aus geht es weiter zu dem Weiler Prat Sauvage, einer Auberge mit Forellenteich. Wer mag, kann sich dort seine Fische selber angeln. Die Waldstraße führt nach Rieutord und kommt zuvor an alten Gehöften vorbei: Die »Ferme de la Besse«, ein alter Bauernhof aus dem 15. Jh. ist eine Ferme-Auberge mit traditionsbewußter und ambitionierter Küche geworden. In einem großen Bogen geht es auf der Straße zurück zum Ausgangspunkt an der Fontolière-Brücke. Unterwegs passiert man die »Auberge Rousset du Lac« und das Hotel-Restaurant »Domaine du Lac Ferrand«, das etwas versteckt im Wald liegt.

Tip: Schöne Badegumpen, Kaskaden und lauschige Brückenplätze sind an der Haute Fontolière zu finden. Wenn man auf der D 536 wieder Richtung Montpezat fährt, zweigt etwa 1200 m vor dem Ort eine sehr kleine Straße nach rechts ab. Sie führt in das Flußtal zu den Weilern Le Villaret und Les Malfaugères hinunter. Rechtsseitig der Fontolière gibt es einen Weg am Fluß entlang, von dem aus Bade- und Rastplätze gut zu erreichen sind. Hübsche Brücke vor dem Weiler Les Grisières.

Unterwegs:

Die »**Voie Jules César**« ist die alte Straßenführung aus dem Tal der Fontolière auf die Hochebene des Zentralmassivs. Da der römische Schriftsteller Strabon eine Straße erwähnt, die an Niegles und Montpezat vorbei zur Croix de Pal und über Le Monastier-sur-Gazeille nach Le Puy geführt haben soll, nimmt man an, daß dieser Weg damit gemeint ist. Es heißt, daß es Julius Cäsar und seinen Truppen im Jahre 52 v. Chr. gelungen ist, auf eben dieser »Straße« in das Gebirge vorzudringen und in einer wichtigen Schlacht Vercingetorix zu beugen. In den Kommentaren zum »Gallischen Krieg« wird der Col du Pal erwähnt.

Montpezat-sous-Bauzon hat auffallend alte Häuser mit schönen Fassaden. Einstmals lebten 53 Herbergen, Tavernen und Cafés von den durchziehenden Maultierkarawanen und großen Märkten an der alten Straße »la Peyrouse«. Die romanische **Kirche »Notre-Dame-de-Prévanchère«** liegt etwas außerhalb von Montpezat-sous-Bauzon. Sie ist eine der zahlreichen Prioreien in der Diözese des Vivarais, die von den Benediktiner-Mönchen des Klosters Saint-Chaffre erbaut wurden. Lang- und Querhaus sowie die drei Apsiden stammen noch aus dem 12. Jh.; andere Gebäudeteile wurden nach der Zerstörung durch die Hugenotten zwischen 1526 und 1548 Anfang des 17. Jh. erneuert.

Adressen

07510 St-Cirgues-en-Montagne
- Syndicat d'Initiative, Tel. 04 75 38 90 51
- »Auberge Rousset du Lac«, hübsch gelegener Berggasthof an der D 536 mit großartigem Rundblick, empfehlenswert die Heidelbeer-Tarte, auch Gîte d'étape; Packesel können gemietet werden, Tel. 04 75 38 91 92.
- »Domaine du Lac Ferrand«, ehemaliger Bergbauernhof im Wald am Lac Ferrand; nach aufwendiger Restauration jetzt eine sehr einsam gelegene, feine Eßadresse mit anspruchsvoller regionaler Küche, Tel. 04 75 38 95 57.

07510 Usclades-et-Rieutord
- Mairie, Tel. 04 75 38 84 17
- Restaurant »Ferme de la Besse«, Tel. 04 75 38 80 64
- »Le Prat Sauvage«, Auberge mit Forellenteich, Tel. 04 75 38 81 72
- Auberge »Roux à Usclades«, Tel. 04 75 38 83 33
- Ferme-Auberge »Le Chat Perché«, Tel. 04 75 38 80 08
- Die Organisation »La Burle« organisiert Reiserouten mit dem Planwagen und Ausritte, Tel. 04 75 38 82 44

07560 Montpezat-sous-Bauzon
- Syndicat d'Initiative, Tel. 04 75 94 57 72
- »Auberge de la Fontaine«, altmodisch-gemütlicher Gasthof an der Hauptstraße, Logis de France, ganzjährig geöffnet, Tel. 04 75 94 50 00/Fax 04 75 98 71 13
- Chambres d'Hôte bei Mme Chaniac, Tel. 04 75 94 55 20

Im Hochtal der Bourges: Wanderung zu den Kaskaden von Ray-Pic

Von Burzet windet sich die kleine Departementale D 215 durch das von Felsen gesäumte, tief eingeschnittene Tal der Bourges, das bis zur Kammlinie des »Plateau Ardèchois« ansteigt. Die Straße erreicht die abgelegenen, talobersten Ortschaften. In ihrer Umgebung erkennt man die alten Ackerterrassen im Geländerelief und die steingefaßten Verbindungswege an den Hängen. Vor den »Gorges de la Bourges« verläßt die Landstraße das Tal und führt in kurzen Serpentinen auf das Hochland.

Die Kaskaden von Ray-Pic

Im Talschluß stürzt die Bourges über eine mächtig aufragende Felswand aus Basalt. Man schaut an dieser Stelle auf eine markante geologische Bruchstelle des Plateaus, über die sich im Erdzeitalter des Tertiär die Lavaströme des Vulkans Fialouse gewälzt haben. In der Erstarrung formten sie einen monströsen Überhang von dunkelgrauen Basaltsäulen, über den sich die Bourges in einer 40 m tiefen Kaskade ergießt: Der Wasserfall von Ray-Pic ist ein touristischer Anziehungspunkt, der vom hochgelegenen Parkplatz an der D 215 über Treppenstufen erreichbar ist.

Für die Wanderung verläßt man die Talstraße und gelangt zunächst auf dem traditionellen Maultierweg von Péreyres nach Chabron. Vor der Talverengung, nach der mächtigen Brücke über die Bourges, geht es auf steilem Waldweg aus dem Tal hinaus.

Auf der Anhöhe erreicht man den Parkplatz, von dem aus der Besucherstrom in die Wasserfall-Schlucht gelenkt wird.

Hinweise für die Wanderung

- **Anfahrt**: Man fährt von Aubenas auf der N 102 bis nach Pont-de-Labeaume, überquert die Ardèche und folgt dem Richtungsweiser nach Burzet auf der D 536. Im Weiler Amarnier abbiegen und auf der D 26 durch das Tal der Bourges bis Burzet. Dort nach der Brücke rechts auf der D 215 nach Péreyres. Man läßt das Auto hinter der zweiten Brücke am Fuß des Dorfes, in der Nähe des Weilers Chambon, am Straßenrand stehen.
- **Ausgangspunkt**: Steintreppe mit Geländer zum Dorf hinauf.
- **Dauer**: 3 Std.
- **Typ und Schwierigkeitsgrad**: leichte Streckenwanderung; im zweiten Teil des Rückwegs kann man auf der Landstraße laufen.
- **Höhenunterschied**: 311 m
- **Orientierung**: zunächst rot-gelbe Markierung (GR de Pays), dann blau-gelber Balken und/oder roter Kreis
- **Karte**: IGN Nr. 2837 Est Thueyts, Burzet
- **Jahres-/Tageszeit**: ganzjährig; überwiegend auf schattigen Waldwegen

Wanderweg

Rechterhand der Landstraße führt eine Steintreppe mit Geländer (rot-gelb) zunächst zur Kirche des Dorfes. Links von der Telefonzelle geht es weiter bergauf durch die Gassen. Hinter den letzten Häusern trifft man auf einen rot markierten Betonmast, gelangt in den Wald hinein und schlägt an der Gabelung nach ca. 70 m den rechten Weg ein (blau-gelbe Markierung). Am Wegrand steht eine uralte Kastanie mit markanten Skulpturen im Stamm.

Von nun an geht man auf dem gut befestigten, größtenteils »gepflasterten« und mit Trockenmauern gesicherten Wirtschaftsweg von **Péreyres** nach **Chabron**. Er führt durch Kastanien- und Mischwälder am Hang entlang, passiert zwei Geröllhalden mit großen Steinen, senkt sich und erreicht die Landstraße. Auf ihr geht es durch den Weiler Chabron und weiter bis zur Brücke über die Bourges (rot-gelbe Markierung). Noch vor der Brücke biegt nach links der in den Fels geschlagene Maultierweg nach Lachamp-Raphaël ab. Eindrucksvoll zeigt sich beim Überqueren der Brücke die Felslandschaft der Bourges-Schlucht und ihres Zuflusses Pas de Fer.

Für den Fortgang der Wanderung sucht man gleich nach der Brücke linkerhand im Wald die blau-gelbe Markierung. Nach links führt ein Abstecher in die Schlucht hinein. Der schmale Pfad flußaufwärts erreicht den **Wasserfall von Ray-Pic** nicht, doch bietet er schöne Einblicke auf eine Folge von Kaskaden und tiefblauen Bassins zwischen glatt geschliffenen Felsblöcken. Der Weg nach rechts führt steil aus dem Tal heraus und erreicht nach ca. 20 Min. den Parkplatz. Jenseits davon findet man den Fußweg, der in einer Viertelstunde über Stufen zu dem Naturbecken mit Wasserfällen und prismaförmigen Basaltorgeln führt.

Für den Rückweg empfiehlt es sich, zunächst ab Parkplatz auf dem Waldweg abzusteigen und dann auf der Landstraße nach Péreyres zurückzulaufen. So hat man einen jederzeit kurzweiligen Blick auf die Bourges, die wasserreich über weiße Granitfelsen sprudelt. Kurz vor dem Dorf führt ein Pfad zu schönen Badegumpen hinunter.

Adressen

07450 Burzet

- Syndicat d'Initiative, Tel. 04 75 94 4399/ Fax 04 75 94 43 99
- Hotel-Bar »Chez Martine«, 04 75 94 43 60

07450 Péreyres

- Mairie, Tel. 04 75 94 44 59
  Alljährlich findet ein »Heidelbeerfest« (La Fête des Myrtilles) am letzten Wochenende im Juli statt, Tel. 04 75 94 50 60

Maultierpfad auf den Sommet de Mejan

In Chalas

Von Valgorge auf den Sommet de Mejan

»Le Tanargue« heißt der mächtige Bergrükken, der mit seiner ausladenden, steil abfallenden östlichen Flanke westlich von Largentière liegt. Er wird von den Taleinschnitten der Flüsse Beaume, Ligne und Lignon begrenzt. Seine Höhe variiert zwischen 1450 und 1520 m. Das Granitmassiv ist oberhalb von Valgorge schroff und zerklüftet. Hat man aber einmal über den Col de Meyrand die Höhe erreicht, zeigt das Gebirge den Charakter eines Hochplateaus: Größtenteils baumlos, dehnen sich weite, mit Felsbrocken übersäte Grassteppen aus, die im Sommer blühen und der Weidewirtschaft dienen. Baumgruppen sind in den tieferliegenden Schluchten zurückgeblieben. Aufforstungsprogramme sichern den Bestand der tiefen Tannen- und Buchenwälder von Chambons und Prataubérat.

Der Weg »Sentier de Ferjasses« ist ein alter Maultierpfad, der aus dem Hochtal der Beaume auf den Bergstock des Tanargue führt. Er beginnt in Chalas und erreicht nach einem langen Anstieg, der in den letzten Abschnitten über Stege und eng um Felsen herumgeführte schmale Wege führt, die Felsgruppe des Sommet de Mejan (1458 m). Nach einer Strecke auf dem Plateau läuft man durch das schroff eingeschnittene Tal der Coucoulude nach Chalas hinunter.

Hinweise für die Wanderung

- **Anfahrt**: Von Largentière auf der D 24 erst durch das Ligne-, dann durch das Beaumetal hoch nach Valgorge; im Ortsteil St-Martin rechts ab und in einer ausladenden Serpentine nach Chalas; auf dem kleinen Parkplatz im Weiler parken und den Wanderweg aufnehmen.
- **Dauer**: 6 Std.
- **Typ und Schwierigkeitsgrad**: Rundwanderung mit langem Anstiegs (ca. 3.30 Std., je nach Jahreszeit)
- **Höhenunterschied**: 782 m
- **Orientierung**: gelb-weißer Balken, auf dem Sommet de Mejan trifft man auf die gelb-rote Markierung der »Tour du Tanargue«
- **Karte**: IGN Nr. 2838 Ouest Valgorge
- **Jahres-/Tageszeit**: März bis Dezember, weite Strecken ohne Schatten
- **Hinweis**: Wasser und Proviant für 6 Std. sind mitzunehmen, es gibt auf dem »Gipfel« keine Einkehrmöglichkeit. Im Sommer liegt auf dem Südhang die Sonne! Es empfiehlt sich, den Aufstieg um 7 Uhr zu beginnen, dann kann man gegen 12 Uhr wieder den Kastanienwald erreicht haben.

Wanderweg

In Chalas geht es durch die gelb-weiß markierte Gasse bergan bis zum Dorfausgang. Dort trifft man auf eine Weggabelung und einen Wegweiser: Nach links weist das Schild Richtung Le Couderc und zum Fluß Coucoulude; der Rundwanderweg über den Höhenzug wird hier herauskommen. Wir wenden uns nach rechts und folgen dem Wegweiser »Sentier de Ferjasses« bis zur

Kastanienhain bei Chalas

Auf dem Sommet de Mejan

Landstraße, gehen dort links weiter bergan und erreichen in einer Haarnadelkurve linkerhand eine kleine Plattform. Wieder zeigt ein Holzschild den Beginn des Anstiegswegs zum Sommet Mejan an. Auf natürlichen Steinstufen steigt man oberhalb der geteerten Stichstraße in den wilden Kastanienhain hinauf. Der mit Schiefermauern eingefaßte alte Pfad führt zu einem kleinen Wildbach. Mauerbefestigungen weisen darauf hin, daß hier eine Tiertränke vorgesehen war. Aufgelassene Hangkulturen begleiten den ersten Streckenabschnitt.

Auf Granitblöcken geht es über den Bach; dann steigt man auf der anderen Seite weiter hoch; dabei ist auf die Markierung zu achten, die ostwärts rechts hinauf führt. Der alte Weg ist jetzt wieder mit Steinmäuerchen eingefaßt und deutlich erkennbar. Wir verlassen den Kastanienwald und haben einen relativ steilen Anstieg durch von Farnkraut überwuchertes Gelände vor uns. Dann geht es in sanften Kehren um die Flanke des Berges herum.

Nach eineinviertelstündigem Aufstieg durch schattenspendende Kastanienwäldchen und an Quellgewässern vorbei erreicht man die ersten von der Erosion freigelegten Granitfelsen. Der mit Steinen untermauerte Weg verläuft um einen Felszacken herum und kommt auf einen kleinen »Aussichtsbalkon«. An klaren Tagen bietet sich von hier eine Sicht bis zum Mont Ventoux: Man entdeckt im Vordergrund die Tour de Brison, dahinter zeigt der Sampzon-Buckel den Beginn der Ardèche-Schluchten an. Quer zu den Cevennenkämmen ragen die Berge der Kalktafel aus den Dunstschwaden über Ardèche und Rhône.

Der Weg führt nun in den nächsten Taleinschnitt hinein, die Gebirgsbäche sind schon zu hören. Die Hochebene des Mont Lozère und die Konturen des Aigoual-Massivs kommen langsam in den Blick. Nach zweieinhalbstündigem Aufstieg erreicht der Weg den Bereich der Felsen. Mehrfach überquert man die Einschnitte von Bergbächen. Mäuerchen über Mäuerchen gesetzt, steigt der Weg in kurzen Kehren durch eine bizarre Felsenpartie hindurch. Das Wurzelwerk einer hundertjährigen Buche hält die Erde fest und stützt auf diese Weise die Mauerbefestigung. Man findet Schatten und Wasser an diesem idyllischen Rastplatz und hat

Auf dem Tanargue

einen grandiosen Ausblick. In Kehren geht der Weg immer weiter bergan; oft ist der schmale Pfad vom Ginster überwuchert, aber die deutliche Markierung führt über die letzte baumlose Halde sicher nach oben auf den Sommet de Mejan. In 1458 m Höhe läßt sich hier im Windschutz einiger Felsen eine herrliche Aussicht genießen.

Vom Sommet de Mejan folgt man der Kammlinie nach Nordwesten und geht in einsamer Landschaft über die Grashalde. Orientierung bieten beim Blick über die kahle Weite die rot-gelb markierten Holzpfähle. Der Trampelpfad führt in einen kleinen Buchenwald und erreicht eine Forstschneise, in die man nach rechts einbiegt. An einer Kreuzung schließlich trifft man auf ein Holzschild, das die Richtung Coucoulude/Col de Meyrand angibt. Auf der breiten Schneise geht es nun ca. 60 Min. leicht bergab und wieder bergauf, dann ist auf den gelb-weiß markierten Abzweig nach links zu achten! Nach etwa 10 Min. biegt ein schmaler Trampelpfad scharf nach links ab (Holzschilder). Nun geht es in kurzen Kehren steil durch das wild zerklüftete Tal hinunter nach Chalas. Der Pfad ist stellenweise überwuchert, aber zuverlässig markiert. Das Flußbett wird schließlich auf großen Granitsteinen überquert.

Im letzten Abschnitt führt ein mit stattlichen Mauern eingefaßter Weg durch einen idyllischen Kastanienhain. Frei von Unterholz stehen die alten Bäume auf dem Grashang, der durch Terrassenmauern aus Granitquadern abgefangen ist. Durch Wiesen und Obstgärten geht es weiter, bis man die Dorfgassen von Chalas erreicht hat. (1.30 Std. für den Abstieg)

Unterwegs: Le Tanargue

Die Römer nannten den Tanargue »Taranicus«. Das Wort soll aus dem keltischen Namen Tarann (Gott des Donners) kommen. »Wahrscheinlich bildete sich aus dem ›Taranicus ager‹, dem Gebiet des Taranicus, erst Taranager, dann Tanager und schließlich Tanargue«, schreibt Docteur Francus 1875 in seiner »Reise rund um Valgorge«. Angst und Ehrfurcht vor den Naturgewalten hatten die Kelten sicherlich bewogen, Tarann, den Gott des Blitzes und des Donners, der auf Abbildungen mit dem Attribut des Hammers versehen wurde, mit diesem Gebirgsmassiv in Verbindung zu bringen. Schwere Gewitter und Regenunwetter ziehen sich hier rasch zusammen – am Fuß des Tanargue registriert man die stärksten Niederschläge der Ardèche. Im Herbst kommen schwere Regengüsse herunter, die die Wildbäche fast schlagartig in reißende Ströme verwandeln.

In **Valgorge** gibt es Läden, ein Krankenhaus, zwei Hotel-Restaurants und eine Bar an der Straße mit zentralem Platz unter Platanen. Die Kirche dieser großen Gemeinde steht in St-Martin, die Mairie befindet sich in Le Villard und ein Schloß in Chastanet. Valgorge ist ein alter Luftkurort und guter Ausgangspunkt für Wanderungen ins Tanargue-Massiv. An der gegenüberliegenden Hangseite der Beaume liegen der Weiler und das Schloß »Chastanet«. Hundertjährige Eßkastanienbäume umgeben den Ort, der nach ihnen benannt ist. Die alten parkartigen Kastanienhaine sind teilweise kultiviert und von Unterholz gesäubert. Im Schloßhof werden im Sommer Konzerte veranstaltet.

Adressen

07110 Valgorge

- Mairie, Tel. 04 75 88 98 09
- Hôtel-Restaurant »Le Tanargue«, jederzeit freundlicher Empfang durch die Familie Coste-Roux; gepflegte, traditionelle Küche im großen Speiseraum am Kamin, geöffnet 15.3.–31.12., Tel. 04 75 88 98 98
- Hôtel-Restaurant »Chez Michel«, 1 km westl. von Valgorge, Tel. 04 75 88 98 90
- Gîte communal, ganzjährig geöffnet, Reservierung im Café Coste bei Mme. Bonnaud, Tel. 04 75 88 99 85
- In der »Ferme au Chateau« in Chastanet gibt es hervorragenden Ziegen- und Schafskäse, Tel. 04 75 88 96 46

07110 Rocles

- Mairie, Tel. 04 75 88 31 09
- Gîte d'étape »Le Jal« bei M. Gibert, Tel. 04 75 88 31 51
- Hôtel-Restaurant »La Loubière«, Tel. 04 75 39 44 91
- Chambres/Table d'Hôte bei M. Rouvière, Tel. 04 75 88 31 43

3. Das Tal der Borne

Die Borne entspringt auf dem Tanargue-Massiv an der Croix de Bauzon und führt zunächst als kleiner Fluß durch die Wiesen und Wälder der Hochebene. Auf der Höhe von Les Chambons stürzt sie in ein enges Felstal und gräbt sich in eine tiefe, malerische Schlucht hinein. An dieser Stelle ist der Fluß ein beliebtes Ziel für die Anhänger der neuen Sportart »Canyoning«, bei der man von einer Wasserfallstufe zur nächsten hinunterklettert, sich abseilt oder springt. Hier sind in der Schlucht 300 Höhenmeter zu überwinden. Dann mäßigt sich das Gefälle des Flusses. Zwischen steilen Felswänden an der einen und einem sanften Wiesen- und Buschwaldhang auf der anderen Seite höhlt der Fluß tiefe Wasserbecken aus, die man über große Granitblöcke erreicht.

Ab St-Laurent-les-Bains verbreitert sich das Tal der Borne. Auf grünen Wiesenterrassen stehen alte, gepflegte Eßkastanienkulturen. Die Früchte von Borne waren seit jeher für ihre Qualität bekannt und sind auch heute wieder eine wichtige Einnahmequelle seiner Bewohner. Bei Pied-de-Borne mündet der Fluß in einer mächtigen Staustufe des Chassezac. Gegenüber der Kapelle Ste-Marguerite-Lafigère führen riesige Röhren den Berg hinunter, und Leitungsmasten überspannen den Fluß.

In den Schluchten am Oberlauf der Borne

Der Ausflug in die Schluchten der Borne kann mit einer Autorundtour über einen charakteristischen Höhenzug der nördlichen Cevennen und durch das tief eingeschnittene Flußtal der Beaume verknüpft werden. Die Fahrt führt von Joyeuse oder Les Vans auf die Hangstraße »Corniche du Vivarais« (D 4), zweigt dann in den Wäldern von Prataubérat auf die D 403 und gelangt so nach Loubaresse. Von dort dreht sich eine winzige Straße in vielen Schleifen die kahlen Hänge hinunter und erreicht schließlich eine imposante Schluchtöffnung. Die Ruinen der ehemaligen Ritterburg der Grafen von Borne stehen verwittert am Felsen vor dem Weiler Borne. Von hier aus kann man in einer halben Stunde auf einem Hangweg oberhalb des Flusses in die enger werdende Schlucht zu den Badegumpen laufen.

Die Weiterfahrt führt von Loubaresse auf der D 24, ab Champussac auf der D 203 durch das Beaumetal nach Joyeuse. Dabei fährt man auf schmaler und kurvenreicher Straße durch die malerische Schlucht der Beaume. Unterwegs wandelt sich die Landschaft deutlich. Bei Loubaresse überziehen tiefe Tannenwälder und weite kahle Grasflächen die Hochebene. Die ersten flach abgetragenen Vulkankegel hinter dem Dorf kennzeichnen das Landschaftsprofil des Plateaus.

Im Beaumetal sieht man Kastanien, Steineichen und Kiefern. Hier fließt die junge Beaume mit kleineren und größeren Wasserfällen, schmalen und tiefen Stellen zwischen den Felsblöcken durch ein unregelmäßig ausgewaschenes Flußbett und bildet eine abwechslungsreiche Gumpenlandschaft.

Wanderung

Der kleine Weg, der von Borne aus den Oberlauf des Flusses begleitet und tief in die immer enger werdende Schlucht hineinführt, beginnt in der Straßenkehre unterhalb der Kirche von Borne. Hier kann man das Auto abstellen, läuft durch den Weiler, indem man immer dem abwärts führenden Weg folgt, und kommt an dem letzten Haus vorbei, auf dem das Zeichen GR 72 steht. Dahinter fällt der Blick auf die Ruine der Burg von Borne. Uralt und verwittert steht ihr Turm vor einem Granitfelsen, der wie eine kleine steile Insel in dem engen Flußtal aufragt. Ein schmaler Trampelpfad führt zu dem Gemäuer, das sich mit seinen schütteren braunen Steinen kaum von dem Naturfels abhebt.

Der Weg verläuft in halber Höhe über dem Fluß. Unterhalb imposanter Granitblöcke und mit Blick auf Felszacken gelangt man in den Talschluß hinein. Tief unten bildet die Borne schöne kleine Wasserfälle. Man quert einen Nebenfluß und hält sich 30 Min. lang fast auf gleicher Höhe. Dort wo der Weg die erste Spitzkehre beschreibt, um dann in kurzen Serpentinen zu dem Weiler Chazalettes hinaufzuführen, zweigt rechts ein schmaler Seitenpfad in das Unterholz ab. Ein Strommast im Gebüsch kann ebenfalls als Erkennungszeichen dienen. Man läuft an einem dunkel überhängenden Granitfelsen entlang, geht durch Ginster, Gras und Untergehölz, bis sich nach 10 Min. der Trampelpfad neigt und in einer Felsenpartie endet. Hier fließt die Borne in kleinen und großen Schwällen und bildet weich ausgewaschene, smaragdgrüne Becken zwischen weißen Granitblöcken. Im Sommer ist der Platz ab 16 Uhr völlig überschattet, weil die Schlucht auf der anderen Seite steil ansteigt. Dort klammern sich hohe Föhren an den Felsen. Die Einsamkeit dieses idyllischen Badeplatzes wird höchstens durch kleine Gruppen von »Canyonisten« belebt, die hier ihren 2 km langen Abstieg in der Schlucht des Flusses beenden.

Eine mögliche Erweiterung unseres Fußweges führt über Chazalettes auf die Kuppe hinauf, erreicht den GR 7 und führt im großen Bogen über die Kammlinie nach Borne zurück. Für diesen längeren Rundweg würde man gut 5 Std. benötigen.

Unterwegs: Loubaresse

Loubaresse liegt an der Nahtstelle von Auvergne und Vivarais. In dem Paßort trafen sich die beiden Maultierwege, die aus dem

Blick ins Borne-Tal

südöstlichen Bergvorland über die Kammlinien ins Hochland führten (S. 76f). Loubaresse war in der ganzen Region für seine großen, jährlich stattfindenden Viehmärkte berühmt, auf denen die Bauern aus den Tälern mit den Bergbauern zusammentrafen. Es wird von 14 Herbergen berichtet, in denen die von weit herkommenden Marktbesucher Aufnahme fanden. Es wurde mit Butter, Käse und anderen im Bergland hergestellten Produkten gehandelt, vor allem aber mit Rindern, Schafen, Ziegen und Schweinen. Von Loubaresse führt die Straße zum Col de Meyrand und weiter auf den Tanargue. Der Aussichtspunkt am Col de Meyrand bietet einen fantastischen Weitblick über die Cevennenkämme, das Beaumetal und die Berge Richtung Rhône.

Adressen

07110 Loubaresse

- Mairie, Tel. 04 75 88 96 93
- Gîte d'étape u. Table d'Hôte im »Relais« bei Mme Skuras, Tel. 04 75 88 99 38
- Bar-Restaurant »Le Pegan«, traditionelle Küche, Tel. 04 75 88 96 48
- Reithof »Tramontan« mit Reiterhütten und Cheyenne-Zelten, Organisation von Planwagen-Ausflügen und Ausritten mit J. Manero, Tel. 04 75 88 98 72
- Großer Markttag jährlich am 18. August.

07590 Borne

- Mairie, Tel. 04 66 46 60 49
- »Auberge du Col du Bez«, auch Gîte d'étape in Le Bez bei M. Champel, Tel. 04 66 46 60 54
- »Résidence Hôtelière/Chalet Auberge de la Croix de Bauzon«, auch Gîte d'étape, Tel. 04 66 46 63 89, Skistation, Tel. 04 66 46 62 93/Fax 04 66 46 64 44

Aus dem Tal der Borne nach Montselgues

Die Wanderung folgt den alten Saumpfaden, die die Ortschaften des Bornetals und des Hochlands miteinander verbanden. Wir wählen als Ausgangspunkt des Rundwegs das am Rande des Plateaus gelegene Dorf **Montselgues.** Es geht zunächst über die kahle, mit Gras und Ginster bewachsene Höhe, um dann zum Tal der Borne abzusteigen. Auf alten, von Steinmauern begrenzten Pfaden und Wegen kommt man durch Eßkastanienwälder, erreicht die Weiler **Chamier** und **Féreyrolles** und steigt dann an aufgelassenen Hangkulturen vorbei wieder bergan.

Hinweise für die Wanderung

- **Anfahrt**: Man fährt ab Lablachère (N 104) auf der D 4 Richtung St-Laurent-les-Bains. Nachdem man den Weiler Peyre hinter sich gelassen hat, ist auf den Abzweig der Landstraße D 304 zu achten, die links nach Montselgues führt. Auf dem Dorfplatz vor der Kirche parken und losgehen.
- **Dauer**: 4 Std.
- **Typ und Schwierigkeitsgrad**: Rundwanderung auf bequemen Wegen, aber mit beträchtlicher Steigung
- **Höhenunterschied**: 500 m
- **Orientierung**: erst rot-gelbe Markierung (GR de Pays), dann grün-gelber Balken
- **Karte**: IGN Nr. 2838 Ouest Valgorge
- **Jahres-/Tageszeit**: ganzjährig; überwiegend auf schattigen Waldwegen

Wegbeschreibung

Vom Kirchplatz in Montselgues folgt man der rot-gelben Markierung Richtung **Prat-Clos** zum Dorf hinaus. Der geteerte Weg führt über offene Landschaft von Wiesen und Ginster zu einer Kreuzung mit mehreren Wegweisern. Hier beginnt die grün-gelbe Markierung unseres Rundweges über Chamier und Féreyrolles. Hinter dem Hof von Prat-Clos ist die breite Wegspur auf der Grasnarbe zu erkennen. Über das gewellte Hochland mit Wiesen, sumpfigen Senken, Bächen und Ginsterhalden geht es bis zur Bruchkante des Plateaus. Überraschend tut sich hier der schroffe Taleinschnitt der Borne auf, den man – eben noch auf der weiten Hochfläche – nicht vermutet hat. (30 Min.)

Aufgeschichtete Steine und ein verwittertes Granitkreuz markieren im Ginster den Pfad, der sich nun am Berghang hinunterschlängelt. Der »gepflasterte« Maultierweg führt in bequemen Kehren an eindrucksvollen Felszacken vorbei, überquert zweimal einen Bergbach und erreicht die tiefen Kastanienwälder oberhalb der Borne. In etwa 1.15 Std. ist der **Weiler Chamier** erreicht. Er liegt am Ufer eines Zuflusses der Borne. Diese Rivière de Chamier überquert man, trifft auf eine kleine, geteerte Straße und biegt von dort nach links ab. Man überquert den Fluß abermals und erreicht so den befahrbaren Weg, der linksseitig zunächst des Zuflusses und dann der Borne nach Féreyrolles gelangt. (30 Min.)

Aus dem Talgrund führt von hier aus wieder der alte Verbindungsweg auf das Plateau von Montselgues. Er beginnt in der Mitte des Weilers und ist zunächst noch ausgeschildert. Nach den ersten Kehren durchkreuzt eine neue Trasse den alten Aufstiegsweg: rechts gehen und gleich wieder links, – dann ist der alte Pfad wieder erkennbar. Der nur gelegentlich grün-gelb markierte Weg führt gut befestigt und mit Trockenmauern gesichert durch Farn und Unterholz. Oftmals ist er von wuchtigen Granitblöcken gesäumt. So kann man seinen Verlauf den Berg hinauf trotz der Über-

In Montselgues

wucherungen verfolgen. Nach der ersten halben Stunde ist die alte Wegtrasse wieder frei von Gestrüpp, und es gibt fortan keine Orientierungsprobleme. Wieder geht es durch eine wildromantische Landschaft: über Bergbäche, durch ein kleines Granitsteinchaos und an Felszacken vorbei. Immer weiter werden die Ausblicke in das einsame, ungewöhnlich waldreiche Tal der Borne.

Nach 1.15 Std. ist der Anstieg geschafft. Auch hier markiert ein Granitkreuz in der Nähe eines kleinen Hauses den Rand der Hochebene und dient als weitere Orientierung. Eine breite Piste zieht sich zunächst oberhalb der Granitquader an der Bruchkante entlang und führt dann durch Grasland und Ginsterflächen zur Kreuzung von Prat-Clos und schließlich nach Montselgues zurück. (30 Min. vom Granitkreuz)

Adressen

07140 Montselgues

- Mairie, Tel. 04 75 36 94 91
- Gîte d'étape bei M. Fournier im »Relais La Fage«, Organisation von div. Sportangeboten, u.a. Vermietung von Packeseln, Canyoning, Klettern, Touren mit dem Planwagen, Tel. 04 75 36 94 60
- Urgemütliche Ferme-Auberge bei Mme F. Faure, schmackhafte, ländliche Gerichte auf der Basis von lokalen Produkten: Ziegenkäse, Steinpilze, Geflügel, besonders gut die »chèvre chaude« mit Salat, Gartenplatz mit Blick auf das grüne Hochland, ganzjährig außer Samstag auf Bestellung, Tel. 04 75 36 94 44
- Chambres und Table d'Hôte bei M. Chazalon, Tel. 04 75 36 97 00

4. Berglandschaft mit alten Vulkankegeln – Antraigues und seine Umgebung

Mit seinen elf Gemeinden erstreckt sich der Kanton **Antraigues** von etwa 300 m Höhe in Asperjoc (4 km nördlich von Vals-les-Bains) bis nach Lachamp-Raphaël. Das Dorf liegt auf der Hochebene in 1370 m Höhe und versucht, mit Loipen und Liftanlagen Wintersportler anzulocken. Nur 25 km südlich blühen die Mimosen im Frühling, wachsen Palmen und Bambus im sonnenreichen Mikroklima des Tals der Volane. Man sieht intakte Gehöfte, alte Steinbrücken und Villenbesitze. Der lokale Tourismus wirbt mit dem »italienischen Flair« des Volanetals. Charakteristisch für die Landschaft sind die kahlen Höhenzüge oberhalb der Kastanienwälder mit den Kegeln erloschener Vulkane.

Zum Schloß von Crau

Ausgangspunkt des bequemen Rundwanderweges ist das Bergdorf Antraigues. Von dort führen alte Wirtschaftspfade durch Kastanienhaine und Buschwald. Man dreht eine Schleife um einen erloschenen Vulkankegel und gelangt auf die Vulkanrundung. Dort steht das Schloß von Crau, mit außen unversehrtem Mauerwerk und schöner Silhouette. Es kann aber nicht besichtigt werden, weil es innen verfallen ist. Alte Kastanien geben Schatten auf den weiten Bergwiesen.

Hinweise für die Wanderung

- **Anfahrt**: Von Aubenas auf der N 102 bis nach Labégude u. weiter über Vals-les-Bains durch das Tal der Volane auf der D 578 nach Antraigues. Man kann den Wagen entweder auf dem Parkplatz an der Pont-de-l'Huile im unteren Dorfteil o. auf dem zentralen Platz oben im Dorfkern parken. Die Wanderung beginnt an der Kirche.
- **Dauer**: etwa 2.30 Std.
- **Typ und Schwierigkeitsgrad**: leichter Rundwanderweg

- **Höhenunterschied:** 258 m
- **Orientierung:** An der Brücke von Gamond markiert ein Hinweisschild den Beginn des Rundweges; der weitere Wegverlauf ist zwar nicht durchgängig gelb gekennzeichnet, aber der landschaftliche Überblick ist leicht.
- **Karte:** IGN Nr. 2937 Ouest Vals-les-Bains
- **Jahres-/Tageszeit:** ganzjährig; im Sommer bieten die Wälder Schatten.

Wanderweg

Links von der Kirche führt eine schmale Straße den Berg hinunter und stößt auf eine Quergasse. Hier hält man sich links und geht so weit, bis rechts ein Hohlweg abzweigt. Der mit Flußkieselsteinen gepflasterte Weg führt aus dem Dorf hinaus und an die Bise. Man überquert die **Brücke von Gamond** und schlägt bei der Wegmarkierung »Château de Crau« den Wanderweg nach links ein. Fabrikgemäuer stehen an der Stelle, wo noch ein dritter Fluß mit heftigen Wasserschwällen ins Spiel kommt: Der Mas fließt hier in die Bise. Kurz danach biegt man von dem breiten Weg ab und steigt auf einem schmalen Pfad eine mit Ginster, Buchsbaum und Heckenrosen bewachsene Anhöhe hinauf. Beim Blick zurück sieht man Antraigues jedes Mal noch ein wenig exponierter auf seinem Bergsporn liegen.

Der alte Wirtschaftsweg wird breiter, ist mit Steinen befestigt und führt überwiegend durch tiefe Kastanienwälder beschwerdelos bergan. In leichten Zickzack-Kehren führt der Weg um den Vulkan herum, wobei man abwechselnd kleine, aus dem Berg sprudelnde Bäche und große Geröllhalden aus vulkanischem Gestein passiert. Dort, wo die Strecke scheinbar auf Weiden führt, folgt man einer blaß gelben Markierung rechts hinauf und läßt die terrassierten Hänge, die weidewirtschaftlich genutzt werden, links liegen. Allmählich kommen die weiten Höhenzüge mit den wie aufgesetzt wirkenden Vulkankegeln in den Blick. Auf der

Das Schloß von Crau

Paßhöhe ist die Aussicht großartig. Links führt der Weg nach Genestelle, geradeaus führt die D 418 nach Vals; wir folgen der kleinen Straße nach rechts, die nun abermals in tiefe Kastanienwälder führt. Bald schließt sich die Runde um den Vulkan, und man sieht das Schloß mit seinen Burgtürmen und Mauern auf dem Grashang liegen.

Für den Rückweg nach Antraigues folgt man ein Stück der Straße bis zu dem von Jahrhundertkastanien gesäumten Rand der Grasmatten. An den Schafställen, Gattern und Gänsen des Weilers Rochegude geht man vorbei, biegt bei dem Hinweisschild nach Antraigues rechts ab, läuft zwischen den Häusern durch und kommt in den Kastanienwald. An einer Stelle scheint der Weg durch Erdaufschüttungen, bzw. eine Art Planierung blockiert zu sein; man hält sich rechts davon, und stößt etwas weiter unten wieder auf den gut sichtbaren Pfad. Stellenweise gibt es eine gelbe Markierung, der man folgen kann, bis man in spitzem Winkel auf den aus dieser Perspektive sehr unscheinbar wirkenden Weg gelangt, der bereits für den Aufstieg benutzt wurde. Man hält sich links und läuft wieder auf Antraigues zu.

Antraigues

Unterwegs:
Antraigues thront wie ein Adlerhorst auf einer Bergkuppe, die westlich von der Volane und östlich von der Bise begrenzt wird. Die Lage des Dorfes ist typisch für einen mittelalterlichen Adelssitz. Die Häuser drängen sich eng um den Burgfried, schmale Gassen führen zwischen den Mauern hindurch auf einen überraschend großen Dorfplatz.

Die Grafen von Antraigues kamen ursprünglich nicht aus der Gegend. Graf Henri de Montvalat erwarb 1662 durch Heirat Besitztümer im Vivarais und lieferte sich Adelsfehden mit dem anderen großen Konkurrenten in der Grafschaft, der mächtigen Familie von Vogüé. Die Grafen von Antraigues besaßen ausgedehnte Ländereien und die Schlösser Castrevieille und Laulagnier in Jaujac am Fuße des Tanargue und in Labastide-de-Juvinas.

Bekannt und berüchtigt war Emmanuel-Henri de Launay, 1755 in Montpellier geboren und dann Graf von Antraigues. Er baute die Machtposition der Antraigues im Vivarais aus und tyrannisierte die Bevölkerung. So schrieb er den Bauern die Größe ihrer Herden vor und erlaubte ihnen nicht, das Vieh ohne seine schriftliche Erlaubnis über seinen Weidebesitz zu treiben.

1789 gelang es ihm, mit seinem Rivalen Vogüé als Vertreter des Adels auf die Generalversammlung der Stände in Paris entsandt zu werden. Dort versuchten sie, die revolutionären Ereignisse so zu beeinflussen, daß die feudalen Sonderrechte unangetastet blieben. Als dies erfolglos blieb, floh de Launay 1790 in die Schweiz und unterstützte von dort aus Verschwörungen gegen das revolutionäre Frankreich. Unterdessen vereinigte der Bauer Martinenc Mazade, der seinerzeit für die Verletzung der gräflichen Fischrechte schon schwerstens zu büßen gehabt hatte, aufgebrachte Teile der Bauernschaft und setzte mit ihnen die Schlösser des Grafen von Antraigues in Brand. Unterdessen hatte de Launay Beziehungen zu Zar Alexander aufgenommen und floh schließlich nach London, wo er und seine Maitresse von einem Kammerdiener ermordet wurden.

Antraigues, Asperjoc und die anderen Gemeinden des Kantons lebten im vergangenen Jahrhundert von den mit Wasserkraft betriebenen Seiden- und Textilfabriken im Tal der Volane. Jetzt leben noch wenige bäuerliche Familienbetriebe von der Schaf- und Ziegenzucht und dem Kastanienanbau. Die idyllische Landschaft und das geschützte Klima haben die Orte zum Anziehungspunkt für Aussteiger, Künstler und Zweitwohnungsbesitzer gemacht. Die Gemeinden werben sehr engagiert mit Ferienwohnungen, heimischer Küche, Bade-, Angel-, Tennis- und Sportplätzen, Kajakfahrten auf der Volane und markierten, instandgesetzten Wanderwegen für den »Grünen Tourismus« in ihrer Region. Ein Netz von sorgfältig ausgeschilderten Wanderwegen erschließt die Region; der entsprechende Topo-Guide ist im Office de Tourisme zu kaufen.

Das **Schloß von Crau** wurde im 12. Jh. durch die Seigneurs d'Ucel gegründet. Die Anlage macht einen recht gut erhaltenen Eindruck. Die bestehenden Gebäudeteile stammen aus dem 17. Jh., als René d'Ucel dort seinen Wohnsitz nahm. Während der Revolution wurde es nicht zerstört, eine Familie von Fabrias konnte es bis zum Ende des 19. Jh. bewohnen. Die Gesellschaft der »Freunde des Schlosses« sucht Geldgeber für eine Restaurierung der Gebäude und plant die Anlage eines Golfplatzes auf den Bergwiesen unter den Kastanien oder die Einrichtung eines Theaterfestivals im Schloßhof.

Adressen

07530 Antraigues

- Syndicat d'Initiative, Tel. 04 75 88 23 06
- Das Hôtel-Restaurant »La Montagne«, Tel. 04 75 38 72 39, und das Restaurant
- »Lo Podello«, Tel. 04 75 38 71 48, sind die traditionellen Lokale am zentralen Platz des Dorfes; schlichte lokale Küche.
- Hübsch ist die neue »Auberge de l'Ange« in einer Seitengasse des Platzes.
- Idyllisch am Ufer der Volane gelegen: die »Auberge La Castagno« an der Pont-de-l'Huile, Tel. 04 75 88 25 01, und
- »La Remise«, Spezialitäten: Forellen und Flußkrebse, Tel. 04 75 38 70 74
- »Auberge de Bise« im Hameau de Bise-Genestelle, Spezialitäten: Zieglein, Steinpilz-Omelette, Tel. 04 75 38 70 19
- Gîte, Chambres/Table d'Hôte auf dem Hof »Le Courtiol« von Bernadette und Gérard Mazoyer, Tel. 04 75 38 74 88
- Hôtel-Restaurant »Anneaux des Anes« in Aizac, Tel. 04 75 88 22 77
- »Hôtel des Cevennes« von Monique und Christian Mazé, einfache, traditionelle Küche, gemütliche Unterkunft, vom 15.12. bis 15.10. geöffnet, Tel. 04 75 38 78 01/Fax 04 75 38 77 08

Tip: Eindrucksvoll ist die Autofahrt auf der D 578 durch das zerklüftete Tal der Volane immer weiter hinauf bis auf die leeren Hochflächen des Plateaus und nach Mézilhac. Kurz hinter Antraigues lohnt sich ein Abstecher zu dem kleinen Dörfchen St-Joseph-des-Bancs; gegenüber vom Ort liegt am Flußufer des Mazel eine 200 Jahre alte Mühle. Hier mahlt Maître Nougier Kastanien und Getreide und erläutert Besuchern gerne das traditionelle Verfahren.

5. Wege aus dem Tal der Beaume in die Ausläufer des Tanargue

Von Joyeuse führt der Flußlauf der Beaume aus einem offenen Tal mit Wein- und Obstfeldern in die Kastanienwälder der Cevennen. Auf der Höhe des Weilers Le Gua wird das Flußtal zwischen dem Höhenrücken der Serre de Valgorge und den Ausläufern des Tanargue enger. Hier führt ein alter Maultierpfad von dem Bergvorposten, auf dem

Romanische Kirche in Beaumont

die Tour de Brison steht, herunter, überquert die Beaume auf der alten, dreibogigen Steinbrücke von Le Gua und steigt auf dem gegenüberliegenden Höhenrücken wieder an. Die beiden Tourenvorschläge führen einmal linksseitig der Beaume auf den Bergrücken der Tour de Brison und weiter nach Sanilhac, das andere Mal am rechten Ufer der Beaume auf die Bergkuppe der Gemeinde Beaumont zum Weiler La Roche.

Wir folgen mit beiden Wegen den Spuren des Reiseschriftstellers und Aufklärers Albin Mazon, der bei seinen historischen Wanderungen im Vivarais (1875–1907) dieselbe Route nahm. Der Beschreibung seiner »Reise rund um Valgorge«, die er unter dem Namen Doctor Francus 1879 veröffentlichte, sind interessante Details zu entnehmen, die im folgenden gelegentlich zitiert werden.

Die Wandervorschläge sind Teilstrecken des 60 km langen Rundweges »Tour du Tanargue«. Der entsprechende Topo-Guide ist mit Karten und Hinweisen für die Unterkunft im Buchhandel von Joyeuse erhältlich.

Spaziergang zum Weiler La Roche (sentier botanique)

Der Weiler La Roche liegt noch unterhalb des offenen Kammes der Serre de Valgorge, von Wiesen und alten Eßkastanienhainen umgeben. Der Spazierweg führt von der Beaume ca. 1/2 Stunde auf dem Eselspfad durch Steineichenwald den Berg hinauf.

Hinweise für den Spazierweg

- **Anfahrt**: Von Joyeuse fährt man auf der D 203 in das Beaumetal hinein Richtung Valgorge; auf der Höhe des Weilers Le Gua kann das Auto am Straßenrand abgestellt werden.
- **Ausgangspunkt**: Brücke über die Beaume wenig westlich von Le Gua

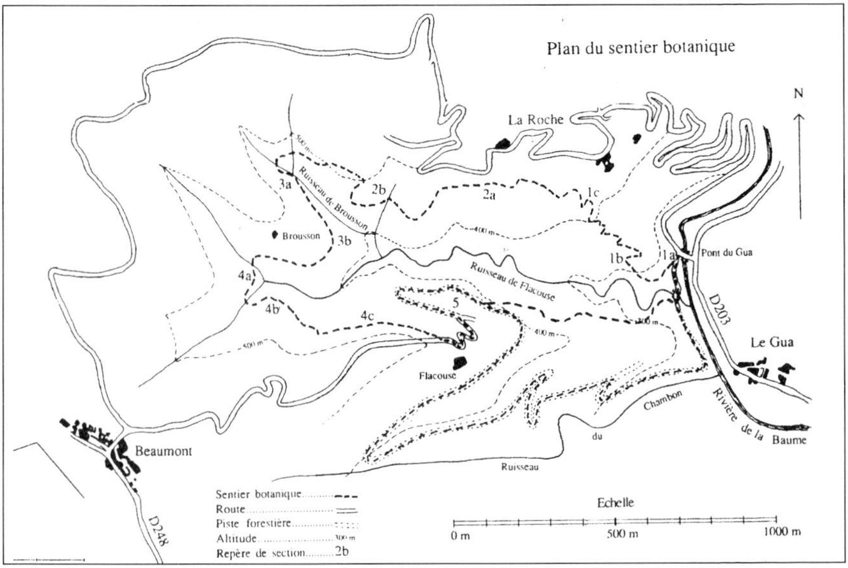

- **Dauer**: 1.15 Std.; leichter Spazierweg
- **Höhenunterschied**: 253 m
- **Orientierung**: Markierung der »Tour du Tanargue«: rot-gelber Balken
- **Karte**: IGN Nr. 2838 Est Largentière
- **Jahres-/Tageszeit**: ganzjährig, Halbschatten

Wegbeschreibung

Man folgt der Markierung über die Brücke auf die andere Flußseite, geht ein paar Schritte flußabwärts und biegt dann rechts auf den Pfad ab, der durch niedrigen Buschwald in leichtem Anstieg auf die Berghöhe führt. Man geht eine gute halbe Stunde auf einem überwiegend steinbefestigten Weg den Berg hoch. Kurz vor der Anhöhe durchquert man einen Kastanienhain und erreicht die Landstraße. Am Berghang liegt der Weiler La Roche. Man kann denselben Weg zurück oder die kleine Landstraße wieder hinunter zur Beaume laufen. Beim Hinabgehen bietet sich ein schöner Einblick in das Flußtal.

Variante

Der Maultierweg nach La Roche ist Bestandteil eines größeren Rundwegs, der als botanischer Lehrpfad (sentier botanique) eingerichtet und markiert wurde. Er führt durch die landschaftstypische Vegetation der mittleren Hanglagen zwischen Beaumetal und Beaumont. Auf Stegen und alten Steinbrükken geht es über mehrere Wasserläufe. Man muß für den 7,5 km langen Weg etwa 3 Std. veranschlagen. Der Höhenunterschied beträgt 320 m; der Weg ist zuverlässig grüngelb und durch Holzschilder gekennzeichnet. Noch bevor die Landstraße von La Roche erreicht ist, zweigt der sentier botanique von dem rot-gelb markierten Teilstück der »Tour du Tanargue« nach links ab. Ein Topo-Guide, der auf die botanischen und geologischen Besonderheiten aufmerksam macht, ist im Bürgermeisteramt von Beaumont oder in der Maison de la Presse von Joyeuse erhältlich. **Auskünfte** unter Tel. 04 75 39 53 72 / 04 75 39 90 04.

Bewirtschaftete Mauerterrassen

Adressen

07260 La Roche-Beaumont

- Maison d'Hôte »La petite cour verte« in idyllischer Lage am Berghang, freundlicher Empfang durch Mme und M. Rouviere, Tel. 04 75 39 58 88
- Gîte d'étape bei M. Mercier, Tel. 04 75 39 54 22

07260 Joyeuse: Route de Valgorge

- An der Straße, die durch den Weiler Le Gua führt, liegt die Restaurant-Bar »Le Relais des Brison« mit Laubenterrasse über dem Flußufer; Musikprogramm mit Tanz in den Sommermonaten, Tel. 04 75 39 43 52.
- Chambres/Table d'Hôte »Le Sentier des Arches« auf der gegenüberliegenden Flußseite bei M. Romanet, Tel. 04 75 39 44 09

07260 Ribes, Le Haut Grand Val

- In einem Seitental der Beaume liegt auf dem Berg im Kastanienwald die »Auberge du Coquou«. In dem gemütlichen Restaurant kocht Bernard Poujade sehr gute und feine ardèchoise Gerichte zu vernünftigen Preisen, – ein echter Tip. Besonders empfehlenswert Zickleinbraten im Frühjahr, Kaninchen-Pastete, Perlhuhn mit heißen Kirschen, klassischer südfranzösi-

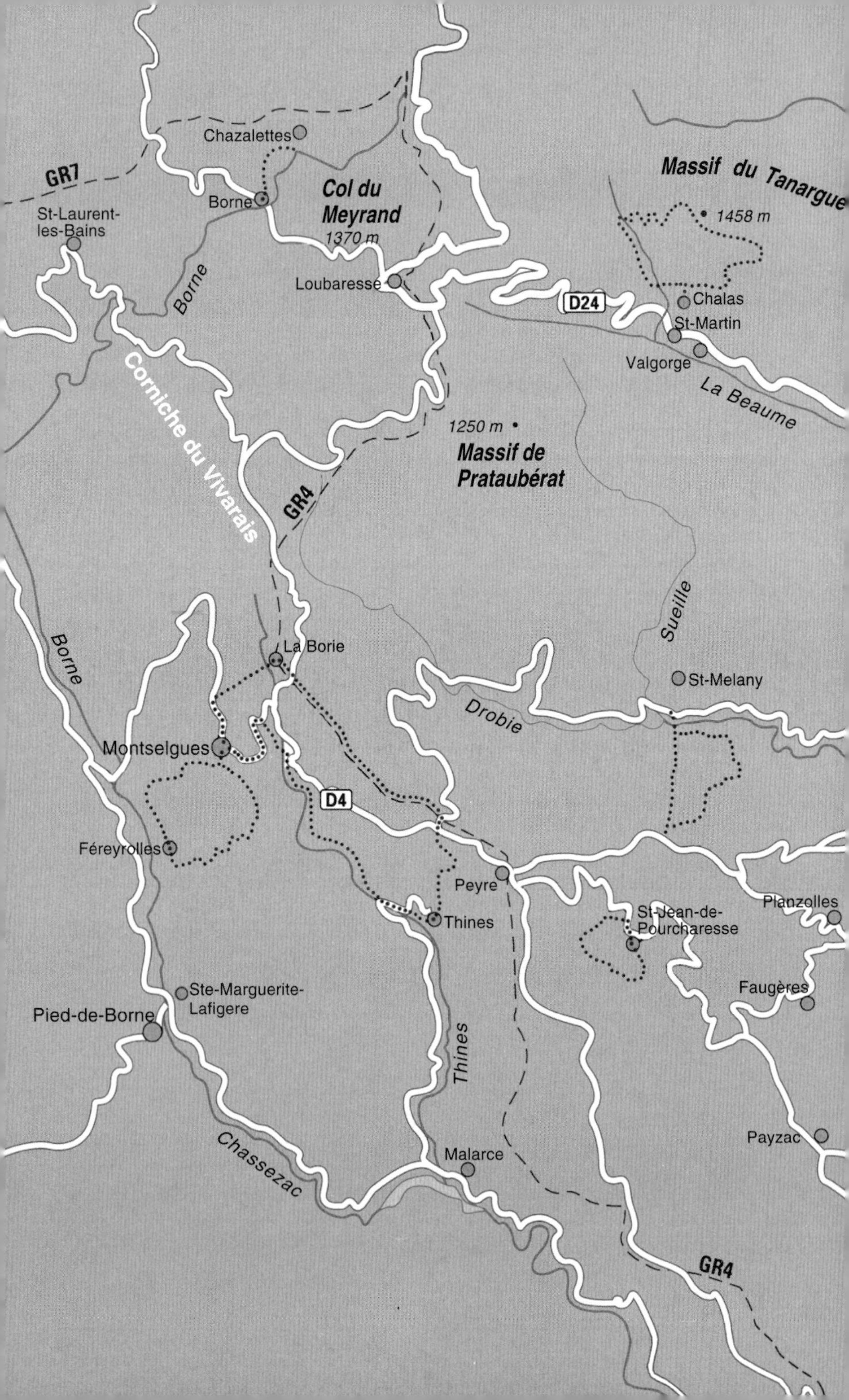
Chazalettes
GR7
Borne
St-Laurent-
les-Bains
Col du
Meyrand
1370 m
Massif du Tanargue
1458 m
Loubaresse
D24
Chalas
St-Martin
Valgorge
La Beaume
Borne
Corniche du Vivarais
1250 m
Massif de
Prataubérat
GR4
Sueille
La Borie
St-Melany
Drobie
Borne
Montselgues
D4
Féreyrolles
Peyre
Thines
St-Jean-de-
Pourcharesse
Planzolles
Faugères
Ste-Marguerite-
Lafigere
Pied-de-Borne
Thines
Payzac
Malarce
Chassezac
GR4

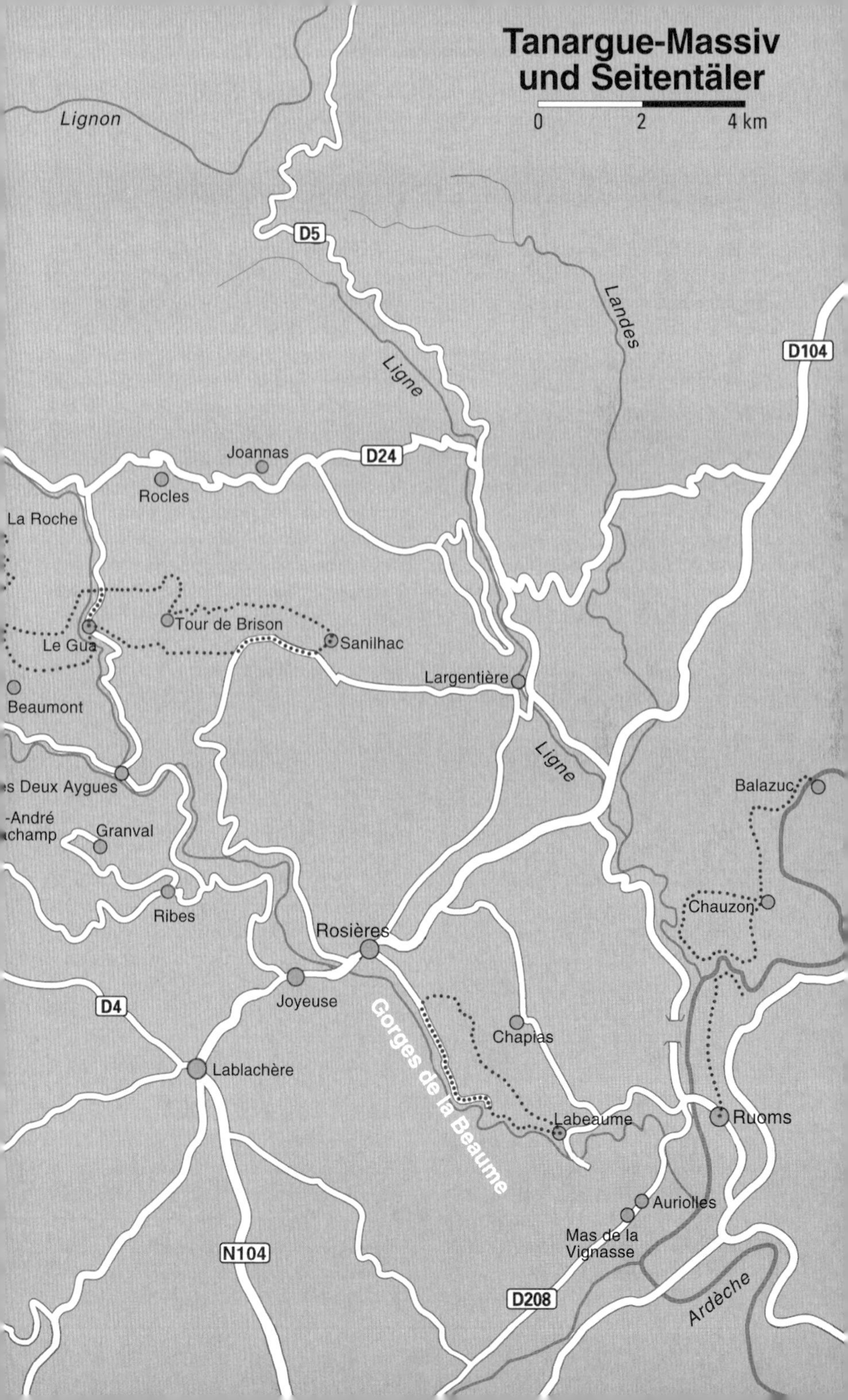
Tanargue-Massiv
und Seitentäler
0
2
4 km
Lignon
D5
Landes
D104
Ligne
Joannas
D24
Rocles
La Roche
Tour de Brison
Sanilhac
Le Gua
Largentière
Beaumont
Ligne
es Deux Aygues
Balazuc
-André
achamp
Granval
Chauzon
Ribes
Rosières
Joyeuse
D4
Gorges de la Beaume
Chapias
Lablachère
Labeaume
Ruoms
Auriolles
Mas de la
Vignasse
N104
D208
Ardèche

scher Fleischeintopf »Daube«, Salat mit Pilzen, Kastanien und gebratenem Speck, gebackener Ziegenkäse mit Apfelscheiben; ganz besonders delikat die Patisserie zum Dessert; geöffnet von Ostern bis Nov.von Freitagabend bis Sonntagabend, im Juli und August täglich mittags und abends, Tel. 04 75 39 44 39. Neuerdings dort auch feine Ferienunterkünfte im Eßkastanienwald mit Fernblick.

Als es im Beaumetal noch keine Straße gab

Eine alte Steinbrücke spannt sich in Le Gua (frz. »gue« = Furt) dreibogig von einem zum anderen Ufer der Beaume. Wegen der charakteristischen Wölbung spricht man von einer »pont en dos d'ane«, einer Brücke mit »Eselsrücken«. Sie verband die Bergdörfer diesseits und jenseits des Flusses und war ein Teil des alten Maultierpfads von Largentière über Beaumont nach Loubaresse. Es war die bekannte Route der Maultierkarawanen, die u.a. Wein von der Côte de Vivarais in die Auvergne trugen. Flankiert von den »Wachtürmen« in Montréal, Brison, Beaumont und Loubaresse, wo die Wegezölle abkassiert wurden, war diese Strecke für die an den Berghängen angesiedelten Ortschaften die Hauptroute, zu der es keine alternative Talstraße gab.

So war es auch noch, als Albin Mazon 1875 Beaumont und die anderen hochgelegenen Dörfer des wilden, unzugänglichen Drobietals bereiste. Er benutzte den Maultierpfad von Largentière über Montréal und Sanilhac, überquerte bei Le Gua das Beaumetal, erreichte Beaumont und zog über die Serre de Valgorge nach Loubaresse.

Mazon schwärmt von der südlichen Vegetation der Region, von Wein, Maulbeer-, Oliven- und Obstbäumen am Fuße des Berges von Beaumont und von ausgedehnten Eßkastanienkulturen in den höheren Lagen. Angesichts der erstklassigen Ernteerträge seien aber die mühseligen Transportwege ein Skandal. Eindringlich hält er seinem Publikum vor Augen, wie überfällig die Fertigstellung der Straße im Beaumetal ist:

Ein Bauer aus Beaumont hatte z.B. vier Schweine – pardon, vier Borstentiere, respektvoll ausgedrückt, – nach Joyeuse zu bringen. Er brauchte 32 Männer und vier Trageleitern, um sie nach Gua zu transportieren, dann einen kleinen Wagen, um sie von Sanilhac über Montréal nach Laurac und Joyeuse zu befördern, im ganzen 25 km, und das, wo er auf der geplanten Straße von seinem Dorf nach Joyeuse nur 10 km zu fahren hätte! Man mußte Gua passieren, weil die Brücke von Les Deux-Aygues auch noch nicht fertig und der Wasserstand im Fluß zu hoch war. Normalerweise geht man nach Les Deux-Aygues hinunter, um nach Ribes aufzusteigen und von da nach Joyeuse zu kommen! Stellt Euch mal vor: Acht Männer steigen da hoch, ein Schwein auf der Leiter tragend, manchmal auch nur zwei oder drei Männer, auf dem letzten lastet das ganze Gewicht; häufig stürzen auch noch Steine herunter und gefährden die Träger und das Schwein...

Über die Tour de Brison nach Sanilhac

Dieser Rundweg führt aus dem Flußtal der Beaume auf einen weithin sichtbaren »Vorposten« der Cevennen, die Tour de Brison. Auf alten, von Steinmauern begrenzten Pfaden und Wegen durch Kastanien- und Steineichenwald steigt man ein langes Wegstück an und erreicht die offene Höhe. Es folgt ein steiler, aber kurzer Anstieg zur Tour de Brison, anschließend der Weg durch ausgedehnte Wälder zu dem Dorf Sanilhac. Um die ländliche ardèchoise Küche kennenzulernen, empfiehlt es sich, hier eine Mittagsmahlzeit einzuplanen. Der Rückweg geht leider erst ein längeres Stück über die Landstraße, bis ein Waldweg abzweigt und bequem nach Le Gua hinunter führt.

Hinweise für die Wanderung

- **Anfahrt**: Von Joyeuse fährt man auf der D 203 in das Beaumetal hinein Richtung Valgorge; auf der Höhe des Weilers Le Gua kann das Auto am Straßenrand abgestellt werden.
- **Dauer**: 4.45 Std.
- **Typ und Schwierigkeitsgrad**: leichte Rundwanderung auf Maultierpfaden, Landstraße und Forstwegen, ein steiler, langanhaltender Aufstieg im ersten Wanderabschnitt.
- **Höhenunterschied**: 513 m
- **Orientierung**: Von Le Gua bis Sanilhac rot-gelbe »Tour du Tanargue«-Markierung
- **Karte**: IGN Nr. 2838 Est Largentière
- **Jahres-/Tageszeit**: ganzjährig; im Sommer empfiehlt es sich, den Aufstieg in den frühen Vormittagsstunden zu machen.

Wanderweg

Der Weg beginnt in Le Gua bei der Steinbrücke. Gegenüber der Brücke markiert der rot-gelbe Balken am Felsen den alten Weg über den Bergrücken nach Largentière. Man verläßt die Straße und überquert auf einer Steinrinne den kleinen Zufluß der Beaume. Dann führt ein schmaler Pfad durch eine Felsenpartie auf teilweise natürlichen Steinstufen ziemlich steil den Berg hinauf. Oben angelangt, fällt der Blick auf das nächste Etappenziel, die Pylone eines Fernsehrelais. Durch schattenspendenden Wald von Kastanien und Steineichen wandert man nun beschaulich über den Kamm bis zum nächsten Buckel. Der alte Maultierpfad führt an Steinmauern entlang, kommt aus der Waldzone heraus und erreicht eine Felsenpartie, in der man stur der Wegmarkierung folgt. Nach dem kurzen Kletterspaß verläuft der Weg breit um den Bergbuckel herum auf einen Paß hinauf, der den Blick ins jenseitige Tal **Richtung Largentière** freigibt.

Jetzt ist die Abzweigung rechts zu beachten: Es beginnt der letzte Abschnitt des Aufstiegs zur **Tour de Brison**. Ein recht steiler Anstieg führt teilweise wieder über Felsen auf den Berg (Von der Beaume bis zum Turm 1.45 Std.).

Oben wird man erwartungsgemäß mit einem großartigen Rundblick belohnt. Tafeln helfen bei der Orientierung. Der weitere Weg **Richtung Sanilhac** führt quer durch den Wald; die Markierung gibt zuverlässig die Richtung an. Etwa 10–15 Min. geht man bergab; dabei kreuzt man viermal die Straße. Auf der anderen Seite der Straße weist die rot-gelbe Markierung auf einen Pfad, der in süd-östlicher Richtung weiter bergab führt. Es geht durch niedrigen Buschwald und Ginster, bis man rechtsseitig eines kleinen Bachlaufes an einem Wasserbecken die ersten Gehöfte des Weilers Brison erreicht. An den Ruinen des **Château de Brison** vorbei erreicht man die Landstraße, biegt nach links und findet kurze Zeit später die markierte Wegabbiegung nach rechts. Auf einem von Mauern eingefaßten Weg geht es leicht bergab, an Anbauflächen und Weinfeldern entlang wieder in den Wald hinein, dann auf schmalen Pfaden oder breiten Forstschneisen durch den Mischwald. Schließlich öffnet sich der Blick: Vor uns liegen die Wiesen- und Akkerbau-Terrassen in einer weiten Runde um Sanilhac. Rechtsabbiegend geht es auf der Dorfstraße Richtung Kirche und weiter bergauf bis zu dem südlichen Dorfausgang. Dort liegt auf der Anhöhe das Hotel-Restaurant »**Auberge de la Tour Brison**« (vom Turm bis nach Sanilhac 1.30 Std.).

Die Wirtin bietet zwei Menüvarianten, hausgemachte Entenleberterrine, Burgunderbraten oder Fisch, dazu Gratins und Gemüse an. Eine Überraschung ist die üppige und deftige Dessertauswahl mit Sahnetorte, Schokoladenkuchen, den kleinen französischen Tartes mit Früchten, luftigen Profiterolles (Windbeutelprinzip) oder heißen Crêpes mit hausgemachten Konfitüren.

Zu Beginn des Rückwegs geht man zunächst 3 km auf der Landstraße Richtung Vernon. Man muß nur einmal aufpassen:

Kurz vor dem Weiler Guillaume, wo die Straße eine deutliche Biegung nach links macht, verlassen wir sie und gehen Richtung Wald. Ein breiter Forstweg führt in sanften Serpentinen nach **Le Gua** hinunter. Oberhalb des Weilers biegt der alte Wirtschaftsweg links ab und erreicht die Bar an der Talstraße. Von dort bis zum Ausgangspunkt an der Brücke zurückgehen.
(Sanilhac bis Le Gua 1.30 Std.)

Unterwegs:
Die **Tour de Brison** ist ein Sarazenen-Turm, der womöglich schon auf Befehl des Araberführers Galenian im 8. Jh. erbaut wurde. Er war Bestandteil eines weitreichenden Nachrichtensystems auf den Gebirgshöhen des Vivarais (Chassiers-Loubaresse-Montréal-Tauriers). Von den Türmen aus wurden Signale durch Leuchtfeuer weitergegeben.

Largentière und die umliegenden Dörfer Montréal, Tauriers, Chassiers

Die Unterpräfektur Largentière am Fuß des Tanargue bezieht ihren Namen aus der Existenz von silberhaltigen Bleivorkommen, die schon von den Römern in der Region abgebaut wurden. Im Mittelalter waren sie Anlaß für ständige Kämpfe zwischen den Bischöfen von Viviers und den Grafen von Toulouse um die lokale Münzhoheit.

Graf Raymond VI. von Toulouse, der sich ohnehin schon etliche Seigneurs des Vivarais durch Lehensvergabe hatte verpflichten können, beanspruchte durch Hugues d'Ucel einen Teilbesitz an den Minen. Dies war natürlich ein Angriff auf den anderen mächtigen Co-Seigneur, den Bischof von Viviers, der sich durch die Machtgelüste des Grafen bedroht sah. Raymond war ihm zudem ein Dorn im Auge, weil er die ketzerische Katharerbewegung unterstützte. Der Bischof von Viviers schlug einen Kompromiß vor und schloß 1198 in Aubenas mit Raymond einen Vertrag, in dem dieser sich als sein Vasall unterwarf und dafür Mitbesitzer der Minen wurde. Sofort ließ Raymond ein paar kleine, wehrhafte Burganlagen um Largentière errichten. Von hier aus sollten loyale Lehensherren die Ausbeutung der Minen überwachen: Montréal, Tauriers und Chassiers wurden gebaut.

Der Bischof verstärkte prompt seine Wehrhaftigkeit, indem er in der Stadt selbst, wo sein Schloß schon über allem thronte, dieses um einen mächtigen Burgfried erweitern ließ. Der neue, stolze Turm namens Bonnegarde gab Graf Raymond und seinen Vasallen augenblicklich Grund, drei weitere Türme und Festungsmauern um den »Donjon« des Bischofs herumzubauen. Im Gegenzug unterstützte der Bischof die Kampfansage des Papstes gegen die Katharer, weil er sich ausrechnen konnte, daß hierbei ein Teil der dem Grafen dienstverpflichteten Seigneurs liquidiert würde. Der Machtkampf endete mit einer vernichtenden Niederlage Raymonds, als dieser Largentière in einem Feldzug 1223 vollständig erobern wollte.

Jetzt brachte sich der Kapetingerkönig von Frankreich »vermittelnd« ins Spiel: Er setzte 1229 in Paris einen Vertrag auf, der die Grafschaft Vivarais in Zukunft von allen Machtgelüsten anderer Seigneurs befreien sollte; dafür übernahm er alle Besitzungen Raymonds. Dies war der erste Schritt, um seinen Machtbereich in der Region auszudehnen, weitere folgten (Naves, 1274 und Villeneuve-de-Berg, 1284). Im Jahre 1308 konnte die Grafschaft Vivarais erfolgreich dem Königreich einverleibt werden.

Mit der Verdrängung des Silbergeldes durch Goldmünzen verloren die Minen von Largentière an Bedeutung. Die Edelmetallfunde in der Neuen Welt entwerteten die einheimischen Minen vollends. Auf diese Weise zur Bedeutungslosigkeit verdammt, wurden die Silberminen 1716 an den Grafen von Brison verkauft: Gärten und eine Galerie wurden angelegt. 1847 kaufte die Stadt das Schloß vom Marquis de Roure,

Abkömmling des Grafen von Brison, zurück und richtete dort ein Hospital ein, das von Schwestern von St-Vincent-de-Paul geleitet wurde. Heute ist es immer noch Krankenhaus und kann nicht besichtigt werden.

Bei einem Stadtrundgang fallen die schönen alten Treppenpassagen (»calades«) auf. Die Treppe, die zur Kirche Notre-Dame-des-Pommiers führt, trägt den Namen Albin Mazons, der, 1828 in Largentière geboren, durch seine Reiseberichte aus dem Vivarais bekannt geworden ist.

Alltag in Joannas

In Largentiere

Tip: Largentière ist eine Etappe der »Tour du Tanargue«. Ein sehr reizvoller Wegabschnitt führt aus dem Ort heraus und oberhalb des steil abfallenden Ligne-Tals am Hang entlang. Dazu geht man am Restaurant »Recollets« vorbei die Straße D 103 Richtung Au-benas bis zur Spitzkehre. Hier geradeaus bis zum Gîte d'étape vorlaufen und auf der geteerten Straße weitergehen. Kurz vor dem letzten Haus geht es geradeaus in den Wald hinein. Am offenen Hang mit Blick auf die Ostflanke des Tanargue kann man so bis zum nächsten Weiler und noch weiter wandern.

Adressen

07110 Largentière
- Office de Tourisme, Tel. 04 75 39 14 28
- Gîte d'étape »Les Fourniols« bei M. Meucci, Tel. 04 75 39 20 97
- »Hôtel-Restaurant des Voyageurs«, Av. de la République, Tel. 04 75 39 11 43

07110 Joannas
- »Auberge au Château de Joannas«, ganzjährig von Donnerstag bis Montag geöffnet, Tel. 04 75 88 33 87

07110 Chassiers
- Mairie de Chassiers, Tel. 04 75 39 11 16
- Ferme-Auberge »La Clède« bei M. Vernede, Tel. 04 75 39 14 35
- Chambres/Table d'Hôte bei M. Valette, Chalabreges, Tel. 04 75 88 37 79

07110 Montréal
- Ferme-Auberge »Les Marroniers« bei M. Jauzion, Tel. 04 75 36 82 54

07110 Vinezac/Chaudebry
- Ferme-Auberge du Caracol, täglich geöffnet, Tel. 04 75 36 87 26

07110 Vinezac
- Hôtel-Restaurant »La Bastide du Soleil«, anspruchsvolles Restaurant mit französischer/ardèchoiser Küche in einem ehemaligen Schloßgebäude, Tel. 04 75 36 91 66
- Gute Landweine der Côtes du Vivarais kann man in der freundlichen Domaine de Combelonge probieren und kaufen, Tel. 04 75 36 92 54

07110 Laurac-en-Vivarais
- Restaurant »Le Relais Fleuri«, gemütlich, Laubenterrasse, gute französ. Küche, ganzjährig geöffnet, Tel. 04 75 36 85 03

Sanilhac
- Hôtel-Restaurant »Auberge de la Tour Brison«, ein viel besuchtes Lokal, Vorbestellung erforderlich, ganzjährig geöffnet, Tel. 04 75 39 29 00

6. Auf den kargen Höhen der »Corniche du Vivarais«

Auto-/Radtour über die Corniche mit Spaziergang nach Thines

Dic D 4 vcrläßt in Lablachère die breite grüne Senke zwischen Gebirge und Kalksteinplateau und führt durch die Weinhänge rasch nach Planzolles hoch. Eben noch im Weingebiet, durchquert sie oberhalb von Planzolles Kastanienwälder, später Heideflächen und Kiefernanpflanzungen im Glimmerschiefer. Durch eine einsame Landschaft von recht herbem Charakter verläuft sie dann als Hangstraße mit der Bezeichnung »Corniche du Vivarais« unterhalb des gut 1000 m hohen, kahlen Bergrückens mit Partien von Felsüberhängen bis nach St-Laurent-les-Bains.

Es ist die moderne Straßenführung, die am Berghang gebaut wurde. Die alte Maultierkarawanenstraße verlief früher über den Gebirgskamm. Dort war der Wegebau technisch leichter zu bewältigen. Von den mittelalterlichen Städten, die sich entlang der südöstlichen Talöffnungen der Cevennenausläufer angesiedelt hatten – Largentière an der Ligne, Joyeuse an der Beaume, Les Vans am Chassezac – transportierten Maultierkolonnen Wein und andere Waren in die Auvergne. Badereisende zogen auf dem alten Maultierweg nach St-Laurent-les-Bains und Pilger von Le Puy nach St-Gilles und Santiago de Compostela. Sie machten Zwischenstation in den Wallfahrtskirchen St-André-Lachamp und Notre-Dame-de-Thines.

Der mittelalterliche »chemin muletier« folgte der alten Schneise für den Viehauftrieb, einer sog. »Draille«, und womöglich sogar einem Weg, der schon zur Zeit der römischen Besiedlung angelegt wurde. Stellenweise durch den Granit hindurchgeschlagen, teilweise mit großen Steinquadern »gepflastert«, zieht sich der breite, einst vielgenutzte Weg über die einsamen Bergkuppen. Auf den weiten Grasflächen sind streckenweise noch die niedrigen Steinmauern zu erkennen, die den Verlauf markierten.

Thines

Stundenlang kann man heute auf der ehemaligen Höhenstraße über die windzerzausten Hochplateaus der Nordcevennen wandern und hat weite Panoramablicke.

Zu empfehlen ist eine Mischung aus Auto- und Radtour und Wanderung, um die kahlen Höhenzüge und ihren Übergang in die tieferliegenden Busch- und Kastanienwaldregionen kennenzulernen. Ein Fußweg führt von der Corniche zu dem Bergdorf Thines hinab, wo es eine Einkehrmöglichkeit gibt.

Auto-/Radtour

In seinem historischen Reisebericht sprach Albin Mazon vor knapp hundert Jahren auch eine Empfehlung für diese Tour aus. Seitdem hat sich hier oben kaum etwas geändert:

Viele Leute wissen gar nicht, daß man mit dem Auto von Vans oder Joyeuse losfahren und eine Tour durch die Kantone von Joyeuse, Largentière und Valgorge machen kann, indem man über Peyre, Petit-Paris, Loubaresse, den Tanargue, die Souche, Jaujac, Prades und zurück nach Aubenas fährt. Man kann noch Saint-Laurent einplanen, dort essen und die Thermen besuchen.

Die D 4 führt von Lablachère über Planzolles zu dem Weiler Peyre. Das »Café« ist bewirtschaftet. Peyre war eine bekannte Haltestation für die Maultierkarawanen, die von Les Vans oder Lablachère hoch- oder von Loubaresse herunterzogen. Bis zu dreihundert Tiere standen bisweilen angepflockt auf dem Grasland, während die Händler im Gasthof zu Mittag aßen. Mazon lobt übrigens die gute Herberge, nicht nur wegen des angenehmen Speisens, sondern auch wegen der sauberen Betten: »das ist kaum üblich in den Auberges der Montagne«.

Die Autofahrt auf den großzügigen Serpentinen der Höhenstraße kann in Peyre oder oberhalb von Thines durch Fahrradtouren unterbrochen werden. Die Strecke

»Chemin poétique«. Der alte Maultierpfad aus dem Tal der Thines zum Schieferdorf Thines

nach St-Laurent-les-Bains, bzw. nach Loubaresse, führt durch eine Landschaft von ausgedehnten Gras-, Heide- und Ginsterflächen mit freigelegten Granitblöcken. Hier und da schaut man auf einsame Granithäuser und -weiler. An der Einmündung der D 220, die aus dem Drobietal auf die Corniche führt, bietet sich eine Unterbrechung der Fahrt durch eine Wanderung nach Thines an. Zumindest sollte man nicht versäumen, dem Hinweisschild »Voie Romaine« zu folgen und einen Abstecher auf den alten Kammweg zu machen. Die Strecke bis zu der einstigen Übernachtungsstation »Bel Air« zeigt die Umrisse einer breiten, steingepflasterten Straße.

Für die Rückfahrt empfiehlt sich die Runde durch das wilde, schroffe Tal der Drobie und weiter entlang der Beaume nach Joyeuse.

Spaziergang nach Thines

- **Anfahrt**: D 4 von Lablachère nach Peyre, an der Kreuzung mit der D 220 ist abseits der Straße Platz zum Parken; der GR 4 kreuzt die Straße, Wegweiser beachten.

Steinbrücke bei Thines

- **Dauer**: leichter Spaziergang von 2.15 Std.
- **Höhenunterschied**: 296 m
- **Orientierung**: GR 4, rot-weiße Markierung
- **Karte**: IGN Nr. 2838 Ouest Valgorge
- **Jahres-/Tageszeit**: ganzjährig, Halbschatten, später Kastanienhaine

Wanderweg

Von der Paßhöhe, dem Ausgangspunkt der Wanderung, sieht man das Ziel des etwa einstündigen Fußweges schon vor sich: Das Bergdorf Thines mit seinen schimmernden Schieferdächern und der Kirche. Es liegt knapp 300 m tiefer auf einem Felsvorsprung. Der schmale Pfad führt durch Ginster und das kratzige Untergehölz des Buschwaldes am Berghang entlang. Es riecht nach wildem Thymian und Buchsbaum. Man läuft bequem hinunter und hat das Panorama der cevenolischen Höhenzüge und Täler im Blick. Nach einer guten halben Stunde erreicht man das schattenspendende Laubdach der Edelkastanienkulturen oberhalb des Dorfes, passiert das Wasserreservoir, bahnt sich seinen Weg durch herb riechenden Ginster und hält auf die Häuser zu.

Wer sein Kommen angekündigt hat, kann bei Mme Chantal Archambault, der Wirtin der »Auberge de Thines«, zu Mittag essen: Kaninchen, Poularde oder Forellen, die klassische ardèchoise Terrine vorweg und den besonders würzigen Ziegenkäse aus der Region hinterher. Sie bäckt Kastanienkuchen, kocht Konfitüre aus Waldfrüchten und verkauft den Honig mit der kräftigen Note der Kastanienwälder.

Die Wirtin der Auberge und einige andere »Amis de Thines« sorgen trotz der Abgeschiedenheit des alten Dorfs für kulturelles Leben: Kunstgewerbeladen, Sommerausstellungen und Konzerte. Die restaurierten Schieferhäuser sind teilweise ganzjährig bewohnt.

Nach dem Mittagessen geht es denselben Weg zurück. In den späten Nachmittagstunden kleidet die untergehende Sonne die Höhenzüge und Taleinschnitte beim Aufstieg in ein phantastisch unwirkliches Licht.

Unterwegs:
»**Voie Romaine**« steht auf dem Schild, das unweit der Einmündung der D 220 aus Sablières auf die Corniche rechts und auch links auf den »römischen« Kammweg weist. Albin Mazon ist sich sicher, daß der mit Steinquadern gepflasterte Weg eine römische Straße war. Sein Nachweis ist einleuchtend: Wenn die Römer in Saint-Laurent-les-Bains die Heilwasserquellen entdeckt und das Heilbad errichtet haben, was durch Münzfunde belegt ist, muß diese Straße auch von ihnen gebaut worden sein. Er zitiert den Abbé Rouchier, der in einem Auszug der Teilungsakte von Randonat schon 1251 diesen Weg beschreibt und eine »antike Straße« von Petit-Paris nach Peyre erwähnt. Eine besonders gut erhaltene Wegpartie zwischen Peyre und Petit-Paris zeigt die für Römerstraßen typische Bepflasterung mit kleinen, gleichmäßig behauenen Steinen.

Nôtre-Dame-de-Thines

Nôtre-Dame-de-Thines

In der abgeschiedenen Gebirgsregion des Vivarais gab es im Mittelalter keine bedeutenden Klöster. Die Bischöfe von Viviers ermunterten daher die Mönche der Benediktiner-Abtei von Monastier-Saint-Chaffre im Velay, sich um die klerikale Versorgung der Bergdörfer zu kümmern. Dank der Karawanenstraßen, die Le Puy mit dem Rhônetal verbanden, konnte sich der Expansionswille des Klosters Saint-Chaffre betätigen, und die Korporationen von Bauleuten und Steinmetzmeistern aus der Auvergne errichteten auftragsgemäß Kirchen und Kapellen in Veyrines, Macheville-Lamastre, Saint-Julien-du-Serre, Montpezat und Chassiers. In diese Periode fällt auch der Bau der Kirche Nôtre-Dame-de-Thines. Die Mönche von Saint-Chaffre, die erst eine Priorei in Montselgues gegründet hatten, ließen vermutlich schon im 11. Jh. diese mächtige Kirche auf dem Bergsporn oberhalb der Thines errichten. Thines wurde für Mönche, Pilger und Reisende eine wichtige Etappe auf ihrem Weg aus dem Zentralmassiv in das Languedoc.

Die Kirche ist eines der schönsten romanischen Bauwerke des Vivarais. Die Farbigkeit des aus verschiedenen Steinsorten errichteten Mauerwerks ist typisch für die auvergnatische Romanik. Maulesel schleppten das Material zu der hochgelegenen Baustelle: beigen und roten Sandstein sowie weißen Kalkstein aus den Steinbrüchen bei Berrias-Païolive, ferner grauen, grobkörnigen Granit vom benachbarten Plateau von Montselgues und schließlich aus der hiesigen Region den Schiefer, der für die Dachplatten Verwendung fand.

Die Kirche besitzt ein großes Mittelschiff mit drei Jochen und Strebepfeilern sowie einen halbkreisförmigen Chor. Dreimal wiederholt sich der romanische Rundbogen an dem Portal, dessen Archivolte die Steinmetze reich verziert haben; in die Stützpfeiler sind jeweils zwei Säulenfiguren gearbeitet. Verschiedene Figuren und Schmuckelemente sind im Portal, in den Fensternischen, Kapitellen, Konsolen und am Sims und Fries der Chorhaube ausgemeißelt.

Der Pilger, Holzschnitt, Meister DS, 1506

Vom Portal blickt man tief in das Tal der Thines und ist überrascht über die mächtige Kirchentreppe, die steil hinunterführt und die exponierte Lage der Kirche hoch über der Schlucht herausstreicht.

Thines war eine der zahlreichen Stationen auf dem Jakobspilgerweg. Auf der Karawanenstraße zwischen Zentralmassiv und Languedoc kamen die Pilger aus Nordfrankreich, England und Deutschland auf ihrer Route von Le Puy über St-Gilles nach Santiago de Compostela auch hier vorbei. Noch bis ins 19. Jh. bestand die Überzeugung, der Apostel Jakobus der Ältere hätte in Spanien missioniert und sei dort auch begraben. Dahin zogen im 11. und 12. Jh. ganze Pilgerscharen. Sie durchquerten Frankreich auf vier verschiedenen Hauptrouten, deren Ausgangspunkte die Wallfahrtsorte Tours, Vézelay, Le Puy und Saint-Gilles-du-Gard waren.

Maultierwege aus dem südlichen Vivarais in die Auvergne

Bis ins 19. Jh waren die maßgeblichen Verbindungswege des Vivarais die Ost-West-Achsen vom Rhônetal über den Kalksteinrücken in das Gebirgsvorland und über die cevenolischen Höhenzüge in die ehemaligen Grafschaften Gévaudan (heute Département Lozère) und Velay (heute Haute-Loire). Die einzige Nord-Süd-Verbindung war die sog. »Régordane«, die an der Flanke des Lozère Massivs von Langogne über Villefort nach Alès führte. Sie wird noch immer gerne als »Römerstraße« bezeichnet, obwohl ihr antiker Ursprung nicht mehr als gesichert gilt.

Von Fuhrwerken befahrbare Straßen gab es nur in den Ebenen. Sie führten in die Ortschaften an den südöstlichen Talausgängen der Cevennen und endeten dort. Von hier mußten die Lebensmittel von den Bergbewohnern selbst oder auf dem Rücken des begehrten Maultieres über die Berge getragen werden. In einem mit Stroh ausgepolsterten Leinwandsack (»saccol«) konnte man natürlich nur begrenzte Mengen tragen, während die »Packesel« schwerste Lasten über große Entfernungen transportierten und in den Bergen sicheren Tritt hatten.

Verbindungswege zwischen der Ebene und dem Gebirge gab es seit alters her. Auf den »Drailles«, den Viehauftriebsschneisen, wurden die Schafherden auf die Sommerweiden des Berglandes geführt. Der Maultierhandel begann erst im 10. Jh., als die Bewohner des Berglandes und die Einwohner der an den Süd-Ost-Hängen gelegenen Ortschaften des Bas Vivarais wirtschaftliche Verbindungen aufnahmen. Urkunden belegen, daß Klöster aus den Hochtälern die ersten Weindomänen an den Côtes du Vivarais anlegten.

Fünf wichtige Maultierwege verbanden das Nieder-Vivarais mit der Auvergne:

- Der südlichste »muletier« führte von Les Vans über die Serre de Barre nach Villefort, von dort aus am Nordrand des Lozère entlang nach Mende. Diese Wegführung ist durch die Nationalstraße 901 ersetzt worden.
- Der zweite und dritte Weg führte von Les Vans bzw. Joyeuse auf die Corniche du

Vivarais. Von dort aus verlief er nach St-Laurent-les-Bains und über den Col de la Fagere nach Pradelles und Le Puy in der Auvergne.

- Der vierte und fünfte »chemin de muletier« begann bei Largentière. Eine Abzweigung führt bei Rocles um das Tanargue-Massiv herum, gelangte ins obere Beaumetal, passierte Valgorge und erreichte in Loubaresse das Hochplateau. Eine Variante führte über Jaujac und La Souche zum Croix de Bauzon und von da aus nach Loubaresse.

Bis weit in das vorige Jahrhundert hinein waren Ortschaften wie Thines, St-André-Lachamp oder Sablières im Drobietal nur über diese Höhenwege erreichbar, erst dann wurden in den Tälern Straßen für Karren gebaut.

Wein, Olivenöl und Meersalz waren die wichtigsten Handelsprodukte, die vom Vivarais vorwiegend an Adelssitze und Klöster in der Auvergne geliefert wurden. Auf dem Rückweg transportierten die Maultierkarawanen Stroh, Futtermittel, gesalzenes Fleisch, Speck und Butter, aber auch Erbsen, Bohnen und die berühmten Linsen aus Le Puy vom Zentralmassiv herunter. Der Handel spielte sich oft direkt auf dem Hof des Winzers oder Bauern ab, meistens noch in der schlichten Form des Tausches. An jeder Transaktion verdiente der Seigneur des Ortes mit: Er kassierte den Grundzins. Hier diente der Wein als bevorzugtes »Zahlungsmittel«, da er teilbar war und relativ lange gelagert werden konnte.

Durch den Maultierhandel entstand schnell ein neuer Berufszweig. Der Makler (le couratier) trat im Auftrag der Seigneurs oder der Gemeinden, die die Rechte auf »couretage« (Handelssteuer) besaßen, an den Haltestationen auf, wo die Maultierkonvois vor dem letzten Wegabschnitt rasteten. Er begleitete den Trupp zum Kunden. Dort hatte er die Ladungen zu wiegen und beim Feilschen um den Preis zu schlichten. »Der Couratier verfügte über die offiziellen

Maultiertreiber

Maße und Gewichte«, erklärt Albin Mazon. »Die Notwendigkeit, Betrügereien zu vermeiden, die hier leicht zu haben waren, mußte der Ausgangspunkt dieses Berufes sein, der dem, der ihn ausübte, bald schöne Einkünfte erlaubte.« Sofern die Handelsgüter nicht an den Mann zu bringen waren, durfte der Makler selbständig kaufen und verkaufen. Wenn nicht prompt gezahlt werden konnte, trieb er Zahlungsversprechen ein, um sie dem Händler bei der nächsten Reise auszuhändigen. »Dieser Beruf war im Bas Vivarais recht lukrativ, und es wundert uns gar nicht, daß wir unter den Namen der alten Makler einige gute Namen der reichen, modernen Familien der Region wiederfinden. In Le Puy ist es genauso, und das Glück vieler wohlbekannter und ehrenwerter Familien begann mit der ›couretage‹ auf Wein.«

Der Stadt Les Vans z.B. brachte nicht nur die Courtage auf Wein, sondern auch auf Salz, Essig und Olivenöl gutes Geld ein.

Die Instandhaltung der großen Wegestrecken war keineswegs sichergestellt und erfolgte höchstens mal hier und da. Sie litt unter der Rivalität der verschiedenen Diözesen Uzège, Gévaudan, Velay und Vivarais. Sofern die Dorfgemeinde zuständig war, hatte jeder Bewohner Leistungen (»prestations«) für das Gemeinwohl zu erbringen. Diese »prestations« waren die lokalen Steuern von früher, ein Relikt der Fronarbeit für die feudale Herrschaft. Die Einwohner mußten jedes Jahr eine bestimmte Zahl von

Tagen für die Kommune arbeiten, wobei der Gemeinderat die Zahl der Tage festlegte, die für die Instandhaltung der Wege nötig war und auf die Dorfbewohner verteilte.

Adressen

07140 Thines

- Mairie, Tel. 04 75 39 54 26
- Ferme-Auberge und Gîte d'étape bei Mme Ch. Archambault, im Juli/August tägl. geöffnet, von Ostern bis Allerheiligen auf Vorbestellung, Tel. 04 75 36 94 47
- Gîte communal bei Mme Bacconnier, Tel. 04 75 36 94 33
- Gîte d'étape »La Blacherette« bei Mme Lambert, Tel. 04 75 36 97 72
- »Café Peyre«, Tel. 04 75 36 94 38

07590 St-Laurent-les-Bains

- Mairie, Tel. 04 66 46 00 71
- Bar Restaurant »La Vallée«, Tel. 04 66 46 05 11
- Gîte d'étape bei Mme Balme, Tel. 04 66 46 08 60
- Chambres d'Hôte, Tel. 04 66 46 00 72
- Trappistenkloster »Nôtre-Dame des Neiges«, Weindomäne und Hotel, Tel. 04 66 46 59 00

7. Auf alten Tal- und Kammwegen

Aus dem Tal der Thines auf den »chemin muletier«

Hoch über dem Tal der Thines liegt auf einem felsigen Bergsporn das Schieferdorf **Thines**. Hier beginnt die Wanderung und folgt dem Oberlauf des Flusses durch ein schönes grünes Tal mit Obstgärten, kleinen Weinterrassen, einer Mühle, alten Brücken und Steinmauern. Ein schmaler, überwiegend gepflasterter Maultierpfad verbindet die Weiler und Gehöfte Térondel, Le Roussel, Garidel mit Tastavin und Boyer. Man kann den Übergang aus dem Schiefer- in das Granitgebiet an dem Baumaterial der Gehöfte und Weidehütten verfolgen: In der Nähe von Thines herrschen Schieferplatten vor; ab Tastavin sind die Häuser aus großen, schweren Granitquadern gebaut.

Das schmale Flußtal ist gesäumt von alten Bäumen und bildet zwischen großen Felssteinen Becken und kleine Kaskaden aus. Aus dem grünen Flußtal mit abwechslungsreichen Landschafts- und Vegetationsformen gelangt man nach einem weiteren Anstieg in das kahle, weite Hochland mit Ginster- und Weideflächen.

Hier zieht sich der alte Kammweg in weltabgeschiedener Einsamkeit über die Höhenzüge. Der Wanderweg geht über eine besonders schöne und gut erhaltene Passage des »chemin muletier«, des Maultierhandelsweges von Lablachère/Les Vans nach Loubaresse und Le Puy. Auf den weiten, windzerzausten Höhenzügen liegen verlassene Gehöfte. Es waren die Rastplätze der »Fernstraße«. Der Höhenweg bietet die schönsten Panoramablicke.

Hinweise für die Wanderung

- **Anfahrt**: Von Les Vans geht es auf der D 113 in das enge Chassezactal hinein; nicht weit nach der Abzweigung Richtung Malarce folgt man der kleinen D 513 nach rechts ins Thinestal. Das Auto muß ca.1 km vor dem Ort geparkt werden. Der Parkplatz ist kurz hinter der Brücke, wo links des Flusses der Wanderweg beginnt.
- **Dauer**: 4.50 Std. bei Variante I; 4.20 Std. bei Variante II
- **Typ und Schwierigkeitsgrad**: lange Rundwanderung,
- **Höhenunterschied**: 548 m
- **Orientierung**: Im Thinestal rot-gelbe Markierung (GR de pays), auf dem Kamm GR 4, rot-weiß. Für Zwischenstrecken benötigt man etwas Orientierungssinn.
- **Karte**: IGN Nr. 2838 Ouest Valgorge

Und immer wieder: Schiefer

- Jahres-/Tageszeit: März bis Dezember, im Sommer bei mittäglicher Hitze nicht empfehlenswert.

Wanderweg

Vom Parkplatz läuft man die Landstraße ein Stück zurück. Noch vor der Haarnadelkurve der Straße und der Brücke Pont de Térondel wird der schmale, rot-gelb markierte Pfad eingeschlagen, der gegenüber einer ehemaligen Mühle rechts talaufwärts führt. Die grasgrünen Wiesenterrassen des Weilers **Vallée**, Gärten und Weinlauben der Hameaus **Le Pialet**, **Le Mourier** und **Le Nogier** liegen auf der anderen Flußseite. An einem Kreuz schlägt man den mit Mäuerchen eingefaßten Weg ein. Er führt rechts hinauf und verläuft entlang des Hangs. Der gut erkennbare, steinbefestigte Weg, der sich unterhalb der Corniche auf halber Höhe hält und später auf die »Cham« von Montselgues steigt, verband ehemals die Dörfer im Tal mit der »Fernstraße« auf dem Kamm.

Nach 45 Min. erreichen wir im Talschluß die Weiler **Garidel** und **Tastavin**, die teilweise restauriert und zumindest im Sommer bewohnt sind. Man folgt der rot-gelben Markierung durch Garidel, überquert einen Bach und erreicht kurz danach die alten Häuser von Tastavin. Auf der anderen Seite der Landstraße steigt der Weg oberhalb der Ruinen von **La Boissière** (schöne Torbögen aus Granit) weiter den Berg hinauf und führt durch einen von Farn und Ginster durchwucherten Kastanienwald. Er fällt durch seine »Pflasterung« und die hohe, aus Granitblöcken gebaute Wegmauer auf. Wir gehen weiter durch niedrigen Buschwald, kommen auf 720 m Höhe unterhalb der kahlen Grasflächen heraus und nähern uns dann wieder der Thines. In dem wildromantischen Flußtal laden Wasserbecken zwischen großen Steinblöcken zu Bad und Picknick im Schatten der Bäume ein.

Der Weg steigt wieder sanft an und führt über Wiesen und Weiden für Ziegen und Schafherden. Die Gatter müssen nach Betreten der Weide sorgfältig geschlossen werden. Während dieses Wegabschnittes blickt man (nach starken Regenfällen) auf die Kaskaden des kleinen Flusses Montselgues, der am Kamm entspringt und in die Thines fließt. Dann ist der Hof von Boyer erreicht, auf dem noch ein altes Hirtenpaar von seinen Schaf- und Ziegenherden lebt. (50 Min. seit Tastavin)

Für die Fortsetzung des Weges kann man zwischen zwei Varianten wählen:

Variante I (weite Strecke über das Hochland, erfaßt große Abschnitte des Kammwegs)
Man folgt der rot-gelben Markierung und steigt im Zickzack den Hang hinauf bis zu der Landstraße, auf der es nach Montselgues geht. Das Dorf hat eine romanische Kirche. Bei entsprechender Vorbestellung gibt es eine Einkehrmöglichkeit in der Ferme-Auberge von Mme Faure.

Man verläßt das Dorf Richtung Teste Rouge und geht ein kurzes Stück auf der Landstraße. Ein Wiesenweg zweigt rechts ab, überquert die Montselgues, die hier noch ein Bach ist, und führt auf den 1079 m hohen Buckel Bourren. Auf der anderen Seite geht es den sanften Grashang hinunter bis zum Weiler Bourbal. Hier stößt man auf die breite Maultierpassage, die als GR 4 markiert ist und über die Kammlinie führt. In Richtung Nordwesten geht sie an den Weilern **La Borie** und **Petit-Paris** vorbei weiter nach Loubaresse. Wir halten uns südöstlich, überqueren die Corniche (D 4) und erreichen den Kammweg. Alte Granitgehöfte mit ummauerten Rastplätzen für die Tiere liegen an dieser einstmals lebhaften Verkehrsachse: **La Fouette, La Bombine** und **Bel Air**.

Variante II
Der Kammweg ist auch auf einer kürzeren Strecke zu erreichen: Von dem Ziegenhof Boyer läuft man auf der kleinen Stichstraße direkt auf die Corniche hoch und geht auf ihr ein Stück ostwärts Richtung Peyre. Dabei blickt man von der Hangstraße in das Thinestal hinunter, aus dem man kam. Auf der Höhe des Bauernhofes Le Coulet beschreibt die Landstraße eine Spitzkehre. Hier verläßt man sie und steigt links hoch über den Bergrücken in eine kleine Felsenpartie mit freigelegten Granitblöcken, die man von der Straße aus schon sehen konnte. Der Weg hat keine Markierung; man geht auf ausgetretenen Pfaden bergan. Auf der Höhe der ersten Granitblöcke beschreibt man unterhalb der Kammlinie einen Bogen in nordöstlicher Richtung und steigt – mit Blick auf das Gehöft Bel Air – nach der Überquerung eines kleinen Bacheinschnittes über Grasbuckel und Steine auf das Plateau (etwa 60 Min. von Boyer nach Bel Air).

In **Bel Air** treffen sich beide Varianten. Die folgende Strecke ist einfach zu überblicken und wegen der weiten Panoramablicke sehr eindrucksvoll. Die ehemalige »Straße« zieht sich streckenweise als breite Schneise über den Höhenrücken, markiert von Steinreihen, Mäuerchen oder sog. Pièrres Plantées (aufgestellte Steine). Teilweise ist sie mit gleichgroßen Granitsteinen gepflastert, was als Beleg für ihre Entstehung in der Römerzeit gilt. Von Bel Air geht es leicht bergab, man passiert die Ruinen von Beauregard und kommt an eine Kreuzung. Links erreicht der Saumpfad aus Sablières die Höhenstraße, rechter Hand führt von hier aus ein Pfad nach Tastavin hinunter. Wir gehen auf dem GR weiter geradeaus, gelangen in einer großen Rechtskurve auf die Corniche und beginnen auf der gegenüberliegenden Seite mit dem letzten Wegabschnitt. Der Höhenweg von La Borie bis hierher (Variante I) dauert 1.45 Std., von La Bombine 45 Min.

Der Weg nach Thines führt im Halbschatten des kräftig duftenden Buschwaldes rasch hinunter (rot-gelbe Markierung). In 45 Min. ist das Dorf erreicht. In der »Ferme Auberge de Thines« sollte man bei der Einkehr zumindest eine »Tarte aux Châtaigniers« essen. Am Dorfausgang von Thines verläßt man die Landstraße und schlägt am Steinkreuz den Weg nach links ein. Dieser »chemin poétique« führt durch Steineichenwald und über eine uralte Brücke zur Straße und schließlich zum Parkplatz zurück (15 Min.)

Unterwegs:
Kastanien und Viehzucht, Oliven und Wein

bildeten die Existenzgrundlage für die kleinen Dörfer und Gehöfte im Thinestal, die sich seit der Ansiedlung der Benediktinermönche und dem Bau der Kirche im 11. Jh. lebhaft entwickelten. Malarce, Thines und La Figère sind drei Gemeinden, die schon im 15. Jh. etwa 500 Einwohner zählten, um 1850 aber infolge der eingeführten Maulbeerbaumkultur und Seidenraupenzucht so prosperierten, daß die Einwohnerzahl auf 1600 stieg. Der Niedergang der Seidenraupenzucht leitete eine dramatische Landflucht ein. Heute leben 250 Einwohner in der Region, überwiegend sog. Neo-Rurales, Ziegenzüchter und Kunsthandwerker. Sie halten die kleinen Dorfgemeinden am Leben. »Grüner Tourismus« zieht erholungssuchende Städter an, die Gemeinden bemühen sich um die Pflege und Instandsetzung eines Wanderwegenetzes und vermieten »Gîtes«, ländliche Ferienwohnungen.

Tastavin und Garidel sind alte Weiler im Thinestal, in denen noch einige Gehöfte bewirtschaftet werden. Auf der Wanderung sieht man vom Flußtal bis knapp unter der Kammlinie aufgelassene Hangkulturen und kann die Abfolge der verschiedenen wirtschaftlichen Nutzflächen und Landschaftszonen betrachten: am Fluß liegen die Terrassen für Wiesen und Weiden; es folgen die Garten- und Weinterrassen. Die Reben werden über Holzgestänge (treilles) gezogen, damit auf der mühsam geebneten Bodenfläche darunter noch Gemüse wachsen kann. Oberhalb der Häuser beginnen die Kastanienhaine, die inzwischen verwildert sind. Buschwaldgehölz durchdringt die alten Kulturen. An den grasbewachsenen kahlen Kuppen stürzen nach anhaltenden Regenfällen die Wildbäche herunter. Verfallende Terrassenanlagen bis kurz unterhalb der Hochebene zeigen, daß die Kulturflächen früher erheblich ausgedehnter waren.

Adressen
07140 Thines: siehe S. 78
07140 Montselgues: siehe S. 60

Tarte aux Châtaigniers: Kastanienkuchen

• nach einem Rezept der französischen Schriftstellerin Colette:
»Ich gestatte mir den Hinweis, daß die Kastanie – man muß das Wasser salzen – geschält, von der zweiten Haut und allen Nebenkammern befreit, mit Puderzucker zu einer gleichmäßigen Paste zerstampft, zu kleinen Kuchen geformt und in ein frisches Tuch gepreßt, ein gesundes und einfaches Mahl ist; auch ein vollwertiges Dessert, wenn man dazu eine rote Konfitüre serviert. Ein wenig zu trocken, finden Sie? Aber nein, denn Sie haben natürlich daran gedacht, eine Flasche moussierenden Cidre zu entkorken oder auch einen guten, eher süßen Weißwein.« *(Colette, De ma fenêtre, 1942)*

• nach einem Rezept aus dem Kochbuch der Ardèche:
100 g Butter und 500 g Kastanienkonfitüre läßt man im Wasserbad schmelzen. Dann nimmt man das Gefäß aus dem Wasserbad, fügt 2 Eigelb hinzu und hebt den geschlagenen Eischnee unter. Das Gemisch wird auf einen Mürbeteigboden (200 g Mehl, 100 g Butter, 1 Ei) in einer Kuchenform verteilt und 50 Minuten bei mittlerer Hitze gebacken. Dazu schmecken Sahne und Maroneneis.

In den Kastanienwäldern um St-Jean-de-Pourcharesse

Diese kurze Wanderung verläuft in abwechslungsreicher, typisch cevenolischer Berglandschaft durch Eßkastanien- und Pinienwälder an der Südflanke des kargen Höhenrückens, über den die »Corniche du Vivarais« führt. Vom Bergdorf St-Jean-de-Pourcharesse wandert man auf Waldwegen zum abgelegenen Weiler Dépoudent. Von hier aus geht es auf einem Maultierweg nach Térus, über die Landstraße und den alten Verbindungsweg zurück zum Ausgangsort.

In St-Jean-de-Pourcharesse, Faugères und Térus

Hinweise für die Wanderung

- **Anfahrt**: Von Les Vans geht es auf der D 207 Richtung St-Laurent-les-Bains. Noch bevor die Corniche erreicht ist, trifft man auf das taloberste Dorf St-Jean-de-Pourcharesse. Man parkt das Auto am Straßenrand, etwa auf der Höhe der Kirche.
- **Ausgangspunkt**: Dorfstraße oberhalb der Kirche
- **Dauer**: 2.30 Std., leichte Rundwanderung auf bequemen Wegen
- **Höhenunterschied**: 42 m
- **Orientierung**: zunächst rot-gelbe Markierung (GR de Pays), dann gelbe Markierung
- **Karte**: IGN Nr. 2838 Ouest Valgorge
- **Jahres-/Tageszeit**: ganzjährig; überwiegend auf schattigen Waldwegen

Wegbeschreibung

Man geht auf der D 207 ca. 700 m weiter leicht bergan (Richtung Peyre), biegt dann nach links auf einen abzweigenden Waldweg (rot-gelb) und erreicht die kleine Brükke über den Bergbach Vergatel. Hier beginnen die terrassierten Gärten des Weilers

Dépoudent, zu dem man auf befestigtem Pfad aufsteigt.

Im Weiler hält man sich links, geht bis zum letzten Haus und schlägt dahinter den Weg ein, der gut erkennbar durch ein kleines Schiefersteingebiet geschlagen ist und in Serpentinen bergab führt (gelb). Es geht über den Bergbach Devèze und auf der anderen Seite auf steinbefestigtem Weg weiter zum Weiler **Térus**. Dabei überquert man ein kleines Schieferfelsenchaos.

In Térus trifft man auf einen charakteristischen Weiler der Schiefercevennen mit allen Gebäudeteilen der traditionellen Berglandwirtschaft: der »clède«, dem Steinhaus zum Trocknen der Eßkastanien, der Magnanerie für die Aufzucht der Seidenraupen und dem mit Mauern eingefaßten, winzigen Hof für eine bescheidene Tierhaltung. Für den Fortgang des Weges folgt man dem Wegweiser nach **Vigne Merle** (gelbe Markierung). In Serpentinen geht es durch den Wald bergab zur Straße D 350 und auf ihr ca. 1,5 km Richtung **St-Jean**. Nach einer markanten Kurve (rechts ein Transformatorenhäuschen) zweigt links von der Straße der alte Verbindungsweg ab, der zum Dorf hinaufführt (Steinkreuz im Unterholzgestrüpp).

Tip: Kurzweilig und empfehlenswert ist eine Radtour über die Dörfer in der mittleren Hanglage: von **Planzolles** über **Faugères** und **Brès** nach St-Jean-de-Pourcharesse. Unterwegs trifft man auf stattliche Höfe aus dem auffallenden roten Sandstein. In Brès gibt es einen kleinen Lebensmittelladen mit Bäckerei.

Unterwegs von Faugères nach Brès

Adressen

07140 St-Jean-de-Pourcharesse

- In idyllischer Lage und mit weitem Blick über die Cevennen wohnt man in der Auberge von Dépoudent bei M. Chat. Es gibt vier hübsche Gästezimmer, Tel. 04 75 39 48 58.

Aus dem Tal der Drobie auf die Kammstraße

In cevennentypischer Lage liegt die Ortschaft St-Mélany am terrassierten Hang, hoch über dem tief eingeschnittenen Tal des Flusses Drobie. Ein Maultierpfad führt vom Dorf in das Tal hinunter, überquert den Fluß auf der mächtig aufragenden Brückenruine (»Pont de la Brousse«) und steigt an der gegenüberliegenden Bergflanke hinauf. Der alte Wirtschaftsweg ist eine Nebenstrekke der schon bekannten Maultierkarawanen-»Straße« von Lablachère am Talausgang der Cevennen nach Loubaresse im Berghochland. Er verband das Dorf, das oberhalb des wilden und unzugänglichen Drobietales lag, samt den umliegenden Weilern mit dem Fernweg, der über den Bergrücken ging.

Diesem alten Verbindungsweg folgt der Wanderweg aus dem Tal auf den Kamm. Wenn man vermeiden will, auf demselben Weg hinauf- und hinunterzulaufen, bietet sich eine größere Runde über den Weiler Charus an. Das alte Dorf liegt gegenüber von St-Mélany in günstigem Mikroklima am Hang und ist trotz seiner abseitigen Lage ganzjährig bewohnt.

Hinweise für die Wanderung

- **Anfahrt**: Auf der D 203 geht es von Joyeuse Richtung Valgorge in das Beaumetal hinein. In Les Deux-Aygues zweigt die D 220 ab und führt als Hangstraße durch das Drobietal bis nach Sablières und weiter auf die Corniche du Vivarais. Auf halber Strecke etwa findet man unterhalb des Dorfes St-Mélany am Weiler La Brousse Parkbuchten neben der Straße und kann den Wagen abstellen.
- **Ausgangspunkt**: Das Haus »Les Castors« im Ortsteil La Brousse von St-Mélany
- **Dauer**: 3.30 Std.
- **Typ und Schwierigkeitsgrad**: Leichter Rundwanderweg auf Maultierpfaden und Forstwegen
- **Höhenunterschied**: 505 m
- **Orientierung**: Der Aufstieg ist zuverlässig rot-gelb, die Schleife über Charus nur in großen Abständen gelb-weiß markiert.
- **Karte**: IGN Nr. 2838 Ouest Valgorge
- **Jahres-/Tageszeit**: ganzjährig, teils durch Kastanien-, teils durch Halbschatten spendenden Buschwald.

Wegbeschreibung

Im Weiler **La Brousse** kreuzt der rot-gelb markierte Weg, der von St-Mélany hinunter ins Drobietal führt, die Landstraße. Am Straßenrand weist die Markierung auf einem Feldstein zur **Pont de la Brousse** und nach Charus. In kurzen Kehren geht es ins Tal hinunter zum Fluß. Ein erster kleiner Höhepunkt der Wanderung ist die verwitterte Brücke, die in drei Bögen hoch über den Fluß hinwegführt. Auf der anderen Seite macht man einen leichten Bogen nach links und stößt gleich auf eine Weggabelung. Der rot-gelb markierte Weg geht rechts hinauf auf den Kamm. Auf dem linken Weg wird man zurückkommen.

Ein mit Schieferplatten gepflasterter Weg schlängelt sich durch lichten Steineichenwald an der Flanke des Berges hoch. Er begleitet einen kleinen Zufluß der Drobie, den Bergbach Cornis. Man hört ihn rauschen, wenn man rasch an Höhe gewinnt und anschließend durch Kastanienwald läuft. Auf einem fast ebenen Forstweg geht es weiter in den Talschluß hinein, bis man

Die »Pont de la Brousse« über die Drobie

Im Drobietal

an eine Weggabelung gelangt. Auf dem links abzweigenden Weg (gelb-weiße Markierung) wird später die Wanderung nach Charus fortgesetzt. Zunächst geht es auf dem rechten Weg in etwa 10 Min. hoch zum Kamm und dann zu dieser Abzweigung zurück. (Aufstieg insgesamt 1.30 Std.)

Der Forst- und Brandschutzweg nach **Charus** führt zunächst durch Tannenwald, macht eine Runde und erreicht wieder die offene Flanke des Bergrückens. Ein Balkonweg bietet einen weiten Blick auf die hintereinander gestaffelten Höhenrücken, die Weiler um St-Mélany und die bis hoch hinauf terrassierten Hänge, die weitgehend intakt sind und noch bewirtschaftet werden.

Nach etwa 50 Min. erreicht der Weg den Abzweig einer kleinen asphaltierten Straße, die nach Charus hineinführt. Alte, bemooste Schieferterrassen halten die steilen Kastanienhänge, an denen der Ortsteil Serre liegt. Man geht auf der Straße leicht bergab, an den Häusern vorbei, bis man zu einer auffällig tief eingeschnittenen Haarnadelkurve gelangt. Kurz danach zweigt links (an einem Postkasten) der gelb-weiß markierte Weg ab, der in knapp 50 Min. durch Buschwald zur Drobie führt. Er erreicht das schroffe Seitental des Flusses, überquert eine alte Brücke und kommt an der Pont de la Brousse wieder heraus. Nach einem erfrischenden Bad läuft man in 10 Min. zur Straße hoch und kann auf dem Waldweg nach St-Mélany hinauflaufen.

Adressen

07260 Sablières

- Mairie, Tel. 04 75 36 96 65
- Restaurant »La Drobie« bei M. Talagrand, vom 1.3. bis 1.11. geöffnet, Tel. 04 75 36 95 22

07260 Dompnac

- Table d'Hôte/Gîte d'étape »La Chame de Merle«, Tel. 04 75 36 95 61

07260 St-Mélany

- »Auberge du Travers«, Tel. 04 75 36 96 46
- Restaurant »Le Bout du Monde«, Gîte d'étape, Tel. 04 75 36 95 56

II. ZWISCHEN CEVENNEN UND RHÔNETAL

Überblick

Zwischen dem Rhônetal und den Weinbergen und Obstkulturen in der Senke, die von Aubenas bis Lablachère entlang der Hügelketten der Cevennen-Vorgebirge verläuft, liegen die abgelegenen Höhenzüge eines Kalksteinplateaus. Dieses Berg- und Hügelland hat keineswegs den Charakter einer gleichförmigen Hochebene, sondern zeigt ein abwechslungsreiches Relief mit Hochflächen, fruchtbaren Niederungen und Flußtälern, schroffen Schluchten und Felstälern.

Ausgedehnte Wälder kleinwüchsiger Stein- und Kermeseichen wechseln mit weiten Grasflächen und niedrigem, von Steinen und Felsbrocken übersätem Buschwerk. Die Garrigue überzieht mit Wacholderbüschen, Buchsbaum, Ginster, Myrthe, Mastixstrauch und Strauchheide als mittelhoher Buschwald große Flächen des Hügellands. Wilder Berglavendel, Thymian, Minze, Rosmarin und Salbei geben herb-schöne Duft- und Farbnoten. In den Niederungen liegen Weinhänge, Obstplantagen, Lavendel- und Sonnenblumenfelder.

Zwischen dem Canyon der Ardèche und dem in Ost-West-Richtung verlaufenden Lavaplateau des Coiron heißt der Kalksteinrücken »**Plateau de Gras**«. Man vermutet, daß sich der Name aus dem okzitanischen Wort »grau« entwickelt hat, das eine »enge Passage« bezeichnet. Gemeint sind hier die schmalen Pfade, die sich Jäger, Hirten, Buchsbaum- und Kräutersammler durch dichtes, kratziges Untergehölz und Steinpartien bahnten, um in die entlegeneren Gegenden vorzudringen.

Das »Gras« gehört geologisch zu einer mehrere hundert Meter dicken Kalksteinscholle, die mit niedrigem Buschwald überzogen ist. Diese Landschaftszone der heißen und steinigen **Garrigues** zieht sich bis in den Süden um die Bruchkante der Cevennen herum. Die Kalktafel besteht aus dem Sedimentgestein der Muschel- und Meeresablagerungen, die das Mésogée-Meer im Erdzeitalter des Jura in 90 Mio. Jahren aufgebaut hatte. Am Wegesrand entdeckt man häufig Abdrücke von versteinerten Muscheln.

Im Zuge der alpinen Auffaltung entstanden in der Kalkfläche mächtige Grabenbrüche, die von den Flüssen im Laufe der Zeit immer tiefer ausgehöhlt wurden. In den Schluchten gruben sich die Flüsse stellenweise tief unter der Felswand ein. Die »Defilées« der Ardèche vor Ruoms sind dafür ein Beispiel, ebenso wie die Schluchten der Beaume, die Aushöhlungen des Chassezac gegenüber von Grospièrres, die Schlucht der Baume bei St-Montant in dem Kreidefelsenmassiv westlich der Rhône und das spektakuläre Felstal der Ardèche zwischen Vallon-Pont-d'Arc und St-Martin-d'Ardèche.

Die Landschaft zeigt alle Eigenschaften der porösen und witterungsanfälligen Kalkgebirge: Höhlen, verschwindende Flüsse und starke Quellen, Felsenmeere und bizarre Steinformationen. Es ist eine typische Karstlandschaft. Die Lösungstätigkeit des Regenwassers zeigt sich überall dort, wo es in der Oberfläche unbedeckter Kalksteine rinnen- und lochförmige Vertiefungen ausgehöhlt hat. Mit der Zeit erhält der Kalkstein an der Oberfläche die typische Ausprägung eines Gewirrs von herausragenden Blöcken, Felstürmchen und Karren. In den Aushöhlungen halten sich noch Reste der Boden- und Vegetationsdecke. In den Rissen aber versickert das Niederschlagswasser weiter und bildet in Jahrmillionen Spalten und schachtartige Klüfte aus. Es entstehen

Der Chassezac hat sich schroff in den Kalkfels eingegraben

die nach oben hin geöffneten »Avens«. Unterirdisch hat sich das Wasser Hohlräume in Form von Höhlensystemen, Grotten und Domen geschaffen, die miteinander vielfältig in Verbindung stehen und z.T. phantastische Tropfsteine bilden. Die **Karsthöhlen** von Orgnac und Marzal, die Grotte von Cocalière, die »Aven de la Forestière« und die tief ausgehöhlten Felsgrotten in den Canyons von Chassezac und Ardèche sind berühmte Beispiele für Höhlensysteme im Südosten des Départements. Die Flüsse, die in die Kalktafel hineinfließen, werden gewissermaßen von unten her angezapft und verschwinden in unterirdischen Gängen, um an anderer Stelle wieder als starke **Karstquellen** zutage zu treten. Der Flußverlauf des Ibie demonstriert dies mit seinem Wechselspiel von Verschwinden und Wiedererscheinen eindrucksvoll. Angesichts des über weite Strecken trockenen Flußbettes sind seine tiefgrünen und türkisen Wasserbecken und -fälle an anderer Stelle eine Überraschung.

Zwischen dem Lavaplateau Coiron und dem Hügelland des »Gras« führt die N 102 als Schnellstraße von Le Teil im Rhônetal nach Aubenas und folgt dem Oberlauf der Ardèche in das Gebirge. Noch vor Aubenas biegt die D 103 von der Nationalstraße ab und führt durch eine grüne Senke des Kalkplateaus nach Vallon-Pont-d'Arc. Es geht durch eine weich gewellte Hügellandschaft mit Weinfeldern und Obstanbau nicht weit von der Ardèche, die hier nach Süden fließt. Mehrere kleine Straßen biegen von der Départementale ab und erreichen die kleinen mittelalterlichen Ortschaften Vogüé, Balazuc, Chauzon und Larnas, die im Ardèchetal liegen. Es sind malerisch am Fels gelegene Orte mit restaurierten Gassen und Häusern.

An der Landstraße sieht man alte Gehöfte ehemals wohlhabender Bauern und kleine Weindomänen. Die Häuser zeigen die typische Bauweise des Bas Vivarais: Die überdachten Veranden haben Rundbögen, und eine breite Steintreppe führt von außen aus dem Garten gleich in das erste Stockwerk hinauf. Die Häuser sind fast durchweg aus

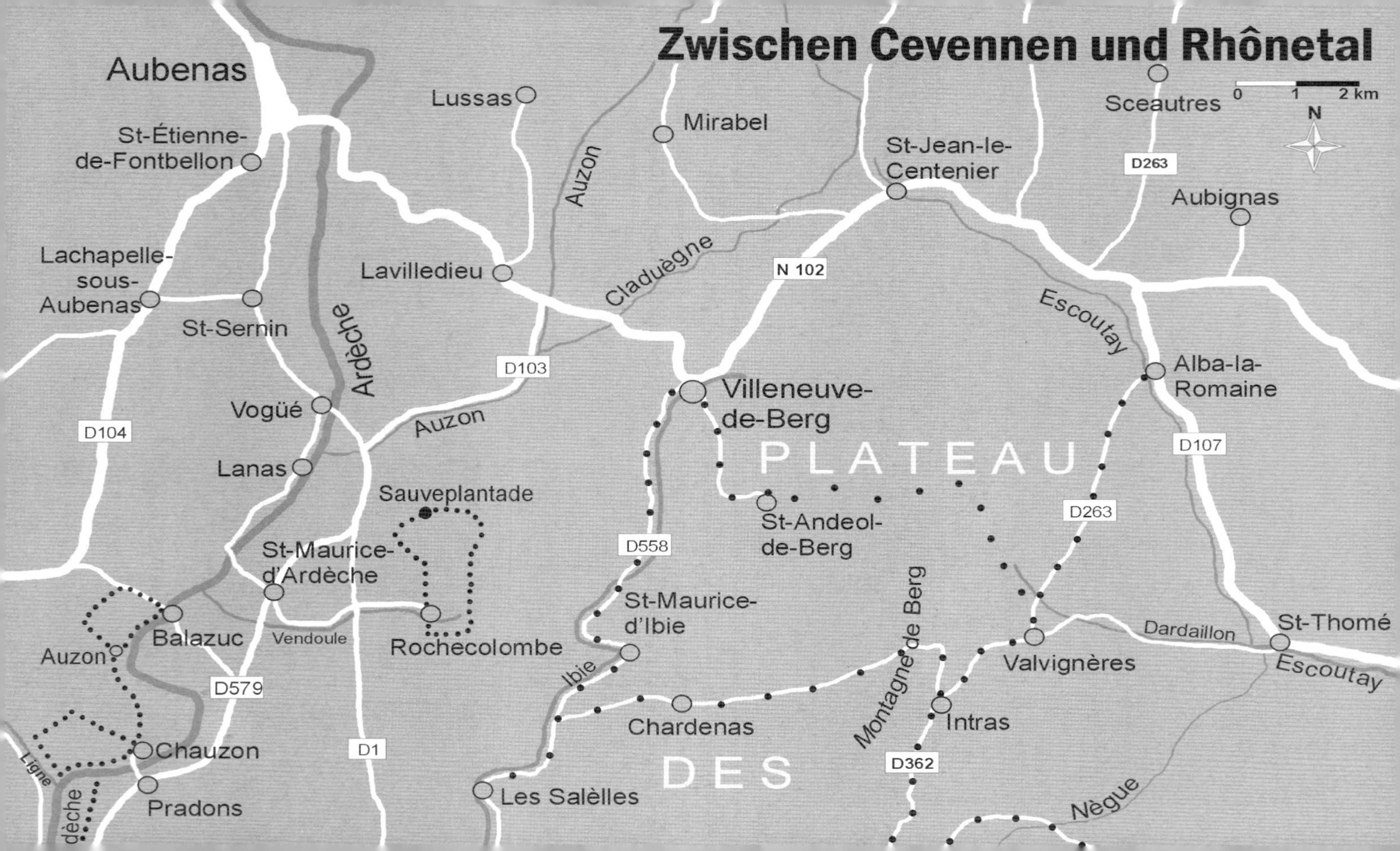
Zwischen Cevennen und Rhônetal
0
1
2 km
N
Aubenas
Lussas
Mirabel
St-Jean-le-Centenier
Sceautres
D263
Aubignas
St-Étienne-de-Fontbellon
Auzon
Lachapelle-sous-Aubenas
St-Sernin
Lavilledieu
Claduègne
N 102
Escoutay
Ardèche
D103
Alba-la-Romaine
Villeneuve-de-Berg
Vogüé
Auzon
D104
D107
PLATEAU
Lanas
Sauveplantade
St-Andeol-de-Berg
D263
St-Maurice-d'Ardèche
D558
St-Maurice-d'Ibie
Montagne de Berg
Dardaillon
St-Thomé
Balazuc
Vendoule
Rochecolombe
Valvignères
Auzon
Ibie
Escoutay
D579
Chardenas
Intras
Chauzon
D1
D362
DES
Ligne
Pradons
Les Salèlles
Nègue
dèche

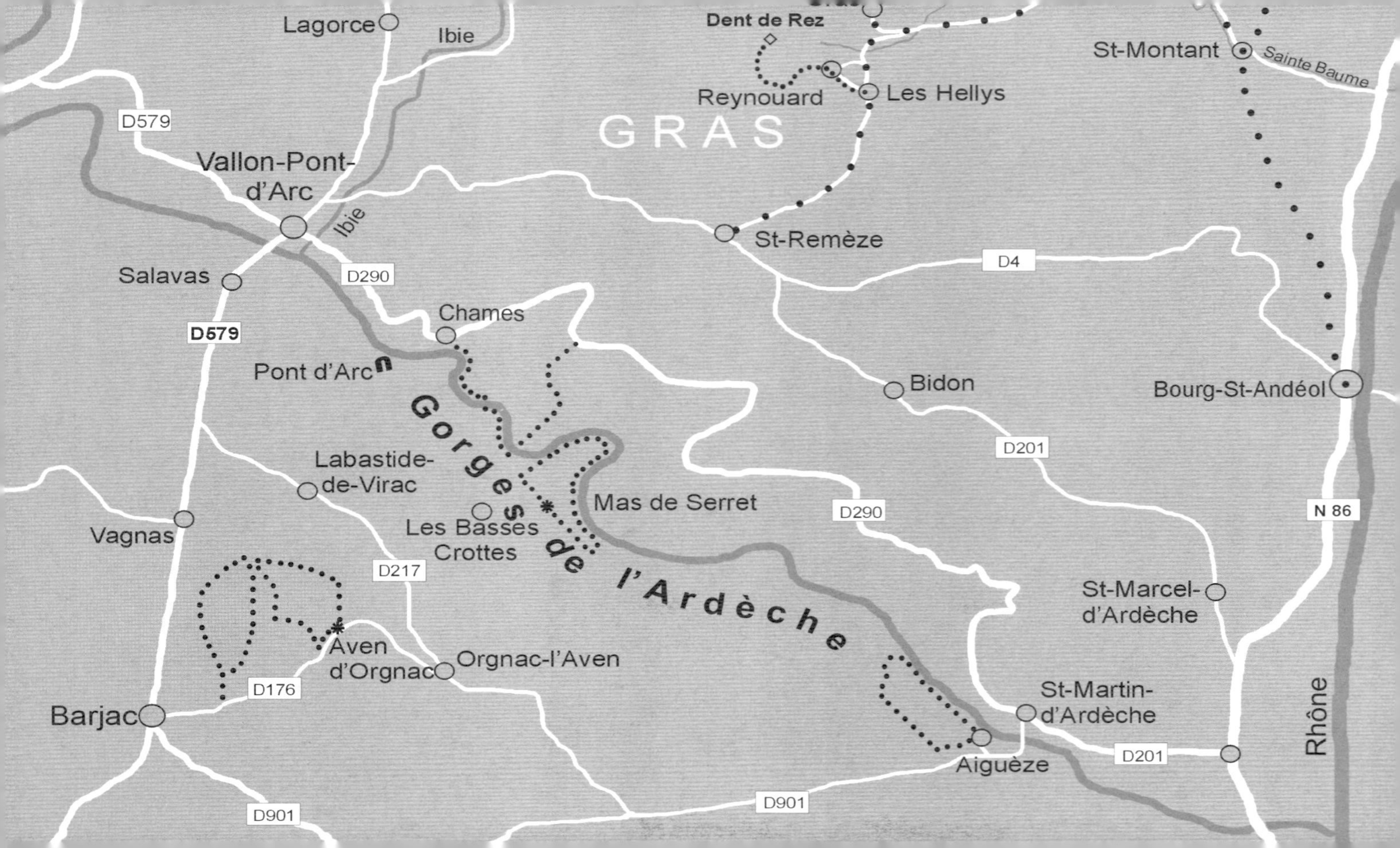
Lagorce
Ibie
Dent de Rez
St-Montant
Sainte Baume
Reynouard
Les Hellys
GRAS
D579
Vallon-Pont-d'Arc
Ibie
St-Remèze
D4
Salavas
D290
Chames
D579
Pont d'Arc
Bidon
Bourg-St-Andéol
Gorges de l'Ardèche
Labastide-de-Virac
D201
Mas de Serret
Les Basses Crottes
D290
N 86
Vagnas
D217
St-Marcel-d'Ardèche
Aven d'Orgnac
Orgnac-l'Aven
D176
St-Martin-d'Ardèche
Barjac
Aiguèze
D201
Rhône
D901
D901

Les Petites Aiguières bei Suzon

dem Kalk- oder Sandstein gebaut, wie er in der Gegend vorzufinden ist. In den Gärten wachsen Oleander und Mimosen, im Schutz von Steinmauern auch Palmen und Zitronen.

Die stattlichsten Anwesen sind alte Gehöfte der ehemaligen Seidenraupenzüchter, denen der einstige Wohlstand noch heute anzusehen ist (S. 33).

Die Fahrt mit dem Auto über das »Gras«, etwa auf den kleinen Départementalen 1 und 4 führt zu einsam gelegenen Dörfern

Capitelle in der Garrigue

wie Lagorce, St-Remèze und Bidon. Sie schmiegen sich in die Senken von lehmhaltigen, fruchtbaren Böden und verfügen über große Flächen von Wein-, Lavendel- und Sonnenblumenfeldern. Es sind Kommunen mit überdurchschnittlich großen Gebietsausdehnungen.

Abseits der größeren Orte und speziell des touristisch überlaufenen Gebietes um Vallon-Pont-d'Arc findet man auf den sich nach Osten ausdehnenden Anhöhen eine herbe, unberührte Landschaft. Auf abgelegenen kleinen Landstraßen kann man mit dem Rad gemächlich von Dorf zu Dorf fahren. Die ehemaligen Maultierpfade durch das Buschholz sind teilweise etwas überwuchert, so daß die Orientierung nicht immer ganz einfach ist. Trotzdem ist das Wandern in dem Garrigue-Wald zwischen bizarren Felsformationen und Steinmauern, oft am Rand eines tiefen Fels- oder Flußtales, angenehm und abwechslungsreich. Man entdeckt Dolmen und Tumuli, alte Steinhütten und Feldmauern, ausgehöhlte Felsdächer und hallenhafte Erdlöcher.

1. Durch die Garrigue – in der Landschaft zwischen Villeneuve-de-Berg, Vallon-Pont-d'Arc und Rhône-Tal

Zwischen dem vulkanischen Bergrücken Coiron und dem Canyon der Ardèche liegen die ausgedehnten Hochebenen, fruchtbaren Niederungen und Bergrücken der Kalkstein-Garrigue. In der Umgebung von Villeneuve-de-Berg fließt der Ibie von Norden nach Süden und trennt zwei Höhenzüge voneinander: An der rechten Seite des Flusses liegen die Berge von Rochecolombe und Bois d'Ajude (in der Nähe von Lagorce), linksseitig erstreckt sich die Montagne de Berg mit der höchsten Erhebung von 553 m. Ein ausgedehntes Netz von alten Verbindungswegen zwischen den Ortschaften, über die Bergrücken und in die kleinen Nachbartäler durchzieht diesen Landstrich. Es ist die Grundlage für zahlreiche Wander- und Radfahrtouren, die von den örtlichen Touristikvereinen ausgeschildert und beschrieben worden sind. Topo-Guides sind in den Syndicats d'Initiatives von Villeneuve, Lavilledieu, Vogüé und Alba-la-Romaine zu kaufen. Touristisches Zentrum ist die ehemalige königliche Bastide des Bas-Vivarais, das mittelalterliche Städtchen Villeneuve-de-Berg.

Die hier vorgeschlagenen Routen führen durch eine abseits gelegene, dünn besiedelte Landschaftsregion der Garrigue. Auf wenig befahrenen Nebenstraßen geht es durch Flußtäler mit hell in der Sonne aufleuchtenden Kalkfelsen und auf einsame Anhöhen mit niedrigem Buschwald und duftenden Kräutern. Zwischen den Höhenrücken liegen weite, fruchtbare Senken, in denen sich feiner Lehmboden angesammelt hat. Hier breiten sich Weinhänge, Obstplantagen, Lavendel- und Sonnenblumenfelder in sonniger Lage aus. Angenehme Rast- und Einkehrmöglichkeiten gibt es in den dörflichen Restaurants. Unterwegs kommt man immer wieder an kleinen Weindomänen oder Gemeinschaftskellereien (Cave Coopérative) vorbei, in denen Wein probiert werden kann.

Man trifft in der gesamten Region auf ein neues System der Wegmarkierung, das eigens dafür entwickelt wurde, eine nur Verwirrung stiftende Übermarkierung an den zahlreichen Weg-Verzweigungen zu vermeiden. Unterwegs fällt die grüne Eisenstange mit dem gelben Metall-Hütchen in den Blick. Sie steht an »strategisch« wichtigen Kreuzungen, gibt die Windrichtung und einen Standort-Namen an, der sich auf eine Bezeichnung in der Karte oder einen Fixpunkt in der Landschaft bezieht; ferner sind diverse Hinweisschilder für die Großrichtung einander kreuzender Wanderrouten zu finden. Auf diese Weise sollen Standortbestimmung und Zielrichtung sichergestellt werden. Eine gewisse Schwierigkeit besteht darin, daß diese Richtungsweiser nicht an allen Wegabbiegungen stehen. Grundsätzlich ist zu beachten, daß die Strecken zwischen den Markierungsstäben gelb-weiß gekennzeichnet sind. Ohne die eigene Orientierung anhand der Landkarte kommt man nicht aus.

Von Rochecolombe nach Sauveplantade

In Aubenas beschreibt die Ardèche einen Knick nach Süden, fließt durch die fruchtbare Senke von St-Sernin und dringt in das Karstgebirge ein. Zwischen Flußufer und Felsen liegen die Häuser von **Vogüé**. Massig thront das Schloß mit seinen vier runden Türmen über den Dächern des Ortes; im gleißenden Sonnenlicht heben sich die hellen Kalksteinmauern kaum von der Felsenkulisse ab. Nicht weit davon liegt das Dörfchen **Sauveplantade** zwischen Wiesen und Weinhängen und – am Rand eines

Rochecolombe

Kalksteinrückens – das Festungsdorf **Rochecolombe** mit Burgruine und Grabkapelle. Die Vendoule fließt mit einem heftigen Schwall über die Bruchkante in eine abgeschiedene kleine Schlucht mit weich ausgehöhlten Becken – allerdings nur nach kräftigen und anhaltenden Regenfällen, wie das bei Karstflüssen üblich ist.

Der Weg führt durch das klassische Landschaftsrelief der Garrigue: über Hügelketten, am Rand von kleinen Fels-Tälern entlang, durch warme Senken, ausgetrocknete Bachbetten und an Weinfeldern vorbei.

Hinweise zur Wanderung

- **Anfahrt**: 8 km südöstlich von Aubenas biegt man von der N 102 in die D 103 ein, passiert Vogüe-Gare und zweigt auf die D 579 ab, weiter Richtung Rochecolombe ab. Auf dem Parkplatz vor dem Eingang in den alten Ortsteil am Hang kann man das Auto stehen lassen.
- **Dauer**: 3 Std.
- **Typ, Schwierigkeitsgrad und Orientierung**: gelb-weiß markierter Rundwanderweg mit Hinweisschildern
- **Höhenunterschied**: 140 m
- **Karte**: IGN Nr. 2938 Ouest Aubenas
- **Jahres-/Tageszeit**: ganzjährig, größtenteils schattenloser Weg

Wegbeschreibung

Man überquert den Parkplatz, geht auf einem schmalen Pfad am Fluß entlang und gelangt über eine Brücke zum Eingang (»portée fortifiée«) des alten Ortskerns von Rochecolombe. Von hier aus führt ein Trampelpfad in etwa 10 Min. durch die Uferwiesen in den schmaler werdenden, tiefen Taleinschnitt der Vendoule (Foto s. S. 16). Auf großen Bachkieselsteinen geht es über Nebengerinnsel, große Felsplatten und Sandplätze in den schattig-kühlen Talkessel hinein. Aus etwa 40 m Höhe stürzt der Fluß – zumindest nach starken Regenfällen – über die Felswand in die Schlucht und füllt ein smaragdgrünes Wasserbassin.

Im Anschluß an diesen Abstecher geht es auf gepflasterten Gassen in das an den Berghang gebaute Dorf hinauf, bis man, den

Schildern folgend, an der Kapelle herauskommt. Das allerletzte Stück des Pfades führt an Hausruinen vorbei; Efeu rankt sich über die alten Steineinfassungen der Türen, auf denen man noch Inschriften entziffern kann. Die Kapelle St-Barthélemy, die Grabkapelle der Familie Vogüé, ist renoviert und hat einen freistehenden Glockenturm mit Rundbögen in zwei Etagen. Schließlich gelangt man zu der Ruine des Schloßturmes, findet dort eine Aussichtskanzel mit Orientierungstafeln und stößt dann unterhalb davon auf den Markierungsstab mit Hinweisschildern. Man folgt dem Schild Richtung St-Maurice-d'Ibie, erreicht die kleine Straße, die zu einigen Landbesitzen führt, und findet ein altes »Mas« mit hohen Mauern, Zypressen und einem mächtigen Hoftor.

Vor dem Hofeingang zweigt ein Trampelpfad nach links ab, führt oberhalb eines Felstales weiter in die Garrigue hinein und erreicht eine Wegkreuzung mit dem Markierungsstab Rou Chamorel. Der Name bezieht sich auf die Felsabbruchkante zur rechten Seite. Es geht weiter Richtung Villeneuve-de-Berg. Schon nach ca. 800 m ist auf das nächste Schild mit der Bezeichnung »Les Baux« zu achten. Man überquert das Bachbett der Vendoule, geht auf der anderen Seite die bewaldete Anhöhe hinauf und erreicht die Wegkreuzung »Martin«. Hier geht es weiter Richtung Villeneuve und nach 10 Min. am Schild »Palas« nach links auf den gelb-weiß markierten Weg, der auf die Serre de la Fourche (384m) zuhält. Diese wird links umrundet, dann geht es absteigend auf steinigem Weg in die Senke von Weinfeldern zu dem Weiler Pradet. Hier Richtung Sauveplantade und weiter nach Vogüé-gare; an der Straßengabelung geht es links ab; bald findet man am Rande eines Weinfeldes den Richtungsweiser »Chade«. Man steigt noch einmal – der gelb-weißen Markierung folgend – die Buschwald-Anhöhe hinauf, überquert die Landstraße und kommt auf einen schmalen Steinweg den Hang wieder hinunter. Schon bald sehen wir Rochecolombe auf dem gegenüberliegenden Bergsporn liegen, steigen durch ein Gelände von verwilderten Terrassierungen hinunter und gelangen wieder auf die kleine Landstraße, die zu dem Parkplatz am Ausgangspunkt führt.

Unterwegs I: Vogüé und Rochecolombe

Eine Brücke führt von der breiten Landstraße über die Ardèche zu dem direkt an die Felsen gebauten Ort. Noch bis 1890 mußte für ihre Benutzung eine Zollgebühr bezahlt werden. Die jährliche Dauerkarte für einen Hirten und seine Ziegen betrug 4 Francs. In der Familienchronik, die 1906 ein Marquis von Vogüé veröffentlicht hat, werden die Brücke und der Fluß als hervorragende Einnahmequelle der Familie von Vogüé gerühmt. Seit dem 13. Jh. waren die Mühlen am Fluß, der Bootsverkehr und die Fischerei mit Abgaben belegt.

Am Vorabend der Französischen Revolution waren die Vogüés die mächtigsten Feudalherren der Grafschaft Vivarais. Ihre Domänen reichten vom Plateau des Zentralmassivs bis zum Rhônetal und wurden im Lauf der Jahrhunderte durch Fehden und Allianzen erfolgreich vergrößert. Sie übernahmen die Baronien von Joyeuse und Montlaur, hatten die Burg in Rochecolombe, das Schloß in Vogüé und bezogen ständige Residenz im Schloß von Aubenas. Ihnen gehörten Mühlen und Glasbläsereien, ferner ausgedehnte Besitzungen und Eisenminen im Burgund.

Die Revolution tat ihrem Reichtum nur bedingt Abbruch: Sie verloren zwar einige ihrer Domänen, aber das Schloß in Vogüé, das zeitweilig nationales Eigentum geworden war, konnte die Familie zurückkaufen. Pièrre de Vogüé hat das Schloß heute der »Association Vivante Ardèche« anvertraut, die sich um Pflege und kulturelle Belebung der mittelalterlichen Anlage bemüht und Ausstellungen, Konzerte und die Besichtigung des Schlosses organisiert. Im Sommer ist Vogüé ein lebhafter Touristenort an der

Romanische Kirche in Sauveplantade

Ardèche. Man kann Konzerte auf dem Schloßvorplatz besuchen, Kanus leihen, durch die mittelalterlichen Gassen schlendern und in den hübschen Bars und Cafés oberhalb des Flusses einen Pastis trinken.

In Rochecolombe ist der Charakter eines mittelalterlichen Festungsdorfes noch heute zu erkennen: Die Häuser gruppieren sich in einem Ring eng um den Burgfried und bilden in der untersten Reihe mit einer hohen, geschlossenen Mauerfront und einem Torbogen, der leicht zu verbarrikadieren war, einen Schutzwall für den feudalen Besitz.

Unterwegs II: Sauveplantade

Das Zentrum dieses kleinen Dorfes in den Weinfeldern ist die auffallend große romanische Kirche aus hellem Kalkstein. Die Benediktinerabtei von Cruas richtete im 11. Jh. in Sauveplantade eine Priorei ein. Dort gab es bereits ein Kirchenhaus aus der Karolingerzeit, das einen Bau der Westgoten aus dem 7. Jh. überlagert. Die dreischiffige Kirche hat ein Querhaus und einen Chor mit drei Apsiden. Das Mittelschiff ist tonnengewölbt, eine kleine Trompenkuppel überspannt die Vierung. Zwei Säulen mit Kapitellen, die mit achtarmigen Rosetten verziert sind, stammen wohl noch aus dem westgotischen Vorgängerbau. Eine tausendjährige Steinsäule trägt das Weihwasserbecken. Daneben steht ein antiker Altartisch, der Jupiter geweiht ist, wie die gut lesbare Inschrift verkündet. Die Kirche ist dem heiligen Petrus gewidmet, dem man gern die Nachfolge für Jupiter-Kultstätten übertrug.

Von Sauveplantade lohnt sich ein kurzer Abstecher über die schmale D 103 nach Bayssac, kurz vor Lavilledieu. Dort hat Serge Tekielski, Candide genannt, in seinem Haus, das typisch für die Bauweise des Bas Vivarais ist, das Kuriositätenmuseum »Le Pétit Musée de Bizarre« eingerichtet. (Tel. 04 75 94 83 28)

Adressen

07200 Vogüé

- Syndicat d'Initiative, Tel. 04 75 37 01 17
- Schloß von Vogüé, Besichtigungszeiten: 11. April bis 13. Juni Sonn- und Ferientage 15-19 Uhr, 20. Juni bis 12. Sept. täglich außer Dienstag 15-19 Uhr, 19. Sept. bis 1. Nov. Sonn- und Ferientage 14-18 Uhr, Tel. 04 75 37 01 95
- »Hôtel des Voyageurs«, Route de Ruoms, Tel. 04 75 37 71 13
- Hôtel-Restaurant »Les Voutes«, Lanas, ganzjährig geöffnet, Tel. 04 75 37 72 07
- Hôtel-Restaurant »Auberge du Vieux Lanas«, Tel. 04 75 37 77 09

Schloß Vogüé

Im Tal des Ibie

Von Dorf zu Dorf geht die beschauliche Strecke in dem wenig befahrenen Ibietal von Villeneuve-de-Berg nach Vallon-Pont-d'Arc. Auf der D 558 kann man sich beliebig lange Routen zusammenstellen (siehe auch die Routenvorschläge des Syndicat d'Initiative in Villeneuve). Es lohnt sich, zwischendurch einen Abstecher auf die Montagne de Berg zu machen. Vom Kamm des Bergrückens blickt man in das Weintal von Valvignères und auf das Hügelland bis zum Rhônetal. Als Variante kann man aus der Streckentour eine Runde machen, indem man von der Montagne de Berg nach Valvignères hinunter- und über die Weiler Les Flaugères und Le Pialadas wieder auf den Bergrücken hinauffährt. Über das Dörfchen St-Andéol-de-Berg geht es in dem Fall zurück nach Villeneuve-de-Berg.

- **Anfahrt und Streckenlängen**: Auf der N 102 geht es von Le Teil oder Aubenas zum Ausgangspunkt Villeneuve-de-Berg. Die Strecke von Villeneuve nach Vallon hat eine Länge von 22 km. Der Abstecher auf die Montagne de Berg beträgt hin und zurück 12 km. Die Rundtour Villeneuve, Les Salèlles, Montagne de Berg, Valvignères, St-Andéol-de-Berg, Villeneuve hat eine Länge von 35 km.

Beschreibung der Radtour
Man kann die Radtour in Villeneuve beginnen oder auch erst in St-Maurice-d'Ibie. Die Fahrt durch das Ibie-Tal führt an Weinhängen, Lavendelfeldern, Zypressen und altem Mauerwerk vorbei. Die gedrungene romanische Kirche von St-Maurice-d'Ibie liegt idyllisch am Platz oberhalb des Flusses, dessen Bachbett oftmals trocken ist. Aus den hellen Kalkkieselsteinen aus dem Fluß wurden die wohlproportionierten Mauern, Rundbögen und Gewölbegassen des Dorfes gebaut.

Höhepunkt der Tour ist der Abstecher auf die Montagne de Berg. Dazu verläßt man St-Maurice in südlicher Richtung und biegt nach etwa 2 km in eine kleine Straße

In Les Salèlles

ab, die zunächst das Tal des Remerquer begleitet und auf die Montagne de Berg hinaufführt. Die Fahrt geht auf überwiegend geteerter, kleiner Straße stetig bergan, durch verwilderte Kastanienhaine, an dem Anwesen Chardenas und einsamen Weilern vorbei. Vom Kamm hat man einen phantastischen Blick hinunter in das Weintal »vallis vinaria« (daher der Name des Dorfes Valvignères) und über das Hügelland bis zum Rhônetal und in die Voralpenlandschaft.

Zurück auf der D 558, fährt man weiter nach Les Salèlles: Bauernhöfe, restaurierte Häuser mit Rundbögenveranden und die kleine Weindomäne Mas de la Bégude liegen freundlich in dem grünen Flußtal. Auffallend ist auch hier der helle Sandstein, der in der Abendsonne goldenen Glanz bekommt. Sehr willkommen ist die schattige Laube im Garten der Café-Restaurants »Aux Tremolos des p'tits Oiseaux«.

In dem nun folgenden Streckenabschnitt zwischen Les Salèlles und dem Weingut Le Vigier überrascht der Ibie, der als Fluß eines Karstgebirges weite Strecken ein ausgetrocknetes oberirdisches Flußbett zeigt, mit wunderschönen Kaskaden und lauschigen Badeplätzen. Ein nächster Halt ist in Vigier zu empfehlen. Im kühlen Keller der Domaine de Vigier sind die Weine des Ibietals (Côtes du Vivarais) zu probieren.

Unterwegs: Villeneuve-de-Berg

Villeneuve-de-Berg verdankt seine Entstehung dem staatsmännischen Kalkül König Philipp des Kühnen, der seinen Machteinfluß auf den selbstbewußten Adel der Grafschaft Vivarais ausbauen wollte. Ein entscheidender Schritt zur Eingliederung des Vivarais in sein Königreich war schon 1229 mit dem Vertrag von Paris gelungen, in dem der König dem lokalen Adel Schutz vor dem Grafen Raymond VI. von Toulouse zusicherte und dafür Loyalität einforderte. Der Adel des Vivarais mochte allerdings von einer Bevormundung durch den König nichts wissen. So nutzte Philipp III. die Gelegenheit, dem Abt des Klosters Mazan, der eine Grange in dem Dorf »Berg« besaß, bei nachbarlichen Konflikten aus der Klemme zu helfen. Dafür verlangte er die damals übliche Teilung seines Besitzes. Durch seinen Seneschall von Beaucaire ließ der König 1284 eine »ville neuve« (neue Stadt) gründen, deren Co-Seigneur er nun war. Die »baillis«, die königlichen Beamten, hielten Einzug in Villeneuve-de-Berg und mischten sich kräftig in die Belange der Feudalherren ein.

Im Tal des Ibie

Nach der endgültigen Unterwerfung der Bischöfe von Viviers wurde 1322 ein königlicher Gerichtshof in Villeneuve-de-Berg eingerichtet. Er war in erster Linie eine Art Berufungsgericht und bildete eine konkurrierende Instanz zu der Gerichtsbarkeit des Landadels. Alle Unzufriedenen konnten mit ihrer Beschwerde nach Villeneuve ziehen, wo alsbald so viele Robenträger anzutreffen waren, wie in keiner anderen Stadt des Vivarais. Noch 1789 fanden im Gericht von Villeneuve die Wahlen für die Generalversammlung der Stände in Paris statt, aber schon 1790 wurde Privas Hauptstadt des nach der Revolution geschaffenen Département Ardèche und auch Gerichtssitz. Dadurch verlor Villeneuve schlagartig seine Bedeutung.

Wenn man die Grande-Rue herunterspaziert, sieht man am Marktplatz das Rathaus, vormals »Maison du Roy«, später der Sitz des Gerichtshofes. Bemerkenswert sind etliche stattliche »Hôtels particuliers« (Stadtpaläste des Adels). Das »Hôtel de Barmel«

beherbergte 1789 die Vertreter der Stände, die die Deputierten für die Generalversammlung in Paris zu wählen hatten. In dem hübschen »Hôtel de Malmazet« ist das Syndicat d'Initiative untergebracht. Die breiten Stadtmauern sind ein Relikt der ehemaligen königlichen Stadt. Auf dem Dorfplatz steht die Statue von Olivier de Serres, dem Aufklärer und Begründer moderner landwirtschaftlicher Anbaumethoden in der Ardèche. Sein ehemaliger Gutsbesitz in der fruchtbaren Ebene vor dem Coiron, »Le Pradel«, ist heute kulturelles Zentrum, Landwirtschaftsschule und Museum.

Adressen

07170 Villeneuve-de-Berg

- Syndicat d'Initiative im »Hôtel de Malmazet«, Tel. 04 75 94 89 28
- »Hôtel-Restaurant du Commerce«, Tel. 04 75 94 80 16
- »Auberge de Laudun« im Tal des Ibie, Tel. 04 75 94 70 36
- Chambres d'Hôte bei Mme Loyrion, Tel. 04 75 94 89 72

07170 Mirabel

- LeDomaine du Pradel, Tel. 04 75 36 76 56
- »Auberge de Montfleury« (an der N 102, gegenüber dem alten Bahnhof von St-Germain), ein beliebtes, gemütliches Lokal mit ambitionierter, klassisch französisch-ardechoiser Küche, Tel. 04 75 94 74 13

07170 St-Maurice-d'Ibie

- Bar-Restaurant »Au Levant«, Tel. 04 75 94 70 89
- Café-Restaurant »Aux Tremolos des p'tits Oiseaux« in Les Sallèles, Tel. 04 75 94 84 80
- Kleine Wein-Domaine »Mas de la Begude« von Gilles Azzoni, Tel. 04 75 94 70 10

07150 Lagorce

- Hôtel-Restaurant »Domaine de Chaussy«, Tel. 04 75 39 76 41
- Wein-Domaine »Le Vigier«, direkt im Ibie-Tal, Fam. Dupré, Tel. 04 75 88 01 18
- Chambres/Table d'Hôte bei Mme Bouquet, Tel. 04 75 37 11 31
- Poterie von Brigitte Moron u. Patrick Houdebine in Les Riailles, Tel. 04 75 37 13 06
- Fahrradverleih: in Villeneuve-de-Berg, Tel. 04 75 94 87 55 und in Lavilledieu, Tel. 04 75 94 25 38

Aus der Hochebene in das Weintal von Valvignères und Alba (Dent de Rez)

Die Tour beginnt in St-Remèze und führt aus dem trockenen Hügelland des »Gras« hinunter in das Tal von Valvignères. Der Name dieser Ortschaft inmitten ausgedehnter Weinfelder geht auf die lateinische Bezeichnung »vallis vinaria« zurück. Am Ende des sich öffnenden Tales liegen unterhalb des mittelalterlichen Ortes Alba-la-Romaine die Ausgrabungen der alten Römerstadt. Sie wurde in der Niederung zwischen den Kalksteinbergen, die guten, durch vulkanische Anschwemmungen angereicherten Lehmboden besaß und durch den Mont Coiron vor scharfen Nordwinden geschützt war, im 1. Jh. v. Chr. erbaut. Damals schon wurde in der geschützten Lage Wein kultiviert. Plinius der Ältere berichtet von der Züchtung einer besonderen Rebsorte namens »carbonica«, die durch eine extrem kurze Blütezeit vor Risiken der Kälte geschützt war. Heute werden die roten Rebsorten Syrah, Grenache, Cabernet-Sauvignon, Merlot und die weiße Chardonnay-Rebe angebaut.

Wegen der Gelegenheit zum Weinkaufen bietet sich die Fahrt mit dem Auto an. Zu empfehlen ist eine »Dégustation« in der Domäne Mas d'Intras der Brüder Denis und Emanuel Robert, der Domaine du Mazel, der Cave Coopérative von Valvignères oder in der modernen Kellereianlage des großen französischen Weinproduzenten Louis Latour am Talausgang (N 102).

Die mittelalterliche Stadt Alba-la-Romaine hat ein massiges Schloßgebäude, das aus dunklem Basaltstein gebaut wurde. In der

Romanische Kapelle Saint-Blaise in Gras

Nähe des Dorfes liegt der hübsche Weiler La Roche an einem »Neck« aus Basalt, genannt »Le Roc Saint Jean« mit einem Burgturm aus dem 12. Jh. auf der Kuppe. Bis hierher macht sich in der Landschaft die Vulkantätigkeit bemerkbar, die das Gebirgsplateau der Ardèche am Ostrand des Zentralmassivs geformt hat (S. 16). Dünnflüssige Lava hat sich tief in die Täler ergossen und den Basaltriegel des Coiron geschaffen, der einen Umriß in der Form eines Eichenblattes hat. Die Bergrundungen enden schroff in offen gelegten Basaltwänden.

- **Karte:** IGN Serie Verte 1:100 000 Nr. 59 Privas/Alès für die Wanderung IGN Nr. 2939 Est Bourg-St-Andéol
- **Länge:** 48 km

Beschreibung der Auto-/Radtour

St-Remèze liegt auf den weiten, einsamen Hochflächen des »Plateau des Gras« und hat einen charakteristischen alten Ortskern mit Platanenplatz, Gassen und Häusern mit Gewölbebögen. Aus dem alten Schloß ist im Laufe der Zeit ein Gutshof geworden. Die Landweine der Gegend werden in der Cave Coopérative gekeltert und verkauft. Von St-Remèze schlängelt sich die kleine D 362 unterhalb der östlichen Flanke des Höhenzuges Montagne de Berg durch eine herbe, weite Landschaft: Karge Bergrücken und dichter Buschwald mit wilden Kräutern wechseln mit Rebflächen, Sonnenblumen- und Lavendelfeldern und Obstplantagen.

In Les Helly führt ein Wanderweg zu den schroffen Felskanten des »Dent de Rez«, die man von der Straße aus sieht. Wir fahren an dem Weiler St-Vincent vorbei bis zu den malerisch gelegenen, von Zypressen umgebenen Gehöften Le Mas de Gras und Le Mas de Dumas. Von da aus geht es in einer für den Radfahrer atemberaubenden Fahrt hinab ins Tal und wieder hinauf zu dem Felsplateau, auf dem das Dorf **Gras** thront. Auch hier wieder Zeugen der feudalen Herrschaft, Schloßruinen und Reste einer Stadtmauer. Gegenüber dem Parkplatz am Dorfeingang führt eine Stichstraße den Berg hinauf. Oben liegt, umgeben von Zypressen, sehr klassisch und schön die romanische **Kapelle Saint-Blaise**.

Die Fahrt führt hinter Gras noch einmal bergauf, dann senkt sich die Straße in das breite und tief sich hinziehende Weintal von Valvignères. Am Talausgang führt die D 263 durch den mittelalterlichen Ortskern von Alba und kreuzt nach Überquerung des Escoutay die D 107. Kurz vorher sollte man versuchen, das Auto am Straßenrand zu parken; eine weitere Parkmöglichkeit ist an der Einfahrt zu dem restaurierten römischen Theater. An der Straßenkreuzung stehen die Mauerreste der alten Kirche St-Pièrre, die ein keltisches Heiligtum überlagern. Von dort aus läuft man die Landstraße D 107 rechts hoch und biegt etwa 100 m weiter links in den Feldweg ein, der zu den Ausgrabungen führt, die mit »Le Palais« bezeichnet werden.

Wanderung zum Dent de Rez (719 m)

Ein lohnender Abstecher führt zu Fuß vom Weiler Reynouard (nordwestlich von Les

Hellys) zum Dent de Rez. Man parkt das Auto hinter dem letzten Haus von Reynouard in der Nähe einer Straßengabelung und geht den Weg in nordwestlicher Richtung ein Stück weiter. Kurz danach biegt ein breiter Geröllweg nach links ab. Auf ihm geht es stetig bergan, bis sich ein befahrbarer Weg von links in unseren Weg einfädelt. Wenig später ist auf den Abzweig nach rechts zu achten. Ein schmaler Pfad führt über die spärlich bewachsene Halde auf die Felswand zu und schwenkt unterhalb davon im Bogen rechts herum. Im letzten Wegabschnitt geht es durch Buschwald im Zickzack steil bergauf, bis schon bald das geodätische Vermessungszeichen auf der Wiesenfläche über der Felswand zu erkennen ist. Der markante Vorposten des Bergrückens bietet einen weiten Rundblick über Garrigueplateau und Cevennen. In ca. 30 Min. geht es auf demselben Weg zurück.

Tip: Ein landschaftlich und kulinarisch empfehlenswerter Abstecher führt zu dem Dorf **Sceautres**, das sich an einen Basaltkegel schmiegt und Ausgangspunkt für gemächliche Wanderwege im Gebiet des Coiron ist. Auf der Höhe der Ortschaft Buis-d'Aps biegt die kleine D 263 von der N 102 ab und schlängelt sich Richtung Norden durch Wiesen und Weinhänge zu einem charakteristischen Basaltkegel des Lava-Plateaus. Ein ausgeschilderter Rundweg erschließt in gut zwei Stunden die reizvolle Umgebung (zunächst Richtung Berzème gehen, später über St-Pons und den Weiler Avisins zurück). Eine ganz besonders nette Auberge mit immer sehr freundlichem Empfang, Unterkünften und ländlich-deftigen, sehr schmackhaft zubereiteten Gerichten liegt gegenüber von dem Basaltkegel, etwas außerhalb von Sceautres: Auberge »Le Beaume Vert« von Marc und Chantal Bondovy, Spezialitäten: Ziegen- und Lammbraten, Salat mit kleinen, gebratenen Raviolis, Crique ardèchoise, ein Kartoffel-Eier-Pfannkuchen, Tel. 04 75 52 48 93.

Unterwegs: Alba-la-Romaine

Die gallo-römische Stadt lag im Mittelpunkt eines großen Kommunikationsnetzes: Meilensteinfunde belegen, daß die Stadt mit Valence, Uzès und Nîmes verbunden war. Eine Straße führte nach Bourg-St-Andéol, und von dort aus gab es eine alte Straßenverbindung nach Le Teil und Pont St-Esprit.

Die gallischen Helvier, die in der fruchtbaren Niederung am Escoutay nahe dem Rhônetal ansässig waren, hatten zu den eindringenden Griechen und später zu den römischen Eroberern ein diplomatisches Verhältnis. Schon im 1. Jh. v. Chr. latinisierte Fürst Cabur seinen Namen zu Caburius und erhielt von C. Valerius, dem Prokonsul der Provinz Narbonensis, Bürgerrecht. In seinen Kommentaren zum Gallischen Krieg erwähnt Cäsar einen Freund – Caburs Sohn –, den er für eine schwierige Mission als Botschafter bei Ariovist einsetzte. Im Jahre 52 v. Chr. war das Land der Helvier für die Römer der Ausgangspunkt für ihren Angriff gegen die Arverner. Die Helvier sollen den Römern die Aufstiegsroute verraten haben,

Château in Alba-la-Romaine

über die man durch die Gebirgskette der Nordcevennen, die als uneinnehmbar galten, auf die Hochebene des Zentralmassivs vordringen konnte: von Montpezat-sous-Bauzon hinauf zur Croix de Pal.

Das einvernehmliche Verhältnis zu den römischen Invasoren brachte den Galliern politische, ökonomische und soziale Vorteile: Ohne daß eine römische Koloniegründung nötig war, entstand »Alba Augusta Helviorum« als autonome Hauptstadt und erhielt das Privileg des römischen Rechts. Die Helvier konnten römische Staatsbürger werden, vorausgesetzt sie erfüllten bestimmte Auflagen, was die Organisation des politischen und vor allem religiösen Lebens anbetraf: Religiöse Kulte und Ergebenheitsadressen an den römischen Kaiser waren unerläßlich.

Auf Betreiben des Bürgermeisters und Hobbyarchäologen Frank Delarbre wurden die bereits Anfang des 19. Jh. begonnenen Ausgrabungsarbeiten 1935 fortgesetzt. So entdeckte man unter den Weinfeldern die Reste einer römischen Stadt, die die Ausmaße einer »Villa« mit schätzungsweise 3000 Einwohner hatte. Das antike Stadtgebiet erstreckte sich auf 30 ha und wurde von den beiden Nekropolen St-Pièrre und St-Martin begrenzt.

In dem Gebiet »Le Palais« ist ein gut erhaltener Abschnitt des Cardo zu finden, der zentralen Nord-Süd-Achse einer römischen Stadt. Sie ist mit großen Steinplatten und noch deutlich erkennbaren seitlichen Mauern befestigt. In dem Ausgrabungsgelände sind Reste des Forums mit Portiken und Läden, Exedren und großen Gebäuden zu besichtigen. Bei den Ausgrabungsarbeiten entdeckte man ferner hydraulische Anlagen sowie Thermen und Mosaiken, die zu Wohnhäusern gehört haben müssen.

Ein Feldweg führt von der Landstraße zum antiken Theater, das mit seinen halbrunden Sitzreihen aus mächtigen Steinquadern in den Weinfeldern liegt. Es wurde im 1. Jh. n. Chr. gebaut und war für 3000 Personen ausgelegt. In Alba werden noch ständig Ausgrabungen und Restaurationen vorgenommen; man verspricht sich viel von weiteren Entdeckungen. Zahlreiche kleine Privatsammlungen zeigen die antiken Funde; davon ist eine in Privas zu besichtigen. Im Amphitheater finden in den Sommermonaten Aufführungen statt.

Adressen

07700 St-Remèze-Gras

- Mairie, Tel. 04 75 04 12 24
- Hôtel-Restaurant »Le Bercail«, Tel. 04 75 04 11 52
- Chambres/Table d'Hôte bei M. Granier-Choutard in Gras, Tel. 04 75 04 39 56, und bei Fam. Spiga, Tel. 04 75 04 38 73
- »Les Chais du Vivarais«, Cave Coopérative, Tel. 04 75 04 08 56

07400 Valvignères

- Mairie, Tel. 04 75 52 62 21
- Am idyllisch beschatteten Dorfplatz (Place de l'église) liegt die »Auberge de l'Helvie«. Die Küche bietet Ziegenkäse in Blätterteig, das typische Kartoffel-Ei-Gericht »Crique ardèchoise«, Froschschenkel und Schnecken; Tel. 04 75 52 64 00.
- Hôtel-Restaurant »La Tour Cassée« am Dorfrand mit Blick auf Weinfelder, Tel. 04 75 52 62 56
- Weinkauf in der Domäne Mas d'Intras, Tel. 04 75 52 75 36, Domaine du Mazel, Tel. 04 75 52 51 02, und in der Cave Coopérative von Valvignères, Tel. 04 75 52 60 60
- Fachkundig und deutschsprachig angeleitete Tages- und Halbtageswanderungen in der Ardèche organisiert Angela Baier; sie lebt auf einer Ferme in La Serre; Tel. 04 75 52 79 80.

07400 Alba-la-Romaine

- Mairie, Tel. 04 75 52 43 52
- »Le Château«, von Ostern bis Allerheiligen geöffnet, Konzert- und Ausstellungsprogramm, Tel. 04 75 52 42 90
- Centre de documentation archéologique d'Alba, Rue de Chabrol,

Tel. 04 75 52 46 42
- Musée de la Terre ardèchoise in Privas, Tel. 04 75 64 43 69
- Théâtre Antique d'Alba-la-Romaine, Kulturprogramm unter freiem Himmel in der Sommersaison, Tel. 04 75 38 74 24
- Restaurant »La Petite Chaumière« in La Roche, Tel. 04 75 52 43 50
- Hôtel-Restaurant »Relais du Bois-d'Aps«, Tel. 04 75 52 41
- Chambres d'Hôte bei Fam. Arlaud, Tel. 04 75 52 41 59
- La Maison L. Latour, Tel. 04 75 52 45 66

07400 St-Thomé
- Mairie, Tel. 04 75 52 74 89
- Restaurant »La Magnanerie« mit Chambres d'Hôte, Tel. 04 75 52 60 66

Mit dem Blick in das Rhônetal – Bourg-St-Andéol, St-Montant und Larnas

Die schon im Mittelalter bedeutsame Schneise des Rhônetals mit den alten Städten Bourg-St-Andéol und Viviers wird an der rechten Uferseite von der N 86 begleitet. Die vorgeschlagene Route (mit Auto oder Fahrrad) beginnt in Bourg-St-Andéol. Man verläßt die Stadt auf der N 86 Richtung Norden und erreicht auf einer Nebenstrecke durch fruchtbare Gartenlandschaft den malerischen Ort St-Montant. Er liegt mit einem alten Ortskern, Gewölbegassen und den Ruinenmauern seiner Schloßanlage auf einem Felsvorsprung. Durch die tief eingekerbte Schlucht der Sainte-Baume geht es das Kalksteinplateau hinauf zu dem Dorf Larnas mit seiner sehenswerten romanischen Kirche.

- **Karte:** IGN Serie Verte 1:100 000 Nr. 59 Privas/Alès
- **Länge:** ab St-Montant 20 km, ab Bourg-St-Andéol 36 km

Beschreibung der Auto-/Radtour

Die N 86 führt unterhalb von Bourg-St-Andéol direkt am Rhôneufer entlang. Von hier aus beeindruckt die gediegene mittelalterliche Stadtanlage mit stattlichen Bürgerhäusern, Gassen und dem Dom im Zentrum. Wenn man die Stadt Richtung Norden auf der Nationalstraße verläßt, gelangt man wenig später an eine Abzweigung: Man biegt nach links ab, fährt unter der Bahnbrücke hindurch und erreicht die kleine Landstraße D 190. Durch üppig grüne, gefällige Hügellandschaft geht es zu dem Wallfahrtsort St-Montant.

St-Montant liegt auf dem Bergvorsprung des Kalkplateaus, das hier mit felsigen Abbruchkanten vor dem Rhônetal endet. Oberhalb der Häuserreihen ragen vor der Felsenkulisse die Mauerzacken der Schloßruinen auf. In einem tiefen Taleinschnitt kommt der Fluß Sainte-Baume aus den Bergen. In dieser Fels- und Schluchtenlandschaft, die an Motive der romantischen Landschaftsmaler erinnert, sind einstmals drei Ermitagen errichtet worden. Drei Kirchen hat der kleine Ort. Eine davon ist die romanische Kirche San-Sanmonta (= Saint-

Gewölbegassen in St-Montant

Saint-Montan) aus dem 12. Jh. Sie liegt am Ausgang des Ortes vor dem Schluchteingang. Dort schmiegt sie sich an die Felswand; gegenüber sind Mariengrotten in die Felsen geschlagen.

Auf dem Fahrrad hat man Gelegenheit, sich 3 km lang auf der schmalen asphaltierten Straße (D 262) durch das »Val Chaud« der Sainte-Baume auf das Plateau hochzuarbeiten und die Schlucht- und Felsenlandschaft aus den verschiedensten Blickwinkeln auf sich wirken zu lassen. Ein Höhepunkt der Fahrt ist das Dorf **Larnas**, das zwischen Weinfeldern und Gärten liegt. Die romanische Kirche Saint-Pierre steht mit ihren gedrungenen, dicken Mauern, Rundbögen und Turm auf einem grünen Grasteppich neben einem Weinberg. Die Kirche soll die schönste Kuppel des Vivarais haben. Von außen nimmt man sie als große achteckige »Trommel« wahr, die über der Vierung aufragt. Aus weißem Kalkstein gebaut, gilt sie als besonders vollendetes Beispiel der romanischen Baukunst des Vivarais.

Eine Übersichtskarte am Ortseingang von Larnas zeigt, daß man sich für die weitere Tour verschiedene größere oder kleinere Rundwege vornehmen kann. Wir haben die D 262 ausgewählt, die leicht und lässig bergauf und bergab an Sonnenblumen- und Lavendelfeldern und Weinhängen vorbei zu dem Dorf Gras führt. Es liegt oberhalb des Tales der Nègue auf einer Hügelkuppe. Etwas abseits davon steht sein romanisches Schmuckstück, die Kapelle St-Blaise, klassisch gerahmt von Zypressen, auf dem Berg. Eine Cafébar findet man am Dorfplatz, ebenso eine Post und einen Laden.

Die Rundfahrt geht weiter durch das Tal der Nègue Richtung St-Thomé. Vor der Brücke zweigt der Weg rechts ab und führt nach der erholsam abkühlenden Fahrt ins Tal hinunter wieder ein Stück bergauf. Mit Blick ins Nèguetal und seinen schnurgerade ausgerichteten, gepflegten Weinfeldern erreicht man auf einem Feldweg den Weiler Fontfreyde. In der Dorfmitte macht man eine Spitzkehre und fährt weiter hoch auf die »Serre«: Buschwerk, Wacholder, Kissen von wildem lila Berglavendel und gelbe Büschel von Wolfsmilchblüten wachsen am Wegesrand. Auf dem Berg sieht man Larnas vor sich liegen und wählt den Weg, der auf das Dorf zuhält. Es hat ein Restaurant und ein Café. Für die Rückfahrt nimmt man die kleine Straße, die an der Kirche vorbei den Berg hinauf führt. Die Radfahrer erwartet eine schöne Abfahrt hinunter nach St-Montant.

Unterwegs:

Bourg-St-Andéol hat seinen Namen dem heiligen Andéol zu verdanken, der im 3. Jh. aus Kleinasien kam und hier missionierte. Nach dem Märtyrertod wurde er als Heiliger verehrt. Seine Gebeine fanden Einzug in dem schon einmal von einem Römer belegten Marmorsarkophag. Darüber gibt die Namensinschrift Auskunft, die auf der von zwei geflügelten Amoretten gehaltenen *tessera* zu lesen ist. Jetzt steht dieser Sarkophag des Julius Valerianus mit den Reliquien des Heiligen Andéol in der Kirche von Bourg-St-Andéol.

Nicht weit vom Stadtkern ist in dem kleinen Tal der Tourne ein antikes Steinrelief aus dem 3. Jh. zu entdecken. Es steht an einer mit Vegetation bedeckten Felsnische zwischen den beiden Quellen der Tourne, ist zwar nicht besonders gut erhalten, aber recht eindrucksvoll in der Darstellung. Das Relief gehörte zu einer römischen Kultstätte, die dem Stiertöter Mithras geweiht war. Über einem Bogen, der die Öffnung einer Grotte darstellen soll, sieht man die Abbildungen von Sol und Luna. Unter dem Bogen tötet Mithras in orientalischer Tracht den Stier, der von einem Hund, einer Schlange, dem Symbol der Erde, und einem Skorpion, dem Symbol für das Schlechte, angegriffen wird. Durch andere Heiligtümer, Kultreliefs und Inschriften ist belegt, daß die mithräische Lehre bei den lateinischen und griechischen Autoren gut bekannt war: Mithras, ein indo-iranischer Genius des Himmelslichtes, der in Babylon mit der Sonne identifiziert wurde, fing den Ur-Stier ein. Das Tier konnte sich aber befreien und mußte deshalb getötet werden. Mithras vollbrachte diese Tat und wurde zur Kultfigur eines Schöpfers aller guten Wesen.

Man findet die Sehenswürdigkeit, indem man, ausgehend von der Rhônebrücke, den Boulevard E. Rambaud und weiter die Rue du Dieu Mithra entlangläuft. Die Quellen der Tourne und die römische Kultstätte befinden sich in der Verlängerung dieser Straße.

St-Montant wurde im 5. Jh. von einem Eremiten gegründet. Er hieß Montant, kam aus der Picardie und wurde später heilig gesprochen. Sein Pech war, das Schicksal eines Kindes treffend vorauszusagen: Fortan wallfahrteten die Leute zu ihm. Um dem Rummel zu entfliehen, zog er sich in dies schroffe Tal der Baume zurück, wurde aber, kaum daß er sich seine Ermitage gebaut hatte, vom Bischof gefunden und besucht. Dem folgten erneut die Pilgerscharen, so daß dem Heiligen nichts anderes übrig blieb, als in die Picardie zurückzukehren.

Adressen

07700 Bourg-St-Andéol

- Office de Tourisme an der Place du Cham-de-Mars, Tel. 04 75 54 54 20
- Mairie in St-Montant, Tel. 04 75 52 62 09
- Mairie in Larnas, Tel. 04 75 04 30 20
- Hôtel-Restaurant »Le Prieure«, eingerichtet in einer Priorei aus dem 16. Jh., feines Lokal an der Route Nationale mit Blick auf die Rhône, anspruchsvolle, französische Küche, Tel. 04 75 54 62 99
- Restaurant »L'Auberge de la Belle Aurore« an der Straße zwischen St-Remèze und Bourg-St-Andéol, Tel. 04 75 54 48 09
- Chambres/Table d'Hôte bei M. Capron, Tel. 04 75 54 83 62, bei Mme Coornaert in St-Montant, Tel. 04 75 52 57 41

2. Ausflüge in Fluß-Schluchten

Die folgenden Routenvorschläge konzentrieren sich auf die markanten Felstäler, die von den Cevennen-Flüssen Ardèche, Ligne, Beaume und Chassezac in das Kalkstein-Plateau des Gras geschnitten wurden. Die Wege erschließen eine spektakuläre Fels- und Flußlandschaft, stoßen zu abgelegenen Badeplätzen vor und treffen auf manche Felsgrotte oder Höhle. Gelegentlich geht es an steil abfallenden Bruchwänden entlang, aber immer auf Pfaden, die breit genug sind, um bequem wandern zu können.

Zu den Felswänden am Cirque de Gens

Diese kleine Wanderung erschließt recht eindrucksvolle Felstäler in der Umgebung von Ruoms. Der Weg führt von **Chauzon** durch den Buschwald an die Bruchkante des Taleinschnittes der Ligne; von dort geht es unterhalb von steil aufragenden Felswänden und hoch über dem Flußbett auf einem Terrassenweg um die Kalksteintafel herum. So gelangt man in eine abgelegene Gegend des Garrigue-Plateaus, die großartige Einblicke in jene Talkreuzung bietet, an der die Ligne in das tief liegende Tal der Ardèche fließt. Die Felsrunde am **Cirque de Gens** sind beliebte Kletterwände von unterschiedlichen Schwierigkeitsgraden.

Hinweise für die Wanderung

Anfahrt: Auf der D 579 von Aubenas nach Vallon-Pont-d'Arc die Abbiegung nach Pradons beachten. Man streift den Ort an seinem südlichen Eingang, überquert auf der schmalen D 308 die Ardèche, biegt gleich nach der Brücke rechts ab und erreicht bald den Ortseingang von Chauzon. 1300 m weiter befindet sich neben einem Eisenkreuz eine Parkfläche zum Abstellen des Autos.

Dauer: 2.15 Std.
Typ und Schwierigkeitsgrad: Rundwanderung auf einem Balkonweg mit einer kleinen Kletterpartie beim Aufstieg aus der Schlucht
Höhenunterschied: 100 m
Orientierung: gelb-weißer Balken und genaue Hinweisschilder im Buschwald
Karte: IGN Nr. 2938 Ouest Aubenas
Jahres-/Tageszeit: ganzjährig, die Mittagszeit aber im Sommer meiden!

Wegbeschreibung

Gegenüber vom Parkplatz führt eine geteerte Straße in den oberen Dorfteil (gelb-weiße Markierung am Strommast). Nach einer Linkskurve weiter bergauf Richtung Les Travers/La Hâle, an der Weggabelung rechts halten, an der nächsten Verzweigung gegenüber von einem Drahtzaun links einbiegen. An hoch aufgeschichteten Bruchsteinmauern entlang (verblichene gelb-weiße Markierung auf einem Stein mitten auf dem Weg, zusätzlich taucht ein grüner Kreis als Kennzeichnung auf!) geht es weiter bis zu einem kleinen Haus. Hier den schmaleren, von Mauern eingefaßten Weg nach links einschlagen, der später, mit großen Steinplatten gepflastert, durch niedrigen, schattenlosen Buschwald führt. Nach zwei Hausruinen teilt sich der Weg: Wir folgen dem Abzweig nach links (ein gelb überstrichener grüner Balken dient der Orientierung!) und gehen nun im Halbschatten von Flaumeichen und Buchsbaum bis zu einem Holzschild, das bergabwärts zur Ligne weist. Bei der nächsten Weggabelung mit Hinweisschildern links Richtung Ligne gehen, einige Felsstufen absteigen, und schon öffnet sich ein schöner Ausblick in das tief eingeschnittene Flußtal. (1 Std. von Chauzon bis hierher)

Ein paar Steinstufen tiefer beginnt der Terrassenweg, der genügend breit und gut begehbar nun immer an der Flanke des Felstales entlang führt. Rasch gelangt man an die »Ecke«, an der im Talgrund die Ligne in die Ardèche mündet. Der Pfad schwenkt um einen Felszacken herum, und nun bietet

Cirque de Gens

sich ein überraschender Weitblick in das Tal der Ardèche. Gelegentlich verliert sich der Trampelpfad im Macchiagebüsch und zwischen den Steinen; die Markierung taucht aber wieder auf; man darf nicht an Höhe verlieren! Ein einziges Mal stellt sich ein Felsblock mitten in den Weg. Hier kann man etwas absteigen und die Passage von unten umgehen; die Felspartie läßt sich aber auch ohne Probleme überklettern. Deutlich zeigt sich jetzt im Gelände die halbkreisförmige Felswand **Cirque de Gens**, ein Eldorado der Kletterfans hoch über der markanten Flußschleife der Ardèche.

Nachdem man die Felsrunde durchlaufen hat, endet der Weg vor einer natürlichen Steinbarriere (ca. 50 Min. seit Min. seit Beginn des Terrassenweges). Hier muß man zwei hohe Felsabsätze hochklettern, was bei den guten Haltegriffen im Stein kein Problem ist, und erreicht nach einer kurzen Partie über Steinplatten einen Parkplatz am Waldrand. Wir überqueren ihn und schlagen den breiten, von Mauern eingefaßten Weg nach links ein, der in 25 Min. nach Chauzon zurückführt (gelbe Markierung und Hinweisschild Chauzon).

Tip: Lauschige Bade- und Picknickplätze findet man in diesem Schluchtabschnitt der Ardèche an der – vom Standort des oben beschriebenen Terrassenweges aus gesehen – gegenüberliegenden »Küste« des Kalksteinplateaus. Auf der D579 von Aubenas nach Vallon-Pont-d'Arc auf der nördlichen Einfahrtstraße nach **Ruoms** hineinfahren und in der Nähe des Friedhofs die Straße nach **Le Petit Bois** einschlagen. Man parkt das Auto am Ende der Asphaltierung und geht in nördlicher Richtung auf demselben Weg tief in den Buschwald hinein. An einer Gabelung (Steinhütte) weiter geradeaus bis zu einem großen Stein mit gelber, nach rechts weisender Markierung; hier rechts gehen und gleich wieder nach links – dann hat man einen schönen alten Steinweg erreicht, der zur **Höhle Beaume Grenas** und weiter an das Ufergelände der Ardèche führt. Flußaufwärts gibt es gegenüber der Felsrunde Cirque de Gens wieder einen schmalen Terrassenweg unterhalb von Felswänden – Teil einer ebenfalls lohnenden Wegstrecke bis nach Mas du Grazel.

In das Hügelland des Chassezactals

Bevor der Chassezac in die Ardèche mündet, durchfließt er eine breite Schwemmlandniederung. Sie besteht aus den Ablagerungen von Kies, Sand und Ton, die der Fluß aus dem Bergland heruntertransportiert hat. Auf den fruchtbaren und leicht zu bewässernden Böden liegen Weinfelder und ausgedehnte Pfirsichplantagen. Im letzten Jahrhundert brachte die Seidenraupenzucht den Ortschaften St-Alban-Auriolles, Grospierres und Chandolas einen Wohlstand, den man den Gehöften und umliegenden Landgütern noch ansehen kann. Heute profitieren die Dörfer von der touristischen Attraktion der Ardècheschluchten.

Die Wanderung beginnt in der Landschaft von Weinhängen, Wiesen und Obstkulturen am Chassezactal, führt auf Nebenstraßen an stattlichen Gehöften vorbei und macht eine Runde in die einsame und trokkene Hügellandschaft der Garrigue. Dort sind auffallend viele Dolmen und Tumuli zu entdecken.

Der Kanton Joyeuse weist die größte Dolmendichte innerhalb des Départements Ardèche auf. Auf dem »Gras« zwischen Ruoms und Chandolas, St-Alban-sous-Sampzon und Lablachère gibt es 96 Dolmen der Megalithkultur, darunter besonders gut erhaltene und auffällig gelegene Grabstellen, wie beispielsweise der Dolmen auf der Anhöhe oberhalb von St-Alban.

Hinweise zur Wanderung

- **Anfahrt**: Von Ruoms aus erreicht man Chandolas über die D 208 und parkt das Auto vor der Mairie.

- **Dauer:** 4.30 bis 5 Std. je nach Tages- und Jahreszeit
- **Typ und Schwierigkeitsgrad:** Rundwanderung auf Garrigue-Wegen und Steinpfaden
- **Karte:** IGN Nr. 2839 Est St-Paul-le-Jeune
- **Jahres-/Tageszeit:** im Sommer heiß, kaum Schatten, sehr angenehm im Frühjahr, Herbst und Winter

Wegbeschreibung

Ausgangspunkt der Wanderung ist die **Mairie von Chandolas**. Dort folgt man dem Hinweisschild »Sentier Les Capitelles« zum südwestlichen Dorfausgang und schlägt dort den Weg nach rechts ein. Es geht am Dorfrand von Chandolas entlang bis zu einem links abzweigenden Feldweg (weißer Postkasten an der Ecke). Von hier aus geht es zunächst auf breiten Wegen durch das ausgetrocknete Bachbett des Boudaric, dann passiert man ein von Steinhaufen gesäumtes Weinfeld, ein Stallgebäude und kommt schon bald auf den Hangweg nach **Maison-Neuve**. Dort kreuzt man die D 104 und schlägt die kleine Teerstraße ein, die bergauf an den letzten Häusern des Dorfes vorbei wieder in den Buschwald führt. Der Garrigue-Pfad erreicht die erste eindrucksvolle Anhöhe über dem Chassezac – ein angenehmer Picknickplatz im Schatten von Flaumeichen und mit weitem Blick auf das Flußtal. Nach einer kurzen Wegstrecke durch die Schwemmlandwiesen des Chassezac gelangt man flußaufwärts in den **Weiler Chaulet** (Erfrischungsmöglichkeiten) und steigt dann auf der Teerstraße wieder aus dem Tal auf. (1 Std. von Chandolas)

Capitelle

Nach einer markanten Rechtskurve der Straße zweigt linkerhand ein Pfad ab, der das ausgetrocknete Bachbett des Merle durchquert und auf der anderen Seite bergan führt. An der Abbruchkante über dem Chassezac geht es westwärts weiter entlang. Dabei gewinnt man, allmählich höhersteigend, immer neue Aussichtspunkte mit großartigen Rundblicken. Man erreicht schließlich den Schatten eines Flaumeichenwaldes (**Les Ceyredes**), der von bizarr geformten Felsblöcken durchsetzt ist, steigt über Steinabsätze in eine Senke hinunter und erreicht wieder bergauf die Landstraße D 452 (Les Vans-Casteljau). Eine kurze Strecke geht es rechts Richtung Les Vans, dann zweigt rechts der Wirtschaftsweg nach Ribeyre ab. (1 Std. von Chaulet)

Auf breiten, von Steinmauern eingefaßten Feldwegen geht es durch die steinige, nun wieder spärlich bewachsene Garrigue. Sie ist durchzogen von Mauern, Feldbegrenzungen und aufgeschichteten Steinhaufen (okz. clapas). Hier nun sind etliche von den archaischen Ackersteinbauten anzutreffen, die in dieser Gegend »**Capitelles**« oder »**Cabanes**« (in der Provence »Borie«) genannt werden. Die mörtellos, kunstvoll aufgeschichteten Mauern und kleinen Gewölbe sind teilweise restauriert und stehen entweder am Rand von Arealen, die mit Steinmauern eingefaßt sind, oder sind in die Mauer integriert.

Am zweiten Abzweig geht es nach rechts. Der Feldweg führt zunächst an einem kleinen Weinfeld entlang, kommt an einem besonders schön gefügten Rundhaus, später an dem gelb markierten Eingang zur »**Grotte de St-Arnaud**« vorbei und führt auf die Anhöhe von **Le Devès**. Man passiert ein einsam gelegenes Haus und trifft auf eine öde Geröllstraße, die an einem Steinbruch entlangläuft. Kurz danach zweigt ein zuverlässig markierter Pfad rechts ab und schlängelt sich durch den Busch- und Felswald der

Combe Gravière bis zur Landstraße D 104. (1.30 Std. seit Abzweig nach Ribeyre)

Vorbei an dem Anwesen von Mouroulet geht es zu dem **Weiler Les Martins**, der von Weinfeldern umgeben ist, und weiter auf dem alten Wirtschaftsweg bis nach Chandolas. (1 Std. seit D 104)

Adressen

07230 Chandolas

- Auberge »Les Murets«, ein an der D 104 gelegenes, stattliches Mas der Garrigue mit gut bürgerlicher Küche, ganzjährig geöffnet, Tel. 04 75 39 08 32
- Hôtel-Restaurant »Relais de la Vignasse«, von März bis November geöffnet, Tel. 04 75 39 31 91
- Restaurant-Bar Chaulet Plage, Tel. 04 75 39 31 39
- Chambres d'Hôte bei M. Baldy, Tel. 04 75 39 00 42

Unterwegs I: Mas de la Vignasse mit dem Musée Alphonse Daudet

Am Hügelhang oberhalb des Chassezac-Tals bei St-Alban-Auriolles liegt ein stattlicher Gebäudekomplex. Hier bietet das als Museum eingerichtete »Mas de la Vignasse« einen sorgfältig aufbereiteten Einblick in die Wirtschafts- und Lebensweisen eines Bauernhofes in den vergangenen Jahrhunderten. Die alten Natursteingebäude mit ihren glyzinienüberrankten, schattigen Innenhöfen, den Wohnräumen, Kellergewölben, Ställen und Vorratsräumen zeigen die verschiedenen Arbeitsbereiche eines wohlhabenden Hofes: Handwerkszeug, Feldschmiede, Backofen, Olivenmühle, Weinkelterei und Seidenraupenzucht.

Freunde der französischen Literatur, insbesondere der Geschichten des südfranzösischen Dichters Alphonse Daudet (1840–1897), finden hier einen biographischen Bezugspunkt: **Mas de la Vignasse** gehörte jahrhundertelang der Familie Reynaud, der die Mutter des Schriftstellers entstammte. Ihre Heirat mit dem Kleinindustriellen Daudet verschlug Adeline Reynaud nach Nîmes, wo 1840 ihr Sohn Alphonse geboren wurde. Er wohnte in seinen Ferien so oft auf La Vignasse, daß man versucht hat, Alphonse Daudet, der überwiegend in Paris lebte, als eigentlichen Dichter der Ardèche zu reklamieren. Immerhin verbrachte der achtzehnjährige Alphonse ein ganzes Jahr hier, verliebte sich in seine Kusine Marie Reynaud und begann auf dem Gut seine literarische Karriere. Marie Reynaud inspirierte ihn zu den Versen seines ersten Gedichtbandes »Les Amoureuses«, der 1858 erschien.

Roger Ferlet, selbst Schriftsteller, Kultur- und Kunsthistoriker aus Passion, kaufte 1937 das ziemlich heruntergekommene Anwesen und rekonstruierte nach und nach den gesamten gutsherrlichen Haushalt und Hof nach dem Muster eines typischen »Mas séricicole« (Seidenraupenzüchter-Hof) des Bas Vivarais zwischen 1750 und 1850. Dieses Museum lohnt einen Besuch. In einer sachkundigen Führung wird die großbäuerliche Wirtschafts- und Lebensweise erklärt.

Alphonse Daudet

Man kann Fotos und Teile der persönlichen Habe Daudets betrachten: Erstausgaben, Federhalter, Tagebücher, Notizen. Im Sommer werden in den Kellergewölben gelegentlich Vorträge und Konzerte veranstaltet. Zu Demonstrationszwecken werden in den Sommerwochen Seidenraupen aufgezogen.

Unterwegs II: Ruoms

Die Geschichte von Ruoms beginnt mit Mönchen, die – wie so oft im Vivarais – als Abgesandte großer Klöster Prioreien gründeten, denen städtische Ansiedlungen folgten. Im 10. Jh. riefen die Benediktiner von Cluny in Ruoms eine größere Niederlassung ins Leben. Die Kirche und die Kapelle »Notre-Dame-des-Pommiers« stammen aus dieser Zeit. Weitgehend unversehrt erhalten blieb allerdings nur die Kapelle; von den Stadtmauern gibt es nur noch Überreste.

Im Sommer muß man sich mit dem Auto stop & go durch die Straßen kämpfen; Fußgängermassen, Autoschlangen und umtriebiges Leben in Läden und Bars kennzeichnen Ruoms als touristisches Zentrum in der Nähe der Ardèche-Schluchten. In den übrigen Jahreszeiten ist das geschäftige kleinstädtische Leben mit Bars und Restaurants, Ausstellungen und netten Geschäften recht anregend.

Adressen

07120 St-Alban-Auriolles

- Musée Alphonse Daudet, Öffnungszeiten: Juli/August täglich 10-11.30 Uhr und 15-18 Uhr; Mai, Juni, Sept. und während der französischen Schulferien täglich außer Dienstag; Okt-Mai nur nach tel. Anmeldung, Tel. 04 75 39 65 07
- Hôtel »Douce France«, Tel. 04 75 39 37 08
- Chambres d'Hôte, Tel. 04 75 39 76 80

07120 Ruoms

- Office de Tourisme, Rue Alphonse Daudet, Tel. 04 75 93 91 90
- Hôtel-Restaurant »Le Savel«, gemütliches Lokal mit regionaler, bürgerlicher Küche, Tel. 04 75 39 60 02
- Hôtel-Restaurant »La Chapoulière« an der Route de St-Ambroix, modernes Ambiente, Tel. 04 75 39 65 43
- Restaurant »Les Terrasses de l'Ardèche«, Tel. 04 75 39 77 57

Durch die Schlucht der Beaume nach Labeaume

Mit seinem kleinen Dorfkern schmiegt sich **Labeaume** an das Ufer der Beaume unterhalb des Steilabfalls der Kalkfelsen. In schönster Lage thronen über dem Felsabbruch die stattlichen Natursteinhäuser von Zweitwohnungsbesitzern. Labeaume ist ein touristischer Anziehungspunkt. Die ausgedehnten Kieselstrände der Beaume sind im Sommer ein beliebter Badeplatz; Restaurants, Pizzeria und ein Eiscafé an dem großen, mit Platanen bestandenen Platz an der Flußpromenade sind im Sommer lebhaft besucht.

Die Wanderung beginnt am talaufwärts gelegenen Anfang der Schlucht, den man von Rosières entweder zu Fuß, mit dem Auto oder mit dem Fahrrad erreicht. Der Rückweg führt auf das »Gras«-Plateau hinauf und durchquert eine abgeschiedene Landschaft mit niedrigem Buschwald. Steinmauern grenzen kleine, grasbewachsene Areale ab, Steinhaufen und zernagte Felsformationen dominieren eine spärliche Garrigue-Vegetation. Dennoch wuchs genau hier in dem kargen, von Steinen befreiten Erdboden der Maulbeerbaum, und so findet man in der stillen Abgeschiedenheit des Plateaus die zahlreichen, verstreut liegenden Weiler und Landhäuser der ehemaligen Seidenraupenzüchter. Labeaume war im letzten Jahrhundert eines der Zentren der Kokonproduktion im Cevennenvorland.

Hinweise für die Wanderung

- **Anfahrt**: Von Aubenas auf der N 104 nach Rosières; noch vor der Brücke über die Beaume biegt ein Feldweg links ab (Steinkreuz). An Gärten, Häusern, Kirche vorbei, erreicht der befahrbare Weg eine schmale Straße, die durch die Ebene Richtung Schlucht führt. Vor dem letzten Haus auf der linken Seite hinter dem Gehöft Mas les Vernades das Auto parken.

- **Dauer**: 3.30 Std.
- **Typ und Schwierigkeitsgrad**: leichte Rundwanderung auf Schluchtpfaden und Garrigue-Wegen
- **Höhenunterschied**: 137 m
- **Orientierung**: Im ersten Teil der Wanderung gibt es verschiedene gelbe Markierungen (Pfeil, Balken, Kreis); durch die Schlucht führen die gelb-weiße Markierung und der gelbe Balken/Kreis; auf der Anhöhe zuverlässige gelb-weiße Markierung.
- **Karte**: IGN Nr. 2838 Est Largentière und Nr. 2839 Est St-Paul-le-Jeune
- **Jahres-/Tageszeit**: ganzjährig, im Sommer ist es auf dem Plateau heiß, und es gibt nur Halbschatten.

Wanderweg

Die Wanderung beginnt an der kleinen Landstraße, die nach dem letzten Haus hinter dem Gehöft Mas les Vernades einen rechten Winkel beschreibt und auf den Fluß zuhält.

Die Weinfelder in der Umgebung des Gehöftes **Mas les Vernades** bilden einen üppigen Kontrast zu der spärlichen Vegetation der Kalktafel. Drei Campingplätze liegen in dem sonnigen Tal und breiten sich unter Bäumen und Buschwerk am Fluß aus. An einer Pferderanch vorbei, die Reitausflüge ins Beaume-Tal anbietet, laufen wir durch einen kleinen Talkessel und kommen schließlich direkt an den Fluß, dessen linkes Ufer, von Felsbrocken gesäumt, idyllische Bade-, Angel- und Picknickplätze bietet. Ein kleiner Anstieg bis zum verfallenen Weiler Gadret, und man ist endgültig am Ende der sog. Straße angelangt. Von jetzt ab geht es über holprige Wege, Wiesen, Ufersand und Felsplatten in den immer enger werdenden Canyon der Beaume.

Der Weg führt von der Anhöhe von Gadret hinunter, biegt links ab, geht erst am Rand des Buschwaldes, dann an der Wiese entlang und erreicht die Felswände am linken Flußufer. (45 Min. ab Vernades)

Ab jetzt ist der Weg durch gelbe Balken gekennzeichnet. Es geht über Felsplatten, Steinstufen, durch mannshohen Buschwald zunächst immer am Fluß entlang. In Flußnähe bieten Erlen- und Weidenbüsche zuweilen Halbschatten. Immer wieder bieten sich schöne Gelegenheiten, auf größeren Felsplatten zu rasten oder von dort aus im Fluß zu baden. Nach kurzer Zeit entfernt sich der Weg von der Beaume (Erkennungszeichen: flach ans Ufer hingestreckte Felsplatten auf der gegenüberliegenden Flußseite!): Über Steinstufen und Felsabsätze geht es an der Felstafel hoch, bis man einen deutlich erkennbaren Weg errreicht. Hier geht es links weiter. Schließlich erreicht man den gelb markierten, mit Steinmauern gesicherten »Balkonweg«, der oberhalb des Flusses an der Felstafel entlang führt. Vor Labeaume neigt sich der Weg wieder zum Fluß hinunter, und man erreicht das Dorf über den Kieselstrand des Flusses. (1 Std. ab Schluchtbeginn)

Der Rückweg über das »Gras« beginnt im oberen Dorfteil. Man geht bis zu einer markanten Straßenkreuzung (hinter einem Grundstück mit mehreren hohen Zypressen) und biegt links ab (gelb-weiße Markierung an der Mauer). An ein paar Natursteinhäusern in einer von Felsbrocken durchsetzten Gartenlandschaft vorbei, geht es von hier aus Richtung **St-Genest** weiter. Wir bleiben auf dem kleinen Sträßchen, bis wir ein Haus erreicht haben, dessen Garten mit Zypressen und Bambus eingefaßt ist. Etwa 50 m dahinter zweigt links von der Straße ein Weg ab und führt quer durch den von Steinen übersäten niedrigen Buschwald. Er verläuft zwischen aufgeschichteten Steinmauern durch eine Senke in nordwestlicher Richtung und hält auf den Weiler **Le Trible** zu. Bei den gelb-weiß markierten

Abzweigen geradeaus gehen und den eingeschlagenen Weg nicht verlassen! In Le Trible stößt man wieder auf eine kleine geteerte Straße und folgt ihr nach links. Etwa 5 Min. später führt ein Abzweig nach Lisotas, den man nicht einbiegt. Man bleibt auf der Straße, passiert ein Steinkreuz; linkerhand liegen die Häuser von **Les Lauzières**. Nach weiteren 5 Min. biegt ein deutlich gelbweiß markierter Abzweig nach links. Auf idyllischem Weg geht es wieder durch Fels- und Buschlandschaft mit alten Mauern, bis ein befahrbarer Weg erreicht ist, den man rechts weiterläuft. So erreicht man den Weiler **Chazalis**. Kurz danach (hinter dem Löschteich) trifft man auf den Weg, der von Chapias nach Westen führt. Man schaut auf einen Turm mit einer weißer Madonna.

An dem hellgrauen restaurierten Kalksteinhaus La Blachère rechts vorbeigehen und, sich rechtshaltend, weiterlaufen, bis man einen Postkasten passiert, der zu dem Wohnhaus in auffälligem architektonischen Stil gehört. Hier beginnt ein deutlich sichtbarer Waldweg, den man in nordwestlicher Richtung weiterläuft. Nur einmal noch heißt es aufpassen. Man muß den Pfad finden, der hier abzweigt und nach Le Valla führt: Gegenüber von einem auffällig runden Wiesengelände, das von Felsen eingekreist ist, zweigt der kleine Weg ab, der uns nun durch Untergehölz und an Felsbrocken vorbei zu dem Gehöft »le Valla« bringt.

Der alte Bauernhof mit seinen zwei Brunnen, Dreschplatz, Wegekreuz und der »clède« (Haus für das Trocknen der Kastanien) liegt bereits am Rande des Plateaus. Der Pfad verläuft nun mit weiten Blicken am offenen Hang um das Gehöft herum, am verwilderten Weinberg entlang bis zum Rand der Kalktafel. Wegmarkierung und Mauereinfassungen sind Orientierungshilfen beim Abstieg vom Plateau. Wir laufen durch das bröckelige, poröse Gestein der Jurakalke mit seinen auffälligen Strukturen und erreichen die Häuser unterhalb des Felssimses, in deren Nähe das Auto geparkt wurde. (von Labeaume bis Les Vernades 1.45 Std.)

Adressen

07260 Rosières

- Die Ferme-Auberge »Des Granges« ist ein Gehöft in der Wein-Senke an der N 104, das wegen Mme Barailles schmackhafter Küche (Wildschwein u. Geflügel aus eigener Zucht) auch bei Einheimischen ein beliebtes Eßlokal ist; Chambres d'Hôte, Route d'Aubenas, Tel. 04 75 39 50 38
- »Mas de la Blacheyrette«, stattliches Anwesen, von Weinhängen umgeben, mit schöner Gartenanlage und Swimmingpool, Gastzimmern und Ferienwohnungen, Tel. 04 75 39 93 75

07120 Labeaume

- Mairie, Tel. 04 75 39 64 23
- »Auberge de la Rive Gauche«, Tel. 04 75 39 76 97
- »La Pizzeria du Sabla«, Tel. 04 75 39 63 41
- Restaurant »Le Petit Moulin«, von Ostern bis Herbst geöffnet, Tel. 04 75 93 97 55
- Chambres d'Hôte bei Mme Torres, Tel. 04 75 93 91 08
- Im Sommer finden am Strand der Beaume oder in der Kirche Konzerte statt: Festival Labeaume musiques, Tel. 04 75 39 79 86

3. Prähistorische Siedlungsgebiete

Höhlen und Grotten bei Orgnac

(Eine Übersicht über alle Höhlen in der südlichen Ardèche findet sich auf S. 144).

Dieser Ausflug führt über und unter die Erde. Nur so bekommt man eine Vorstellung von der charakteristischen Geologie dieser Kalktafel mit ihren Einstürzen und Aushöhlungen. Ausgangspunkt der Wanderung und Einstieg in die unterirdische Abteilung ist die berühmte Tropfsteinhöhle Aven d'Orgnac. Der Rundwanderweg führt durch die immergrüne Vegetation der Garrigue. Abseits vom Wege kann man durch dichtes Buschwerk zu einer hallenartigen Erdöffnung vordringen und »en nature« die Wohnstätten aus prähistorischer Zeit betreten. Das prähistorische Museum von Orgnac gibt einen aufschlußreichen Einblick in die früheste Siedlungsgeschichte der Region.

Die Kalkformationen in der Umgebung der Ardèche-Schluchten, in denen sich durch Verwitterungsprozesse natürliche Grotten, Höhlen und Felsdächer herausgebildet hatten, boten den Urbewohnern günstige Lebensbedingungen. Die Südardèche ist daher ein archäologisch sehr interessantes Gebiet. Die Forschung fand in den Höhlenschächten, die im Laufe fortschreitender Verkarstungsprozesse Schicht um Schicht durch herabbrechendes Gesteins- und Erdmaterial zugeschüttet wurden, Spuren mehrerer Lagerstätten übereinander. Nach und nach abgetragen, erhellen sie die Besiedlung der südlichen Ardèche bis tief in die Altsteinzeit.

Hinweise für die Wanderung

- **Anfahrt und Ausgangspunkt**: Die Tropfsteinhöhle Aven d'Orgnac liegt 8 km östlich von Barjac; Parkplatz vor dem Museum bzw. der Höhle
- **Dauer**: 2 Std., ohne Besichtigungszeiten
- **Typ und Schwierigkeitsgrad**: leichter Rundwanderweg
- **Höhenunterschied**: 93 m
- **Orientierung**: gelbe, später auch rot-weiße Markierung der GR und rot-gelbe Markierung der GR de Pays
- **Karte**: IGN Nr. 2939 Ouest Vallon-Pont-d'Arc
- **Jahres-/Tageszeit**: ganzjährig, im Sommer die Mittagszeit meiden, da der niedrige Buschwald nur Halbschatten bietet.

Prähistorischer Spaziergang I

Der Weg beginnt hinter dem Gebäude zu der Aven d'Orgnac, ist zunächst gelb gekennzeichnet, führt durch schattigen Buschwald und weist später die rot-weiße Markierung der GR 4B auf (Hinweisschild Labastide-de-Virac und Vallon-Pont-d'Arc). An der Kreuzung der rot-gelben Markierung nach rechts folgen und weitergehen, bis man auf den breiten, geteerten Weg kommt, der zum **Aven de la Forestière** führt. Ein Abstecher unter die Erde lohnt sich; man kann die Höhlen und den sog. »Höhlenzoo« besichtigen, der eine biologische Besonderheit darstellt (S. 143).

Der Wanderweg aber biegt noch vor dem Parkplatz rechts ab (blaue und gelbe Markierung), führt um das Areal herum, macht eine Schleife Richtung Süd-Südost und geht leicht bergab. Die Wege sind breit, auch hier sind es sorgfältig zurückgeschnittene Brandschutzschneisen. An der großen Kreuzung mit mehreren Abzweigungen geht es links hinunter. Wenig später tut sich am Wegrand eine kleine Erdspalte auf. An der nächsten Gabelung geht es den ansteigenden Weg rechts hoch, nach etwa 200 m abermals links (blaßblaue Markierung auf dem Stein) auf einen Pfad. Hier heißt es nach dem ersten rechtsabbiegenden Weg aufpassen. Es gilt, mit ein wenig Spürsinn den ganz schmalen »Einstieg« in das Unterholz zu finden. Man muß sich kurz zwischen Buchsbaum hindurchzwängen, dann steht man am Abgrund einer mächtigen Öffnung. Hier ist die Kalksteindecke buchstäblich eingekracht, und man schaut in die kreisrunde Öffnung eines Höhlenschlundes hinein, dessen Eingang mit Grünzeug bewachsen ist. (50 Min. vom l'Aven de la Forestière.)

Auf den Wanderweg zurückgekehrt, biegt ein Weg kurze Zeit später rechts ab; er führt zum Eingang in die »Baume de Ronze«. Man muß den Einstieg ins grüne Dickicht erspähen, betritt ihn gebückt und findet sich an einer Natursteintreppe wieder, auf der man bequem hinabsteigen kann. Zunächst erreicht man die Ebene, die durch Erdrutsche so hoch mit Erde zugeschüttet

Im *Prähistorischen Museum* von Orgnac werden anhand von Funden aus der Region vier Epochen der Vorgeschichte dokumentiert. Gestellte Szenen sollen die jeweiligen Arbeits- und Lebensformen veranschaulichen.

Saal 1 zeigt eines der ältesten sog. Lagerfelder Frankreichs: **Orgnac III** ist die Felsbehausung eines Prähominiden aus dem Kulturkreis des Acheuléen, die 1962 in Mattecarlingue ausgegraben wurde. Der »Homo erectus« lebte vor etwa 350 000 Jahren, kannte den Umgang mit Feuer und jagte Auerochsen, Pferde, Rehböcke und Rhinozerosse. In Vitrine 1 sind die frühesten Steinschaber, -messer und -klingen zu sehen, die aus den Basalt- und Quarzitkieseln der Flüsse hergestellt und beidseitig noch gleichförmig bearbeitet wurden. Die Vitrinen 3 und 4 zeigen die verbesserten Werkzeuge der Neandertaler, die nicht mehr beidseitig gleich geformt sind, sondern in den Formen deutlich voneinander unterschiedene Zweckbestimmungen erkennen lassen: z.B. Messer mit »Rücken« (sog. Levallois-Technik).

Von 100 000 bis 35 000 v. Chr. lebte der **Neandertaler** im Ardèchetal und seiner Umgebung. Ausgrabungen in St-Martin-d'Ardèche und Berrias-Casteljau belegen den Kulturkreis des Moustérien. Im Museum ist das Felsdach »L'Abri des Chasseurs« aus dem Chassezactal mit einer Fleischhauerbank nachgestellt. Die Knochenfunde geben Aufschluß darüber, daß vor 50 000 Jahren Höhlenpanther, Bären, Hyänen und Löwen zu den Beutetieren gehörten. Zu Beginn der letzten (Würm-) Eiszeit starb der Neandertaler aus bisher ungeklärten Ursachen aus.

Saal 2 führt die Epoche des Spätpaläolithikums vor, in der von 35 000 bis 10 000 v. Chr. der **Cro-Magnon** die Ardèche besiedelte. Die Vitrine 6 zeigt die Kulturen des Aurignacien, Solutréen und Magdalénien, die in den Felshöhlungen Le Figuier, Chabot, Ebbou und Colombier in den Schluchten der Ardèche entdeckt wurden. Abgüsse aus den Grotten belegen mit den Tierabbildungen an den Felshöhlungswänden den Beginn der Steinzeitkunst. Die Grotte von Ebbou in der Nähe des Natursteinbogens Pont-d'Arc ist mit 87 Tierdarstellungen von Steinböcken, Hirschen, Auerochsen und Bisons ein berühmtes Zeugnis für die altsteinzeitliche Höhlenmalerei. Der Cro-Magnon stellte Werkzeuge, Waffen, Schmuck aus Knochen, Elfenbein, Hirsch- und Rentiergeweihen her und verzierte die Gegenstände mit feinen Gravuren (Vitrine 7 u. 8).

Saal 3 dokumentiert den Übergang von der Alt- in die Jungsteinzeit nach dem Ende der letzten Eiszeit. Funde aus dem Mesolithikum (8500 v. Chr.) entdeckte man u.a. in den Grotten von Colombier und Baume de Ronze (siehe Forschungslängsschnitt und Wanderung). Die Vitrinen 10 bis 15 zeigen die wichtigsten Erfindungen der Menschen während der **Jungsteinzeit**. Auf dem Weg zu seßhaften Getreideanbauern und Viehzüchtern erlernten sie die Töpferei, stellten Tongeschirre her, verstanden es, Mehl zu malen und kochten Mus und Getreidesuppe. Sie zähmten eine Ochsenart und hielten – vermutlich schon gezähmte und über Seeverbindungen aus dem Nahen Osten eingeführte – Ziegen und Schafe. Regional sind die Fontbouisse-, Chasséen- und Ferrières-Kultur der späten Jungsteinzeit (2700 bis 2200 v. Chr.) besonders gut belegt. In dieser Zeit entstanden auch die Denkmäler der Megalithkultur, die Dolmen und Menhire.

wurde, daß hohe Bäume wachsen konnten. Links senkt sich die Höhle noch einmal stark in die Tiefe. Man kann unter die tiefen, hallenartigen Felsüberhänge treten, die das Ausmaß eines kleinen Kirchenschiffes haben. Große Steinquader mögen als Arbeitsplatz, »Amboß« oder Eßplatte gedient haben.

Zurück auf dem Wanderweg, muß man den Markierungswirrwarr sortieren. Unsere Route führt in eine kleine Senke hinab; hier schlägt der Weg einen Haken nach links und führt in einer Feldschneise bergan (gelb). An der bald folgenden Gabelung dreier Wege muß man den Pfad einschlagen, der von der gelben Markierung weg- und nach rechts führt. Kurze Zeit später wieder eine scharfe Rechtsbiegung und man geht erneut in Richtung Süd-Südost. Die blaue Markierung taucht wieder auf und führt kurz hinter dem Leitungsmast auf die Straße und zurück zum Parkplatz. Snackbar, Weinstand und das »Hôtel-Restaurant de la Grotte« bieten Erfrischung.

Prähistorischer Spaziergang II

Ein zweiter prähistorischer Spaziergang von 2 Std. führt zu sechs markanten Dolmenstätten in der Garrigue. Man fährt von Barjac auf der D 317 gute 3 km Richtung Orgnac und muß auf die Pierre Plantée (Steinsäule) mit der Inschrift »Dolmen« achten! Hier geht es nach links auf den Pistenweg DFCI K5a, an einer rechtsabbiegenden Piste vorbei weiter bis zur nächsten Kreuzung. Dort das Auto parken und den ganz leicht bergauf führenden Weg nach rechts einschlagen. An einer leichten Kurve heißt es aufpassen: Ein Pfad dringt nach links in das Unterholz vor, zu dem ersten Dolmen mit einer schräg abfallenden mächtigen Steinplatte. Hinter der Grabstätte schlängelt sich der Weg weiter durch Buschwald und an Steinbrocken vorbei bis zu einer Kreuzung von Brandschneisen (gelbe Markierung). Geradeaus dem DFCI K2b folgen und den kleinen Weg nach rechts einschlagen, der – gelb markiert – wieder in das Unterholz führt. Später gelangt man an einen breite Weg-Trasse mit mehreren Hinweisschildern, biegt nach rechts ab und geht nun immer geradeaus bis zu einer großen Kreuzung (Flaumeichenbaum steht in der Mitte). Hier links abzweigen, an jungen Zedern vorbei, und wenig später rechts auf den DFCI K2 eine vegetationsfreie Anhöhe hinauf. Der Abstiegsweg beschreibt eine Kurve nach rechts und erreicht wieder eine Kreuzung mit Hinweisschildern. Von hier aus kann man in 25 Min. die Baume de Ronze erreichen (siehe den vorherigen Spaziergang!). Wir folgen dem Pistenweg DFCI K5 nach rechts und gehen weiter durch den Buschwald, bis gelbe Kreuze anzeigen, daß man den breiten Weg verlassen soll. Wieder geht es auf einem zuverlässig gelb markierten Pfad nach links in das dichte Unterholz hinein. Die kleine Runde durch das Gestrüpp führt zu vier Dolmenstätten. Wieder auf der Waldpiste kurz vor dem Parkplatz ein letzter Dolmen links am Wegesrand.

Dolmen bei Barjac

Adressen

07150 Orgnac-l'Aven

- Musée Régional de Préhistoire: März, Okt., Nov. 10-12 Uhr und 14-17 Uhr; April, Mai, Juni, Sept. 10-12 Uhr und 14-18 Uhr; Juli, Aug. 10-19 Uhr. Vom 15.11 bis 28.2. geschlossen. Tel. 04 75 38 65 10
- Aven d'Orgnac: März, Okt., Nov. tägl. 9-12 Uhr und 14-17 Uhr; vom 1. April bis zum 30. Sept. tägl. 9-12 Uhr und 14-18 Uhr. Die Führung dauert 1 Std. Die Temperatur in der Höhle beträgt **13° C.** Tel. 04 75 38 62 51
- Aven de la Forestière: April bis Sept. 10-18 Uhr, Tel./Fax 04 75 38 63 08
- »Hôtel-Restaurant de l'Aven« in Orgnac, März bis Okt., Tel. 04 75 38 61 80
- »Hôtel-Restaurant de la Grotte« neben der Aven d'Orgnac, ganzjährig geöffnet, Tel. 04 75 38 60 68

Rundweg durch den »Bois de Païolive«

Zwischen den Bergabhängen der Serre de Barre und der fruchtbaren Ebene von Berrias durchbricht der Chassezac östlich von Les Vans ein Gebiet des Kalksteinplateaus, in dem Erosion und Verwitterungsprozesse besonders auffällige Felsenreliefs geformt haben. Magnesiumbestandteile des Kalksteins reagieren auf die chemische Verbindung mit Wasser derart löslich, daß große Teile der Felsen angenagt und ausgehöhlt wurden. Die härteren, verwitterungsresistenten Gesteinspartien blieben stehen. Diese sog. Dolomite bilden die bizarre Gesteinssilhouette eines vier Quadratkilometer großen »Felsenmeeres«, des »Bois de Païolive«.

In Erdmulden und zwischen den Felsen klammern sich Steineichen, Wacholder und Buchsbaum fest, Zistrose, Therebinthen, Thymian und Ginster verbreiten aromatische Gerüche. Mächtige Gesteinsblöcke und bizarre Felsentrümmer haben seit jeher die Phantasie herausgefordert: Drei Richter, drei Seigneurs, die kleine Jungfrau auf dem Felsen, ein Elefant, ein Frosch, ein Widder und das Labyrinth der Feen und Drachen sind hier versammelt. Das Felsenmeer ist nicht so groß und berühmt wie das von Montpellier-les-Vieux und Nîmes-les-Vieux auf den Causses, aber es ist sehr variantenreich und fantastisch in seinem Labyrinth von Felsaushöhlungen und Figurationen.

Wie an der Ardèche liegen auch hier zahlreiche prähistorische Fundstätten, Dolmen, Gräberfelder und Siedlungsreste vorrömischer Zivilisation. Die durch die Erosion entstandenen Höhlen und Felsdächer (die sog. Abris) waren prädestiniert als Zufluchtsstätten steinzeitlicher Horden von Jägern und Sammlern. Jüngere Ausgrabungen geben Auskünfte darüber, daß Vertreter der »Chassuléen«-Kultur in der Zeit des Übergangs zum Neolithikum (6.–5. Jh.) hier seßhaft wurden. Sie lebten von Fischen, Wild und Waldfrüchten, hausten in den Abris und kochten Brei- und Suppengerichte in feuerfesten Tongefäßen, wie die Keramikfunde belegen.

Der vorgeschlagene, beschauliche Rundwanderweg führt durch einen lichten Buschwald, der von großen und kleinen Felsbrocken durchsetzt ist, zur Bruchkante des Canyons des Chassezac. Man gelangt an ausgesetzte Felsplattformen hoch über dem Fluß und gewinnt überraschende Einblicke in das beeindruckende Felstal des Chassezac. Nach einer Runde durch einen Wald von Felsen und Buschwerk kommt man am Ende des Weges in eine offene, von Mauern durchzogene Felsenlandschaft. Hier liegt am Rand der Kalktafel die Eremitage St-Eugène.

Hinweise für die Wanderung

- **Anfahrt**: Man fährt die D 901 von Les Vans aus Richtung Alès, läßt Chassagnes links liegen und biegt in die D 252 ein. In einer Haarnadelkurve auf die Markierung achten: Sie führt rechterhand auf den »Circuit de la Vierge« (»Rundweg der Jungfrau«). Kurz danach, beim »Carrefour des Trois Seigneurs« (»Kreuzung der drei Herren«) gibt es Parkbuchten an der Straße. Zwischen den Schildern »Commune de Berrias – Casteljau« und »Les Vans – Chassagnes« führt unser Wanderweg in nordöstlicher Richtung in den Wald.

- **Dauer**: 1.30 bis 2 Std., je nach Tages- und Jahreszeit
- **Markierung**: rot-weiß, später blau
- **Karte**: IGN Nr. 2839 Est St-Paul-le-Jeune

Wegbeschreibung

Von der Straße aus geht es in nördlicher Richtung in den Eichenwald hinein. An einem großen Felsstein mit Markierungszeichen biegt man rechts ab, erreicht bald eine Gabelung und schlägt den Weg nach links ein. Auf schattigem Pfad geht es von hier aus Richtung Nordosten. Nach ca. 2 km weist das blau markierte Hinweisschild nach links zur Eremitage St-Eugène; hier wird der Weg später fortgesetzt. Zunächst folgt man dem Hinweisschild »Point de vue« und geht auf schmalen, verschlungenen Pfaden an ausgehöhlten Steinblöcken vorbei zu den ausgesetzten Felsvorsprüngen und »Balkonen« oberhalb des Steilabfalls zum Chassezac.

Als Wanderweg-Ergänzung kann man den Höhenweg oberhalb der Schlucht des Chassezac etwa 1 bis 2 km südöstlich weiter laufen, noch höhere und ausgesetztere Aussichtspunkte entdecken und dann dem rotweiß markierten Weg folgen, der zur Grotte von La Padelle führt. So gelangt man schließlich ans Ufer des Flusses und zu den Badeplätzen am Strand von Mazet.

Fortgesetzt wird die Wanderung am ersten Aussichtspunkt. In dem »Chaos« von Felsbrocken und Buchsbaum, Kermeseichen und kratzigem Unterholz ist auf die Markierungszeichen zu achten. Auf dem Weg zurück zur Kreuzung, wo der blau markierte Abzweig zur Ermitage beginnt, passieren wir den Hinweis zur Grotte »la Gleysasse«. Ein

Kalksteinrelief im Bois de Païolive

Kletterpfad führt steil an dem Abhang zur Schlucht hinunter. Doch Vorsicht: Diese Strecke ist nichts für kletterunkundige Spaziergänger.

Der Weg Richtung Ermitage führt mal hinauf, mal hinunter auf schmalem Pfad durch den Felsenwald; dabei kann man zuverlässig der blauen Markierung folgen. Schließlich gelangt man in freieres Feld mit niedrigem Buschwerk und Flaumeichen, Einfriedungsmauern und Steinhaufen. Nachdem der Weg einen deutlichen Schwenk nach links gemacht hat, kommt der Glockenturm der Einsiedelei in den Blick. Man stößt auf eine Hausruine mit rundem Treppenbogen und Zypresse. Von hier aus geht es rechts hoch zur Ermitage, die leicht erhaben und von Zypressen flankiert, am Rand der Kalksteintafel liegt.

Die Einsiedelei von Saint-Eugène wurde 1652 wiederentdeckt, während der Französischen Revolution zerstört und vor kurzem instandgesetzt. Heute wird sie wieder von einem Mönch bewohnt.

Wir nehmen unseren blau markierten Wanderweg hinter der Hausruine wieder auf, steigen über einige Felsblöcke hinweg und stoßen auf einen von Mauern begrenzten Querweg. Wir müssen den Weg nach rechts und gleich wieder nach links einschlagen und gehen am Rande des Plateaus auf einem breiten, teilweise steingepflasterten Weg weiter, bis wir an einer Weggabelung auf den GR 4 stoßen und der rot-weißen Markierung bis zum Ausgangspunkt (Achtung beim großen Stein rechts!) folgen.

Adressen

- An der Route d'Alès von Les Vans nach Chassagnes liegt im Bois de Païolive das nette Lokal »L'Olivier de Païolive« mit provencalisch-ardèchoisen Gerichten, ganzjährig geöffnet, Tel. 04 75 37 33 33
- Weitere Hinweise zu Les Vans und Berrias-et-Casteljau siehe S. 120

Von Cornilhon zum Cirque d'Endieu

Zwischen dem Bois de Païolive und dem markanten Gebirgsrücken der Serre de Barre liegt in einem Kessel die kleine Stadt **Les Vans**. In der Vergangenheit profitierte der Marktflecken von seiner günstigen Lage zwischen den Kastanienwäldern des Berglands und dem südöstlichen Hügelland, in dem Oliven, Wein und Weizen angebaut wurde.

Die Geschichte von Les Vans ist typisch für einen Marktflecken am Cevennenrand. Die Mönche der Abtei von St-Gilles in der Provence kamen im 12. Jh. an den Talausgang des Chassezac, wo bereits eine gallorömische Siedlung lag. Sie gründeten 1151 die Priorei von Chambonas und ließen sich 1208 auch auf der anderen Seite des Chassezac nieder. 1273 mischte sich der französische König in die Angelegenheiten der noch unabhängigen Feudalherren ein und wurde durch Teilungsakt Co-Seigneur von Naves. Im 14. Jh. wurde die Stadt von der Pest heimgesucht. Zum Schutz vor herumvagabundierenden Söldnertruppen wurde die Stadtmauer errichtet. 1453 erwarb Les Vans vom König die Marktrechte; die königliche Handelserlaubnis wurde die Haupteinnahmequelle der Stadt. Allerdings mußten die Bürger ihr kostbares Recht zunehmend gegen die Machtgelüste der Feudalherren und Priore verteidigen. In aufreibende Feudalfehden verstrickt, sahen sie ihre Privilegien bald durch die Ideen der Reformation ins Recht gesetzt. Die Bürger wurden größtenteils protestantisch und fanden sich als Partei in den gewalttätigen Religionskriegen wieder. Die Truppen von Ludwig XIII. und Richelieu entschieden die Situation zugunsten der Katholiken. Les Vans kapitulierte, die Stadtmauern wurden geschleift, und die Vanseer konvertierten oder emigrierten in das reformierte Ausland.

Mit Beginn des 19. Jh. profitierte Les Vans von dem Aufschwung der Seidenindustrie in Südfrankreich. Die Stadt wuchs, bekam größere Straßen, einen zentralen Platz und einen kleinen Boulevard. In dieser Zeit waren die Berghänge um Les Vans und die Ebene des Chassezac dicht besiedelt. Auf den Hangterrassen wuchsen Weinstöcke und Maulbeerbäume. Steingepflasterte Wege verbanden die über die Hänge verstreuten Landhöfe und Weiler. Erst mit der Seidenkrise setzte die massive Abwanderung der Bevölkerung ein.

Seit etlichen Jahren ist Les Vans ein kleines touristisches Zentrum. Kunsthandwerker, Freaks, »Neo-Ruraux«, Aussteiger und Besitzer von Zweitwohnungen treffen sich auf der Flanierzeile und in den Straßencafés. Der Markttag ist Anziehungspunkt für das Cevennenumland. Der lokale Wanderverein hat ein umfangreiches Wanderwegenetz eingerichtet, ausgearbeitete Tourenbeschreibungen sind im Tourismusbüro erhältlich.

Unser **Wandervorschlag** führt zu schönen Picknick- und Badeplätzen an einer bequem

An den Ufern des Chassezac

erreichbaren Partie des Chassezac-Tals zwischen Les Vans und der Halbinsel von Casteljau. Man geht zunächst mit Blick auf den Fluß in mittlerer Hanglage an der Kalksteintafel entlang, erreicht in der Felsrunde Cirque d'Endieu ein ausgedehntes Ufergelände mit Wiesen und Kieselstrand und steigt dann aus dem Tal auf das Fels- und Buschwald-Plateau des Chassezac.

Hinweise für die Wanderung

- **Anfahrt:** Auf der D 104 A fährt man von Les Vans Richtung Aubenas; in Peyreflore zweigt man nach rechts ab; Richtung Casteljau weiterfahren, aber bereits nach ca. 300 m die kleine geteerte Straße nach Les Marges einschlagen. Diese Straße überquert dreimal den Salindres, einen Zufluß des Chassezac; nach der dritten Brücke kann man das Auto am Wegesrand parken.
- **Dauer und Schwierigkeitsgrad:** 2 Std.; leichte Rundwanderung
- **Orientierung** gelber Balken; gelegentlich trifft man unterwegs auf eine Markierung des örtlichen Wandervereins, das Holzschild 19 A Peyreflore
- **Karte:** IGN Nr. 2839 Est St-Paul-le-Jeune

Wegbeschreibung

Nach der letzten Brücke über den Salindres weist ein Hinweisschild auf einen im Buschwerk versteckten Weg, der den Kalksteinrücken hinauf führt. Bereits nach einem kurzen Anstieg sind die verwitterten und eingestürzten Kalksteinmauern des ehemaligen Dorfes Cornilhon erreicht. Die Ruinen ziehen sich – kaum unterscheidbar von der umliegenden Felslandschaft – in Terrassen den Berghang hinauf. Unterhalb davon führt ein schmaler, aber bequemer Pfad am Hang entlang, neigt sich sanft und erreicht – nach zwei Hausruinen, die zu dem verlassenen Weiler Endieu gehören – die Uferwiesen des Chassezac in der Felsrunde des **Cirque d'Endieu.** Man hält auf den Fluß zu, kommt auf einen schmalen Sandweg direkt ans Ufer und gelangt in einen lichten

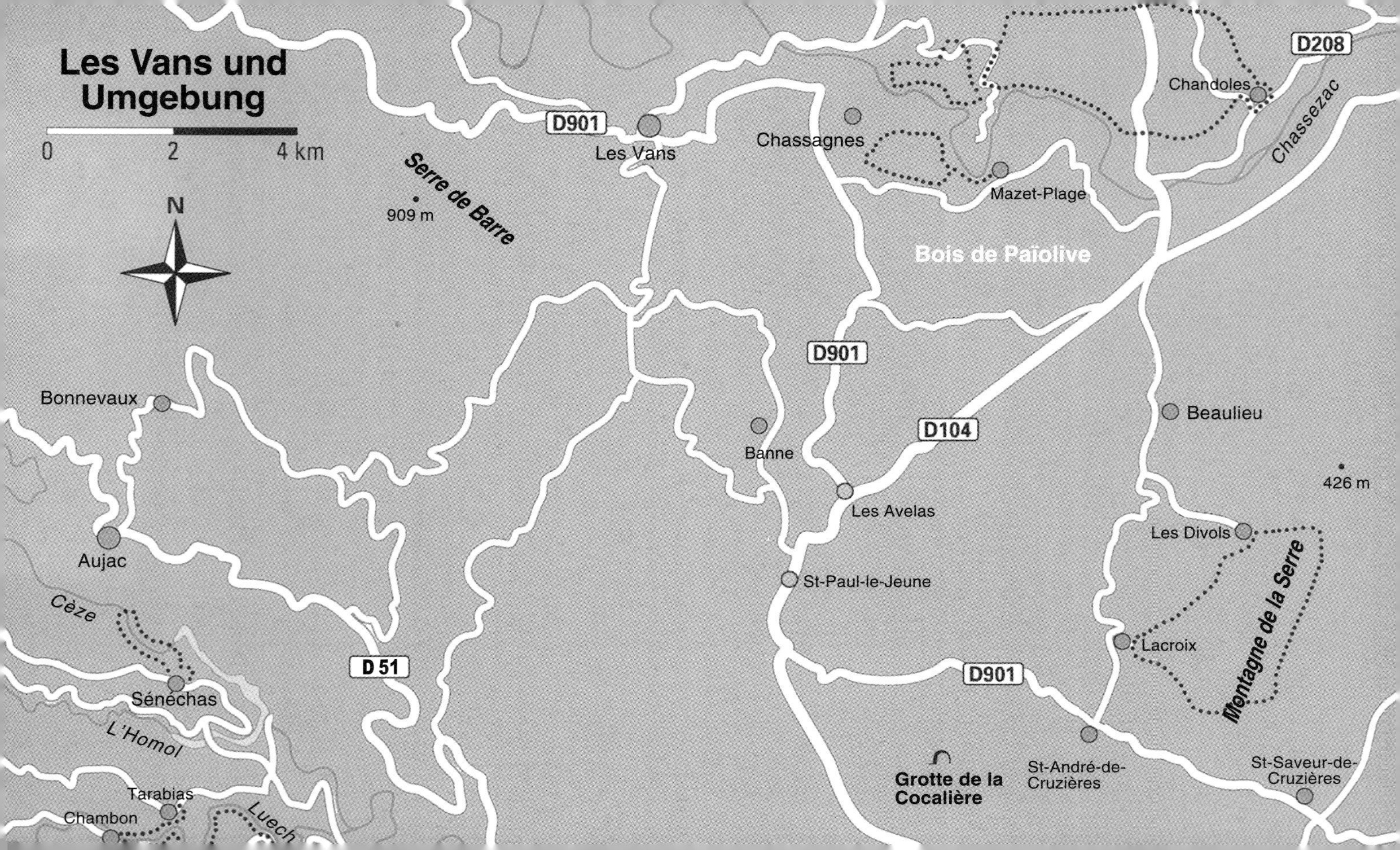

Les Vans und Umgebung
0
2
4 km
N
Serre de Barre
909 m
D901
Les Vans
Chassagnes
Mazet-Plage
Chandoles
D208
Chassezac
Bois de Païolive
D901
D104
Beaulieu
426 m
Bonnevaux
Banne
Les Avelas
Les Divols
Aujac
St-Paul-le-Jeune
Montagne de la Serre
Lacroix
Cèze
D 51
D901
Sénéchas
L'Homol
St-André-de-Cruzières
St-Saveur-de-Cruzières
Grotte de la Cocalière
Tarabias
Chambon
Luech

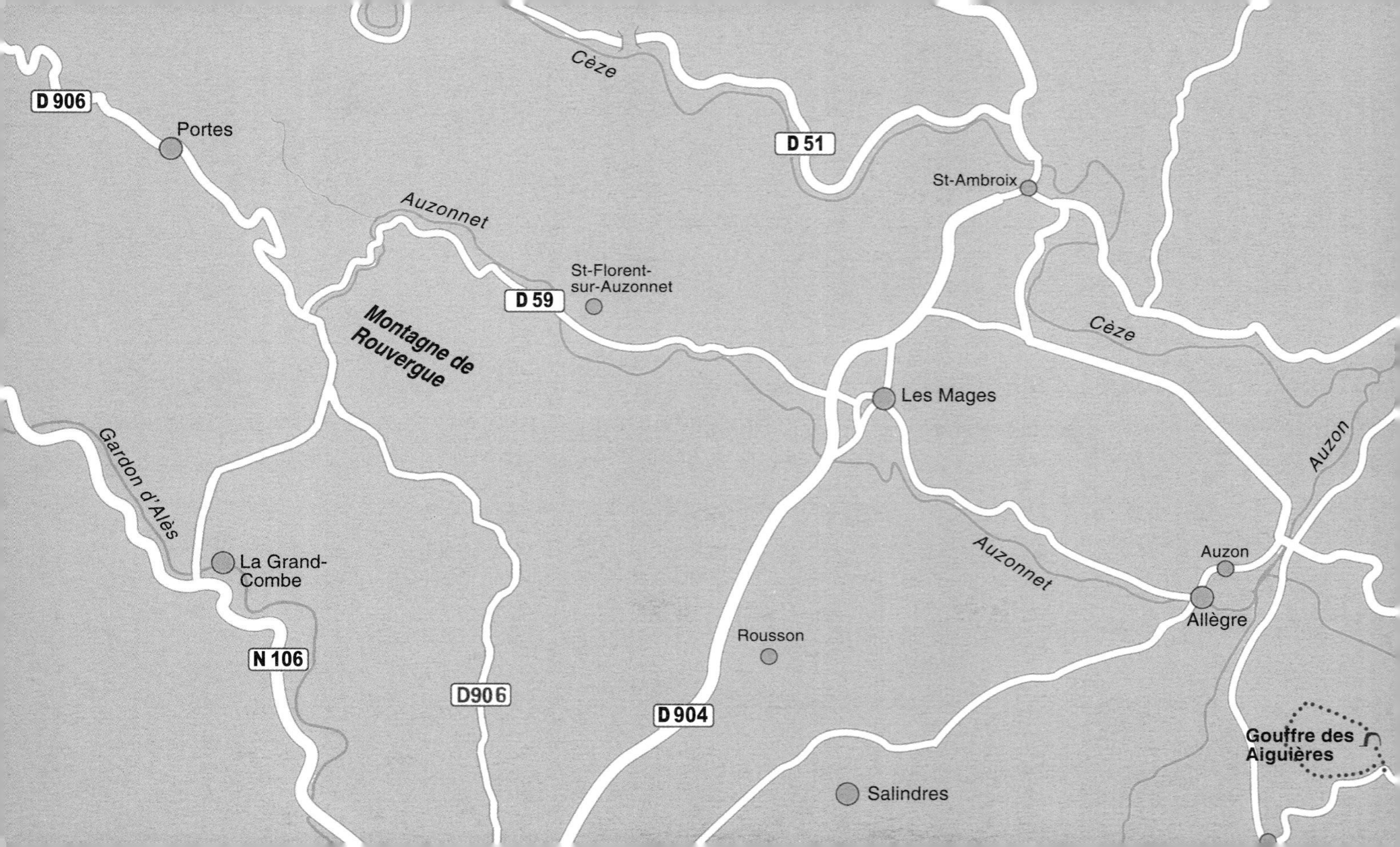
D 906
Portes
Cèze
D 51
St-Ambroix
Auzonnet
St-Florent-
sur-Auzonnet
D 59
Montagne de
Rouvergue
Cèze
Les Mages
Auzon
Gardon d'Alès
La Grand-
Combe
Auzonnet
Auzon
Allègre
Rousson
N 106
D90 6
D 904
Gouffre des
Aiguières
Salindres

Unterholzwald. Wenig später führt ein alter, steingepflasterter Verbindungsweg auf das Kalksteinplateau. Man erreicht die Straße, die zum Schloß von Casteljau führt, wendet sich in die andere Richtung nach Les Vans und folgt dem Hinweisschild nach links in den Buschwald. An markanten Steinformationen vorbei kommt man rasch zu einladenden Aussichtsplattformen. (1 Std. ab Ausgangspunkt)

Im weiteren Wegverlauf folgt man dem Hinweisschild 19 A **Peyreflore**, erreicht die Landstraße, läuft parallel zu ihr auf dem Garrigue-Weg, quert abermals die Straße und steigt dann an der Kalktafel hinunter in das Flußtal.

> **Tip:** Einen traditionellen Verbindungsweg zwischen der Garrigue-Anhöhe und idyllischen Uferplätzen am Chassezac findet man auch in der Nähe des **Schlosses von Casteljau**. Man geht rechterhand am Schloß und an einem Olivenhain vorbei und hält sich dann rechts in südwestlicher Richtung. Ein schmaler Pfad führt über Natursteinstufen und größere Felsbrocken den Berg hinunter. Es geht links den Hang entlang in Richtung des Flußlaufes über schmale Steinplatten, bis man rasch den Kieselstrand erreicht. Im Sommer trifft man in der Schlucht Kanufahrer, Kletterer, Picknick- und Badefans – in den anderen Jahreszeiten ist der Canyon eine stille und abgeschiedene Natursehenswürdigkeit. Steile schwarze Felswände ragen an den Flußseiten auf, Unterholz versperrt den Einblick in die grottenartigen Felsvorsprünge, die in prähistorischer Zeit als Siedlungsgebiete dienten.

Adressen

07140 Berrias-et-Casteljau

- Restaurant »Le Lagon« bei Vincent et Michèle in Les Lauzaces, großzügige Gartenanlage mit Schwimmbecken, Tel. 04 75 39 35 33
- Gîte d'étape bei Fam. Robert, Tel. 04 75 39 30 27, und in der Maison de l'escalade, Tel. 04 75 39 37 27
- Chambres d'Hôte bei M. Negre, Tel. 04 75 39 01 14, u. bei Mme Hours, Tel. 04 75 39 01 57

07460 Beaulieu

- Hôtel-Restaurant »La Santoline« im restaurierten Mas zwischen Weinfeldern und Garrigue, Tel. 04 75 39 01 91
- Chambres d'Hôte bei M. Deleuze, Tel. 04 75 39 03 51

07140 Les Vans

- Office de Tourisme an der Place Ollier, Tel. 04 75 37 24 48
- »Musée Préhistoire, Géologie et Traditions Populaires«, Heimatmuseum in Les Vans, Tel. 04 75 37 24 48
- Société de Préhistoire, Führungen, Ausstellungen (Écomusée »Chassezac-Païolive«) und Ausgrabungslehrgänge in Chassagnes, Tel. 04 75 37 26 60
- Hôtel-Restaurant »Les Cévennes« an der Place Ollier, sehr freundlicher Empfang; reichhaltige, gute regionale Küche zu günstigen Preisen, Tel. 04 75 37 23 09
- Restaurant »Le Grangousier« in der Rue Courte; feine Eßadresse mit anspruchsvoller Menüfolge, Tel. 04 75 94 90 86
- Hôtel-Restaurant »Le Carmel«, Tel. 04 75 94 99 60
- Hôtel-Restaurant »Le Vivarais «, Tel. 04 75 37 22 73
- Maison Lou Pelou im Ortsteil Pallière am Chassezac, schönes Anwesen mit Gastzimmern und Ferienwohnungen, Tel. 04 75 37 27 42
- Gîte d'étape in Chambonas bei M. Roux, Tel. 04 75 37 24 99, und bei M. Pertus »Les Châtaigniers«, Tel. 04 75 94 93 82
- Chambres d'Hôte bei M. Gaillard, Tel. 04 75 37 22 83
- Am westlichen Stadtausgang von Les Vans liegt an der Route de Villefort die Olivenmühle A. Froment, Tel. 04 75 37 34 88
- Festival Les Vans, jedes Jahr im August, Tel. 04 75 37 24 48

Fruchtbare Talniederung östlich von Les Vans

- Sommerkonzerte in den Gärten des »Maison Pellet« an der Place Ollier, Programm im Office de Tourisme

Auf der Montagne de la Serre um St-André-de-Cruzières

Die Montagne de la Serre ist ein bis knapp 400 m ansteigender Kalksteinrücken, der zwischen der Ebene um Beaulieu und den Weinfeldern um Barjac liegt. Die Wanderung beginnt in dem Weiler Lacroix, nordöstlich der Ortschaft St-André-de-Cruzières. Das stattliche Anwesen »La Manaudière« beherbergt eine Ferme-Auberge mit einladendem Innenhof. Auf einem Garrigue-Pfad erreicht man von hier aus die Anhöhe. Es folgt ein langes Wegstück auf dem Höhenrücken, bis man zum Weiler Les Divols absteigt und durch Buschwaldvegetation zum Ausgangspunkt zurückläuft. In dem Garrigue-Wald sind eindrucksvolle Dolmen anzutreffen.

Hinweise für die Wanderung

- **Anfahrt**: Von Aubenas geht es auf der N 104 Richtung St-Ambroix. Nach der Ortschaft St-Paul-le-Jeune biegt links die Straße D 901 nach Barjac ab. Man fährt bis St-André-de-Cruzières und biegt in der Mitte der Ortschaft nach links ab, um den Weiler Lacroix zu erreichen. Das Auto kann am Straßenrand, etwa auf der Höhe des Anwesens »La Manaudière« geparkt werden.
- **Ausgangspunkt**: Dorfstraße vor »La Manaudière«
- **Dauer**: 3.15 Std.
- **Typ und Schwierigkeitsgrad**: leichte Rundwanderung auf bequemen Wegen
- **Höhenunterschied**: 230 m
- **Orientierung**: gelbe Markierung
- **Karte**: IGN Nr. 2839 Est St-Paul-le-Jeune
- **Jahres-/Tageszeit**: ganzjährig; da es unterwegs nur gelegentlich Halbschatten gibt, im Sommer die Mittagszeit meiden.

Wegbeschreibung

Von Lacroix läuft man auf dem Dorfweg Süd-Ost-Richtung auf den Höhenrücken zu, trifft, wenn man das letzte Haus rechts hinter sich gelassen hat, auf eine Kreuzung,

Dolmen

Neben der Bretagne ist die Ardèche die französische Region mit der größten Dichte von Dolmen. Ungefähr 700 »Hünengräber« sind in der Buschlandschaft des Kalksteinsockels registriert worden. Das spezifische Landschaftsrelief der Kalkformationen mit seinen Höhlen und Felsdächern, die durch Erosion des porösen Gesteins gebildet wurden, boten einen natürlichen Lebensraum für die Menschen der Steinzeit. Im Neolithikum, etwa 4000 v. Chr., bahnte sich der Übergang von der Jäger- zur Hirten- und Ackerbaukultur an. Es entwickelten sich neue Kult- und Bestattungsformen, die in der Megalithkultur bezeugt sind. Die Dolmen (*breton. tol = Tisch; men = Stein*) sind Gemeinschaftsgräber aus großen, zusammengestellten Kalksteinplatten, in denen manchmal einige hundert Tote bestattet waren. Die meisten waren mit einem Berg aus Erde und Steinen umgeben (Tumulus). Knochen- und Kalksteinperlen, Werkzeuge und Waffen wurden den Toten mit in das Grab gegeben. Diese Funde ermöglichen eine zeitliche Einordnung der Megalithbauten in die Ferrières-Kultur, die etwa um 2700 v. Chr. in der südlichen Ardèche verbreitet war.

Die Legendenbildung des Bas Vivarais bezog sich unter anderem auf die »sagenhaften« Steinbauten in der Landschaft und reimte sich ihre Entstehung folgendermaßen zusammen: Feen sollen die Dolmen gebaut haben und dabei beobachtet worden sein, daß sie trotz ihrer winzigen Größe enorme Steinblöcke herumschleppten – angeblich als riesige Haspeln für ihre märchenhaften Spinnrocken. Jedenfalls glaubte man lange, es brächte Unglück, einen Dolmen zu zerstören oder auszurauben.

Errichtung eines Dolmen

Dolmen bei Beaulieu

hält sich ganz kurz rechts und folgt von nun an der gelben Markierung. Der südöstlich verlaufende Weg, der zunächst an einem Feldgrundstück entlangführt, schwenkt dann nach links und begleitet ein ausgetrocknetes Bachbett. Hier nun gilt es aufzupassen, um die Öffnung der Baume du Tégoul zu finden. Sie liegt rechterhand in einer kleinen Senke mit Felsplatten, gleich unterhalb des Weges. Vorsicht: Niedrige

Büsche verdecken den tiefen Schlund, in den man nicht hinabsteigen kann.

Es geht weiter am Bachbett entlang, das man vor einem Weinfeld nach links überquert. Man kommt unterhalb des verlassenen Gehöftes Mas de Cruzières vorbei und steigt auf dem markierten Weg langsam bergan. Auf der Höhe einer markanten Rechtskurve zweigt links ein schmaler Pfad ab (Eichenbäume!). Auf diesem Weg geht es den spärlich bewachsenen Garrigue-Hang ziemlich steil bergan bis zur Serre de Cruzières (394 m). (1.15 Std. von Lacroix)

Nun geht es auf diesem Kammweg, der seinem Namen alle Ehre macht, stetig weiter Richtung Norden: »Serre« kommt wortgeschichtlich von »scie« (Säge), und so geht es die nächsten 40 Min. lang immer wieder ein Stück weit bergab und bergauf. In der offenen Höhe weht ein kühlender Wind, und es gibt weite Rundblicke. Um den Abzweig nach Les Divols nicht zu verfehlen, ist vorausschauend auf die gelbe Markierung zu achten: Auf einem Buckel mit spärlichem Baumbewuchs geht links der zunächst etwas schwer erkennbare, aber markierte Weg ab und schlängelt sich an der Flanke eines flachen Bergrückens zum Weiler Les Divols herunter.

Dort folgt man der Straße nach rechts, geht bis zum letzten Haus, hält sich dann links und erreicht die kleine Landstraße, die man links weitergeht, bis sie in einem steinigen Weg endet. Das nächste Ziel ist der Weiler Les Chaumettes. Dahinter beginnt der idyllische Garrigue-Weg zwischen aufgeschichteten Mauern, der Les Chaumettes mit dem Weiler Lacroix verbindet. Auf diesem Wegabschnitt gibt es gekennzeichnete Abstecher zu Dolmen in besonders gut erhaltenem Zustand und eindrucksvoller Lage. Ohne Besichtigung der Dolmen sind etwa 50 Min. für den Weg von Les Divols nach Lacroix zu veranschlagen.

Adressen

07460 St-André-de-Cruzières

- In dem von Garrigue und Weinfeldern umgebenen, stattlichen Gebäudekomplex der Ferme-Auberge »La Manaudière« (Lacroix) wird nach den traditionellen Rezepten der Ardèche gekocht. Geöffnet von Ostern bis Allerheiligen, außerhalb der Saison am Wochenende, vier Gästezimmer, Tel. 04 75 39 34 58
- Auberge M. Maistre, Tel. 04 75 39 34 58
- Chambres/Table d'Hôte bei Mme Rayrolles, Tel. 04 75 36 00 61, und bei M. Dumas, Tel. 04 75 39 02 02

07460 St-Saveur-de-Cruzières

- Chambres/Table d'Hôte bei M. D'Adetta, Tel. 04 75 36 00 21
- Ölmühle »Moulin C. Vezon«, Tel. 04 75 39 30 61

III. DAS TAL DER ARDÈCHE VOM GEBIRGE BIS ZUR RHÔNE

Überblick

Die Ardèche entspringt auf dem vulkanischen Gebirgsplateau in fast 1300 m Höhe in den Wäldern von Mazan, nicht weit vom Col de la Chavade. In der Nachbarschaft liegen zahlreiche Vulkankegel, darunter die höchsten Erhebungen des Départements, der Mont Mézenc und der Gerbier de Jonc. Dort entspringt die Loire, biegt nach Norden und fließt dann zum Atlantik. Die Ardèche dagegen nimmt ihren Verlauf über die Rhône ins Mittelmeer. Der Rand der Hochebene des Zentralmassivs ist die Wasser- und Klimascheide. Auf ihrem 115 km langen Lauf nach Südosten durchquert die Ardèche die charakteristischen Landschaften des nach ihr benannten Départements zwischen Zentralmassiv und Rhônetal.

Von der hochgelegenen Quelle fließt der Gebirgsfluß durch Schiefer und Granit die steilen Abhänge der Cevennen hinunter und hat bereits bei Pont-de-Labeaume einen Höhenunterschied von 1000 m überwunden. Ausgiebige Regenfälle, die in dem wasserundurchlässigen Gestein nicht versickern, speisen den Fluß, der nach schweren Frühjahrs- und Herbstniederschlägen sturzbachartig große Wassermengen zu Tal trägt.

Mit ihrem kräftigen Gefälle, das die Aushöhlungskraft noch verstärkt, hat sich die Ardèche ein tief zerklüftetes Tal mit teilweise steilen Uferabbrüchen gegraben. Immer wieder passiert sie auf ihrem Oberlauf Wände vulkanischen Gesteins, die aufgerissen sind und in Basaltprismen offen daliegen. Die markant geschnittenen Formen, die sich beim Erkalten der Lava gebildet haben, erinnern an Orgelpfeifen. In Thueyts verläuft der Fluß in einer engen Klamm an der Barriere eines solchen erstarrten Basaltstroms vorbei.

In Pont-de-Labeaume treten die Berge weiter auseinander. Hier thront zwischen Ardèche und Zufluß der Fontolière das Schloß Ventadour auf dem Hang über dem Tal. Nun fließt die Ardèche durch ein breites offenes Tal. Angeschwemmtes Gesteins- und Bodenmaterial hat sich an den Ufern abgelagert und im Fluß Kieselsteininseln gebildet. Zwischen Lalévade-d'Ardèche, Labégude und Aubenas stehen im Flußtal die Gebäude der ehemaligen Spinnereien und Webereien.

Bei Aubenas beschreibt die Ardèche einen Bogen nach Süden, kommt durch eine breite, fruchtbare Senke und beginnt hinter St-Sernin ihren Durchbruch durch die Kalkscholle des »Gras«. Zunächst flankieren abwechselnd steil aufragende Felswände und grüne Uferwiesen den Flußlauf durch das Kalkstein-Plateau. Die Ortschaften Vogüé und Balazuc drängen sich in den schmalen Raum zwischen Felsen und Fluß. Ruoms und Vallon-Pont-d'Arc sind touristische Zentren des Bas Vivarais. Hier liegen vor dem eigentlichen Ardéche-Canyon große Campingplätze zwischen den Weinfeldern. Ein Bootsverleiher nach dem anderen macht mit Riesenplakaten auf sich aufmerksam.

Mit dem gewaltigen Natursteinbogen Pont-d'Arc beginnt der landschaftlich spek-

Paddeltour auf der Ardèche

Blick über das Ardèchetal

takulärste Teil des Flußlaufes. Die »Gorges de l'Ardèche« sind eine 30 km lange Schlucht, die der Fluß teilweise bis zu 300 m tief in das Plateau geschnitten hat. Bis Chames folgt die Straße noch dem Fluß. Dann verläßt sie den Talgrund und führt als Hangstraße am Abbruch der mit immergrünem Buschwald überzogenen Hochflächen entlang. In weit ausladenden Serpentinen vollzieht die D 290 die Schleifen des Flusses weitgehend nach und erlaubt an den zahlreichen Aussichtsplattformen phantastische Blicke über die Steilhänge in die Tiefe. Zwischen Chames und St-Martin-d'Ardèche steht das Flußtal der Ardèche unter Naturschutz und ist nur per Boot oder zu Fuß zugänglich. Ein schmaler Pfad schlängelt sich zwischen Felsen und Gehölz am Ufer entlang durch den Canyon. Dabei muß der Fluß an mehreren Furten überquert werden.

Östlich von St-Martin-d'Ardèche weitet sich das Tal, der Fluß durchzieht die Weinfelder der Côte du Rhône und mündet vor Pont-St-Esprit in die Rhône.

1. Von der »Riesen-Chaussee« zur Teufelsbrücke: Der Oberlauf der Ardèche bei Thueyts

Dieser Tourenvorschlag führt in die weniger bekannten, sehr abwechslungsreichen Schluchten des Oberlaufs der Ardèche. Die Ortschaft Thueyts liegt an der Südseite des 800 m hohen Vulkanbuckels (»Gravenne de Thueyts«) auf einem Basaltplateau zwischen den Kuppen. Zur Zeit der Vulkantätigkeit im Erdzeitalter des Quartiär hatten sich dünnflüssige Lavaströme weit den Berg hinunter ergossen und waren erst oberhalb des Flusses zur Erstarrung gekommen. Dabei entstand ein Relief von polygonalen Säulen, eine Wand von sog. »Basaltorgeln« unterhalb des Lava-Plateaus. Oberhalb der

Basaltrelief

»Königintreppe«

Lavakante blieb eine Fläche stehen, die der Volksmund »Chaussée-des-Géants« (Straße der Riesen) genannt hat.

Die Wanderung führt von der »Ebene« an den Basaltwänden hinab in den »Höllenschlund« (»Gueule d'Enfer«). Unterhalb der vulkanischen Bruchkante geht es auf der »Teufelsbrücke« (»Pont du Diable«) über die Felsenge der Ardèche. Der Weg steigt den Hang hinauf zu dem verlassenen Weiler Fargebelle, schlägt einen Bogen und überquert den Fluß über eine weitere alte Steinbrücke. Über die Stufen der »Königintreppe« (»Échelle de la Reine«) geht es an der Basaltwand hinauf zur »Riesenstraße«.

Es gibt keine historische Überlieferung über den Zeitpunkt des Baus der »Teufelsbrücke«. Der Name dürfte aber aus einer Zeit stammen, als die Überquerung von Wasserläufen ein kritischer Moment jeder Reise war. Man bewunderte Brücken allgemein als eindrucksvolle Leistungen und sprach von »Teufelsbrücken«, weil man sich das unfaßbare technische Gelingen nur als Teufelswerk erklären konnte.

Hinweise für die Wanderung

- **Anfahrt**: Thueyts liegt 20 km westlich von Aubenas an der N 102. Die Wanderung beginnt an der Place du Champ de Mars.
- **Dauer**: einstündiger Spaziergang (Variante I) oder leichte Rundwanderung von etwa 2.30 Std. (Variante II)
- **Höhenunterschied**: 274 m
- **Orientierung**: rote Markierung
- **Karte**: IGN Nr. 2837 Est Thueyts/Burzet
- **Jahres-/Tageszeit**: ganzjährig

Wander- und Spazierweg

Von der zentralen Place du Champ de Mars folgt man dem Hinweisschild »Échelle du Roi« aus dem Ort heraus Richtung Osten. Hinter den letzten Häusern biegt der Weg links von der Straße ab und führt ins Tal des Médéric, der von der Gravenne von Thueyts herunterfließt, unter der Brücke 100 m tief hinunterstürzt und dann in die Ardèche mündet. Der kopfsteingepflasterte Weg geht unter der alten Straßenbrücke hinweg, die als eine der ersten Brücken für

Pont du Diable (Teufelsbrücke) über die Ardèche bei Thueyts

die Handelsstraße »Route de la Chavade« zwischen 1764 und 1780 gebaut wurde.

Man kommt an der großen Lavawand vorbei, erreicht einen kleinen Weiler und eine Weggabelung. Hier trennen sich die Wege für den einstündigen Spaziergang (Variante I) und die größere Rundwanderung (Variante II).

Die **Variante I** folgt einem rot markierten Pfad, der rechts abbiegt und durch lichten Kastanien- und Buchenwald führt. Er schlängelt sich an der Basaltwand entlang, so daß man das Vulkangestein aus nächster Nähe betrachten kann. Nach etwa 30 Min. steigt ein treppenartiger Weg in der Felsspalte der Basaltwand bergan. Rasch führt diese »Königsleiter« hinauf; man überquert die sog. »Straße der Riesen« und erreicht Thueyts.

Für die **Variante II** schlägt man den Pfad ein, der zur Teufelsbrücke hinunterführt. Auf der anderen Seite nehmen wir den Weg auf, der mit roter Markierung Richtung Fargebelle weist. In Serpentinen steigt der Pfad teilweise über natürliche Steintreppen durch lichten Wald zu den beiden Felsnadeln hoch, die man schon von unten erblickt. In großem Bogen schwenkt der Weg um den Berg herum, läuft an der Berginnenseite weiter bis zum Talschluß, überquert ein Quellgewässer und führt schließlich durch Kastanienwald zum Weiler **Fargebelle** hinauf. Gegenüber liegt **Thueyts** auf dem Lavaplateau unterhalb des Bergkegels und über der Bruchkante der Basaltwand.

Nach ca. 30 Minuten Aufstieg erreicht man die verfallenden Häuser des Weilers und folgt von hier aus dem Richtungsweiser »**La Vernède**«. Der ausgebaute Weg führt wieder in den Kastanienwald hinunter, aber Vorsicht bei dem Schild »Propriété privée«, denn diese Stichstraße darf man nicht weitergehen. Vielmehr muß man in den schmalen, blau markierten Pfad einbiegen, der noch vor dem Schild links von dem breiten Weg abzweigt und in der gleichen Richtung, nur oberhalb davon, weiterführt.

Wir gehen an der Innenseite des Berges entlang, verlassen diese Flanke über eine ginsterbewachsene Kuppe und steigen in der nächsten Bergrundung stetig hinunter. Eine steinige Furt führt über einen Bach. Weiter geht es an einer hohen alten Mauer entlang, dann verläßt man diesen Weg, der weiter nach Luzet führt. Der blauen Markierung folgen, die rechter Hand in den Wald führt. Nach kurzer Zeit hat man wieder Ausblick in das tiefe Ardèche-Tal und auf die gegenüberliegende Basaltwand. Erneut überquert man den Fluß über eine Steinbrücke und steigt auf der »Königintreppe« (»Échelle de la Reine«) nach Thueyts hoch. Von Fargebelle bis zur zweiten Steinbrücke beträgt die Wanderzeit etwa eine Stunde.

Unterwegs:
Thueyts ist ein Dorf mit schönen alten Häusern, einem auffallend großen, mit Platanen gesäumten Platz und zahlreichen Restaurants und Hotels. Seine erste geschichtliche Erwähnung stammt aus dem 10. Jh., als ein gewissser Seigneur Géraud das Schloß mit seinen Besitzungen sowie die Kirche von Thueyts an die Mönche des Klosters Saint-Chaffre in Monastier im Velay als Lehen vergab. Für die Mönche der Klöster auf dem Gebirgsplateau war der Zugang zu den südlicheren Tälern mit ihrem Wein-, Oliven- und Kastanienanbau von vitalem Interesse. So stand die Pfarrgemeinde von Thueyts bis 1780 unter der Verwaltung dieses Klosters. Von der Revolution mehr oder weniger verschont geblieben, ist der Bau seit 1986 im kommunalen Besitz; der Park ist öffentlich. Etwas versteckt in den Gassen liegt das schöne Renaissance-Haus, in dem ein Musée d'Art populaire untergebracht ist.

Adressen

07330 Thueyts
- Office de Tourisme, Tel. 04 75 36 46 79
- Hôtel-Restaurant »La Gravenne«, Place du Champ de Mars, Tel. 04 75 36 40 38

Brücke bei Jaujac

- »Hôtel-Restaurant des Marronniers«, Tel. 04 75 36 40 16
- »Hôtel des Platanes«, Tel. 04 75 93 78 66
- Musée d'Art populaire, Öffnungszeiten: Mai bis Sept. und in den Schulferien tägl. 10-12 Uhr und 15-19 Uhr; in der übrigen Zeit Verabredung, Tel. 04 75 36 46 27 Während der Fahrt auf der N 102 von Aubenas nach Thueyts sieht man den traditionsreichen Badeort Neyrac-les-Bains und eine Hotelanlage am Hang über dem rechten Ardècheufer liegen.

07380 Neyrac-les-Bains

- Office du Tourisme et du thermalisme de Meyras-Neyrac-les-Bains, Tel. 04 75 36 46 26
- Les thermes, Tel. 04 75 36 46 00
- »Hôtel du Levant« mit dem »Restaurant Brioude», gute ardèchoise Küche zu günstigen Preisen, ganzjährig geöffnet. Tel. 04 75 36 41 07

Tip: Ein abwechslungsreicher kleiner Rundweg erschließt in drei Stunden die nähere **Umgebung der Ortschaft Jaujac**. Dabei trifft man auf das Tal des Lignon mit steilen Felswänden und Basaltprismen, zwei besonders schöne alte Brücken, die dazugehörigen traditionellen Wege aus dem Tal auf den Berg und alte Weiler am Hang. Man fährt von Aubenas auf der N 102 Richtung Le Puy, biegt in Pont-de-Labaume nach links auf die D 5 Richtung Jaujac und muß kurz nach der links abbiegenden Straße Richtung Fabras und La Chareyre auf das Schild am rechten Straßenrand achten: »Pont de l'Echelette, coulée basaltique«. Hier parken und den kleinen Weg nach rechts einschlagen, der zu der Brücke über den Lignon und weiter im kurzen steilen Anstieg zu dem Weiler La Brousse führt. Auf der kleinen Landstraße geht es nach Le Monteil mit einem hübsch gelegenen Gîte d'étape, dahinter auf einem schmalen Pfad bergab, die Straße überqueren und weiter auf dem alten Wirtschaftsweg über die Kuppe zum Fluß. Der Höhepunkt des Rundwegs kommt nun in den Blick: die Basaltwände des **Lignon** und der **Zufluß Rieuclair** mit einer zweibogigen romanischen Brücke. So gelangt man in das idyllisch gelegene Jaujac und geht von da auf der Landstraße zum Parkplatz zurück.

2. Spaziergang durch Aubenas

In Aubenas kreuzen sich seit alters her die Nord-Süd-Verbindung Privas – Alès (N 304, D 104) und die Ost-West-Achse zwischen Rhône und Zentralmassiv (Montélimar – Le Puy N 102). Burgfried, Schloßgebäude und Altstadt liegen, von Stadtmauern umgeben, auf einem Bergkegel in 110 m Höhe über der Ardèche. Diese fließt in einem weiten Bogen um den Bergvorposten Richtung Süden. Von der Brücke (Pont-d'Aubenas) aus beeindruckt die geschlossene Ansicht der Oberstadt mit ihren Türmen und Mauern. Das moderne Aubenas hat sich in den Niederungen der Ardèche-Schleife ausgebreitet. Ein Netz von Umgehungsstraßen führt durch die Industrie- und Gewerbegebiete am Stadtrand.

Stadtgeschichte

Die Grafen von Montlaur besaßen ausgedehnte Ländereien in den Bergregionen des Vivarais, Velay und Gévaudan (in der Nähe von Coucouron gibt es zwar noch das Dorf Montlaur, aber dort sind keinerlei Spuren eines Adelssitzes zu finden). Seit dem 11. Jh. war die Seigneurie des Hochlands heftig darum bemüht, ihren Einflußbereich vom Gebirge in die sonnigen, südöstlich gelegenen Täler auszudehnen: An die Stelle des heutigen Schlosses in Aubenas bauten sie einen Burgfried und richteten einen Wachtposten ein, um die zentrale Passage von der Rhône zu ihren Besitzungen im Gebirge unter Kontrolle zu haben und sich den Zugriff auf die fruchtbaren Niederungen der Ardèche zu sichern. Fortan waren Wein- und Kornabgaben an die Grafen von Montlaur zu entrichten. Im 12. Jh. verlegten sie nach und nach ihre ständige Residenz nach Aubenas, wo sie mit dem Bau des Schlosses begannen. Unter den Familien Ornano und Vogüé wurde es später soweit fertiggestellt, wie es heute noch zu sehen ist.

Um das Schloß herum ließen sich Bauleute, Handwerker und Kaufleute nieder. Schon 1248 setzten sie die erste Stadtcharta durch, die ihr Verhältnis zu den Feudalherren regelte. Die Stadt wuchs rasch und errang 1285 das Recht auf Selbstverwaltung. Seit dem 15. Jh. fiel das Amt des ersten Regenten an einen Edelmann, das des zweiten an einen Notar. Der dritte Regent war in der Regel ein Kaufmann; er hatte die Leute der »Mas« (»Landhäuser«) zu vertreten, die zwar außerhalb der Stadtmauern angesiedelt waren, aber als kleine Produzenten und Gewerbetreibende für das Wirtschaftsleben von Aubenas unentbehrlich waren. Am Ufer der Ardèche und in den Niederungen der Flußschleife wurden Gerbereien und Walkmühlen errichtet. Die mittelalterliche Stadt organisierte sich halbkreisförmig um den zentralen Platz vor dem Schloß, auf den die Gassen sternförmig zuliefen. Die drei zentralen Straßen – aus dem Gebirge, dem Rhônetal und aus dem Süden – führten durch drei Stadttore in die Stadt hinein. Innerhalb der Stadtmauern hatten sich Handwerkszünfte, Kaufleute, Notare und verschiedene Ordensniederlassungen eingerichtet. In Aubenas wurden große Märkte und Messen abgehalten.

Im späten Mittelalter führte die Konsolidierung des Königreichs Frankreich zu einer Einschränkung der Selbständigkeit der Städte. Die königlichen Beamten und wenige sehr reiche Familien hatten nun das Sagen in Aubenas.

Starke Erschütterungen erfuhr die Stadt im 17. Jh. durch eine Steuerrevolte der Bauern, Handwerker und Arbeiter. In seinem Buch »Die Bauern des Languedoc« gibt der Historiker Emmanuel Le Roy Ladurie eine drastische Momentaufnahme des Aufruhrs in Aubenas. Die Stadt mußte nach der Niederschlagung eine hohe Geldstrafe entrichten und wurde aus der Ständevertretung der Provinz ausgeschlossen.

November 1669: Aus jenem Grenzgebiet des Languedoc kommend, das den Namen Vivarais trägt, beschreibt ein alter Bischof die Symptome der ländlichen Notlage, die hier ganz sicher schwerer ist und sich früher bemerkbar macht als anderswo, da die Arbeit im Gebirge von besonderer Art ist. Der jetzige Mangel, sagt der Bischof, ist an die Stelle des früheren Überflusses getreten, das arme Landvolk leidet Hunger, und die reichsten Bewohner der schönen Städte haben kaum genug zum Leben; die hohen Steuerkosten – Spenden, Kanal, Zahlung geschuldeter Kapitalien – haben die steuerpflichtigen Grundbesitzer an den Rand des Abgrunds gebracht, denn »die direkten Steuern sind mehr geworden als das, was der Boden hergibt.«
April 1670: Mehrfaches Unheil verschärft die Notlage im Vivarais. Ein harter Winter zerstört die Feigenbäume und läßt die Preise der Steinkohle aus Saint-Etienne hochschnellen; daraufhin verkaufen die Schmiede zur Wut der Landwirtschaftsarbeiter ihre Hacken und Sicheln teurer. Und im allgemeinen beklagen sich alle: »Die drückenden Hilfsgelder (Steuern), die außerordentlichen Abgaben« nagen an den sowieso schon niedrigen Einkommen. Hinzu kommt das Entstehen einer im Midi des 17. Jh. häufigen Panik: Die Behördern, so wird verbreitet, wollen die Kopfsteuer einführen, eine persönliche Steuer, die zu der Realsteuer, der Taille, hinzugefügt werden soll. Schon im Jahre 1627 war in Villefranche de Rouergue ein solches Gerücht umgelaufen: Der König würde eine Abgabe für jedes kommende Kind erheben, für jeden vom Brunnen geholten Krug Wassers. Am 30. April 1670 die gleiche Angst in Aubenas: Von nun an, sagen die Gerüchtemacher, wird die Steuer eine Abgabe von einem Sou für einen Landarbeitstag erheben, 10 Pfund bei der Geburt eines männlichen und 5 Pfund bei der Geburt eines weiblichen Kindes, 3 Pfund auf ein neues Gewand, 5 Sou für einen Hut oder ein Hemd, 3 Sou für ein Paar Schuhe, einen Denier für jedes Pfund Brot...

Mitten in der Panik und ohne etwas von ihr zu ahnen, erscheint in Aubenas der Steuerpächter Casse. Er hat die Abgabe von zwei Ecus pro Mietpferd und von 8 Pfd pro Gastwirt in Pacht genommen. In aller Unschuld bringt er die Bekanntmachungen mit der Einziehungsankündigung an. Die Frauen auf der Straße werden wütend, einige Handlanger schließen sich ihnen an. Casse wird beschimpft und niedergeschlagen; da die Aufrührer nun einmal Blut geleckt haben, ziehen sie zum Stadtrat, um gegen die Notabeln zu randalieren.

Die auf diese Weise ausgelösten Unruhen dauern mehrere Wochen. An der Spitze der aufrührerischen Städter stehen wie üblich Handwerker (und zwar oft wohlhabende); unter den Anführern, die zum Tode verurteilt werden, als die Stunde der Rache kommt, zähle ich einen Schuhmacher, einen Hutmacher, einen Gastwirt, einen Kesselschmied, einen Weinbrenner, einen Wollkämmer und Bauern. Die Rebellen haben gegen sich die Edelleute und die reiche Bourgeoisie von Aubenas, die feinen Leute, Papisten und Hugenotten... Die städtische Revolte zieht das nahe Land nach. Bei Gesängen gegen Mazarin, bekannt unter dem Namen Mazarinaden, rebellieren die Bauern gegen dessen Anhänger und die Steuerbevollmächtigten. Sie brauchen einen Anführer und es ist ihnen ganz natürlich, sich ihn unter den reichsten Notabeln zu holen...

Im Vivarais erscheint Antoine de Roure den revoltierenden Dörflern als der ideale Anführer. Er will nicht? Das hat nichts zu sagen. Man zwingt ihn: eine Schar Landwirte und Knechte dringt in sein Haus ein; ihr Führer, ein Schäfer namens Laroze, ohrfeigt Roure und nennt ihn einen Feigling; durch diesen ›freundschaftlichen Rippenstoß‹ herausgefordert, findet sich Roure damit ab, seine Beleidiger als Befehlshaber anzuführen...

Er (Roure) ist ein Notabler, ein ländlicher Besitzer, ein wohlsituierter selbstwirtschaftender Grundbesitzer, dem rund um den mit dem pompösen Namen Château de la Rande belegten Gutshof »Ländereien im Wert von zehntausend Ecus« gehören. Seit dem 16. Jh. zählen zu seiner Familie reiche Landwirte und wohlhabende Bürger. Sein Vater, Guillaume du Roure, strebt nach gesellschaftlichem Aufstieg und Erhebung in den Adelsstand »entweder durch ein Amt oder durch Landbesitz«, wie er selbst sagt. Nach langem Suchen gelingt es ihm 1651, ein Adelsgut zu erwerben. Die Familie ist also, selbst wenn sie es noch nicht ist, auf dem besten Wege, adlig zu werden...

An der Revolte ist Roure nur insoweit interessiert, als sie den steuerfeindlichen Reflex berührt, der ohne weiteres die Union der Unzufriedenen erlaubt und Sympathien sogar bei den Privilegierten hervorruft. Die Rebellen schreien: »Drauf auf die Gewählten! Tod den Blutsaugern des Volkes«. Und Roure fällt ein in ihren Chor. In seinem Brief vom 20. Juni schlägt er vor, »die Gewählten, die uns Hungers sterben lassen«, auszurotten. Auf dieser Basis führt er seine Anhänger in den Kampf: arme Schlucker, aber auch Hofpächter, Seidenraupenzüchter und »eine Menge in die Rebellion verstrickte gute Bauern«, die manchmal nur unter der Drohung mitmachen, daß ihre Ernten angezündet würden, wenn sie der etablierten Macht treu blieben.

Das Ende ist bekannt: Aubenas geplündert, dann die Aufrührer geschlagen. Nun gibt es für Roure, wie für Jean Cavalier im Jahre 1704 und wie für Marcelin Albert (Chef der revoltierenden Weinbauern) im Jahre 1907 nur noch einen Ausweg, der eine loyalistische und monarchistische Geisteshaltung enthüllt: Sich dem König (oder im Jahre 1907 dem Präsidenten der Republik) zu Füßen werfen.

Clémenceau hat Marcelin Albert wenigstens empfangen und ihm sogar zum Spott aus seiner eigenen Tasche die Rückfahrt nach Narbonne bezahlt. Aber in Versailles, wohin sich Roure begibt, wird er abgewiesen. Darauf faßt er den Entschluß, nach Spanien zu fliehen, um die Gnade eines anderen Königs – des katholischen Königs – zu erflehen. In Saint-Jean-Pied-de-Port, wo er ein letztes Glas trinkt, wird er außer Reichweite seiner Pistolen verhaftet. Er stirbt auf dem Rad.

aus: Emmanuel Le Roy Ladurie, Die Bauern des Languedoc, 1969 in Paris erschienen, deutsch: dtv, München 1990

Auf Veranlassung der Stände des Vivarais wurde im Jahre 1707 in der Nähe der Pont d'Aubenas eine große Tuchmanufaktur gebaut, die von dem Unternehmer Goudard zunächst geleitet und später auch gekauft wurde. Mit der Gründung von zwei »Königlichen Leinen-, Seiden- und Baumwoll-Manufakturen« in der Mitte des 18. Jh. nahm Aubenas einen gewissen industriellen Aufschwung, in dessen Gefolge sich eine städtische Arbeiterschaft herausbildete. In den folgenden Jahrzehnten wurde Aubenas ein Zentrum der französischen Seidenspinnerei und -weberei; nach Lyon und St-Etienne stand es national an dritter Stelle. Infolge der Öffnung des Suezkanals und der Aufhebung der Importbeschränkungen für Seide aus China setzte jedoch der Niedergang dieses lukrativen Produktionszweiges ein. Obwohl Louis Pasteur mit der Bekämpfung der Seidenraupenkrankheit sogar noch erfolgreich war, ruinierte der Preisverfall für Rohseide die Seidenherstellung in den Cevennen (S. 32ff).

In dem Maße, wie ab Mitte des letzten Jahrhunderts die massive Landflucht in den Bergregionen einsetzte, konnte Aubenas am Rand des Gebirges einen gewissen Bevölkerungszuwachs verzeichnen. Heute ist es mit Banken, Läden, Schulen und Krankenhäusern ein städtisches Zentrum in der südlichen Region des Départements.

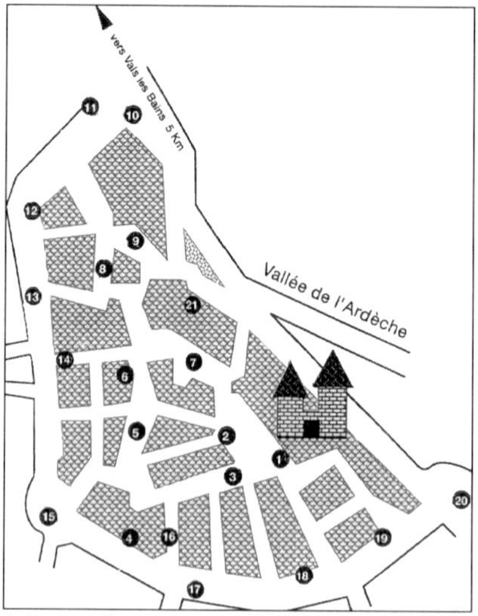

1 Château
2 Maison et Rue Delichères
3 Grand-Rue et Maison Missolz de Ferrières
4 Eglise Saint Laurent
5 Rue du 4 Septembre
6 Maison Béranger de la Tour
7 Rue Jordan, Maison Michel Veyrenc
8 Chapelle de l'Hôpital
9 Dôme Saint Benoit
10 Tour Huguenaude
11 Porte Saint Antoine
12 Tour Ronde
13 Rue Lacoste
14 Porte Saint-Anne, Hôtel Goudard-Ruelle
15 Porte des Soeurs, Place de la Rotonde
16 Maison de Maître Dusserre
17 Boulevard Gambetta
18 Porte des Jacobins, Maison Valeton
19 Porte Belvèze
20 Place de l'Airette
21 Porte Notre-Dame

Aubenas, Zentrum

Stadtspaziergang

Der Altstadtkern von Aubenas, der sich im Halbrund um das Schloß herum gruppiert, läßt die mittelalterliche Stadtanlage noch recht deutlich erkennen. Einen Eindruck von der markanten Lage auf dem Bergvorposten vermittelt die Place de l'Airette. Einst öffneten sich die Stadtmauern von Aubenas an drei Stadttoren zu den alten Hauptstraßen. An der Straße nach Vals-les-Bains ist die Place de l'Airette wie ein Balkon vor die Stadtmauer gesetzt. Von hier konnte die Ardèche, die in einer großen Schleife um die Stadt herum fließt, in beide Richtungen überwacht werden.

Am Touristenbüro vorbei geht es auf dem Boulevard Gambetta, einer lebhaften Geschäftsstraße, die im Halbrund um die Altstadtmauern herumführt, zur Porte Belvèze. Dieses Tor führt in die Altstadt: Die Rue F. Valleton ist eine der schattigen, schmalen Gassen, die sternförmig auf den Schloßplatz zulaufen.

Das Zentrum der Altstadt ist immer noch die große Place de l'Hôtel de la Ville vor dem Schloß von Aubenas. Hier herrscht jeden Samstag lebhafter Trubel, wenn auf dem Platz und in den Gassen die Marktstände aufgebaut sind und die Stadt zum Anziehungspunkt für das gesamte Umland wird. Man findet in üppiger Auswahl die Produkte der Region, die Wurst- und Schinkenspezialitäten, Pilze und Beeren aus den Bergwäldern, Ziegenkäse in allen Reifestadien aus den Käsereien der Ziegenzüchter in den Cevennen und würzige Honigsorten.

In dem Schloß befindet sich seit 1811 das Rathaus von Aubenas. Ein Großteil der Räume sind Museumsräume, in denen auch Ausstellungen und Konzerte stattfinden.

Es lohnt sich, die Grand Rue hinunterzuschlendern und dabei in die Buchläden bzw. das Antiquariat »Le Bouquin« hineinzuschauen: Man findet eine Menge Literatur zur regionalen Geschichte und zur Heimatkunde des Vivarais und der benachbarten Grafschaften.

Am Ende der Gasse liegt die Kirche Saint-Laurent. Die ursprünglich romanische Kirche Saint-Laurent, die 1289 als Stiftskirche des Dominikanerordens erwähnt wird, ist weitgehend zerstört und überbaut von dem aktuellen Gebäude aus dem 17./18. Jh. Es diente während der Französischen Revolution für revolutionäre Versammlungen und war vorübergehend der »Temple de la Raison« (Tempel der Höchsten Vernunft).

Der Spaziergang durch die Gassen der Altstadt von Aubenas führt immer wieder an alten Stadthäusern vorbei, deren Fassaden Schmuckelemente aus der Renaissance aufweisen. Gegenüber vom Schloß steht z.B. an der Ecke zur Rue Delichères das Renaissance-Haus »Maison aux Gargouilles« (Haus mit Wasserspeiern). Es stammt aus dem 16. Jh. und war das Haus des königlichen Beamten. Wenn man von der Kirche Saint-Laurent in die Rue du 4 Septembre einbiegt und sie bis über die Place des Cocons hinaus weiterläuft, kommt man zur »Maison Béranger de la Tour«. Zuvor führt ein Abstecher in die Rue A. Bouchet zur »Maison Goudard-Ruelle«. Es stammt aus dem 18. Jh. und war das Haus des Tuchmanufakturbesitzers Goudard. Heute befindet sich die Öffentliche Bibliothek in dem Gebäude.

Sehenswert ist schließlich auch der Dôme Saint-Benoit, zu dem die Gassen westlich des Schloßplatzes führen. Ursprünglich gehörte die Kapelle Saint-Benoit zu dem Kloster, das 1640 für die Benediktinerinnen aus Lavilledieu errichtet wurde. Die Nonnen hatten den Schutz der Stadt Aubenas gesucht, nachdem ihre Niederlassung in Lavilledieu von Raubüberfällen und religiösen Kämpfen heimgesucht worden war. Seit der französischen Revolution ist Saint-Benoit Eigentum der Stadt Aubenas. Nach der Restaurierung wurden die Grabstätten des Herzogs und der Herzogin von Ornano dort untergebracht. Es gibt ein Museum in dem Gebäude, das zu denselben Zeiten besichtigt werden kann wie das Schloß.

Hinter dem Dom geht es durch das Stadttor Saint Antoine aus der Altstadt heraus. Eine belebte Straße mit netten Straßencafés und Läden führt im großen Bogen um den Altstadtkern herum.

Adressen

07204 Aubenas

- Office de Tourisme, 4 Blvd. Gambetta, Tel. 04 75 89 02 03/Fax 04 75 89 02 04/ eMail: ot.aubenas.ardeche@en-France.com
- Schloß von Aubenas, Öffnungszeiten des Museums: Juli und August täglich 10-12 Uhr und 15-18 Uhr; Ostern bis 1.7 u. 1.9. bis 1.10. alle Samstage 15-18 Uhr und alle Sonntage 10-12 Uhr, Kulturelles Programm, Führungen Tel. 04 75 87 81 11
- »Hôtel La Pinède«, Tel. 04 75 35 25 88
- »Hôtel Le Provence«, Tel. 04 75 35 28 43
- Restaurant »La Chat qui pêche«, nettes französisches Lokal in der Altstadt, in einem Stadthaus aus dem 16. Jh. mit Terrasse, gegenüber vom Dôme St-Benoit, ganzjährig geöffnet, Tel. 04 75 93 87 49.
- Restaurant »Le Fournil«, ambitionierte französisch-ardèchoise Küche, schattiger Innenhof, 34 Rue du 4 Septembre, Tel. 04 75 93 58 68
- Ein kulinarisches Ereignis ist die »Dégustation« in dem »Palais de Dame Tartine«, einem Atelier der traditionellen Confiserie, in dem die verschiedenen Duft- und Geschmacksnoten von Caramel, Nougat, Maronen und anderen französischen Süßigkeiten vorgeführt werden, täglich außer Sonntag von 15 bis 19 Uhr: L'Atelier des douceurs, Le Pont, quartier Tartary, Tel. 04 75 93 89 66
- Die traditionelle Palette der ardéchoisen Maronen-Confiserie wird in der Fabrique Sabaton präsentiert, Tel. 04 75 87 83 87

3. Am Fluß entlang von Dorf zu Dorf – Balazuc, Vieil Audon, Chauzon

Balazuc schmiegt sich mit seinen übereinander geschachtelten Häusern an den Steilabfall zur Ardèche. Eine schmale Straße biegt von der D 579 ab, schlängelt sich die sanft ansteigenden Weinhänge hoch, erreicht die engen Gassen des Dorfes und führt zum Fluß hinunter. Auf der gegenüberliegenden Seite überrascht die steil aufragende, mächtige Felswand. Südlich der Engstelle öffnet sich das Tal der Ardèche. Hier hat der Fluß fruchtbaren Boden angeschwemmt, die Felsen treten zurück und Wiesen mit Obstkulturen breiten sich aus. Diese Schwemmlandwiesen heißen im Bas Vivarais »boudenas« und sind wegen ihrer sonnigen Lage und der günstigen Bewässerungsbedingungen äußerst ertragreich.

Balazuc ist ein sorgfältig restaurierter Ort mit gepflasterten Straßen, Treppengassen, Torbögen und Natursteinhäusern. Es gibt ein paar Läden, eine Bar, ein Restaurant und einen großen Parkplatz oberhalb des Flußufers. Die schmale Uferwiese ist eine lebhafte Anlegestelle für Kanufahrer.

Vom 11. bis zum 14. Jh. profitierten die mächtigen Feudalherren von Balazuc von der günstigen Lage des Ortes an der ehemaligen Römerstraße, die von Nîmes über Uzès nach Alba-la-Romaine führte. Vor allem aber war der Fluß selbst eine kräftige Einnahmequelle: Die Adelsfamilie besaß die Fischereirechte und erhob Abgaben auf das Überqueren des Flusses. Später kam das Schloß an die Herren von Borne, seit 1738 gehört es zum Besitz der Familie von Vogüé.

Von der Straße, die auf der gegenüberliegenden Uferseite über das spärlich bewachsene »Gras«-Plateau führt, biegt kurz hinter der Brücke links ein schmaler Weg ab, der durch die Flußwiesen zum Weiler **Vieil Audon** führt. In 20 Jahren wurde dieser Ort durch die Organisation »Le Mat« nach und nach wieder aufgebaut. Im Dorf wird Ziegenzucht betrieben und eine Käserei unterhalten. Seit 1986 wurden 1300 Maulbeerbäume gepflanzt, um wieder eine Seidenraupenzucht aufzuziehen.

Die Wanderung in und über dem Ardèchetal benutzt für die Hin- und Rückstrecke den bequemen alten Wirtschaftsweg zwischen Balazuc, Vieil Audon, Audon und

Die »Tour de la Toussaint« bei Balazuc

Chauzon. Höhepunkt des Ausflugs sind zwei Felsplattformen, die man abseits des Wegs im niedrigen Buschwald aufsuchen kann. Diese »**Belvédères**« liegen hoch über dem Steilabfall zum Fluß und sind ein idealer Picknickplatz mit herrlicher Aussicht auf die Ardèche.

Hinweise für die Wanderung

- **Anfahrt**: Von der D 104 (Aubenas - Joyeuse) zweigt die kleine D 294 etwa auf der Höhe von Uzer ab und führt über das »Gras« nach Balazuc.
- **Dauer**: für Hin- und Rückweg jeweils etwa 70 Min.
- **Typ und Schwierigkeitsgrad**: leichte Streckenwanderung
- **Höhenunterschied**: 96 m
- **Orientierung**: Es gibt eine gelbe Markierung, da der Weg Teilstrecke eines gut sechsstündigen Rundwanderweges ist. Die Markierung ist stellenweise sehr irreführend, weil sie auf Abzweigvarianten des großen Wanderweges hinweist. Die Orientierung fällt insgesamt jedoch leicht, weil man – was die große Richtung anbe-

Balazuc an der Ardèche

trifft – zunächst nur am Fluß und später oberhalb des Flusses entlangläuft.

- **Karte**: IGN Nr. 2938 Ouest Aubenas
- **Jahres-/Tageszeit**: ganzjährig, im Sommer bietet der Buschwald nur Halbschatten.

Wegbeschreibung

Ausgangspunkt der Wanderung ist der große Parkplatz in Balazuc oberhalb der Ardèche. Von hier aus blickt man auf die gegenüberliegende Felswand, die Straße, die sich südwestlich davon auf das Plateau schlängelt und den Weg, der nach unten zum Fluß hin abbiegt. Diesen Weg schlägt man nach Überqueren der Brücke ein und geht zunächst durch Wiesen. An einer Furt durchquert man den kleinen Zufluß Chastagnon und steigt dann halbhoch auf einen schmalen Aussichtsweg unterhalb der Felsen, die hier näher heranrücken. Das Tal verbreitert sich aber wieder, und man sieht die Häuser von Vieil Audon unter einem Felsüberhang liegen. Eine dichte, grüne Plantage von jungen Maulbeerbäumen fällt als erstes in den Blick. In dem Weiler lohnt der Abstecher zu dem kleinen Informationszentrum, in dem die Aufbauarbeit im Dorf und die Arbeitsabläufe der ehemaligen Seidenraupenzucht dargestellt werden.

Hinter den letzten höher gelegenen Häusern führt ein wieder hergestellter Maultierweg den Hang hinauf zum Dorf Audon, das über der Schlucht liegt. Hier stößt man auf die Teerstraße, biegt links ab und geht an den Natursteinhäusern von Audon vorbei, bis die geteerte Straße in einen Waldweg mündet. Der Weg durch das Gehölz der steinigen Garrigue verläuft im Halbschatten von immergrünen Stein- und Kermeseichen und Büschen von Therebinten und Buchsbaum. Kurz bevor der Waldweg auf die Landstraße nach Chauzon stößt, weist ein gelber Pfeil nach links in den Buschwald. Er führt zu dem »Belvédère de l'Aulagner«, der Felsplattform in luftiger Höhe über der Ardèche. Eindrucksvoll ist die Fernsicht, die man hier am Rande des Plateaus genießt.

Einen zweiten Aussichtspunkt erreicht man, wenn man von der Landstraße nach Chauzon aus den Hinweiszeichen folgt, die links von der Straße in das Buschholz führen. Von hier überblickt man die Flußschleife, die um das Dorf Chauzon herumführt. Die Häuser des Ortes liegen weitflächig am Hang, und es dauert eine Weile, ehe man das zersiedelte Umfeld auf der Landstraße durchlaufen hat und in den geschlossenen Ortskern gelangt. Restaurant, Bar und Ferme-Auberge sind nur im Sommer geöffnet.

Derselbe Weg führt in etwa 70 Min. nach Balazuc zurück. Wenn man eine kleine Variante vorzieht, kann man von Audon aus in nördlicher Richtung auf der Stichstraße durch die Garrigue laufen, die schließlich über eine Brücke die D 294 erreicht. So geht man unterhalb der Tour de la Toussaint wieder auf Balazuc zu.

Adressen

07120 Balazuc

- Mairie, Tel. 04 75 37 75 08
- Bar mit Terrasse »Chez Paulette«, Tel. 04 75 37 74 17
- Restaurant »L'Amourier«, eingerichtet in einer ehemaligen Magnanerie, Tel. 04 75 37 00 40
- Ferienwohnungen » Gîtes Brahic«, Tel. 04 75 37 75 78
- Eco-Village du Vieil Audon, auch Gîte d'étape, Tel. 04 75 37 73 80

07120 Chauzon

- Hôtel-Restaurant »Sapède«, Tel. 04 75 39 66 03

4. In die Gorges de l'Ardèche

Auf ihrem Weg durch das Kalkplateau hat sich die Ardèche ihre berühmten Schluchten durch einen letzten Bergriegel vor dem Rhônetal gegraben. Dieser wurde aus jüngeren Meeresablagerungen aufgebaut: Das Mésogée-Meer aus dem Erdmittelalter war hier besonders tief und hielt sich über die erdgeschichtliche Epoche des Jura bis weit zum Ende der Kreidezeit. In den tiefen Meeresteilen entwickelten sich infolge der stärkeren Meeresdünung feine Muschelablagerungen, und es entstanden nach dem Zurückweichen des Meeres in Jahrmillionen die weißen Kreidefelsen. Der tief eingeschnittene Canyon mit den weiß-grau leuchtenden Felswänden und den stellenweise fast kreisrunden Mäandern des Flusses ist eine eindrucksvolle Natursehenswürdigkeit.

Beim Kanufahren und Wandern fällt die charakteristische Ausformung der Seitenwände des Felstals auf. Die Eiszeiten, die im erdgeschichtlichen Zeitalter des Quartiärs das Flußtal überzogen, beschleunigten in ihrem Wechsel von Vereisung und Schmelze den Abtragungs- und Aushöhlungsprozeß im Gestein. Phasen, in denen das Flußtal sich tiefer in den Felsgrund hineinfraß, wechselten mit Etappen, in denen das im Schmelzwasser mitgerissene Gesteins- und Erdmaterial neue Depots angehäuft hatte. So kann man in der Schlucht eine zweite »Terrasse« über dem Flußbett entdecken. Man vermutet, daß sie dem Flußbett von vor ungefähr 15 Mio. Jahren entspricht. Das heutige Flußbett ist dagegen »erst« vier Mio. Jahre alt.

Panoramafahrt oberhalb der Schlucht

Hinter Chames (etwa 6 km südöstlich von Vallon-Pont-d'Arc) entfernt sich die D 290 mit einer tiefen Schleife vom Fluß und schraubt sich auf das Hochplateau des »Gras«. Für die Panoramafahrt von etwa 37 km auf der Serpentinenstraße bis zum Ausgang der Schlucht kann man locker 2 Std. Fahrzeit veranschlagen, wenn man die eingerichteten Aussichtspunkte und Informationstafeln alle wahrnehmen will. Kilometer um Kilometer fährt man hoch über dem Fluß und gewinnt mit jeder Kurve neue Einblicke in den Verlauf der Schlucht. Der erste Aussichtspunkt nach Erreichen der Höhe liegt an der **Serre de Tourre**. Besonders schön sind die Panoramablicke oberhalb der Flußschleife von **Gaud** und der Felsspitzen von **Autridge**. Kleine Aussichtsbalkone liegen etwas abseits der Straße, im Buschwald versteckt. Nach der Abbiegung der D 590 zur Karsthöhle von Marzal, die 6 km weiter nördlich auf dem Plateau unter dem Dickicht der Steineichen liegt, erreicht die Höhenstraße die berühmte Flußschleife von La Madeleine. Die schroffen Felstürme der »**Cathédrale**« sieht man am besten vom Belvédère de la Madeleine. Dazu geht oder fährt man an der Nordflanke des Berghangs herunter bis zum Eingang zur **Grotte de la Madeleine**. Die Stollen, Tunnel und Säle der Höhle liegen in dem Felsenvorgebirge oberhalb eines Steilabfalls zur Ardèche.

Der »**Balcon des Templiers**« liegt über dem Felskessel von La Madeleine; der »**Grand Belvédère**« und **Le Colombier** zeigen neue Schleifen und Windungen des Felstals mit wechselndem Spiel von Farben und Licht.

Zu Fuß in das Naturschutzgebiet

Von Chames zum Biwakplatz Gaud

Die vorgeschlagene Streckenwanderung durch das Flußtal ist Teil eines Wanderweges, der für eine Tour durch die ganze Schlucht in zwei Tagesabschnitten mit jeweils 25 km vorgesehen ist (Topo-Guide in Vallon-Pont-d'Arc). Übernachten kann man in den Biwaks von Gaud und Gournier. Dort gibt es Trinkwasser, sanitäre Einrichtungen und Grillfeuerstellen.

Der Weg durch den Canyon ist ein höchst abwechslungsreiches Wandererlebnis, bei dem man beliebig weit in die Schlucht hineinlaufen kann. Auf schmalen Pfaden geht es über Steinflächen und an Felsüberhängen entlang, streckenweise auf dem Grund der Schlucht. Dann führt der Weg durch niedrigen Steineichenwald, über breite Sand- und Kieselstrandpartien, steigt über Felsbrocken hangaufwärts und gelangt wieder direkt zum Fluß hinunter. Bei schwierigen Felspassagen gibt es Eisengeländer und in den Stein gemeißelte Tritte.

Immer wieder muß der Fluß an dafür vorgesehenen Furten (Gués) überquert werden. Man kann diese Wanderung also nur im Hochsommer (etwa von Juni bis September) machen, wenn der Wasserstand niedrig ist. Unbedingt ist das entsprechende Schuhwerk mitzunehmen, etwa Plastiksandalen oder Leinenschuhe, denn die Flußsteine sind sehr glitschig.

Die in einem Naturschutzgebiet vielleicht erhoffte Einsamkeit ist im Sommer allerdings nicht zu haben. Autos gibt es zwar nicht, aber lebhaften Kanu- und Kajakverkehr auf dem Fluß, Gedrängel beim Warten vor den »Rapides« (Stromschnellen), Lärm und Gejohle von den Zuschauerfelsen beim Kentern und nicht zuletzt die Aufregung und Anstrengung beim Bergen der Boote, Paddeln und Trommeln. Die Ufer des Canyons sind viel frequentiert und entsprechend verschmutzt. Erst wenn der ganze Sommertrubel vorbei ist, fahren Reinigungskolonnen durch die Schlucht und beseitigen den Müll.

Hinweise für die Wanderung

- **Anfahrt**: Von Vallon-Pont-d'Arc fährt man auf der D 290 flußabwärts bis nach Chames. Etwa 1 km hinter dem Ort gibt es noch einen letzten Camping- und einen Parkplatz. Der vorgeschlagene Wegabschnitt beginnt hinter der Brücke über den Tiourre, genau an der Stelle, wo sich die Straße vom Fluß entfernt und in Serpentinen auf das Plateau führt. Eine Informationstafel macht auf den Beginn des Naturschutzgebietes aufmerksam.
- **Dauer**: Der Weg zum Strand und Biwak von Gaud dauert 1.30 Std. Von dort aus kann man denselben Weg zurückgehen

Cirque de la Madeleine

oder hinter dem Zeltplatz einen breiten Weg einschlagen, der durch das Gehölz in etwa 50 Min. aus der Schlucht aufsteigt und die Autostraße erreicht. Bei dem im Sommer lebhaften Autoverkehr, vor allem auch der kleinen Transportbusse der Kanubootsverleiher, ist es kein Problem, einen »Lift« nach Chames zu bekommen.

- **Typ und Schwierigkeitsgrad**: Streckenwanderung auf Uferwegen; es gibt eine kleine Felspassage, die durch Eisengeländer gesichert ist.
- **Höhenunterschied**: 267 m
- **Karte**: IGN Nr. 2939 Ouest Vallon-Pont-d'Arc und Nr. 2939 Est Bourg-St-Andéol
- **Jahres-/Tageszeit**: Juni bis September, bei niedrigem Wasserstand, streckenweise schattiger Wald, immer wieder Bademöglichkeiten.

Wegbeschreibung

Der erste kleine Wegabschnitt bis zu der Felsengruppe »Les cinq Fenêtres« führt auf breiten Steinplatten an von Höhlen durchsetzten Felswänden und Badeplätzen vorbei. Auf dem Fluß haben die Kanufahrer die Stromschnelle der »Drei Wasser« zu bewältigen. Die Fotografen der Bootsverleiher stehen auf ihren Posten, um diese erste kleine Abenteuerpassage im Bild festzuhalten und gleich nach Rückkehr ihrer Kundschaft zu präsentieren.

Unterhalb der »Cinq Fenêtres« verläßt man das Flußbett. Ein kurzer steiler Anstieg führt nach links über einige Felsblöcke; man erreicht eine kleine Plattform im Wald und beschreibt eine Linkskurve. Der Weg schneidet die tiefe Flußschleife von »La Montagne de Sable« ab und geht durch dünenartigen Sand wieder zum Fluß hinunter. Es folgt eine längere Strecke auf einem bequemen Weg durch schattenspendenden Eichenwald mit tiefen Felsgrotten. Dann zeigt ein Schild die erste Flußüberquerung an: »Gué de Charmasson«. Der Wegabschnitt rechtsseitig des Flusses geht auf Sand- und Felswegen am Fluß entlang, passiert mal wild wucherndes Ufergestrüpp und erreicht den breiten Kieselstrand gegenüber dem mächtigen Felsüberhang »La Dent Noire« (»Schwarzer Zahn«).

Der Strand endet vor einer Engstelle der Ardèche. Hier muß man sich zunächst nach rechts orientieren, um den markierten Wanderweg oberhalb des Uferstrandes zu finden. Von dort aus wird die Felspartie auf dem Absatz in mittlerer Höhe in Angriff genommen. An der recht steil zum Wasser hin abfallenden schrägen Felswand ist ein Eisengeländer angebracht. In großen Schritten geht es über die in den Stein gemeißelten Fußstapfen am Geländer entlang. Schon bald nach dieser Felsenpassage ist eine zweite Flußüberquerung vorzunehmen. Vor der Stromschnelle Esclapayre kann man im Wasser den aufgeschichteten Steinweg entdecken. Etwa knietief durchwatet man den rasch strömenden Fluß und erreicht den Kieselstrand von Gaud. Hinter dem neu erbauten Natursteinhaus mit Trinkwasser und Duschen führt ein Verbindungsweg aus der Schlucht auf die Straße. Man kann also diese Gelegenheit wahrnehmen, um aus der Schlucht aufzusteigen. Per Autostopp ist aus der Streckenwanderung eine bequeme Rundtour zu machen. Wenn man in der Schlucht weitergeht, ist die Länge des Rückwegs zu berücksichtigen.

Vom Mas de Serret zur Chataigneraie

Zwei alte Wirtschaftswege führen etwa in der Mitte der Gorges de l'Ardèche in den Schluchtgrund hinunter. Sie erreichen eine markante Partie des Flußverlaufes zwischen den Biwakplätzen Gaud und Gournier. Man erreicht Kiesel- und Sandstrände mit schönen Badeplätzen, geht auf bequemen Pfaden und über Felsplatten, ohne daß der Fluß überquert werden muß.

Hinweise für die Wanderung

- **Anfahrt:** Von Vallon-Pont-d'Arc auf der D 579 Richtung Barjac; nach 3 km links der D 217 nach Labastide-de-Virac folgen. Nachdem man das Dorf durchfahren hat, ist auf eine kleine links abbiegende Straße zu achten, die nach Les Crottes führt; diese Straße entlang fahren. Wenig später bei der Weggabelung rechts halten Richtung Les Basses Crottes, dann auf die Hinweisschilder nach Le Mas de Serret achten. Nach etwa 1,5 km teilt sich die Straße: auf dem linken Fahrweg wird man am Ende der Wanderung zurückkommen, hier also jetzt rechts fahren, bis man einen weiträumigen Campingplatz erreicht. Man kann das Auto bereits hier abstellen, dann verkürzt sich der Rückwanderweg auf der Landstraße, oder man fährt bis zum großen Anwesen Mas de Serret, einem Jugendlager-Zentrum im Sommer, und parkt dort in der Nähe der Gebäude.
- **Dauer:** 3.30 Std.
- **Typ und Schwierigkeitsgrad:** leichte Rundwanderung
- **Höhenunterschied:** 200 m
- **Orientierung:** gelb-weißer Balken auf dem Ab- und Anstiegsweg; gelb-grüner Balken im Canyon. In dem Gelände der Schlucht muß man Anhaltspunkte fixieren und in der Karte wiederfinden, um den Ausstiegsweg nicht zu verpassen.
- **Karte:** IGN Nr. 2939 OT, Spezialkarte für die Gorges de l'Ardèche
- **Jahres-/Tageszeit:** ganzjährig, aber Vorsicht: Nach anhaltenden Regenfällen ist der Wasserstand der Ardèche zu hoch, die Schlucht also nicht begehbar!

Wegbeschreibung

An der Rückseite des Hauses beginnt der gelb-weiß markierte Abstiegsweg. 30 Min. geht es durch schattigen Buchsbaum- und Steineichenwald auf einem mit Felssteinen durchsetzten Pfad in die Schlucht hinunter. Man erreicht einen idyllischen Sandstrand am Fluß; der Felszacken **Aiguille Gournier** auf der anderen Flußseite verschafft Orientierung über den Standort im Canyon.

Von nun an führt der Weg flußaufwärts, die Ardèche fließt immer rechtsseits. Anhaltspunkte für den Wegverlauf bietet die gelb-grüne Markierung, auch wenn sie manchmal erst nach längeren Passagen wieder auftaucht. An der Rapide du Gue de Guitard vorbei geht es zunächst auf einem schmalen Pfad durch Ufergehölz, dann gelangt man über eine Partie von ausgewaschenen Felsplatten zu einem Stein-Strand. Vor uns liegt der **Rocher des Abeillères**. (Der Fluß macht hier eine deutliche 90°-Biegung nach rechts.) Unterhalb davon führt ein bequemer Weg über Felsvorsprünge am Prallhang entlang. Eindrucksvolle Felshallen, die in prähistorischer Zeit sicher besiedelt waren! Später geht es über flache Steinplatten, dann an steilabfallenden Felswänden vorbei.

Nach einem weiten, offenen Kieselstrand verläßt der Weg den Ufersaum und führt etwas bergan in den Buschwald. Orientierung bietet das grüne Hinweisschild **Pas de Pigeonnier** flußaufwärts Richtung Dent Noire. Der Weg hält sich hoch über dem Fluß und erreicht erst wieder auf der Höhe der Rapide du Pigeonnier das Flußufer. Auf der anderen Flußseite markiert die Felsspitze **Aiguille de Morsanne** die Flußbiegung nach links. Im weiteren Wegverlauf muß man sich an zwei Felsvorsprüngen auf der gegenüberliegenden Flußseite orientieren, um Anhaltspunkte für den Aufstiegsweg zu haben.

Zunächst passiert man den Rocher d'Autridge mit der Aussichtskanzel hoch über dem Fluß, erreicht später ein markant zerklüftetes karstiges Steinfeld mit ausgehöhlten Wannen und scharfen Kanten und kommt dann an einen breiten, halbrunden Kieselstrand. Er schmiegt sich in die Felsrunde **Cirque de Gaud** auf der Höhe der Rapide du Figueras. Oberhalb dieser Felsenrunde liegt die Aussichtskanzel von Gaud. Zwei Stunden dauert der Weg durch die Schlucht bis hierher.

Diesseits des Flusses öffnet sich das Tal: Man blickt auf eine sanft abfallende Senke des Buschwaldes und erkennt Stahldrähte und Masten für einen Lastenaufzug. Hier beginnt der Ausstieg aus der Schlucht. Noch vor dem Ende des Kieselstrandes muß man auf den Sandweg achten, der auf eine kleine Anhöhe führt und Steinstufen erreicht, die mit Flußkieseln befestigt sind. Im Schatten der Bäume liegt die **Bar von La Chataigneraie**. Im Sommer kann man Erfrischungsgetränke bekommen und findet einen Telefonapparat.

In ca. 30 Min. geht es in steilen Kehren den Berg hinauf, dann blickt man wieder von oben in die Schlucht. Der letzte Wegabschnitt führt auf einer schmalen, geteerten Straße durch den Buschwald wieder zum Standort des Autos zurück (knapp 30 Min.).

Adressen

07150 Vallon-Pont-d'Arc

- Office du Tourisme des Gorges de l'Ardèche, Tel. 04 75 88 04 01
- Immer noch gibt es die Möglichkeit, die Abfahrt der Ardèche auf traditionelle Weise vorzunehmen: Man mietet eine Barke für sechs Personen und den Fährmann (batelier) dazu. Nur per Vorbestellung unter Tel. 04 75 93 91 90.
- Auberge »Au vieux Moulin« an der Route de Salavas, ganzjährig, 04 75 88 00 00
- Hôtel-Restaurant »Manoir du Raveyron«, ehemals Herrenhaus aus dem 15. Jh., empfehlenswerte Küche, Tel. 04 75 88 03 59
- »Hôtel Le Belvédère«, Tel. 04 75 88 00 02
- »Hôtel-Restaurant des Touristes« am Pont-d'Arc, Tel. 04 75 88 00 01
- Gîte d'étape bei der Place de la Mairie, Tel. 04 75 88 07 87
- »Hôtel-Restaurant de Chames«, Route des Gorges, freundliche, moderne Hotel-Anlage direkt am Ufer der Ardèche, April-Okt. geöffnet, Tel. 04 75 88 11 33
- In Les Mazes, einem Mas aus dem 19. Jh., ist ein Museum für die Seidenspinnerei: »Ma Magnanerie«, Tel. 04 75 88 01 27
- »Maison de la réserve naturelle des gorges de l'Ardèche«, an der Panoramastraße in der Nähe der »Grotte de la Madeleine«, Tel. 04 75 04 22 20

- »Maison de la réserve naturelle des gorges de l'Ardèche« à Gaud, Tel. 04 75 38 63 00
- »Grotte des Huguenots«, Tel. 04 75 88 06 71

07150 La Bastide-de-Virac

- Le château des Roure, Tel. 04 75 38 61 13
- Nettes Terrassen-Restaurant am Ortsausgang nach Les Crottes, Tel. 04 75 38 61 94

5. Auf die Felsen am Ausgang der Schlucht – Aiguèze

Das Festungsdorf Aiguèze thront auf den Felsen, hoch über der Ardèche am östlichen Ausgang der Schlucht. Gegenüber liegt St-Martin-d'Ardèche an der offenen Talseite. Dort enden die »offiziellen« Kanufahrten. Abends stehen die Bootsverleiher mit ihren Kleinbussen am flachen, betonierten Ufer, um die Armada von Kanus und Kajaks in Empfang zu nehmen und zum Ausgangspunkt zurückzubefördern.

Die Wanderung führt zwischen Felsen und Gehölz am rechten Ufer der Ardèche entlang. Zunächst geht man auf sehr schmalem Pfad am Felshang flußaufwärts, erreicht einen schönen Hangweg und nähert sich dabei den weißen Kreidefelsen der Schlucht. Die vorgeschlagene Strecke beschreibt nach etwa 1.15 Std. eine Schleife, erreicht den offenen Kammweg und geht durch die Garrigue über den Fluß mit Blick auf die ausgedehnten Weinfelder des Rhônetals nach Aiguèze zurück.

Der erste Wegabschnitt ist schwierig. Man braucht Trittsicherheit und einen guten Orientierungssinn, um an dem Felsenhang mit spärlichem Bewuchs und Geröllhalden die oft nur schlecht sichtbare Passage unterhalb der Felswand zu finden. Dabei entdeckt man das eigenartige Relief dieses Felshanges.

Hinweise zur Wanderung

- Die **Anfahrt** erfolgt von Vallon-Pont-d'Arc aus entweder auf der D 290 durch die Schlucht oder schneller über die D 176, D 174 und D 901 von Barjac über Orgnac Richtung Pont-St-Esprit. Über zwei kleine abzweigende Nebenstra-

Aiguèze – über der Ardèche

Ende für Kanufahrer: St-Martin-d'Ardèche

ßen ist der Ort mit dieser Hauptstraße verbunden. Am Ortseingang und vor der Kirche sind Parkplätze. Der Dorfbrunnen unter den Platanen in der Nähe der Kirche ist Ausgangspunkt der Wanderung.

- **Dauer**: 1.50 Std.
- **Karte**: IGN Nr. 2939 Est Bourg-St-Andéol
- **Orientierung/Markierung**: keine Markierung, Orientierung nur mit der Karte

Wegbeschreibung

Mehrere Straßen führen zum Brunnen am zentralen Platz von Aiguèze, unserem Ausgangspunkt. Man wählt die kopfsteingepflasterte Gasse (Läden und Hotel), geht sie bis ans Ende und biegt dort nach rechts ab. Ein restaurierter Steinweg führt in zwei Schleifen zum Fluß hinunter. Flußabwärts schaut man auf die Hängebrücke über die Ardèche. Flußaufwärts geht es auf einem zunächst noch gut erkennbaren Pfad in halber Höhe am Hang entlang. Um sich zwischen Felsen, Geröllhalden und kleinwüchsigem Buschholz zurechtzufinden, ist es wichtig, auf das Relief des Felstales zu achten. Man darf nicht an Höhe verlieren, sondern muß leicht ansteigen. Der Weg verläuft zwischen einem oberen Steilabfall und einer zum Fluß hin abfallenden Böschung. Es heißt, den breiten Absatz zu erreichen, den man unterhalb der Steilwand an der dichten Vegetationsdecke erkennt. Der etwas ausgesetzte Pfad schlängelt sich auf diesen Absatz hinauf und überquert bequem den nach unten hin steil abfallenden Felsen. Nachdem man die schroffe Partie hinter sich gelassen hat, hält man sich links, geht leicht bergab in die Senke einer Geröllhalde und findet die weiße Spur des Geröllweges, der Richtung Westen zu einem angenehmen Hangweg wird. Für das erste Wanderstück benötigt man bis hierher etwa 40 Min. und hat nun die etwas schwierige Etappe hinter sich. In der Geröllhalde erblickt man rückschauend etliche Spuren im weißgrauen Schotter, die den Berg hinaufführen und das Kreuz des Belvédère über dem Steilabfall erreichen. Dorthin wird uns der Rückweg bringen.

Der nächste Wegabschnitt von etwa 30 Min. ist ein Aussichtsweg über dem Fluß. Man blickt auf die weißen Kreidefelsen des Canyons und die Serpentinen der Panoramastraße. Der Weg führt an zwei Felsblöken vorbei und überquert eine kleine Flußrinne mit Bäumen. Nun muß man auf einen freistehenden Felsen an der linken Seite achten. Vor uns dehnt sich eine zweite große Geröllhalde aus. Auf der anderen Seite sieht man die mit dichten und hohen Bäumen bewachsene Schneise eines Flüsschens. Der Wanderweg vollzieht hier eine Schleife und geht südwärts die Halde hoch. Im grauen Schotter sind Serpentinen zu erkennen, auf denen man in 10 Min. den Hang hinaufsteigt.

Man muß nun deutlich an der dem Fluß abgewandten Hangseite stehen und nach Süden auf Garrigue- und Weinflächen blikken, um den weißen Wegstreifen zu finden, der sich durch den Buschwald schlängelt und über den Kamm führt. Von hier aus geht der Weg breit und gut sichtbar durch eine steinige Landschaft mit Therebinten und Buchsbaum leicht ab- und ansteigend zum Eisenkreuz des Belvédère und schließlich nach Aiguèze zurück. Ab dem Aussichtpunkt kann man der rot-weißen Markierung des GR 4 folgen. (30 Min. für den Kammweg)

Adressen

30760 Aiguèze

- Rustic Hôtel, Grand Rue, vom 10.11. bis 28.2. geschlossen, Tel. 04 66 82 13 05

07700 St-Martin-d'Ardèche

- Office de Tourisme, Rue de la Mairie, Tel. 04 75 98 70 91
- »Hôtel Bellevue«, Tel. 04 75 04 66 72
- »Hôtel Les Mimosas«, Tel. 04 75 04 62 79
- »Auberge des Gorges«, Tel. 04 75 04 65 35
- Hôtel-Restaurant »L'Escarbille«, Logis de France m. Schwimmbecken, regionale u. provençalische Küche, Tel. 04 75 04 64 57

6. Die Höhlen der Ardèche im Überblick

Eine der größten Attraktionen im Süden des Départements Ardèche sind die zahlreichen Höhlen, Grotten, Löcher und Schlünde. Wie ein Schwamm ist das Karstgebiet zwischen Cevennen und Rhônetal von Hohlräumen durchzogen, deren unterirdisches Labyrinth noch lange nicht vollständig erforscht ist. Immer wieder trifft man in der Garrigue-Landschaft auf Erdlöcher und Schlünde. Bei diesen nach oben geöffneten Höhlungseinstürzen spricht man von »avens«.

Alle Karsterscheinungen beruhen auf der chemischen Reaktion von saurem, d.h. mit Kohlendioxyd angereichertem Regenwasser und Kalkstein. Die Kohlensäure greift den Kalkstein an und zernagt ihn. Durch Rinnen, Risse und Spalten versickert das Regenwasser und nagt unterirdisch in Jahrtausenden Lösungshohlräume aus. Das Karstwasser fließt durch die Klüfte des Gesteins und sammelt sich zu unterirdischen Flüssen, die durch breite Gänge und riesige Hallen tosen. Diese Höhlenflüsse schneiden sich immer tiefer in das Gestein, so daß höher gelegene Hallen trocken fallen. Nun beginnt das durch die Klüfte einsickernde Regenwasser, das auf seinem Weg durch das Gestein Kalk gelöst hat, die Höhlen wieder aufzufüllen. Aufgrund einer chemischen Reaktion, die umgekehrt abläuft wie die der Höhlenentstehung, bilden sich Tropfsteine. Jeder an der Höhlendecke hängende Wassertropfen gibt Kohlendioxyd an die Luft ab und scheidet dabei den Kalk als Kalksinter wieder aus. Ein dünner Kalkfilm wird im Laufe der Zeit immer dicker, bis schließlich von der Decke ein langer Kalkzapfen, ein Stalaktit, herunterhängt. Aus den zu Boden fallenden Tropfen bilden sich Stalagmiten. Die Kalksäulen sind durch die vom Wasser mitgeführten Mineralien rostrot, gelb, grün oder braun gefärbt.

In der südlichen Ardèche sind folgende Höhlen zu besichtigen:

• Die »**Grotte des Huguenots**« liegt an der D 290, 3 km südlich von Vallon-Pont-d'Arc. Sie bietet einen Einstieg in die Erkundung der Höhlensysteme, weil es außer der Grotte ein Informationszentrum gibt, in dem die Formen der Höhlen und die Methoden der Höhlenerforschung seit Edouard-Alfred Martel erklärt werden. Es wird außerdem ein Einblick in die archäologische Forschung gegeben und über Ausgrabungsmethoden, Höhlenmalerei, Keramikfunde und die Megalith- und Steinzeitkulturen informiert. Die Grotte hat auch noch in der jüngeren Geschichte eine Rolle gespielt als Versteck und Rückzugsbastion der Hugenotten während der Religionskriege. Außer den ausgestellten Dokumenten des protestantischen Widerstands findet man eine Bibliothek über Speläologie und Frühgeschichte. Von Juni bis August täglich 10–19 Uhr geöffnet, Tel. 04 75 88 06 71.

• Von Vallon-Pont-d'Arc gelangt man über Salavas, Labastide-de-Virac und Orgnac-l'Aven (D 217) zum berühmten **Aven d'Orgnac**, der Karsthöhle von Orgnac. 1935 hat Robert de Joly die erste Erforschung durchgeführt, und seitdem wurden immer wieder neue Stollen entdeckt. Ein unterirdischer Zufluß der Cèze hat hier seit einer Million Jahren die Kalksteintafel ausgehöhlt und dieses Netz von Lösungshohlräumen geschaffen. Zwei Erdstöße haben den Lauf des Flusses modifiziert und einige Tropfsteinformationen absacken lassen. Neue Stalagmiten haben sich in jüngerer Zeit auf den Trümmern aufgebaut. Knochen von Ren und Bison wurden bei den Ausgrabungsarbeiten gefunden.

Die Besucher werden per Aufzug in die unterirdische Welt befördert. In einer Tiefe von 130 bis 145 m liegen die berühmten drei »roten Säle« mit den Ausmaßen einer Kathedrale. Das Kalziumkarbonat der Tropfsteine erhält durch eisenhaltige Oxyde einen rötlichen Schimmer. Unter den Türmen der Stalagmiten ragen einige besonders große heraus, die eine Namensgebung provozierten. So gibt es u.a. den »bretonischen Kalvarienstein«, einen »Turm von Pisa«, den »Tannenzapfen«.

Die Höhle von Orgnac gilt als eine der schönsten der Welt und ist im Sommer sehr überlaufen. In der Vor- und Nachsaison dagegen ist die Führung durch die unterirdische Landschaft ein spektakuläres Erlebnis. Geöffnet vom 1. März bis 15. November 9.30–12 u. 14–18 Uhr, Tel. 04 75 38 62 51.

• Während der Fahrt auf der D 217 von Labastide-de-Virac nach Orgnac-l'Aven kommt man an dem »**Aven de la Forestière**« vorbei, der etwas abseits im Buschwald liegt. Sechzig Treppenstufen führen in den großen Tropfsteinsaal hinunter. Das Besondere an dieser Höhle sind ihre unterirdischen Aquarien und Vivarien, der sog. »Höhlenzoo«. In der Dunkelheit der Gewässer und Grotten leben etwa 200 Spezies von Fischen, Insekten, Lurchen und Schalentieren. Die Tiere dieser lichtlosen Höhlen haben keine Augen und benötigen keine Tarnfarbe oder Pigmente als Schutz vor den Sonnenstrahlen. Sie sind daher fast ausnahmslos blind und sehen gelblich-weiß aus. Von Juni bis September ist die Höhle 10–19 Uhr geöffnet, im April und Mai 10–12 Uhr und 14–18 Uhr. Tel. 04 75 38 63 08.

• Die Panoramastraße D 290 durch den Ardèche-Canyon führt zu der »**Grotte de la Madeleine**«, die 1887 von einem Hirten entdeckt wurde. Sie liegt in der Felswand über dem Grund der Schlucht und ist über die Stichstraße, die von der D 290 abzweigt, bequem zugänglich. Tiefe Galerien führen oberhalb der Ardèche in den Kreidefelsen hinein. Öffnungszeiten April bis Oktober 10–18 Uhr. Tel. 04 75 04 22 20.

• Etwas abseits der Panoramastraße D 290 liegt der »Aven de Marzal«. An der Kreuzung, wo die Stichstraße zur »Grotte de la Madeleine« abzweigt, biegt die D 590 nach Norden ab und führt durch den Garrigue-Wald Richtung Bidon. Ursprünglich wurde

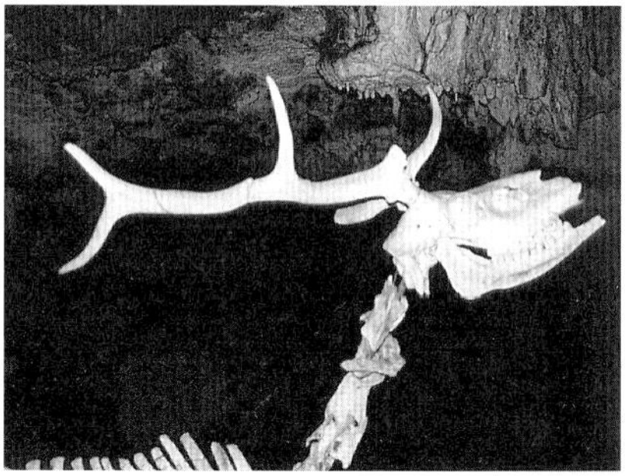

Skelett in der Höhle von Marzal

der »**Aven de Marzal**« für eine der vielen, an der Oberfläche unauffälligen »Löcher« in der Kalksteintafel gehalten und »trou (Loch) de la Barthe« genannt. Nur durch Zufall entdeckte man, daß das Erdloch der Zugang zu einem riesigen unterirdischen Höhlensystem war. 1892 wurde es von Edouard A. Martel und Louis Armand erforscht und beschrieben, geriet dann aber in Vergessenheit. 1949 hat der Speläologe Pierre Ageron die Höhle wiederentdeckt, und seitdem ist sie als »Aven de Marzal« der Öffentlichkeit zugänglich. Eine eindrucksvolle Treppenleiter führt in die Hallen hinunter, die durch ein unterirdisches Flußsystem geschaffen wurden.

Ein Museum und ein Zoo mit originalgetreuen Nachbildungen prähistorischer Tiere (Tyrannosaurier und Stegosaurier, Mammute und Menschenaffen) ergänzen die Höhlenbesichtigung. Öffnungszeiten März bis November täglich 9–12 Uhr und 14–18 Uhr; Tel. 04 75 04 12 45.

• Ein Jäger aus Aiguèze entdeckte 1838 die »**Grottes de St-Marcel-d'Ardèche**«. Das Höhlensystem liegt vor der letzten großen Flußschleife des Ardéche-Canyons, unterhalb der Aussichtspunkte »Le Grand Belvédère« und »Le Colombier«. Erst seit kurzer Zeit ist ein einstündiger Spaziergang durch diese Tropfsteinhöhle, deren Eingang direkt in der Schlucht liegt, für die Öffentlichkeit fertig gestellt worden. Öffnungszeiten Mitte März bis Mitte November täglich 10–17/18 Uhr. Tel. 04 75 04 66 11.

• Die »**Grotte de la Cocalière**« liegt an der N 104 (Aubenas-Alès) zwischen St-Paul-le-Jeune und St-Ambroix. Gegenwärtig ist ein 36 km langes Labyrinth von Gängen und Stollen erforscht. Davon wurde eine besonders schöne, horizontal verlaufende Strecke von 1,4 km für die Besichtigung hergerichtet. Die Piste ist gepflastert und zementiert, so daß kurioserweise einmal im Jahr ein unterirdisches Radrennen zwischen Tropfsteinen und erleuchteten Gewässern veranstaltet wird. Am Höhlenausgang wartet ein kleiner Zug, der die Gäste durch den Garriguewald zum Ausgangspunkt zurückfährt. Unter schattenspendenden Bäumen stehen Picknick-Tische und ein Getränkestand. Öffnungszeiten von Ostern bis Ende Oktober 9–12 Uhr und 14–18.30 Uhr. Während der anderen Monate auf Anfrage.
Tel. 04 66 24 01 57.

Einkehr: »Auberge de la Cocalière« an der Landstraße, Tel. 04 75 39 81 34.

• Seit allerjüngster Zeit gibt es in den Ardèche-Schluchten eine neu entdeckte Höhle. Die »**Grotte Chauvet**« wurde am 18. Dezember 1994 vermutlich erstmals seit Tausenden von Jahren wieder von Menschen betreten. Jean-Marie Chauvet und zwei Begleiter fanden nach systematischer Suche in den Felsklippen des Ardèche-Canyons in der Nähe des Pont d'Arc, durch einen unerklärlichen Luftzug aufmerksam gemacht, den verschütteten Höhleneingang. Einige Tage später kehrten sie mit speläologischer Ausrüstung zurück und stießen, mit Strickleitern und Stirnlampen versehen, in der Tiefe auf mehrere Höhlenräume vor. Dabei machten die Amateurforscher die faszinierende Entdeckung von erstklassig erhaltenen Felszeichnungen: Bilder, in Ocker, Rot und Schwarz gemalt, zeigen lebhafte Kampfszenen von Nashörnern, Pantherköpfe im Profil, Bären, Hyänen, Hirschen, Raubkatzen und Uhus. Sie fanden Tierknochen und Feuersteine auf dem Boden, Spuren von Feuerstellen und einen Bärenschädel, der auf einer Steinstele lag.

Die Archäologen messen diesem Höhlenfund in der Ardèche allergrößte Bedeutung bei. Proben der Wandmalereien wurden mit der Radiokarbonmethode auf ein Alter zwischen 30 340 und 32 410 Jahren datiert. Damit sind die Funde älter als die Felszeichnungen von Lascaux und Altamira. Vorerst wird die Höhle durch Stahltür und Fernsehüberwachung gesichert und dem Publikum nicht zugänglich gemacht. Es ist geplant, ähnlich wie bei Lascaux 2, zum Schutz der Originalzeichnungen eine Nachbildung von der »Grotte Chauvet« anzufertigen, die auch den Touristen das Erlebnis der Felszeichnungen aus der Steinzeit vermittelt. Ausstellung »La grotte Chauvet-Pont-d'Arc«, Vallon Pont-d'Arc, Tel. 04 75 37 17 68.

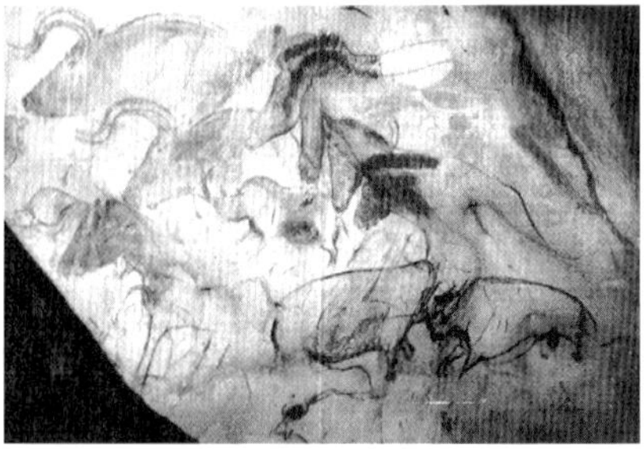

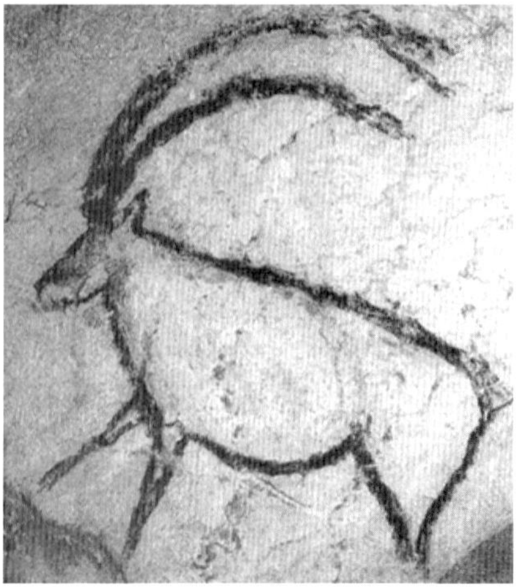

Prähistorische Höhlenmalerei in der »Grotte Chauvet« ▶

IV. DAS LOZÈRE-MASSIV UND SEINE VORGEBIRGE

Überblick

Der Mont Lozère liegt wie ein west-östlich ausgerichteter Querriegel am Ostrand der Causses de Sauveterre und Méjean. Der Gebirgszug hat den Charakter eines Hochplateaus. Die Gipfel sind mit 1700 m nicht sehr hoch, ihre Linien weich geschwungen. Der Sommet de Finiels (1699 m) und der Pic Cassini (1680 m) erheben sich kaum über das weitflächig gewellte Bergland. Der Fluß Tarn hat sein Quellgebiet in den Hochtalwiesen des Mont Lozère, fließt an seiner Südflanke herunter durch Le Pont-de-Montvert Richtung Florac und trennt dort in einem tiefen Taleinschnitt die Südwest-Flanke des Lozère von den Causses.

Der Name »Mont Lozère« geht auf das Wort »lauzes« (früher »lozes« geschrieben) zurück. Dies ist die Bezeichnung der Schieferplatten, mit denen die Dächer der Lozère-Häuser gedeckt sind. Allgegenwärtig auf dem Bergland ist aber das **Tiefengestein Granit**. Im Zuge der Alpen- und Pyrenäenbildung wurde der östliche Teil der Granitscholle des Zentralmassivs (vor etwa 60 Mio. Jahren im Erdzeitalter des Tertiär) über mehr als 1000 m aufgefaltet. Diese und noch ältere Verschiebungen haben Risse in dem harten Stein verursacht, in die Wasser vordringen konnte. Erosionsprozesse haben in Jahrmillionen Granitblöcke abgetrennt, die an den Stellen, wo die Pflanzendecke fehlt, als rund geschliffene Steinbrocken auf dem Hochland liegen. Bizarre Felstrümmer bilden eindrucksvolle »Blockmeere«.

In der weiten und einsamen Landschaft des Hochplateaus trifft man zwischen 1200 und 1700 m Höhe auf eine **Vegetation**, die eigentlich für wesentlich höhere Gebirgslagen charakteristisch ist. Die weiträumigen Hochflächen des Lozère sind mit Wiesenteppichen, Heideland und Mooren überzogen. Die dichte Grasnarbe ist eine Folge der Weidewirtschaft, für die einst die alten Buchenhaine durch Brandrodung vernichtet wurden. Mit dem Rückgang der Weidewirtschaft dringen die Ginsterhalden vor. Um ihre Ausdehnung aufzuhalten und den Graswuchs zu fördern, werden die weiten Bergkuppen im Frühjahr mit einem Lauffeuer überzogen (*»écobuage«*).

Der mediterrane **Klimaeinfluß** verliert sich auf dem Mont Lozère. Charakteristisch sind rasche Wetteränderungen. Feuchte, warme Südwinde steigen aus den Tälern hoch, stoßen auf die Gebirgsbarriere und können mit heftigen Regengüssen und Nebelbänken die Wetterlage jäh verändern. Ausgiebige Regenfälle nähren ein Netz von Rinnsalen, Bächen und Flüßchen auf den Wiesen des Hochlands. In den Haupttälern fließen sie zusammen und stürzen in tief eingeschnittenen Tälern von der Hochebene herab. Die Gebirgswinter sind lang und rauh. Es wird von »arktischen Verhältnisses« gesprochen, wenn Schneestürme über die Hochflächen dahinfegen, meterhohe Schneeverwehungen auftürmen und die Dörfer in kurzer Zeit voneinander isolieren. Andererseits kann es Winter geben, in denen der Schnee ausbleibt, so daß der ansonsten hier verbreitete Wintersport entfällt.

Nur eine Straßenverbindung überquert den Gebirgszug. Die D 20 führt aus dem Tarntal bei Le Pont-de-Montvert an der Südflanke des Lozère hinauf und um den »Sommet de Finiels« herum, kommt am Chalet du Mont Lozère vorbei und erreicht an der Nordseite des Massivs in Le Bleymard das Tal des Altier. Von Villefort, Génolhac und Florac führen kleine, windungsreiche Straßen auf das Plateau. Dem Wanderer und Radfahrer steht für die Er-

Mühlenhaus in L'Hôpital

Blick auf Mas Camargues

kundung des Bergmassivs ein dichtes Wegenetz zur Verfügung. Es sind die alten Wirtschaftswege, die die Bergweiler des Hochlands mit den Dörfern in den Tälern unterhalb der Bruchkante des Bergstocks verbanden. Vor allem aber gibt es die altertümlichen »Fernstraßen«, die »**Drailles**«. In der jährlich wiederkehrenden Prozedur der »**Transhumance**« (s.u.) wurden die Schafherden aus den Ebenen des Languedoc im Frühsommer auf die Weiden des Hochlands getrieben. Sie bahnten sich die breiten Trassen, die weithin sichtbar über die offenen Kammlinien des Lozère führen.

Die Landwirtschaft ist auf dem Bergland weitgehend aufgegeben. Der Mont Lozère gehört zu den entlegenen Bergregionen der Cevennen, die am meisten entvölkert sind. Inzwischen gehört die Region zur Kernzone des Cevennen-Nationalparks, dessen »Revitalisierungsprogramm« die wenigen noch verbliebenen Bewohner halten soll: Das alte Wegenetz wurde wieder instandgesetzt, man hofft auf den Sommer- und Wintertourismus.

1. Auf der Régordane – Straße der Römer, Maultierkarawanen, Händler und Wallfahrer

Es gibt eine alte Straße aus dem Süden des Languedoc in die »Montes Cebennae« und den Norden des Zentralmassivs, die vermutlich schon von den keltischen Stämmen angelegt wurde. Diese sog. Régordane verlief von Nîmes über Alès und zog sich dann horizontal an der Bruchkante der Cevennen entlang, die zwischen Génolhac und Villefort besonders deutlich durch die Ostflanke des Mont Lozère markiert ist, bis nach Le Puy. Für die römischen Invasoren spielte diese »Straße der Arverner« eine besondere Rolle, weil sie von Nîmes, einem Zentrum der römischen Kolonie »Provincia Narbonensis«, in das Gebirge vordrang. Nach der vollständigen Unterwerfung Galliens war sie die Handelsverbindung zwischen der Ebene und dem Zentralmassiv.

Heute ersetzt die D 906 zu weiten Teilen die alte Straßenführung. Eine Autotour auf der D 906 von Alès nach Villefort und weiter nach La-Bastide-Puylaurent führt durch die Hügellandschaft der Cézerènque und später an der felszerklüfteten Bruchkante des Mont Lozère entlang. Unterwegs streift man Schlösser, Burgen und mittelalterliche Ortschaften, deren Existenz unmittelbar mit der alten Handels-, Pilger- und Heerstraße verknüpft war. Die Entdeckung des steingepflasterten und von Mauern eingefaßten Weges ist allerdings nur möglich, wenn man die Autostraße verläßt. Nicht weit von ihr zieht sich die alte Régordane in langen, gut erhaltenen Passagen durch die Landschaft.

Die Cevennenstadt Villefort ist das kleine touristische Zentrum des Berglands. Ihre Geschichte beginnt mit dem Schloß von »Montisfortis«, das im 14. Jh. zerstört wur-

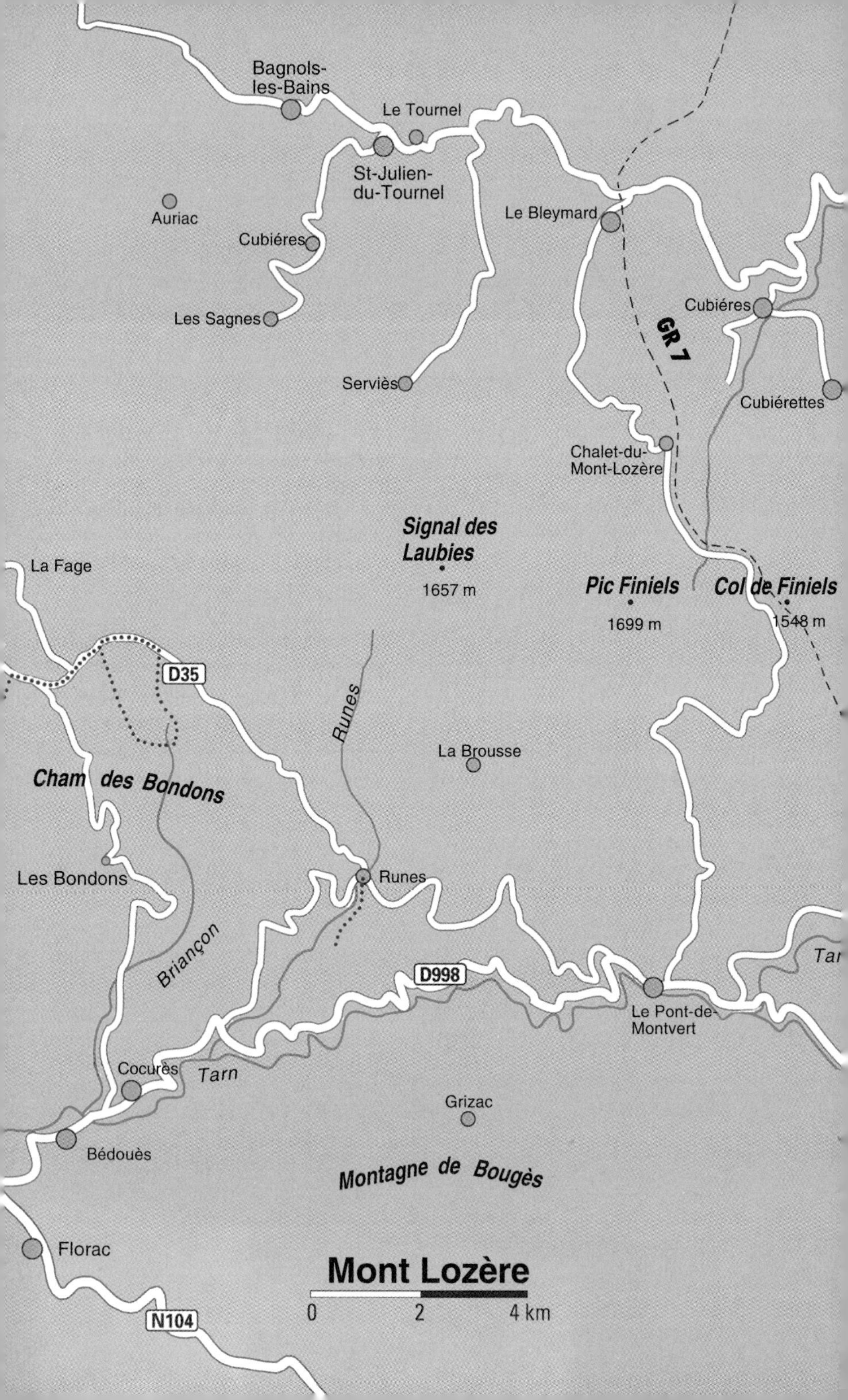

Bagnols-les-Bains
Le Tournel
St-Julien-du-Tournel
Auriac
Cubiéres
Les Sagnes
Serviès
Le Bleymard
GR 7
Cubiéres
Cubiérettes
Chalet-du-Mont-Lozère
Signal des Laubies
1657 m
Pic Finiels
1699 m
Col de Finiels
1548 m
La Fage
D35
Runes
La Brousse
Cham des Bondons
Les Bondons
Runes
Briançon
D998
Le Pont-de-Montvert
Tarn
Cocurès
Tarn
Grizac
Bédouès
Montagne de Bougès
Florac
Mont Lozère
0
2
4 km
N104

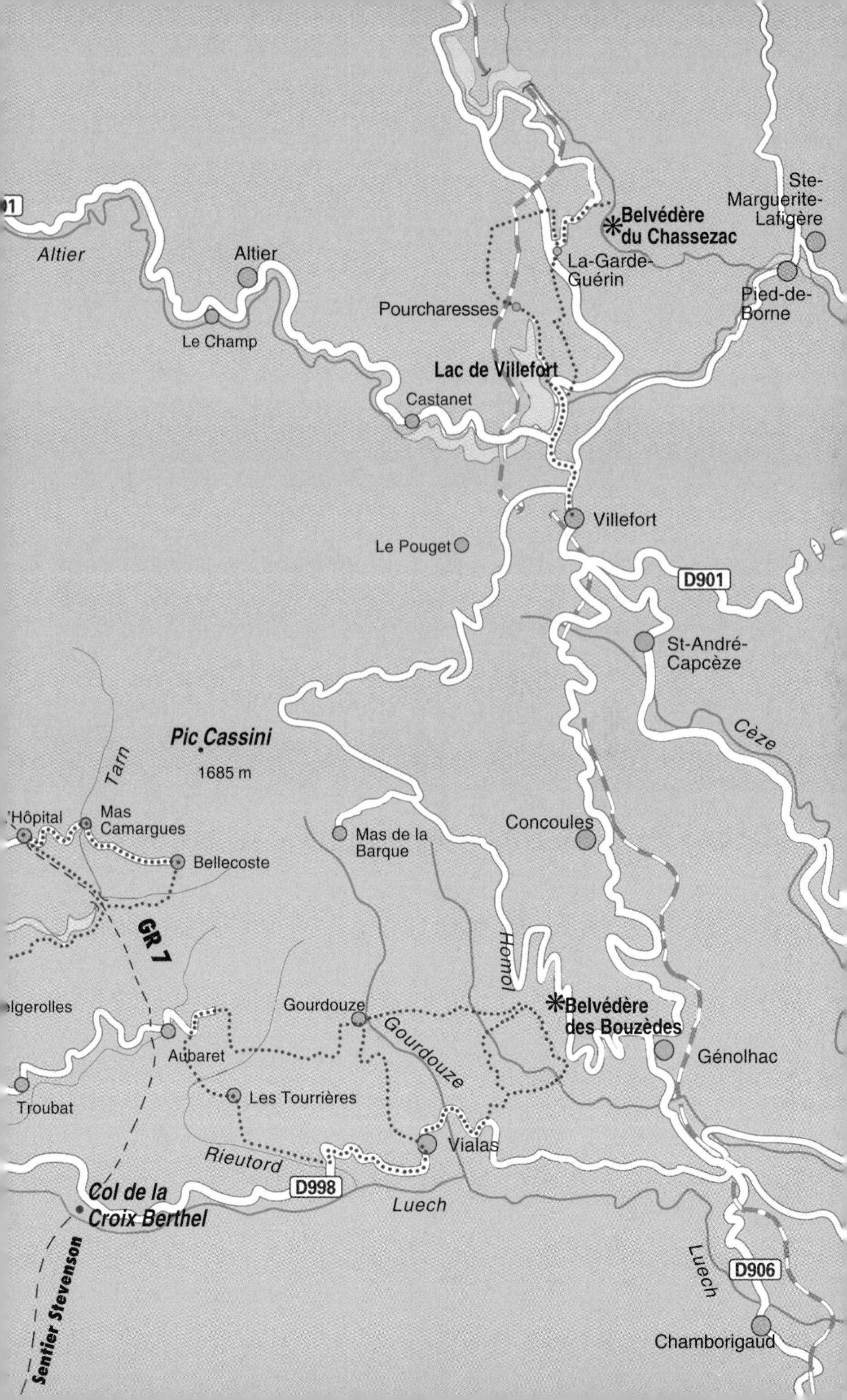

01
Altier
Altier
Le Champ
Castanet
Pourcharesses
Lac de Villefort
Belvédère du Chassezac
La-Garde-Guérin
Ste-Marguerite-Lafigère
Pied-de-Borne
Villefort
Le Pouget
D901
St-André-Capcèze
Cèze
Pic Cassini
1685 m
Tarn
l'Hôpital
Mas Camargues
Bellecoste
Mas de la Barque
Concoules
GR 7
Homol
elgerolles
Gourdouze
Gourdouze
Belvédère des Bouzèdes
Génolhac
Aubaret
Troubat
Les Tourrières
Vialas
Rieutord
D998
Col de la Croix Berthel
Luech
Luech
D906
Chamborigaud
Sentier Stevenson

de. Aus dem landwirtschaftlichen Besitz, der Villa von Montisfortis, und weiteren Häusern entlang der Régordane entstand der kleine Marktflecken »Villafortis«, später Villefort. »Die Einwohner von Villefort leben einzig und allein von dem kleinen Handel, der sich an bestimmten Markttagen abspielt, und der Passage von Maultierkarawanen, die Wein und andere Lebensmittel transportieren«, ist aus der »Collection du Languedoc« von 1760 zu erfahren, die Albin Mazon in seinem historischen Reisebericht zitiert. An 14 Tagen im Jahr wurde mit Seide, Wein und Salz und den einheimischen Produkten (v.a. Kastanien und Holz) gehandelt, so daß sich Villefort auch noch als Marktflecken behaupten konnte, als die Régordane im 18. Jh. und spätestens Anfang des 19. Jh. durch neue Handelsschwerpunkte entwertet wurde. Verkehrsanbindungen zu der Wirtschaftsader des Rhônetals wurden maßgeblich.

1830 ersetzte die Autostraße D 906 in weiten Passagen die alte Wegstrecke. 1867 wurde die Bahnlinie am Ostrand des Lozère entlang eröffnet. Villefort weihte seinen Bahnhof und die Teilstrecke nach La Levade ein. Damit war Schluß mit der hinterwäldlerischen Abgeschiedenheit des Ortes, denn nun fuhr zweimal am Tag der Zug nach Alès. Dafür verschwanden mit einem Schlag die allerletzten Maultierkolonnen und mit ihnen die Herbergen und Gasthäuser und die Werkstätten der Wagenhersteller und Sackfabrikanten. Die später parallel zur Régordane-Schneise weiter ausgebaute Eisenbahnlinie Paris-Nîmes-Méditerranée beschäftigte Bahnangestellte, Expediteure und Händler: Die heimischen Produkte wurden »exportiert«, die Maronen aus dem Tal der Borne national bekannt.

Trotz dieser gewissen wirtschaftlichen Belebung in der 2. Hälfte des 19. Jh. verringerte sich die Zahl der Einwohner von Villefort ständig. Der Krankheitsbefall der Kastanienbäume und der Sturz der Kastanienpreise verschlechterten die wirtschaftliche Situation der Bergregion. Industrialisierung fand nicht statt. Die bescheidene Ernährungsgrundlage, die sich aus der Lage an der jahrhundertealten Handelsstraße ergeben hatte, war schon lange zerstört.

Der Bau des Stausees von Villefort trug nicht unerheblich dazu bei, daß der Ort mittlerweile zu einem beliebten kleinen Ferienzentrum wurde. Bootsverleihe, Campingplätze, Surf- und Segelschulen entlang des Sees und eine ganze touristische Infrastruktur haben für kommerzielle Aufbruchstimmung gesorgt. Im Sommer herrscht lebhaftes Treiben in der breiten, alten Platanenstraße, die sich quer durch den Ort zieht. Straßencafés, Restaurants und Wochenmärkte locken Touristen an. Man läßt sich gerne anregen von der behaglichen Geschäftigkeit dieses provinziellen Nestes tief in den Bergen. Villefort ist ein idealer Ausgangsort für Bergsport und Wanderungen im Sommer; im Winter ist die Skistation des Mont Lozère, Mas-de-la-Barque, von hier aus schnell anzufahren.

Die folgende Tour kann zu Fuß oder mit dem Mountainbike gemacht werden. Sie beginnt am Stausee von Villefort, führt auf das Hochplateau »Cham Morte« und zum mittelalterlichen Festungsdorf La Garde-Guérin oberhalb der Schlucht des Chassezac. Der Weg verläßt diese touristischen Anziehungspunkte, schlägt einen Bogen über die weite, einsame Hochfläche aus Gras- und Heideland und führt über Pourcharesses wieder hinunter an den See. Der letzte Wegabschnitt umrundet auf der kleinen Asphaltstraße seine Nordspitze. Am nordöstlichen Seeufer kann man baden, angeln und campen.

Hinweise für die Wandertour

Die Route ist auch gut als Fahrradtour (Mountainbike) zu machen.

- **Anfahrt**: Von Alès auf der D 906, von Les Vans auf der D 901 über den Rücken der Serre de Barre
- **Ausgangspunkt**: Parkplätze an der Haupt-

Blick in die Talschlucht des Chassezac

straße von Villefort, bevorzugt am Ortsausgang Richtung See; wenn man das erste Straßenstück am See entlang zu Fuß vermeiden will, kann man das Auto in Morangiès am Nord-Ostufer des Sees parken.

- **Dauer**: 3.30 Std. bei Wanderbeginn in Villefort, ab Morangiès 2.30 Std.
- **Typ und Schwierigkeitsgrad**: Rundwanderweg, der letzte Wegabschnitt auf der Asphaltstraße zieht sich in die Länge.
- **Höhenunterschied**: 280 m
- **Orientierung**: Die erste Weghälfte folgt dem GR 72 (rot-weiß), keine Markierung auf der zweiten Weghälfte.
- **Karte**: IGN Nr. 2739 Est Génolhac und IGN Nr. 2739 OT Mont Lozère, Florac
- **Jahres-/Tageszeit**: ganzjährig, kein Schatten auf den Hochflächen

Wegbeschreibung

Man verläßt das Städtchen Villefort auf der Straße Richtung Norden (nach La Bastide-Puylaurent) und muß einen etwa halbstündigen Fußmarsch auf der D 906 in Kauf nehmen. Man läuft am Seeufer entlang, überquert die »Barrage« (Sperrwerkbrücke) und hat dabei einen schwindelerregenden Blick in das Altiertal. Danach verliert der See seinen künstlichen und leicht düsteren Charakter: Bootsanlegestellen, Surfschulen, Bootsverleih, dezente Campingplätze und Gasthäuser säumen das Ufer. Im »Hôtel du Lac« gibt es laut Hinweisschild eine »Cuisine à l'Anciènne«, man kann Tretboote mieten und am See sitzen.

An der Stelle, wo die D 906 nach einer Haarnadelkurve den See verläßt und auf den Berg führt, gibt es Parkmöglichkeiten. Man kann also auch hier mit der Wanderung beginnen (Campingplatz und Ferienhaussiedlung Villages-de-Morangiès). Auf der Höhe der Parkplatzeinbuchtung an der Straße liegt der Abzweig des GR 72. Er schlängelt sich als schmaler Pfad durch tiefen Ginster den Berg hoch, kreuzt noch einmal die D 906 und verläuft parallel zum See auf die Anhöhe.

Unvermittelt weitet sich der Pfad zu einer primitiv, doch sehr breit gepflasterten Straße, die von Felsblöcken, dann von Steinmauern gesäumt ist. Es entsteht der Eindruck eines richtigen Fahrweges. Die Straßendecke ist mit Steinen unterschiedlicher Größe grob gepflastert. Breit und gut sichtbar liegt die alte Wegstrecke in der Landschaft und zieht Richtung Norden über den kahlen Buckel »Cham Morte«. Schaut man zurück, so müßte die Route geradewegs durch den Stausee führen, um an der Ostflanke des Lozère entlang nach Alès zu gelangen. In der Tat wurde das Dorf Bayard, ehemalige Haltestation an der Régordane, geräumt, als das Tal für den Bau des Stausees 1964 unter Wasser gesetzt wurde.

In etwa 30 Min. führt der gut markierte Weg vom See zu dem Festungsort **La Garde-Guérin**. Nach einem Rundgang ist folgender Abstecher zu empfehlen: Ein kleiner Feldweg führt nördlich des Ortes durch die Wiesen an den »Rand« der Chassezac-Schlucht. Der Blick vom Belvédère du Chassezac in die Tiefe ist atemberaubend. Zwischen den Felswänden sprudelt der Fluß über große, weiß schimmernde Granitblöcke.

Der **Abstieg vom Belvédère in die Schlucht** beginnt an der nördlichen Seite des eingezäunten Parkplatzes. Dort zweigt ein zuverlässig markierter Pfad ab (weißes Schild mit grünem Rand und grünem Punkt) und führt, streckenweise mit Mauern eingefaßt und steinbefestigt, in Kehren den Hang hinunter in die Schlucht. Eine Abstiegsvariante zweigt kurz nach dem im Wald versteckt liegenden Ruinenhaus von diesem Weg ab (Steinmännchen) und führt unterhalb von Kletterwänden steiler bergab. Es geht durch eine wilde Bergszenerie an aufragenden Felsnadeln vorbei. Ein Felsenchaos ist zu passieren, mehrere steil abfallende Felsabsätze, später eine Halde von größeren Steinblöcken, bis der Pfad auf Felsvorsprünge führt, die den Blick auf große, tiefblaue Becken freigeben. Die letzte Partie geht über schräg abfallende Felsblöcke hinunter (Vorsicht bei Nässe). Sprudelnde Wasserschwälle, große, rundgeschliffene Granitblöcke am Rand von tiefen und ausgedehnten Schwimmgumpen lohnen den Abstieg (ca. 35 Min.).

Schloß Portes an der Régordane

Wir nehmen unseren Wanderweg an der Straße gegenüber vom Parkplatz wieder auf: An der Friedhofsmauer führt die rot-weiße Markierung des GR 72 parallel zur Landstraße durch ausgedehnte Weidelandschaft (Markierung am Betonmast). Nach dem Eingang zum Golfplatz zweigt der GR 72 ab und verläuft quer durch die Wiesen. Wir halten uns dicht an der Landstraße und gelangen westwärts in eine Senke; kurz nach der Überquerung des Flußbettes, das sich sumpfig in den Wiesen verliert, entdecken wir auf der anderen Seite den Weg, der auf die Anhöhe führt (Tour de Chassezac). Es geht an üppigen Heidematten vorbei bis zu einer Kreuzung auf der Hügelkuppe. Von hier aus wendet sich der Weg entschieden in den Süden und führt unterhalb des Höhenrückens stetig bergab.

Linkerhand sehen wir noch einmal La Garde-Guérin auf der kahlen Hochfläche liegen und behalten es im Blick, während wir auf einem breiten, bequemen Weg nach Pourcharesses hinunterlaufen. Parallel fließt

La Garde-Guérin

Im 10. Jh. ließen sich die Herren von Tournel an der Régordane oberhalb des Steilabfalls zum Chassezac nieder, gründeten die kleine Zitadelle La Garde-Guérin und ließen Stadtmauern um das Wehrdorf errichten. Außerhalb der Stadtbefestigung bot ein »Hospiz« den Reisenden auf der Régordane Unterkunft. Die Ritter erhoben fortan Steuern und Wegezölle.

Die als Rittergemeinschaft (nobles pariers) organisierten Herren von Garde-Guérin erzielten hohe Erträge und lösten mit ihrer rasch erworbenen wirtschaftlichen und sogar militärischen Machtposition die Mißgunst des Bischofs Adalbert III. von Mende und damit eine Feudalfehde aus. Ob der Bischof tatsächlich den Herren von La Garde-Guérin Räuberbanden auf den Hals schickte, mag Geschichtslegende sein, auf jeden Fall lieferten sich Adel und Klerus fortdauernde Kämpfe: Adalbert konnte die Zitadelle 1158 besetzen und die Konkurrenz des Adels vorerst so in Schach halten, daß er ein Mitglied seiner Familie, einen gewissen Guerin, als Co-Seigneur einsetzte. So war seine Beteiligung an der Pfründe auf dem Hochland gesichert.

Die Ritter organisierten Rechte und Pflichten weiterhin gemeinschaftlich, wählten im 13. Jh. zwei Konsule, die die Interessen der 31 Mitglieder vertraten und in den Ständeversammlungen des Gévaudan in Mende Sitz hatten. Dem Bischof hatten sie den Treueschwur zu leisten. 1376 erhielten sie von Louis d'Aragon die Marktrechte und konnten ihren Reichtum abermals vergrößern.

Mit der Erschließung des Rhônetals im 14. Jh. verlor die Régordane langsam an Bedeutung. Die Einnahmen sanken. Die Überwachung der Straße wurde von den Rittern vernachlässigt und das Reisen wegen der Raubüberfälle zunehmend unsicher. Die Rittergemeinschaft löste sich auf und verkaufte den Grundbesitz. 1622 beschloß die Ständeversammlung des Gévaudan noch einmal die Instandsetzung des Wehrdorfes – als Verteidigungsbastion gegen die Protestanten. Nach der Französischen Revolution existierte das Dorf bis 1936 als Marktflecken weiter.

Das ehemalige Festungsdorf wurde aufwendig restauriert. Seine Stadtmauern sind allerdings niedriger als üblich. Die Bewohner hatten schon früher Mauersteine für das Auffüllen der Abwassergräben abgetragen. Man sieht in der Mitte der Hauptstraße die Abwasserrinne, die zu den Dorfgräben führte. Früher mußten die Dorfbewohner ihr Trinkwasser gegen Entgelt von zwei weit entfernten Quellen herschleppen. Schon dies zeigt die künstliche Lage der kleinen Garnisonsstadt. Der Bischof von Mende hatte nach Beilegung seiner Fehde mit den Rittern zur Bedingung gemacht, daß sie mit ihren Familien in der Zitadelle wohnten. Daher finden wir u.a. die stattlichen alten Häuser Maison Marcet und Maison Pansier, die bemerkenswerte Renaissancefenster mit Fensterkreuzen aus Stein und schönen Gesimsen haben.

Das Schloß hatte ursprünglich für jeden Ritter einen eigenen Turm, in dem er sich mit seiner Familie verschanzen konnte. Heute gibt es nur noch einen Burgfried.

der Bach von Morangiès in den Stausee. Ab **Pourcharesses** geht man auf der kleinen Landstraße weiter, die um die Seespitze herum- und auf der anderen Seite des Sees wieder hinaufführt (von La Garde-Guérin bis hierher 2 Std.). Das letzte Stück auf der Landstraße zieht sich etwas in die Länge; leider ist es nicht zu vermeiden, es sei denn, man wählt die längere Wegstrecke, die den See im Westen umrundet und ihn auf der D 901 im Süden überquert. Dann wäre die Runde komplett, allerdings auch sehr lang.

Unterwegs: Die Régordane

Die Régordane ist zweifellos eine uralte Straßenverbindung durch die Cevennen.

Ihre von der Natur vorgegebene Lage an der Bruchkante des schwer zugänglichen Mont Lozère wird hierfür gerne als Beleg genommen. Neuste Forschungen bestreiten allerdings ihre Entstehung in der Römerzeit. Der Historiker M. Girault weist darauf hin, daß sie nicht die typischen Merkmale der römischen Straßen aufweist, wie sie von der Via Agrippa (Lyon–Toulouse) oder der Via Domitia bekannt sind: konstant 1,45 m breit und mit kleinen, gleichmäßig behauenen Steinen gepflastert. Er hält sie für eine mittelalterliche Straße, die sich allerdings an einer vorgefundenen Trasse orientieren konnte. Diese – so sagt auch er wiederum – muß es insbesondere als Draille für Viehherden schon bei den Kelten gegeben haben.

Jahrhundertelang zogen Maultierkolonnen, handeltreibendes Volk, Reisende und Pilger die Régordane herauf und herunter. Sie war eine lebhafte Verkehrsader, an der sich seit dem frühen Mittelalter die Feudalcliquen niederließen, weil sich an der wichtigen Passage Einnahmen abschöpfen ließen: Ritter erhoben Steuern auf die gehandelten Waren und verlangten von den Reisenden drastische Wegezölle. Im Gegenzug – so hieß es – sollte für Schutz vor Raubüberfällen durch die Straßenbanden (die berüchtigten »routiers«) und die Instandhaltung der Straße gesorgt werden.

So errichteten die Ritter von Tournel im 10. Jh. die Zitadelle La Garde-Guérin. Sie bildeten eine Rittergemeinschaft und machten mit einer kleinen Garnison die »Polizei« der Régordane. Nachdem das zerstörte Dorf 1925 zum historischen Monument erklärt und nach und nach restauriert wurde, findet man heute das Musterexemplar eines mittelalterlichen Festungsdorfes vor.

Weiter südlich lag an der Régordane in der Nähe des Dorfes **Bayard** das Schloß der Familie Molette de Morange, eines der reichsten Geschlechter der alten Grafschaft Gévaudan (heute Département Lozère). Die Häuser des Dorfes waren bekannte Herbergen; die Feudalherren erhoben Abgaben und boten dafür Schutz. 1964 wurden die Ruinen des Schlosses, die Kirche und die Häuser der Dorfbewohner für den Stausee unter Wasser gesetzt, durch den seither Elektrizität im Tal des Chassezac erzeugt wird.

Südlich von Villefort hatte das Schloß von **Montisfortis** auf dem Hügel bei **Collet** eine strategisch günstige Position. Es profitierte gleich doppelt, weil hier die Ost-West-Handelsverbindung zwischen dem Vivarais und Mende die Nord-Süd-Achse kreuzte. Weiter Richtung Süden lagen die Straßendörfer Vielvic, Concoules und Génolhac. Dort gab es Herbergen, Rastplätze, Schmieden, Werkstätten und Marktstände, und die Feudalherren in den Ritterburgen und Schlössern (Portes, Chamborigaud und anderen) bezogen schöne Einkünfte.

Geologisch aufschlußreich sind die sog. »**Chams**«, die weiten Hochlandflächen in der Umgebung von La Garde-Guérin. Sie zeigen die auffällig gleichförmige Topographie einer Ebene, deren »Höhe« sich überraschend erst dann zeigt, wenn man am Rand der tief eingeschnittenen Canyons des Chassezac und der Borne steht. Diese Hochebene ist der alte Sockel des variskischen Urgebirges, das zum Ende des Erdaltertums (im Perm) vollständig abgetragen wurde. Man findet die alte Basis aus Granitstein, nur mit einer dünnen Schicht Sandstein bedeckt, ohne die Decke aus marinen Sedimentablagerungen. Trotz aller nachfolgenden erdgeschichtlichen Ablagerungs- und Auffaltungsprozesse in 200 Mio. Jahren ist hier und auf dem gegenüberliegenden Borne-Massiv der Rumpf des eingeebneten variskischen Urgebirges noch sichtbar.

Adressen

48800 Villefort

- Office de Tourisme du Canton de Villefort, Rue de l'église, Tel. 04 66 46 87 30/ Fax 04 66 46 85 33
- »Hôtel Balme« und »Restaurant La Clède«, gutbürgerliches Quartier seit der

Jahrhundertwende und einladende Eßadresse in der Bergregion auf der Grundlage von Forellen, Lamm aus dem Hochland, Wildschwein, Steinpilzen, Nüssen und Kastanien; Tel. 04 66 46 80 14
Fax 04 66 46 85 26
- »Hôtel Chez Fernand«, Tel. 04 66 46 81 38
- »Hôtel-Restaurant du Lac«, Tel. 04 66 46 81 20/Fax 04 66 46 90 95
- Gîte d'étape in Les Sédariès bei Mme Salce, Tel. 04 66 46 84 33, und in Altier, Tel. 04 66 46 89 89
- Le Mas-de-la-Barque, Restaurant Tel. 04 66 46 80 28, Wintersportstation auf dem Mont Lozère (Lifte und Loipen), Tel. 04 66 46 83 08, Chalets U.A.G., Tel. 04 66 46 83 68
- Maison forestière, Tel. 04 66 46 83 68

48800 La Garde-Guérin/Prévenchères
- Hôtel-Restaurant-Gîte »Auberge Régordane« in der ehemaligen Maison Pansier aus dem 16. Jh.; Spezialitäten: Froschschenkel, Flußkrebse und Forellen; man sitzt idyllisch im Innenhof des alten Adelssitzes; geöffnet von Ostern bis Anfang Okt., Tel. 04 66 46 82 88
- Ende August wird in der Region das mittelalterliche Festival »Fête de la Régordane« veranstaltet.

48800 Pied-de-Borne
- »Hôtel Veysset«, Tel. 04 66 69 82 14
- Hôtel-Restaurant »Les Gorges du Chassezac« bei Sylvie Cuvelier; Spezialität der Küche: Geräucherte Forellen aus dem See von Villefort, Geflügel an Steinpilzen, Kastanienkuchen, ganzjährig geöffnet, Tel. 04 66 69 83 29

07140 Ste-Marguerite-Lafigère
- Gute Eßadresse in landschaftlich reizvoller Lage: die »Auberge Ste-Marguerite« an der D 113, ein restauriertes Cevennenhaus an einem terrassierten Hang mit Blick in das tief eingeschnittene Tal des Chassezac, feine regionale Küche, Tel. 04 66 69 81 30

2. Flußtäler in der Cézerènque

Zwischen dem östlichen Steilabfall des Lozère-Massivs und dem Rand der Cevennen, an dem die Nationalstraße (St-Ambroix – Alès) entlangführt, staffeln sich von Nordwesten nach Südosten mehrere Höhenrükken hintereinander. In der entsprechenden Talrichtung durchquert die Cèze mit den Zuflüssen Luech, Homol und Bournavès diese Vorgebirgslandschaft der Cevennen. Der höchste Bergriegel in der Reihe ist die Serre de Barre vor dem Taleinschnitt des Chassezac. Die Landschaft wechselt von den Schieferböden der Cevennen in die Kalksteinformationen der Garrigue. Dazwischen liegt am Gebirgsrand das Kohlebecken von La Grand-Combe.

Wandern und Baden im Hochtal der Cèze

Die Cèze entspringt in den Wäldern südlich von Villefort, fließt durch die Straßendörfer

St-André-Capcèze und Vielvic, die Stationen an der mittelalterlichen Handelsstraße waren, und nimmt einen südöstlichen Verlauf nach St-Ambroix. Von Villefort bis St-Ambroix begleitet die D 51 ihren Oberlauf. Am Wege liegen alte Ortschaften, Kirchen, Schlösser und prähistorische Steinsäulen. Ausgedehnte Wälder von Eßkastanien, Tannen und Pinien gehen über in Macchia und Steineichenhaine.

Eine Rundtour durch die Cézerènque läßt sich in Sénéchas mit einem schönen Spazierweg hinunter in das enge Tal der Cèze verbinden. Eine alte Brücke aus mörtellos geschichteten Kalksteinen (sog. »pierres sèches«) überquert den Fluß. Man geht über Felssteinplatten am Fluß entlang und steigt vor einer Engstelle mit einem tiefblauen Wasserbecken durch niedrigen Buschwald wieder zum Dorf hinauf.

Hinweise für den Spazierweg

- **Dauer**: 1 bis 1.30 Std.
- **Orientierung**: Abstieg rot-gelbe Markierung, im Flußtal und für den Aufstieg eigene Orientierung anhand der Karte.
- **Karte**: IGN Nr. 2839 Ouest Bessèges
- **Anfahrt**, die durch eine Rundtour durch die Cézerènque ergänzt werden kann: In Bessèges verläßt man die D 51 von St-Ambroix nach Villefort, überquert die Cèze und fährt auf der D 17 entlang dem Fluß über Le Mas Herm nach L'Elzière. Vor dem Stausee von Sénéchas, in dem Cèze und Homol zusammenfließen, zweigt in einer Haarnadelkurve die D 156 rechts ab. Sie führt über den Stausee und dann als D 318 auf die Hügelkuppe hoch, auf der – umgeben von Obstgärten und Wein – das Dorf Sénéchas liegt. Eine landschaftlich schöne Rundfahrt ergibt sich, wenn man auf dieser kleinen Landstraße bleibt. Zunächst begleitet die D 318 das Tal des Homol, erreicht den Bergrükken bei Chalap und führt über den Col de Charnavas (501 m). Hier zweigt die D 134 ab, führt in einem Bogen über die Cèze und erreicht bei der Ortschaft Aujac die Landstraße D 51. Dort thront das Schloß von Chaylar auf einer Bergkuppe. Später zweigt die D 17 von der D 51 ab und führt in einem Bogen südöstlich um den Stausee von Sénéchas herum.
  Bei der Anfahrt von Génolhac nimmt man die D 134, biegt nach rechts auf die D 156 und erreicht kurz danach die D 318 nach Sénéchas.

Wegbeschreibung 

Der Spazierweg beginnt an der Kirche von **Sénéchas**. Hier geht man die asphaltierte Straße rechts an der Kirche vorbei und biegt in der ersten Rechtskurve auf den rot-gelb markierten Weg links ab. In etwa 20 Min. führt ein steingepflasterter Weg von Sénéchas hinunter zu dem Mühlenanwesen »Le **Moulin du Roure**« im Cèzetal. Schon bald gelangt dieses erste Ziel in den Blick. An der Steinbrücke angekommen, verläßt man den rot-gelb markierten Weg und läuft ohne Mühe über Ufersteine flußabwärts. Dabei sind die schönsten Badegumpen zu entdekken. Nach etwa 30 Min. ist der kleine »Défilé« der Cèze erreicht. Diese etwa 80 m lange Felsverengung ist im Sommer ein viel besuchter Badeplatz, den man über einen kleinen Stichweg, der oberhalb der Felsen bei einem Parkplatz endet, mit dem Auto erreichen kann.

Für den Rückweg zum Dorf steigt man rechts des Flusses vor den großen Felsen auf steilem Weg aus dem Tal hinaus. Ein gut sichtbarer Pfad führt den Hang hinauf, beschreibt einen Bogen nach links, senkt sich leicht ab und erreicht das Ende der kleinen Stichstraße, die aus dem Dorf herunterführt. Diesen weiteren Weg kann man vermeiden, indem man – bevor sich der schmale Pfad absenkt – querfeldein die Hangkuppe hinaufläuft. Eine kurze Strecke geht es durch dichten Buschwald, dann auf einem breiten Waldweg durch hochstämmigen Mischwald leicht bergan. Bald sind die ersten Häuser von Sénéchas ereicht, der

Brücke über die Cèze

Weg macht einen leichten Bogen nach rechts, schwenkt um das Dorf herum und kommt auf einem schönen, steingepflasterten, mit Schiefermauern eingefaßten Hohlweg unterhalb der Kirche heraus.

Unterwegs: Génolhac

Umgeben von Tannen- und Kastanienwäldern liegt 30 km südlich von Villefort das Städtchen Génolhac, das von der Nähe zum Nationalpark und dem Bergtourismus im südöstlichen Lozère-Massiv profitiert. Von hier aus gelangt man über die kleine, serpentinenreiche D 362 zum spektakulären »Belvédère des Bouzèdes« oberhalb des Steilabfalls des Lozère und zur Skistation Mas-de-la-Barque (1680 m) hinauf. Génolhac ist ebenso Ausgangspunkt für Touren durch die mediterrane Hügellandschaft der Cézerènque.

Einige stattliche Bürgerhäuser mit Renaissance-Fassaden zeugen vom Reichtum der Stadt, als sie noch von der alten Handelsstraße, der Régordane, lebte. Es gab Herbergen für durchfahrende Reisende, Reparaturbetriebe und Läden. Auf demselben Weg erreichten andererseits die Schwarze Pest und der Terror von Straßenbanden den tief in den Cevennen liegenden Ort. Wie in den anderen kleinen »Bourgades« (Marktflekken) an der Régordane, hatten auch die Einwohner von Génolhac unter räuberischen Banden zu leiden, die landauf und landab Reisende und Händler terrorisierten. Die Kriegszüge des Hundertjährigen Krieges, der 1339 bis 1453 überwiegend im Norden und Westen Frankreichs ausgetragen wurde, hatten Söldnertruppen und Briganten freigesetzt, die in der Regel unter der Führung berufsmäßiger Hauptleute als räuberische Militäreinheiten herumvagabundierten und in den Städten und Dörfern durch Raub und Plünderung Beute machten.

In dem Jahr nach dem Waffenstillstand [von Bordeaux, 1356, Anm. d. Verf.] *schwollen sie an, organisierten und verbreiteten sie sich. Sie eroberten Burgen und nutzten sie als Ausgangsbasis, um Reisenden ein Wegegeld abpressen und die Gegend ausräubern zu können. Reichen Dörfern verlangten sie Lösegeld ab, die armen brannten sie nieder. Sie raubten Klöster und Abteien aus, plünderten die Scheunen der Bauern, töteten und*

folterten die, die ihre Güter versteckten oder Lösegeld verweigerten. [...] Eher Briganten als Söldner, zogen die Kompanien in Frankreich zunächst fast durchweg englische, bald auch französische Ritter an, die nach den Lösegeldzahlungen von Poitiers ruiniert waren und nun an der Verwüstung des eigenen Landes teilnahmen. Ritter aus dem niederen Adel, jüngere Söhne und Bastarde liefen als Führer zu den Briganten über und fanden in ihrer Gesellschaft ein Auskommen.
Barbara Tuchmann: Der ferne Spiegel

Die Stadtgeschichte Génolhacs erwähnt die Errichtung von Stadtmauern um 1380 als Schutzmaßnahme gegen die Plage des Banditenterrors und erinnert an den Raubüberfall unter Anführerschaft eines Rodrigo de Villandrando im Jahre 1426. Knapp dreihundert Jahre später wurde die Stadt erneut zum Schauplatz blutiger Kämpfe, diesmal zwischen den königlichen Truppen und den Kamisarden um Nicolas Jouany. Dieser stammte aus der Umgebung von Génolhac und war einer der berühmten Anführer der Kamisarden (S. 24). 1703 umstellten er und seine Rebellen die Garnison, setzten sie in Brand und töteten die fliehenden Soldaten. Als die Truppen aus Alès heranrückten, waren die Kamisarden längst auf und davon. Nach erfolgloser Suche hielten sich die königlichen Soldaten an der Stadt schadlos.

Adressen

30450 Génolhac

- Office de Tourisme, Centre Info-PNC, Tel. 04 66 61 18 32/Fax 04 66 61 26 49
- Centre de documentation et d'archives »La mémoire des Cévennes«, Tel. 04 66 61 19 97
- Gîte d'étape in dem Bergweiler Toureves oberhalb von Génolhac bei Mme Postel-Vinay u. M. Lemaire, Tel. 04 66 61 10 01
- Gîte d'étape »L'Arceau«, Tel. 04 66 61 18 32
- »Hôtel-Restaurant du Chalet«, Tel. 04 66 61 11 08
- »Hôtel-Restaurant du Commerce« 46, Grande Rue, Tel. 04 66 61 11 72
- »Hôtel-Restaurant du Mont Lozère« 13, Avenue de la Liberation, Tel. 04 66 61 10 72/Fax 04 66 61 23 91

30450 Concoules

- »Auberge Beauséjour«, Route de Villefort, Tel. 04 66 61 12 43

30450 Aujac

- Hôtel-Restaurant »Les Amis«, auch Gîte d'étape bei M. Cadet, Tel. 04 66 61 13 12
- Château du Cheylard, tägl. außer Mo. 14–19 Uhr geöffnet, außerhalb der Saison nur sonntags, Tel. 04 66 61 20 24

30160 Bessèges

- Office de Tourisme 50, Rue de la Republique B.P. 16, Tel. 04 66 25 08 60
- »Hôtel du Luxembourg«, Tel. 04 66 25 00 34
- »Restaurant Les Terrasses du Grand Tournant«, Tel. 04 66 25 13 23

In den Schluchten des Luech

Der Luech entspringt im Bougès-Massiv, verläuft zwischen Bougès und Mont Lozère und bildet in der Cézerènque südlich des Dorfes Tarabias eine Partie von schönen, kleinen Schluchten aus. Die Wanderung führt auf dem alten Wirtschaftsweg, der seinerzeit durch Pflasterung und Steinstufen gesichert wurde, von dem Bergdorf Tarabias zu dem Weiler Chambon an den Fluß hinunter. Mit schmalen Häusern, Kirche und Gassen schmiegt sich der Ort zwischen Berg und Fluß. Flußabwärts geht es an Gärten, Wiesen und Obstterrassen vorbei zu den ersten tiefen Badegumpen vor der alten Steinbrücke aus mörtellos geschichtetem Bruchstein. Ein Hangweg in abwechslungsreicher Flußlandschaft führt zu den Gartenterrassen von Chareneuve. Von hier aus gibt es keinen sichtbaren Wanderweg mehr. Man erreicht die weiter flußabwärts gelegene Schlucht des Luech, indem man abwechselnd rechts- und linksseitig des Flusses über

Tarabias im Tal des Luech

ausgewaschene Steinplatten, Kieselstrand und kleine Felspartien läuft. Man kann beliebig tief in den Canyon hineingehen; nach etwa 30 Min. verengen sich die Felsen. Hier wechseln große, ruhige Wasserbecken mit tiefen, dunkelblauen Felsrinnen und sprudelnden Sturzbächen.

Hinweise für die Wanderung

- **Dauer**: 3.45 Std.; dabei sind für die Flußstrecke hin und zurück jeweils 45 Min. eingerechnet.
- **Karte**: IGN Nr. 2839 Ouest Bessèges
- **Orientierung**: Ab- und Aufstieg von Tarabias nach Chambon gemäß der rotgelben Markierung; im Flußtal Orientierung anhand der Karte.
- **Höhenunterschied**: 250 m
- **Anfahrt**: Von St-Ambroix auf der D 51 nach Bessèges; während der Ortsdurchfahrt an der zweiten Brücke die Cèze überqueren und auf der D 17 über Peyremale, L'Elzière nach Tarabias. Parken auf dem Dorfplatz mit Briefkasten. Anfahrt von Génolhac auf der D 906, in Belle Poile zweigt die D 17 Richtung Tarabias ab.
- **Wichtig**: Die Wanderung kann nur in den Sommermonaten gemacht werden, weil der Fluß mehrmals an flachen Stellen überquert werden muß. Nach anhaltenden Regenfällen ist er unpassierbar. Für die Flußüberquerungen sind wasserunempfindliche Sandalen oder Schuhe mitzunehmen. Die Steine können rutschig sein.

Wegbeschreibung

Vom Dorfplatz in Tarabias geht man ca. 50 m auf der D 17 Richtung L'Elzière.

Vor der deutlichen Kurve am Dorfausgang zweigt rechts ein schmaler, von Mauern eingefaßter Hohlweg von der Straße ab, der rot-gelb markiert ist. In 30 Min. führt der Weg, der von der Gemeinde von überwucherndem Gestrüpp freigehalten wird, den Hang hinunter. Unter der Grasnarbe erkennt man die Steinpflasterung und alte Steinstufen. Man überquert den Brandschutzweg (DFCI), geht ein paar Schritte nach rechts und entdeckt links den Weg bergab. Denselben Schlenker macht man kurz darauf noch einmal und steigt durch lichten Pinienwald nach **Chambon** hinunter. Am Dorfplatz vor dem Fluß läuft man durch das Gäßchen nach links. Auf der Höhe des letzten Gartens mit Laube geht der Weg links und gleich wieder rechts durch Obst- und Gemüsegärten am Wasserlauf entlang. Man erreicht die großen Felsen am Ufer vor der ersten Brücke. Die viel besuchten Wassergumpen sind der Badeplatz des Dorfes.

Noch vor der Brücke führt ein schmaler Pfad links am Uferfelsen hinauf. Er geht dann über die kleine Bergkuppe und durch duftende Garrigue am Hang entlang. Der idyllische Weg zieht sich stellenweise sehr schmal am Berg dahin. Vor der zweiten Brücke sieht man breite Kaskaden und schöne Badestellen. Der Pfad senkt sich und erreicht eine kleine Stichstraße. Ein breiter Wassergraben säumt die Straße, die nach links in den Weiler **Chareneuve** hineinführt. (Chambon bis Chareneuve 30 Min.)

Es geht an den Häusern vorbei bis zu einem mit Schiefermauern eingefaßten Wasserbecken und einem in die Wiese geduckten Mühlenhaus dahinter. Am Flußufer endet der sichtbare Weg. Es empfiehlt sich, gleich hier den Luech zu überqueren und die erste Flußschleife bereits auf der rechten Uferseite zu laufen. Zunächst muß man seinen Weg durch Ufergestrüpp finden, dann geht es problemlos über große Felsenplatten, ausgewaschene Steinwannen und höhere Felsblöcke. Nach der Schleife des Luech geht es wieder linksseitig des Flusses weiter, später erneut rechts. Nach etwa 45 Min. rücken die Felsen enger zusammen und bilden die eindrucksvolle Flußpassage mit Strudeln, Wasserfällen und tiefblauen Wasserbecken. Von hier aus kann man tiefer in die Felslandschaft des Flusses vordringen und später denselben Weg zurückgehen.

Adressen

30160 Bessèges: siehe S. 157
30450 Génolhac: siehe S. 157

30500 St-Ambroix/St-Brès

- Office de Tourisme, Place de l'Ancien Temple, Tel. 04 66 24 33 36/ Fax 04 66 24 05 83
- Hôtel-Restaurant »Auberge Le Saint-Brès«, Route d'Aubenas, Tel. 04 66 24 10 79
- »Auberge au Temps de Vivre«, Le Réboulet, Tel. 04 66 24 31 42
- »Hôtel Arnac«, Route d'Uzès, Tel. 04 66 24 17 09
- Restaurant »L'Assiette Provençale«, Tel. 04 66 60 26 14

30530 Portes

- Hôtel-Restaurant »Relais du Château«, Tel. 04 66 34 09 84
- Gîte d'étape bei M. Deleuze, Rue de la mairie, Tel. 04 66 34 39 07
- Château de Portes, tägl. außer Mo geöffnet, außerhalb der Saison auf Anfrage, Musikfestival im Sommer, 04 66 54 92 05

30530 Chamborigaud

- Hôtel-Restaurant »De L'Avenue«, Tel. 04 66 61 47 81
- Hôtel-Restaurant »Les Cévennes«, Tel. 04 66 61 47 27

In der Schlucht des Séguissous: Les Aiguières bei Suzon

Der Ausflug führt von den Ausläufern der Cevennen in die Hügellandschaft der Garrigue südöstlich von St-Ambroix. Kleine Flußschluchten laden hier zum Wandern, Baden und Canyoning ein. Ein Highlight ist die Schlucht des Séguissous, der auf seinem Verlauf zwischen den Dörfchen Cal und Suzon zweimal unerwartet spektakuläre Aushöhlungen im Kalkstein ausgebildet hat: Eine Folge von weich ausgewaschenen Überwölbungen, verzweigten Wassergängen, türkisfarbenen Becken, Kaskaden und Toboggans sind die großen und die kleinen »Aiguières«. Eine Wanderung in dieser reizvollen Flußlandschaft lohnt den Abstecher in die Garrigue des Gard und darf nicht unerwähnt bleiben. Sie beginnt in der Nähe von Suzon, das am westlichen Rand des Felskegels St-Peyre (352 m, Oppidum) liegt. Dort geht man zu den Grandes Aiguières hinab, folgt dann dem Uferweg flußabwärts zu den Pétites Aiguières und steigt dort aus dem Flußtal hinauf auf die Anhöhe. Nach einer ausgedehnten Schleife über den Garriguerücken erreicht man den Ausgangspunkt.

Hinweise für die Wanderung

- **Anfahrt**: Man verläßt das Städtchen St-Ambroix Richtung Barjac, biegt jedoch schon wenig später von der D 57 auf die D 37 ab. Es geht über Potelières zur Pont-d'Auzon und weiter auf der D 7 nach Navacelles. Hier folgt man der kleinen Landstraße D 147 Richtung Vendras/Bouquet und muß nun die Parkbucht in einer deutlichen Rechtskurve der Straße ansteuern, die in der Wanderkarte mit der Ziffer 247 gekennzeichnet ist. Erkennungszeichen ist das waldlose Gebiet jenseits der anderen Straßenseite.
- **Ausgangspunkt**: Parkbucht an der D 147 noch vor dem links abzweigenden Fahrweg zum Mas Labeille (von Navacelles aus gesehen)
- **Dauer**: 3 Std.
- **Typ und Schwierigkeitsgrad**: Rundwanderung auf schmalen Schlucht-Pfaden und breiten Uferwegen. Der Aufstieg aus dem Tal führt über eine Geröllhalde und ist nicht ganz unbeschwerlich.
- **Höhenunterschied**: ca. 80 m
- **Orientierung**: vereinzelt Hinweisschilder, in Suzon gelbe Markierung, Richtung Pétites Aiguières rote Markierung
- **Karte**: IGN Nr. 2840 Est St-Ambroix
- **Jahres-/Tageszeit**: ganzjährig; da es unterwegs nur gelegentlich Halbschatten gibt, wird es im Sommer in der Mittagszeit sehr heiß. Diverse erfrischende Badegelegenheiten auf dem Hinweg.

Wegbeschreibung

Der Weg führt in nördlicher Richtung leicht bergab in den Wald hinein. Man erreicht das ausgetrocknete Flußtal des Séguissous, jenseits davon liegt ein kleiner Hof mit Pferdekoppel. Nordöstlich blickt man auf das stattliche **Mas Labeille**. Eine ausgetretene Wegspur führt am Flußbett entlang (links ein offenes Feld) **Richtung Suzon**. Der Weg endet vor dem dichten Ufergehölz des Flusses; man sucht sich die geeignete Passage und steigt auf der anderen Seite einen schmalen Pfad hangaufwärts nach Suzon. Vor den ersten Gebäuden stößt man auf einen gelb markierten Querweg und folgt ihm in nordwestlicher Richtung durch das Dorf bis zu dem ehemaligen Backofenhaus. Dahinter markiert ein Hinweisschild den Abstiegsweg in die Schlucht, der zunächst quer über die Wiese führt. Mehrere Pfade schlängeln sich dann durch offenen Buschwald an der Bruchkante hinunter. Wir wandern auf dem, der sich zunächst ein wenig in nordwestlicher Richtung hält und dann über Felsabsätze das dichte Ufergebüsch und flußaufwärts die ersten markanten Felsaushöhlungen der Schlucht erreicht. Der schmale Uferpfad endet in einer wildromantischen Kulisse, der Felshalle der **Grandes Aiguières** mit ihren gestaffelten, türkisgrünen Wasserbecken und Kaskaden. (30 Min. seit Ausgangspunkt)

Im weiteren Wegverlauf geht es zunächst zurück Richtung Suzon. Nach kurzer Zeit biegt ein Abzweig nach links und erreicht wieder das dicht bewachsene Flußufer. Talabwärts geht es durch mannshohen Buchsbaumwald und efeu- und dornenüberranktes Unterholz an dem nun überwiegend wieder ausgetrockneten Flußbett entlang, bis das Tal sich weitet und der Wald lichter wird. Auf einem gut sichtbaren, breiten Weg geht es nun unterhalb eines Wiesenhangs weiter bis zu einem Querweg. Nach links hält der Weg auf die nächste Felsverengung Richtung Westen zu. Die rote Markierung führt durch ein breites Wiesental bis zu einer Felswand. Der Weg neigt sich nach links, erreicht den Fluß, der an günstiger Stelle überquert werden muß, und führt nun linksseitig über Felsplatten weiter talabwärts. Bei geeignetem Wasserstand kann man die **Pétites Aiguières** (siehe Fotos

S. 88) auf diesem Weg erreichen; es geht am Fluß entlang und gelegentlich über große Steine durch den Fluß. Die rote Markierung führt dagegen kurzzeitig aus dem Tal heraus auf die Halde und auf der anderen Seite wieder hinunter. So wird eine Schleife des Flusses abgeschnitten, und man erreicht den zweiten Höhepunkt der Flußpartie, die Gesteinsauswölbungen, Kaskaden, Wasserbecken und Felsrinnen der Pétites Aiguières (1 Std. seit den Grandes Aiguières).

Unterhalb der letzten Kaskade führt ein sichtbarer Geröllpfad linksseitig des Flusses steil aus dem Tal hinauf. (Vorsichtig auftreten, um keinen Steinrutsch auszulösen.) Noch unterhalb des Kammes ist die Geröllpartie beendet; man erreicht einen Querweg, den man nach rechts weitergeht. Ab und zu steigt man über größere Felsabsätze, dann kommt man in einen dichteren Buschwald und schwenkt nach links. So gelangt man immer weiter hoch und gewinnt Aussichten auf die Schluchtwindungen des Séguissous und die Cevennen. Ziel ist der Kamm des Mont Lansac, über den sich der Brandschutzweg etwas öde dahinzieht. Die Ortschaft Suzon gerät wieder in den Blick, später auch das Mas Labeille. In Serpentinen führt die breite Schneise zur Landstraße hinunter. Rote Markierung weist auf den kleinen Weg hin, der sich linkerhand und parallel zur Straße durch den Wald schlängelt und bei der Pferderanch endet. (1.30 Std. für den Rückweg)

Adressen

30500 St-Ambroix: siehe S. 159

30500 Allègre

- Office de Tourisme Les Fumades-les-Bains, Tel. 04 66 24 80 24/ Fax 04 66 24 83 29
- Restaurant »Château de Boisson«, Tel. 04 66 24 82 21

30340 Servas-Salindres

- »Ferme-Auberge de la Bécasse«, auch Chambres d'Hôte bei Fam. Braheti, Spezialität sind Wild- und Geflügelgerichte (Hase, Fasan, Perlhuhn), ganzjährig geöffnet, Route de Bagnols/Alès, Vorbestellung unter Tel. 04 66 83 12 54
- Zwischen St-Ambroix und Alès zweigt hinter Pont d'Avène eine Straße von der D 904 ab, die zu dem prähistorischen Museum »Le Prähistorama« führt. Sehr anschaulich sind hier Szenen des Höhlenlebens der sog. Chassey-Kultur nachgestellt worden. Die »Chasséens« lebten in der Zeit des Übergangs zum Neolithikum vom 7. bis 4. Jahrtausend v. Chr. im Ardèchetal. Öffnungszeiten April bis September 10–18/19 Uhr, 30340 Rousson, Tel. 04 66 85 86 96.

3. Auf Wirtschaftswegen aus dem Tal bei Vialas auf das Plateau des Mont Lozère

Rundwanderung über das Tal des Rieutord

Vialas liegt am Fuß der Südost-Flanke des Mont Lozère im Tal des Luech. Oberhalb der weit am Hang verstreuten Ortschaft ragen die schroffen Felszacken der »Rochers de Trenze« auf. Sie sind das weithin erkennbare, charakteristische Merkmal der südlichen Bruchkante des Massivs. Alte Wirtschaftswege führen aus dem Tal auf das Berghochland des Lozère. Die Wanderstrecke erreicht über einen solchen Weg den Weiler Gourdouze auf dem Plateau und folgt der »Tour du Mont Lozère« (Grande Randonnée 68) nach L'Aubaret. Die Route verläuft durch eine Landschaft einsamer Hochflächen mit Wiesen, Mooren, Heideland und Steinfeldern und führt an abgeschiedenen Gehöften und Bergweilern vor-

Hochtal des Tarn auf dem Mont Lozère

bei. Vor L'Aubaret kommt die »Draille du Languedoc« (GR 7) aus dem Südtal hoch und kreuzt die »Tour du Mont Lozère« vor der Brücke über den Alignon. Kurz davor führt ein schmaler Maultierpfad durch die Wiesen von Les Tourrières und dann durch das wildromantische, schroff geschnittene Tal des Rieutord wieder hinunter in das Tal des Luech.

Hinweise für die Wanderung

- **Anfahrt**: Die schmale, windungsreiche D 998 biegt südlich von Génolhac von der D 906 (Alès – Villefort) ab und begleitet das Tal des Luech, das die beiden Massive Lozère und Bougès voneinander trennt. Von Génolhac bis Vialas fährt man 12 km. Es gibt Parkplätze an der Dorfstraße gegenüber der Kirche. Dort beginnt der Wanderweg.
- **Dauer**: 4.30 Std.
- **Typ und Schwierigkeitsgrad**: Bequemer Rundwanderweg auf alten Wirtschaftswegen. Der Abstieg im Rieutord-Tal führt auf einen schmalen Pfad über Schieferplatten, die glitschig sein können.
- **Höhenunterschied**: 742 m
- **Orientierung**: zuverlässige Markierung durch gelbe Holzschilder, auf denen die Namen der Wanderetappen stehen, zusätzlich rot-gelber Balken für den Aufstiegsweg, rot-weiße GR-Markierung auf dem Plateau.
- **Karte**: IGN Nr. 2739 OT Mont Lozère, Florac
- **Jahres-/Tageszeit**: von März bis Dezember, im Sommer mehrere Bademöglichkeiten in den Flüssen.

Wanderweg

An der Kirche von Vialas beginnt der Maultierweg, der in 1.30 Std. zu dem Bergweiler Gourdouze hinaufführt (1238 m). 20 m westlich der Kirche führt die Gasse aus dem Dorf heraus. Auf der geteerten Straße geht es bis zu den letzten Häusern des Ortes. Dann biegt rechts der steingepflasterte Weg nach Gourdouze ab. Es geht durch einen verwilderten Kastanienhain. Zweimal überquert man die Asphaltstraße und erreicht nach 20 Min. die Stichstraße zu dem Weiler Le Plot. Nach ca. 10 Min. auf Asphalt biegt

L'Aubaret

man hinter der Brücke über das Flüßchen Pontil (schöne Kaskaden) nach links ab und geht auf dem bequemen Wirtschaftsweg an der Flanke des Bergstocks hinauf. Bei mäßiger, aber anhaltender Steigung mit Blick auf die Felszacken der »Rochers de Trenze« gewinnt man rasch an Höhe. Granitblöcke liegen weit verstreut an der Flanke des Lozère. Die Kaskaden der Gourdouze kommen schon in den Blick, aber hier schwenkt der Weg noch einmal weit nach Westen und erreicht erst nach ein paar Kehren durch aufgetürmte Blocksteine die Weidewiesen des Weilers **Gourdouze** und den Fluß. Von der Höhe bietet sich ein beeindruckendes Panorama auf ein Meer von Bergkämmen südlich des Lozère. Wir gehen an dem nicht bewirtschafteten Gîte d'étape, einem Berghof, der Rinderzucht betreibt, einigen Ruinen von Granithäusern und der Hütte für die Wanderschäferei vorbei und laufen auf dem betonierten Weg Richtung Westen.

Der zweite Streckenabschnitt führt auf der »Tour du Mont Lozère« durch weitflächig gewelltes Gras- und Ginsterland und Steinfelder mit Granitblöcken nach L'Aubaret (5 km). Zwischendurch schneidet der Wanderweg die Straßenschleife ab. Man biegt links ab, durchquert die Wiesensenke mit lebhaft sprudelnden Quellgewässern und Bächen und kommt wieder auf die kleine Straße. Bald erreicht sie den Weiler **Pierre Froide**, später **La Vialasse** und dann durch die Talsenke des Flüßchens Alignon den Weiler **L'Aubaret**. Vor der Brücke von L'Aubaret kreuzen sich die Wege: Aus dem Süden kommt die »Draille du Languedoc« von der Croix de Berthel hoch und führt an L'Aubaret vorbei nach L'Hôpital.

Der dritte Streckenabschnitt beginnt noch vor L'Aubaret an der ausgeschilderten Abzweigung nach **Les Tourrières**. Nach 30 Min. auf der geteerten Straße (Richtung Les Tourrières) führt der landschaftlich spektakuläre Abstieg durch das Tal des Rieutord, der nach starken Regenfällen als schäumender Wildbach vom Plateau hinunterstürzt. Man durchquert den Weiler Les Tourrières und entdeckt vor dem letzten Hof das Holzschild, das den Berg hinunter nach Vialas weist. Hier zweigt ein mit Mauern eingefaßter, kleiner Hohlweg ab, der erst durch die Wiesen, durch Fluß- und Sumpfgelände und dann auf Granitplatten durch ein kleines Wäldchen zu der Aussichtsstelle über dem Tal des Rieutord führt.

Von hier ab schlängelt sich ein schmaler Pfad in Zick-Zack-Kehren über Schieferplatten den Berg hinunter und nähert sich dem Flußbett des Rieutord. Auf kleinen, überwucherten Stichwegen erreicht man die Wasserbecken zwischen mächtigen Granitblöcken. Man überquert drei Zuflüsse, in denen man ebenfalls baden kann. Dann kommt man über eine Steinbrücke und erreicht einen neuen Wegabschnitt durch aufgelassene Kastanienterrassen. Ein schattiger, von hohen Steinmauern eingefaßter Hohlweg führt weiter hinunter bis nach Les Polimies. Von dort führt ein grün markierter Weg oberhalb der Landstraße durch den Wald zurück nach Vialas (Les Tourrières – Vialas 1.30 Std.). Wenn man auf der Landstraße zurückgeht, findet man am Ortseingang von Vialas eine Bar.

An der Südostflanke des Lozère – von Vialas zu den Bergweilern Gourdouze und Les Bouzèdes

Dieser Wandervorschlag führt wieder über die Südflanke des Lozère zu dem Bergweiler Gourdouze, folgt dann aber der »Tour du Mont Lozère« nach Osten und erreicht oberhalb der südöstlichen Bruchkante des Lozère den Weiler Les Bouzèdes im Hochtal des Flusses l'Homol.

In 1230 bis 1400 m Höhe ducken sich Gourdouze und Les Bouzèdes in die fruchtbaren Senken des Hochlandes am Südhang des Lozère. In den schwer zugänglichen, im Winter zeitweise ganz von der Außenwelt abgeschnittenen Hochflächen des Lozère betrieben die Bauern traditionellerweise eine auf Autarkie ausgerichtete Landwirtschaft: Rinder- und Schafzucht, Anbau von Roggen, Rüben, Kohl und Kartoffeln.

Mittlerweile leben in Gourdouze und Les Bouzèdes schon lange keine Bauern mehr. Die entlegenen bäuerlichen Siedlungen der östlichen Bergregionen, Masmejan, Fergerolles, L'Aubaret, Bellecoste, Gourdouze und Les Bouzèdes, die oft nur über Feldwege erreicht werden können, erlebten spätestens seit dem 1. Weltkrieg einen massiven Exodus ihrer Bewohner. Heute lassen noch einige Bauern, in der Coopérative agricole du Mont Lozère zusammengeschlossen, ihre Rinderherden auf den Hochalmen weiden, die von der Behörde des Nationalparks an sie verpachtet werden.

Das Mas Bouzèdes gehörte zu der Priorei von Gourdouze und wurde im Lauf der Französischen Revolution als »nationales Eigentum« an die reiche Bauernfamilie Benoit verkauft. Im mauergeschützten Garten findet man die Grabsteine der protestantischen Familie. Zu betrachten ist die große, steingeflieste, mit niedrigen Mauern eingefaßte »aire du battage«, der Dreschplatz (okz. l'airol). Er ist talwärts erhöht, damit keine Körner verloren gehen. Das Mühlenhaus und mehrere Hofgebäude wurden restauriert. Mit mächtigen Granitmauern ist die talwärts gewandte Hausseite abgestützt.

Hinweise für die Wanderung

- **Anfahrt und Ausgangspunkt**: siehe Rundwanderung Rieutord S. 161.
- **Dauer**: 5.30 bis 6 Std.
- **Typ und Schwierigkeitsgrad**: Rundwanderweg; der letzte Abschnitt auf der Landstraße nach Vialas zieht sich etwas in die Länge.
- **Höhenunterschied**: 788 m
- **Orientierung**: Zunächst »Sentier de decouverte de Gourdouze«; auf dem Plateau: GR 68 du Mont Lozère (rot weiß), von Les Bouzèdes nach Génolhac »Eule auf grünem Grund« und Hinweisschilder.
- **Karte**: IGN Nr. 2739 OT Mont Lozère, Florac
- **Jahres-/Tageszeit**: Frühling bis Herbst, die Südflanke des Lozère ist im Sommer heiß beschienen, aber Erfrischung durch zahlreiche Quellwasser und Flüsse.

Wanderweg

Aufstiegsweg siehe vorherige Wanderung. Nach insgesamt anderthalb Stunden Aufstieg erreicht man die Bergwiesen in der Umgebung des Weilers Gourdouze. Der Weg folgt dem GR 68 in nordöstlicher Richtung. Ein Stück weit geht es an dem Fluß Gourdouze entlang, der hier breit und gemächlich durch die Sommerwiesen fließt. Die rot-weiße Markierung führt über die Weiden, der Weg steigt leicht bergan. Hier heißt es achtgeben: Man darf die Steinmännchen (cairns) nicht übersehen, die nach rechts weisen und durch niedriges Gebüsch und Felsen auf die höchste Erhebung (1369 m) führen. Ein Höhepunkt der Wanderung ist der Blick in die »Combe infernale« hinunter und hinüber auf die Felsenkulisse der »**Rochers de Trenze**«. In östlicher Richtung ist der Blick an klaren Tagen frei bis zur Rhône-Niederung und zu den Voralpen.

Man folgt dem Höhenweg weiter Rich-

Traditionelle Granitsteinarchitektur auf dem Mont Lozère: Les Bouzèdes

Bergweiler aus Granit auf dem Hochland des Lozère

Die Bergweiler des fruchtbaren und wasserreichen Lozère-Massivs entsprechen mit ihrer Bauweise den extremen Klimaverhältnisse dieses Hochlands. Charakteristisch ist ihr massiges Mauerwerk aus verschieden großen, sorgfältig behauenen Granitsteinen. Im Unterschied zu den Schieferhäusern in den Cevennentälern, die schmal und hoch an den Hang gebaut sind, breiten sich die gedrungenen Häuser des Hochlands mit ihrem schweren Gesteinsmaterial auf der weiten Fläche aus.

Die Bauern des Berglands waren Viehzüchter und bauten Getreide an. Ihre Wohnräume und Stallungen liegen zu ebener Erde so nebeneinander, daß die Stallräume in den ungewiß langen Wintermonaten zugänglich sind, ohne daß das Haus verlassen werden muß. Mit einem niedrigen zweiten Geschoß schmiegt sich der Hof an den sanft geneigten Berghang; Futtermittel- und Heuvorräte für die Viehzucht werden auf diesem Zuweg ebenerdig unter dem Dach des Gehöftes eingebracht. Die Dächer sind mit Schieferschindeln gedeckt. Baulicher Schmuck ist die Firstkante, die aus schweren Platten stufenweise gelegt und ein besonderer Nässeschutz ist.

Türen und Fenster des Wohnhauses sind nach Süden gerichtet, um viel Licht und Wärme einzufangen. Kleine Fensteröffnungen sollen die Innenwärme halten und sind oft asymmetrisch so in die Mauer gesetzt, daß die Sonne zu jeder Tageszeit hineinscheinen kann. In dem niedrigen oberen Stockwerk befinden sich die Fensteröffnungen auf der Höhe des Fußbodens. Das besondere Geschick der Steinmetze erkennt man an dem massiven Sturz des Eingangsportals und dem Gewölbebogen des Kamins. Er beherrscht die Seitenfront des großen, gemeinschaftlich genutzten Wohnraums. Die »salle commune« enthielt alle Vorrichtungen für das tägliche Leben. Im Zentrum stand das Kamingewölbe. Über der Feuerstelle hing der Kessel, daneben war der Zugang zum Brotbackofen, dessen Auswölbung außerhalb des Hauses zu sehen ist. Sitzbank, Holzvorräte, Aschekasten, Arbeitsgeräte und Töpfe an Wandhaken waren unter dem Kaminbogen untergebracht. Das Feuer brannte Tag und Nacht und erwärmte die Granitsteine, die die Wärme hielten und abstrahlten. In dem niedrigen Stockwerk über dem Wohnraum richtete man neben dem Heuboden kleine Schlafkammern ein.

Gemeinschaftlich genutzte Einrichtungen des Dorfes waren seit der Abschaffung des Feudalsystems auf dem Lozère der Dreschplatz mit Steinfliesen und Mauerumrandung, ferner Backöfen, Kanalsysteme und Wassermühlen.

de-la-Barque kommt an dem Aussichtspunkt vorbei.)

Durch teilweise mannshohen Ginster steigen wir weiter hinab. Noch im Juli ist die ganze Halde gelb von Ginster und duftet herbe. Es gibt dunkelschattige Ruhe- und Lagerplätze unter dem Blätterdach uralter Kastanien, Eichen oder Buchen, freigelegte Felspartien und einen faszinierenden Weitblick. Rinnsale und Bäche glucksen hier und da aus dem Berg; dann wird das Gelände sumpfig, und man muß auf die Markierung achten. Schließlich haben wir den Kastanienwald erreicht, stoßen auf die D 362 und laufen talwärts bis zu einer Haarnadelkurve. Der Name »**Montclar**« ist als Markierung weiß auf den Felsen geschrieben. Hier führt ein schöner, gepflasterter Weg in den Wald hinein. Man geht durch lichten Kastanienwald an der Domaine Montclar vorbei, überquert auf der alten Steinbrücke die Kaskaden des Hormol und erreicht eine vegetationsfreie Anhöhe. Vor uns liegt die runde Kuppe des **Col de Montclar** (892 m). Man folgt nun nicht der breiten Wegschneise, die an seiner Flanke entlang läuft, sondern biegt in den süd-westlich absteigenden Weg ein (gelbes x). An der nächsten Weggabelung wählt man wieder den Weg, der ein gelbes X hat, und läuft von nun an auf dem bequemen, steingepflasterten Wirtschaftsweg in einigen Kehren bis zum Weiler **Nojaret**; dann auf der Landstraße nach Vialas.

Tip: Eine interessante Variante dieses Wanderweges führt auf die Felsengruppe der Rochers de Trenze hinauf und erreicht von dort den Weiler Les Bouzèdes. Dazu fährt man mit dem Auto von Génolhac auf der D 362 bis zu dem Felsen mit der Aufschrift »Montclar«, folgt dem Weg, wie oben beschrieben, bis zu dem zweiten gelben X und muss dann auf den rechts abbiegenden Weg achten, der an einem Weißdornbaum, gegenüber von einem Holzpfosten mit grünem Balken, Richtung Westen führt. Es geht hinter einem Natursteinhaus vorbei auf die Felsengruppe zu. Über große Felsabsätze steigt man im Zickzack steil bergan, immer den Steinmännchen folgend, an hoch übereinander aufgetürmten Granitblöcken vorbei, bis die erste Bergkuppe (Le Montadou) erreicht ist. Weiter führt der Weg bergan, immer an der steil abfallenden Flanke der Rochers de Trenze entlang, ohne daß der Weg ausge-

Blick auf die Rochers de Trenze

setzt ist. Es geht überwiegend an der Innenseite des Bergrückens entlang, streckenweise durch mannshohen Ginster, dann durch einen von Granitblöcken durchzogenen Buchenwald bis zu den Häusern von Bouzèdes. Für den weiteren Wegverlauf siehe die vorherige Wanderung.

Adressen

48220 Vialas

- Syndicat d'Initiative, Tel. 04 66 41 05 95
- Vialas hat eine feine, gastronomische Adresse. Der Koch Patrick Pagès kocht im Sommer in den Cevennen, im Winter in seinem Restaurant in Paris. Die traditionellen, einheimischen Rezepte werden in seiner Küche in Vialas mit der Raffinesse der großen französischen Kochkunst zubereitet: »Hôtel-Restaurant Chantoiseau«, dienstags abends und mittwochs geschlossen, Tel. 04 66 41 00 02
- Restaurant »Les Sources«, 04 66 41 02 50
- Gîte d'étape »Gentiane« im Granit-Weiler Castagnols bei M. Brochier; dort werden Rundtouren mit dem Packesel organisiert, Tel. 04 66 41 04 16
- Gîte d'étape, ferme équestre, gute Küche mit Menüs ab 60 F in »La Ferme de Figerolles« bei Mme Gandolin, 04 66 41 02 65
- Zwischen Vialas und dem Col de la Croix Berthel liegt der Weiler Saint-Maurice-de-Ventalon; hier gibt es eine Ferme aus dem 19. Jh., die wieder bewirtschaftet wird: Ferme-Auberge »Le Cantou du Poncet« bei Florence Pantel, ganzjährig geöffnet, aber nur bei Vorbestellung: Ziegenkäse-Tarte, Geflügel, Fleisch-Patés, Tel. 04 66 45 85 17

48190 Mont-Lozère

- Hôtel-Restaurant »Chalet du Mont-Lozère«, 1400 m hoch gelegen, freundlicher Empfang und gute Bergküche bei M. Pagès, Tel. 04 66 48 62 84
- Hôtel »Le Refuge« und Gîte d'étape und bei M. Reversat, Tel. 04 66 48 62 83

Auf den Wegen der Transhumance

Breite Wegeschneisen steigen am Col de la Croix de Berthel und nördlich von Florac an der Südflanke des Lozère-Massivs hoch, führen über die Hochflächen bis zu den höchsten Kammlinien und senken sich wieder ab. Es sind zwei Hauptrouten der Transhumance, die heute als Wegenetz durch die Cevennen von den Wanderern wiederentdeckt wurden: die »Draille de la Margeride« und die »Draille du Gévaudan« oder »Draille du Languedoc«.

Die Transhumance, der jährlich im Frühsommer wiederkehrende Weidewechsel der Schafherden aus dem Languedoc auf die Sommerweiden des Gebirges, ist die traditionelle Grundlage der Weidewirtschaft im gesamten mediterranen Raum. Der Name »transhumance« kommt aus dem Lateinischen (trans – über, hinweg; humus – Boden) und kennzeichnet die Prozedur der Umsetzung der Schafherden von einem »Boden« auf den anderen. Heute findet die Transhumance immer noch, aber nur in bescheidenem Umfang statt. Die erheblich kleineren Herden werden überwiegend in Lastwagen auf den Berg befördert.

Zu Beginn der Sommermonate verließen die Schafherden die von der Sonne bereits ausgedörrten Ebenen der Garrigue und zogen in großen Trecks auf die grünen Sommergebirgsweiden, von denen sie wohlgenährt und vermehrt im Herbst zurückkamen. Die Schafbestände der Bauern wurden an bestimmten Ausgangsorten gesammelt,

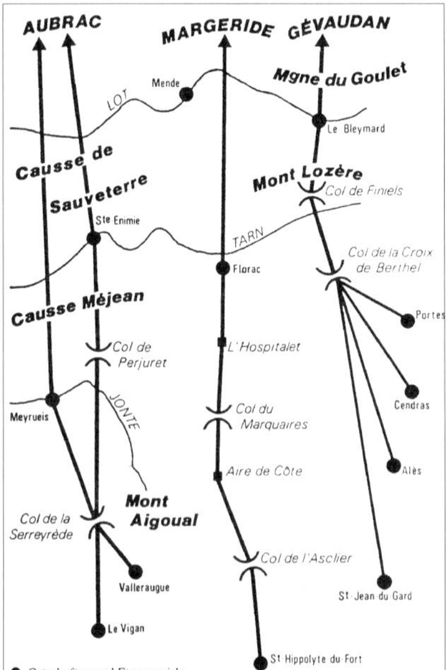

● Ortschaften und Etappenziele
)(col oder Gebirgspaß — Reiseroute
(nach Anne-Marie Brisebarre: Berger des Cévennes, Berger-Levrault)

mit Brandzeichen gekennzeichnet und mit tierärztlichen Bescheinigungen dem Wanderschäfer übergeben. Aus den Dörfern der Cevennen-Vorgebirge schlossen sich die kleineren Herden der Obst- und Gemüsebauern an.

Die Wanderschäfer hatten sich mit ihren Herdentrecks ein eigenes Wegenetz geschaffen, für das uralte Streckenführungen ausgenutzt wurden, deren Ursprung teilweise bis in die Antike zurückzuverfolgen ist. Diese »Drailles« (indo-europäisch »draga« = Sieb) folgten dem Prinzip des »direkten Weges«: Auf fast gradlinigen Pisten zog die Herde den Berghang hinauf, stieg an den Kammlinien der Bergrücken höher und höher und mied den Abstieg in die Täler. Wo er nicht zu umgehen war, wurde der Herdentreck geradewegs die steilsten Hänge hinuntergetrieben. So erreichte die Wolleflut aus der heißen Garrigue schon in sieben Tagen die Almwiesen des Aigoual, Lozère und Tanargue. Dort verbrachten die Herden den Sommer oder zogen noch weiter auf die grünen Hochflächen des Aubrac und der Margeride im Zentralmassiv.

Oft sieht man auf den leeren Hochflächen die breite Wegespur, die von Steinplatten gesäumt ist. Aufgestellte Steinsäulen sind, meistens genau im Abstand von 1000 Schritten, zusätzliche Markierungspunkte.

Auf den Gebirgswiesen des Mont Lozère weideten im letzten Jahrhundert über 300 000 Schafe aus dem Tiefland des Languedoc. Transhumance und die Beweidung der Sommerwiesen in den Bergen hatten eine große ökonomische Bedeutung. Im Mittelalter waren die Weideflächen auf den Hochplateaus der Cevennen im Besitz der großen Klöster. Sie kontrollierten die Viehtriebswege und kassierten Abgaben für die Weidenutzung. Es gibt eine Urkunde aus dem 9. Jh., die dem Erzbischof von Narbonne ein Passage- und Weiderecht zusichert. Noch ältere Urkunden belegen das Recht der »pulverage«, das die Anwohner der Wege erheben konnten. Es war eine Entschädigung für die Staubwolken, die von den trampelnden Tierherden aufgewirbelt wurden.

Für die Landwirtschaft der Bergbauern war der Durchzug der Schafherden goldwert. Sie ließen sich die Beweidung des nährstoffarmen, sauren Bodens durch Düngungsnächte bezahlen. Per Kontrakt wurde die Verweildauer der Schafe auf dem Eigentum des Grundherrn geregelt. Dann erhielten die Bauern eines Dorfes entsprechend ihrer Einwohnerzahl einige Düngungsnächte als Kompensation für den Durchzug oder die Sommerweide der Schafherden. Zu Beginn des 19. Jh. wurden die Düngungsanrechte genaustens geregelt:

12 Bauern teilten sich die 72 Nächte vom 24. Juni bis zum 1. September. Jede Nacht wurden die Schafe in beweglichen Pferchen woanders plaziert. Das Recht der »nuits de fumeture« war inzwischen ein handelbares Zahlungsmittel geworden: Ganze, halbe und Drittelnächte handelte man sich gegen Geld wechselseitig ab. Der Hirte, der in sei-

ner »cabane« bei der Herde schlief, mußte in dem Fall mit dem Platzwechsel seiner Tiere auch seinen Schlafplatz verlegen.

Trotz des wechselseitigen Nutzens war der Durchzug der gewaltigen Schafherden dauernder Anlaß für Konflikte zwischen Bauern und Hirten. Grenzsteine und Mauern, die die Drailles in der Landschaft markierten, wurden gerne von den Anwohnern versetzt, um Ackerland zu vermehren. Im Gegenzug schimpfte man die Hirten, daß sie ihre Tiere außerhalb des vorgesehenen Gebietes weiden ließen und zu spät von den Sommerweiden abstiegen, so daß in den tiefer gelegenen Tälern die Kastanienernte behindert würde. »Raubo-moutons« (Schafklauer) war der Spitzname für Dorfbewohner, die rein zufällig ihre Hoftore offenließen, damit sich ein paar Schafe der durchziehenden Herde mit ein bißchen Nachhilfe hinein »verirrten«. Viele Gründe, um sich wechselseitig Geldbußen abzuknöpfen oder Handgemenge zu liefern.

Durch die Ausdehnung der Weinanbauflächen in den Ebenen des Languedoc wurde Ende des 19. Jh. die Winterweide für die Schafzucht dezimiert. Seitdem der Schafpreis in den letzten 25 Jahren wegen ausländischer Importe sinkt, lohnt sich die Schafzucht für die Obstbauern der Vorcevennen nicht mehr. Man sieht nur noch kleine Herden auf die Berge ziehen, so daß der Durchzug der Tiere zum Sommeranfang mehr und mehr ein folkloristisches Ereignis wird. Auf dem Mont Lozère, einem zentralen Gebiet der Transhumance im letzten Jahrhundert, wird das Weideland um L'Hôpital von der »Coopérative des agriculteures du Mont Lozère« seit 1974 an Hirten verpachtet. Mit 600 bis 800 Tieren fristen diese heutzutage eine bescheidene Existenz.

4. Von L'Hôpital über die Sommerweiden des Lozère-Hochlandes zu den Kaskaden des Tarn

Oberhalb des Weilers L'Hôpital überziehen die Grasmatten der Sommerweiden die Kuppen von etwa 1450 m bis zur Kammlinie bei knapp 1700 m Höhe. Überweidung und Brandrodung haben eine Grassteppe entstehen lassen. Bis in den Mai kann der Schnee die Kämme noch bedecken, und heftige Stürme fegen im Herbst und Winter unwirtlich über die leeren Flächen. Die Vegetationsperiode ist nur kurz, aber der Sommer warm und regenreich.

In L'Hôpital

Der Ausflug führt über die ausgedehnten Wiesen und Grassteppen dieses Hochlands. Ausgangspunkt ist der Weiler Felgérolles, der auf schmaler Straße noch mit dem Auto zu erreichen ist. Ohne daß ein nennenswerter Höhenunterschied zu überwinden ist, führt der Weg durch Granit und Ginster zum Hochtal des Tarn. Große und kleine Kaskaden und Wasserbecken zwischen Granitblöcken laden zum Baden ein. Am oberen Flußlauf überrascht die ungewöhnlich hohe Pont du Tarn. Hier kommt die »Draille du Languedoc« aus L'Aubaret an, man kann sicher den Fluß passieren – auch wenn Regengüsse ihn zum reißenden Sturzbach machen – und führt weiter auf die Anhöhe von L'Hôpital. Dort trifft man auf uralte Mauern aus grauem Granitstein, in-

Pont du Tarn

standgesetzte Anwesen und eine restaurierte Mühle.

Im Mittelalter war der Mont Lozère eine Pfründe für Adel und Klerus. Die Ländereien um L'Hôpital standen hierbei unter dem »Kommando« der Ritter des Malteserordens. 1166 hatte der Seigneur von Tournel Ländereien auf dem Lozère der Abtei von St-Gilles geschenkt. Diese wiederum vergaben das Lehensgut an die Malteser, nachdem sie von den Türken aus Jerusalem vertrieben worden waren und über Malta Einzug in Südfrankreich gehalten hatten. Die Ordensritter ließen sich am Südhang des Lozère an der alten »Fernstraße«, der Draille aus dem Languedoc, nieder und bauten eine Kommandatur. In dem dazugehörigen Hospiz beherbergten sie durchziehende Händler und Reisende und erhoben Wege- und Warenzölle. Im Laufe der Jahrhunderte erwarben sie, auch durch Teilungsakte mit nachbarlichen Lehensherren, einige tausend Hektar Grundbesitz auf dem Lozère. Die dort lebenden Bergbauern hatten Abgaben von ihren Ernteerträgen zu leisten, die Wanderschäfer aus dem Languedoc für die Weidenbenutzung Gebühren abzuliefern. 600 Jahre lang dauerte die Herrschaft der Malteser auf dem Lozère. Während der Französischen Revolution wurden die Wälder Staatsbesitz und die Ländereien als nationales Eigentum an Bürger von Le Pont-du-Montvert verkauft. Steinstelen mit dem eingemeißelten Malteserkreuz markieren noch heute den ehemaligen Ordensbesitz in der Landschaft.

Von L'Hôpital beschreibt der Wanderweg eine Runde über Mas Camargue und Bellecoste und führt dann erneut in das von Buchenwald und blühenden Wiesen gesäumte Hochtal des Tarn hinunter.

Hinweise für die Wanderung

- **Anfahrt**: Von Génolhac geht es auf der D 998 Richtung Le Pont-de-Montvert; etwa 4 km vor dem Ort biegt in dem Weiler La Baraquette eine kleine Straße nach rechts ab, die den Weiler Felgérolles erreicht.
- **Dauer**: reine Gehzeit etwa 5 Std.
- **Typ und Schwierigkeitsgrad**: Rundwanderweg, die Wegstrecke (16 km) zieht sich auf der Grassteppe etwas in die Länge
- **Höhenunterschied**: 200 m
- **Orientierung**: rot-weiße Markierung des

Felgérolles

Mas Camargues

GR 7 und GR 72 und Holzschilder

- **Karte**: IGN Nr. 2739 OT Mont Lozère, Florac
- **Jahres-/Tageszeit**: Frühling bis Herbst, auch im Sommer ist die Höhenluft angenehm kühl.
- **Besonderer Hinweis**: Es gibt in und um L'Hôpital keinerlei Einkehrmöglichkeit, man muß sich sehr sorgfältig mit Proviant und Wasser eindecken. In L'Hôpital ist ein Brunnen.

Wanderweg 

Der Weg beginnt in **Felgérolles** und folgt dem GR 72 Richtung Pont du Tarn aus dem Dorf heraus. Am Dorfausgang geht man rechts an dem letzten Haus vorbei und steigt rasch durch Ginsterbüsche und Granitblöcke bergan. Nach der Überquerung eines künstlichen Wasserlaufes (béal) weiter geradeaus dem GR folgen, bis die Anhöhe erreicht ist. Es geht über weite Heideflächen, die mit Granitblöcken durchsetzt sind; dabei blickt man auf karge Halden und in der Ferne auf die Häuser von L'Hôpital. Schließlich beschreibt der Weg eine Rechtskurve und folgt nun dem Lauf des Tarn. Weiter führt er die Bergkuppe hinauf, auf dem GR 72 in östlicher Richtung am Fluß entlang, allerdings nicht auf dem breiten Forstweg, sondern oberhalb davon auf dem rot-weiß markierten Pfad durch schattigen Wald. Der Tarn stürzt in Kaskaden eine kleine Felsenklamm hinunter und bildet eine wild-romantische Flußlandschaft mit tiefen, weich ausgehöhlten Wasserbekken.

Weiter oberhalb ändert sich die Szenerie: Gemächlich fließt der Fluß durch eine Landschaft von Wiesen, Sumpfgelände und Tannenwald. An der »Pont du Tarn« kreuzt die »Fernstraße« aus dem Süden den Wanderweg. Aus der Tiefebene brachte sie Tierherden, Reisende und Händler auf das Hochland. Heute ist aus der alten »Draille« die Grande Randonnée 7 geworden, der Radfahrer und Wanderer folgen. Der Weg führt über die karge Grasnarbe den Hang hinauf nach L'Hôpital, später zum Museumshof Mas Camargues und nach Bellecoste. Dann geht es wieder hinunter in das Tal des Tarn. Ab »Pont du Tarn« auf der Route des Hinwegs wieder zurück.

Unterwegs:

Der Hof **Mas Camargues** wird 1476 in den Archiven als seigneuraler Besitz erwähnt. Die Herren von Portes verkauften ihn damals an die Prinzen von Conti, dann erwarben ihn Notare aus Mende und veräußerten ihn schließlich an zwei reiche Bauernfamilien von Bellecoste.

Das jetzige Gebäude stammt aus dem 19. Jh. und hat mit seinen drei Stockwerken eher städtischen Charakter. Dennoch finden wir die klassische L-Form eines Lozère-Hofes: Stall und Scheunen stehen quer zum Wohnhaus. Mit einer Getreidemühle, die seit 1885 sogar schon hydraulisch betrieben wurde, war ein gewisser Fortschritt der landwirtschaftlichen Technik Ende des 19. Jh. auch im Mas Camargues erreicht worden. 1922 wurde das Anwesen verkauft und seitdem keine Landwirtschaft mehr betrieben. Der Cevennen-Nationalpark erwarb die Ruine und richtete eine Nebenstelle des »**Ecomusée du Mont Lozère**« ein, das seit 1983 sein Zentrum in Le Pont-de-Montvert hat. Das Weideland wird an die landwirtschaftliche Kooperative des Lozère verpachtet. Der Freilichtmuseumshof Mas Camargues umfaßt die restaurierten Agrarbauten, eine ständige Informationsausstellung im oberen Stockwerk des Hauses und drei Erkundungswege unterschiedlicher Länge. Der **Rundweg A** führt in einer halben Stunde durch die nähere Umgebung des Hofes. Von den Mühlen geht es an den gemauerten Wasserkanälen entlang zum Wasserreservoir und zu dem kleinen Friedhof hinter dem Hof.

Rundweg B dauert 1–1.30 Std. und führt durch den ehemaligen Bereich des Gartenlandes, an Granitfelsen vorbei bis in den Wald, der zu Camargues gehörte. Dabei muß man gemauerte Wassergräben und eine Brücke überqueren, bis man an den Tarn gelangt. Auf der gegenüberliegenden Seite geht es durch Moorwiesen rechts des Flusses im Bogen zurück. **Rundweg C** dauert 1.30–2 Std. und führt nach der Tarnüberquerung weiter auf die offene Kammlinie des Lozère bis 1480 m hinauf. Der weite Panoramablick lohnt den Anstieg.

Es gibt einen weiteren ökologischen Erkundungsweg bei dem kleinen Bergsportzentrum Mas-de-la-Barque, das mit dem Auto von Génolhac aus zu erreichen ist. Gebäudekomplexe in La Fage, L'Hôpital, Bellecoste, L'Aubaret, Felgérolles, Bouzèdes und die Ferme Troubat sind auf Kosten der Umweltbehörde instand gesetzt worden.

Adressen

48220 Le Pont-de-Montvert: s.a. S. 179

- Zu dem Écomusée du Mont Lozère, das seinen Sitz in der Maison du Mont Lozère in Le Pont-de-Montvert hat (Tel. 04 66 45 80 73), gehören mehrere instandgesetzte Agrarbauten des Hochlands, Erkundungswege und Sehenswürdigkeiten:
- die Ferme de Troubat, geführte Besichtigungen vom 1. Juni bis zum 30. September, 10.30–12.30 Uhr und 14.30–18.30 Uhr, außer Donnerstag und Freitag
- der Weiler Bellecoste mit Backofen und der Maison du Berger,
- der Weiler L'Hôpital mit dem Mühlenhaus,
- die Glockentürme (clochers tourmente) in Auriac, La Fage, Oultet, Les Sagnes, Serviès,
- der Weiler La Fage
- die Megalithen an der Cham des Bondons
- Informationen: Parc national des Cévennes in 48400 Florac, Tel. 04 66 49 53 01

48200 Felgérolles

- Gîte d'étape bei M. Felgérolles, Tel. 04 66 45 82 12
- Chambres/Table d'Hôte in dem alten Granit-Weiler »Le Merlet«, der im Stil der Lozère-Architektur restauriert wurde; sehr freundlicher Empfang bei Philippe u. Catherine Galzin, die auf Bestellung kochen, Zimmer u. Ferienwohnungen vermieten, ganzjährig geöffnet, Tel. 04 66 45 82 92

Die Heimkehr der Schafherde nach dem Sommer auf den Gebirgsweiden schildert **Alphonse Daudet** in seinen »**Briefen aus meiner Mühle**«:

Ich muß vorausschicken, daß es in der Provence üblich ist, das Vieh, sobald die Sommerhitze kommt, auf die Almen zu schicken. Tiere und Menschen verbringen fünf, sechs Monate dort oben und hausen bei Mutter Grün, bis über den Bauch im Grase; dann aber, beim ersten Frösteln des Herbstes, steigt man hinab zum Hof und grast wieder nach biederer Haustierart auf den kleinen grauen Hügeln, um die Rosmarinduft weht ... Gestern also kamen die Herden heim. Vom

Morgen an wartete das Hoftor, beide Flügel weit offen; in den Schafställen lag frisches Stroh. Von einer Stunde zur anderen sagte man sich: »Jetzt sind sie in Eyguieres, jetzt in Le Paradou«. Dann gegen Abend, plötzlich ein allgemeiner Ruf: »Sie kommen!« – und da hinten, ganz in der Ferne, sehen wir die Herde herankommen, in einem Strahlenkranz von Staub. Die ganze Straße scheint mit ihr zu wandeln ... Die alten Böcke kommen zuerst, mit gesenktem Horn und wilder Miene; hinter ihnen die Hauptmacht der Schafe, die Mütter mit ihren Säuglingen zwischen den Beinen, ein bißchen ermattet; Maultiere mit roten Troddeln tragen in Körben die eintägigen Lämmchen und wiegen sie beim Gehen; zum Schluß die Hunde, schweißbedeckt, mit Zungen bis zur Erde, und zwei lange Kerle, die Schäfer, malerisch in Mänteln aus grober rotbrauner Wolle, die ihnen wie Chorröcke bis zu den Fersen hinabwallen: Das alles zieht lustig an uns vorüber und ergießt sich, wie ein Platzregen stampfend, in das Hoftor ... Die Aufregung im Haus muß man gesehen haben. Von der Höhe ihrer Sitzstangen haben die großen grün-goldenen Pfauen unter ihren Tüllhauben hervor die Ankömmlinge erkannt und empfangen sie mit einem ungeheuren Trompetenstoß. Der Hühnerstall, der schon eingeschlafen war, ist mit einem Schlage wach. Alle Welt ist auf den Beinen. Tauben, Enten, Puter, Perlhühner. Der Geflügelhof ist rein aus dem Häuschen; die Hühner reden davon, die Nacht durchzumachen! ... Man könnte meinen, jedes Schaf habe in seiner Wolle mit dem Duft der wilden Alm etwas von jener ungezähmten Bergluft mitgebracht, die beschwingt und trunken macht.

Inmitten dieses ganzen Aufruhrs langen die Tiere am heimischen Herde an. Nichts kann so entzückend sein wie dieser Einzug. Die alten Böcke werden weich beim Wiedersehen mit ihrer Krippe. Die Lämmer, die ganz kleinen, die erst auf der Wanderung geboren wurden und den Bauernhof noch nie gesehen haben, blicken verwundert um sich.

Aber am rührendsten vor allem sind die Hunde, die braven Schäferhunde, die ganz Geschäftigkeit um ihre Tiere sind und für nichts im Hof sonst Augen haben. Der Hofhund kann sie aus dem Innern seiner Hütte lange rufen, der Eimer am Brunnen, ganz voll frischen Wassers, lange ihnen Zeichen machen – sie wollen nichts hören, nichts sehen, bis ihre Herde untergebracht, der schwere Riegel vor die kleine Gittertüre geschoben ist und die Hirten in dem großen Raum zu ebener Erde am Tische sitzen. Dann erst erklären sie sich bereit, in den Hundestall zu kommen, und während sie ihren Suppennapf ausschlappen, erzählen sie ihren Kameraden vom Hofe, was sie da oben in den Bergen getan haben, in dem unheimlichen Land, wo es Wölfe gibt und großen purpurnen Fingerhut, bis zum Rande gefüllt mit Tau.

5. Rundtour über »La Cham des Bondons« und ein prähistorischer Spaziergang zu den Menhiren

Im Südwesten des Lozère-Massivs tut sich – gegenüber von dem Causse de Sauveterre – eine eigenartige Landschaft auf. Wenn man aus dem Tarntal bei Cocurès an der Südflanke des Bergstocks hinauffährt und das weite kahle Hochland erreicht, kommen zwei Riesenbuckel in den Blick, die gleichförmig und rund die gewellten Flächen um 300 m überragen, die »**Puechs des Bondons**«. Um sie rankt sich folgende Legende: Der Riese Gargantua kehrte von seiner Tagesarbeit auf dem benachbarten Causse nach Hause zurück, auf seinen Mont Lozère. Er trug Pantoffeln, die schwer vom Kalkdreck der Causses waren. Gargantua streifte seine Schuhe ab und ließ die Brok-

Der Riese Gargantua

ken einfach fallen. Auch seine Steinklötze, mit denen er gerne spielte, ließ er liegen.

Erdgeschichtlich sind die runden Hügelkuppen auf dem kargen Hochland des Lozère, auf dem der Granit vorherrscht, ein Relikt der Sedimentablagerungen des Meeres aus dem Erdzeitalter des Jura. Nachdem es zurückgegangen war, nagten sich Flüsse in das Sedimentgestein und trennten das Plateau von den Causses. Auffaltungsprozesse schoben den Bergstock hoch und vertieften die Grabenbrüche zu den umliegenden Gebirgen. Die Erosion hat in Jahrmillionen die Schichten der Kalk- und Muschelablagerungen abgetragen. Nur diese Halbkugeln aus schwarzem Mergel haben der Abtragung standgehalten und blieben als »Zeugen« des Jura-Meeres übrig. Das Tiefengestein Granit liegt an der Oberfläche, massiv oder in gespaltenen Steinblökken. Bei größeren Ansammlungen spricht man von Blockmeeren.

In auffälliger Dichte und in rätselhaften Gruppierungen stehen prähistorische Steinsäulen auf der weiten, einsamen Hochfläche der »Cham des Bondons«. 154 Menhire der Megalithkultur wurden auf der Süd-West-Flanke des Lozère gefunden. Gut zugänglich ist die »Gruppe I von La Fage«, die an dem Fernwanderweg 43/68 liegt, der von Florac an der Westflanke des Massivs ansteigt und auf das Dorf La Fage zuhält. Die »Gruppe II von La Fage« ist in der Runde angeordnet und hat den Namen »la Pièrre des Trois paroisses«; sie liegt zwischen Les Combettes und Les Combes.

Autofahrt

Von Florac führt die D 998 in das Tal des Tarn, das den Lozère vom Bougès-Gebirge trennt. Man fährt über **Bédouès** und Cocurès, um aus dem Seitental des Flüßchens Briançon auf die Süd-West-Flanke des Massivs hinaufzufahren. Zuvor ist ein Abstecher nach Cocurès zu empfehlen. Das Hotel-Restaurant »**La Lozerette**« ist eine beliebte Adresse mit Sportarrangements und anspruchsvoller lokaler Küche.

Die D 135 folgt dem Tal des Briançon, der diverse Nebenflüsse, Bäche und Rinnsale aufnimmt, die von den Hängen des Massivs herabfließen. Das Tal ist tief, grün und von Kastanienwäldern schattig. Die Straße verläuft parallel zu dem kleineren Fluß Besses weiter bergan, beschreibt eine Schleife um eine Bergkuppe, in der eine Uranmine liegt, und schraubt sich bald auf 1000 Höhenmeter hoch. Sie streift das Dorf Les Bondons und führt in großen Kehren über die »Cham des Bondons«. Abwechselnd bedecken weite Grasflächen, blühende Wiesen und Hochmoore das einsame Hochland. Die Kegel der »Puechs des Bondons« ragen darüber hinaus. Von der Aussichtsfläche schaut man auf das Bergpanorama der Cevennen. Eine eindrucksvolle Ansammlung von Menhiren (Gruppe I von Fage) entdeckt man beim Erreichen der D 35. Dazu biegt man links ein, kann das Auto auf dem Seitenweg parken und läuft ein Stück die Kuppe hinauf. Der GR 43 und der GR 68

Menhire auf der »Cham des Bondons«

(Tour du Mont Lozère) kommen hier auf dem Herdenweg aus Florac bzw. vom Pont du Tarn hoch, kreuzen die Straße und ziehen weiter nach Norden. Schafherden werden immer noch über die Grasflächen getrieben, allerdings mit dem Auto, das im Schrittempo die Tiere in Bewegung hält.

La Fage ist ein typisches Lozère-Dorf mit Granithäusern und Schieferdächern. Charakteristisch ist auch sein schwerer alter Glockenturm: Geläutet wurde, wenn sich in tückischer Geschwindigkeit Nebelbänke über dem Hochland zusammenzogen und Menschen in Gefahr brachten, die sogar nahe des Dorfes bei Nebel, Sturm, Regen oder Schneeverwehungen die Orientierung verlieren konnten. Neben dem Glockenturm steht der restaurierte Backofen des Dorfes. In La Fage wird noch Landwirtschaft betrieben. Wanderer finden in dem Gîte d'étape Unterkunft, und es gibt eine Table d'Hôte (Bewirtung von Gästen) auf dem Bauernhof.

Durch die weitflächige Landschaft von Wiesen, Heide, Moor und Granit geht es auf der D 35 weiter Richtung Le Pont-de-Montvert. An der nun folgenden Strecke liegt der Ausgangspunkt für den Spaziergang zu den Menhiren. Man läßt den Weiler Les Faux links liegen, ebenso die erste und zweite Abfahrt nach Les Laubies und muß nun auf eine Bergerie (Schäferhütte) achten (etwa 3 km hinter der Kreuzung von D 153 und D 35). Ein Reitweg zweigt rechts von der Straße ab; man kann bis an die Barriere fahren und das Auto abstellen. Die Hänge neigen sich sanft nach Süden, an einer Flanke stehen die Menhire, vom Auto aus schon gut sichtbar.

Glockenturm in La Fage

Spaziergang

- **Dauer, Typ und Schwierigkeitsgrad**: bequemer Hin- und Rückweg von 1 Std.; als Runde: etwa 2 Std.
- **Orientierung mit der Karte**: IGN Nr. 2739 OT Mont Lozère, Florac

Die Strecke folgt etwa 1 km lang dem Reitweg und zweigt dann links ab. Der Weg führt leicht bergab und hält direkt auf die Menhire zu, die auf der freien Fläche (1226 m) stehen. Für den Rundweg kann man weiter hinablaufen, macht schließlich eine kleine Kehre und stößt am Champ Ferrier auf die winzige Straße, die nach Lozerette führt. Man folgt dem Weg Richtung Norden am Flußbett des Briançon entlang zu der Steinsäulengruppe **Les Collobrières**. Von da aus kann man die D 35 wieder anpeilen, muß allerdings auf ihr ein Stück weit zum Auto zurücklaufen.

Wieder auf der Straße Richtung Runes/Le Pont-de-Montvert, geht die **Autofahrt** weiter: Hinter dem Weiler La Veissière kommen wir durch ein eindrucksvolles kleines Granitfelsen-»Chaos«. Die Straße windet sich hinunter und kommt in das graue Schieferdorf **Runes**, wo man in der Cafébar einkehren kann. Kurz hinter dem Dorf gibt es neben der Straße einen Parkplatz. Von hier aus führt ein alter Steinpfad den Berg hinunter zu dem Fluß Runes, der in Kaskaden eine tiefe Schlucht hinabfällt. Ein knapp einstündiger Fußweg führt hin und zurück. Ein lohnender Abstecher, schöne Gumpen zum Baden.

Die **Megalithkultur** kennt riesige Steinsäulen, die als Menhire (breton. men = Stein, hir = lang) aufgestellt wurden, und Dolmen (breton. tol = Tisch, men = Stein) aus behauenen Steinplatten, die für Grabstätten zusammengesetzt und mit einem Steinberg (tumulus) umgeben wurden. Die Megalithe breiteten sich etwa seit 4500 v. Chr. von Südwest- nach Nordeuropa aus. Tausende von diesen archaischen Steinbauten stehen in Europa. Die Dolmen lösten die alt-steinzeitliche Bestattung in vorgefundenen Naturhöhlen ab, wie sie bis dahin von den umherziehenden Jäger- und Sammlerhorden gepflegt wurde. Sie bezeugen die neuen Formen des Totenkults der seßhaft gewordenen Hirten und Akkerbauern in der Jungsteinzeit. In Südfrankreich tauchten die ersten Ackerbauern und Viehzüchter schon im 7. Jahrtausend auf. Möglicherweise spielten dabei die Seewege eine Rolle. Erst zu einem viel späteren Zeitpunkt zogen die ersten Trecks von Menschen und domestizierten Tieren auf die Plateaus der Cevennen. Hier und auch in der Kalksteingarrigue der Ardèche erscheint die Megalithkultur erst seit dem Ausgang des Neolithikums, etwa seit 2500 v.Chr.

Die Menhiransammlung auf der »Cham des Bondons« kann sich in der Dichte mit der in Carnac (Bretagne) vergleichen. Der französische Archäologe J.P. Mohen hat herausgefunden, daß die Menhire auf den Causses und im Languedoc oft an ähnlichen Standorten anzutreffen sind: entweder weithin sichtbar auf einer leeren Hochfläche oder in breiten Tälern in der Nähe des Flußlaufes. Auf der »Cham des Bondons« sind bei den Menhiren überwiegend keine Grabstätten gefunden worden. Er unterscheidet daher zwischen der »offenen Architektur« der lokal völlig separat liegenden Kultstätten der Menhire und der »geschlossenen Architektur« der Grabstätten. – Die Menhire auf der »Cham des Bondons« sind aus dem Granitstein des Lozère-Sockels gehauen, der aus den Steinbrüchen bei La Veissière hochtransportiert worden sein muß. Es gehörte eine besondere Arbeitsorganisation dazu, die 2–3 m langen und 6–10 t schweren Steinsäulen über die Berge heraufzubringen. Deren auffällige Nord-Süd-Anordnung hat zu verschiedenen Deutungen geführt. Einige Archäologen vermuten, daß die Anordnung der Säulen ein Mittel zur Beobachtung von Himmelskörpern war.

Schließlich ist das Städtchen **Le Pont-de-Montvert** erreicht, das zwischen den kahlen Südhängen des Lozère und der bewaldeten Nordflanke des Bougès liegt. Der Ort hat »mit seinen Häusern, seinen Gassen, seinem glitzernden Flußbett eine nicht zu beschreibende südliche Note«, schreibt Robert Louis Stevenson. Der Tarn fließt hier in kräftigen Schwällen über Granitblöcke durch den Ort.

Eine lebhafte Straßenzeile mit Bars, Restaurants und Läden führt am Ufer entlang. Der ehemalige Marktflecken ist inzwischen ein touristisches Zentrum in den Cevennen. Blickfang ist die alte Brücke über den Tarn mit dem Turmhaus aus dem 17. Jh. an der gegenüberliegenden Flußseite. In dem ehemaligen Zollhaus wurden im Mittelalter die Gebühren für die Überquerung der Brücke erhoben. Heute sind das Infozentrum des Cevennen-Nationalparks und das Verkehrsamt dort untergebracht.

In Le Pont-de-Montvert wurde der Abbé du Chayla am 24.7.1702 von einer Gruppe aufständischer Protestanten ermordet. Das war der Auftakt der Kamisardenkämpfe (vgl. S. 24 f). Ludwig XIV. ließ den Anführer der Rebellen, Esprit Séguir, hinrichten und ordnete das »Niederbrennen der Cevennen« an.

Adressen

48220 Le Pont-de-Montvert

- Syndicat d'Initiative, Tel. 04 66 45 81 94
- Hôtel-Restaurant »Aux Sources du Tarn«, modernes Ambiente, traditionelle Küche, Tel. 04 66 45 80 25/Fax 04 66 45 85 73

- Hôtel-Restaurant »La Truite Enchantée«, Tel. 04 66 45 80 03
- »Auberge des Cévennes«, Tel. 04 66 45 80 01
- In der »Maison du Mont Lozère« befindet sich das Écomusée du Mont Lozère, Tel. 04 66 45 80 73. Von der D 20 Richtung Bleymard zweigt die kleine Straße ab, die den Museumshof Mas Camargues bei L'Hôpital erreicht.
- Gîte de »La Maison du Mt-Lozère«, Tel. 04 66 45 80 10, und bei M. Brunel, »Le Ron du Castel«, Tel. 04 66 45 84 93

48400 Cocurès

- Hôtel-Restaurant »La Lozèrette«, eine feine Eßadresse in den Bergen, Tel. 04 66 45 06 04/Fax 04 66 45 12 93
- »L'Auberge des Laubies« nahe der Puechs des Bondons am GR 68, Tel. 04 66 48 01 25
- Gîte d'étape bei George u. Madeleine Meyrueix in La Fage, Tel. 04 66 48 05 36
- Gîte d'étape im Weiler Les Chabrières an der Straße, die von der D 998 noch vor Cocurès (von Pont-de-Montvert aus gesehen) nach rechts abbiegt und Runes erreicht; Table d'Hôte, Vorbestellung unter Tel. 04 66 45 29 44

Kaskaden der Runes

V. DIE GARDON-TÄLER

Überblick

Zwischem dem Mont Lozère und dem Mont Aigoual bauen sich in langgezogenen Bergkämmen, einer hinter dem anderen, die Höhenzüge der inneren Cevennen auf, die von den Gardontälern durchschnitten sind. Es ist das Gebiet, das im Volksmund als die »wahren Cevennen« bezeichnet wird, die »Cevenne der Cevennen«.

Im Unterschied zu dem Granitplateau des Lozère und dem in sich geschlossenen Aigoual-Massiv ist hier ein weit verzweigtes Netz von aufgefalteten Bergrücken zu finden, die an die Hochplateaus der Causses im Süden des Zentralmassivs stoßen. Drei große Taleinschnitte gliedern das Relief in der charakteristischen Nordwest-Südost-Ausrichtung: Die Vallée Longue trennt das Bougès-Massiv von der Montagne de la Vieille Morte und dem Gebirgszug um den Mont Mars herum. Die Nationalstraße 106 folgt dem Tal des Gardon von Alès bis Florac. Durch die Vallée Française führt die Départementale 983 von St-Jean-du-Gard auf die Hochflächen um Barre-des-Cévennes. Die Vallée Borgne trennt das Gebirge des Liron und Aigoual von dem Höhenrükken, auf dem die Panoramastraße »Corniche des Cevennes« von St-Jean-du-Gard nach Florac führt. Das »Tor« in die beiden letztgenannten, zentralen Taleinschnitte der Cevennen ist Anduze, das am südöstlichen Rand des Gebirges liegt.

Die Flußtäler werden eines wie das andere »Gardon« genannt. Unterschieden werden sie nach den Namen der größeren Ortschaften, an denen sie vorbeifließen: Gardon de Dèze, Gardon de Saint-Germain, Gardon de Saint-Martin, Gardon d'Alès, Gardon de Mialet, Gardon d'Anduze. Die Landschaft wird auch als »Gardonnenque« bezeichnet. Die verschiedenen Gardons vereinigen sich schließlich in der Garrigue nördlich von Nîmes zum Gard.

Tief zerklüftete Flußtäler und schroffe Berghänge kennzeichnen das Relief der Schiefercevennen. Die über Steilabhänge

Auf der Draille de Languedoc

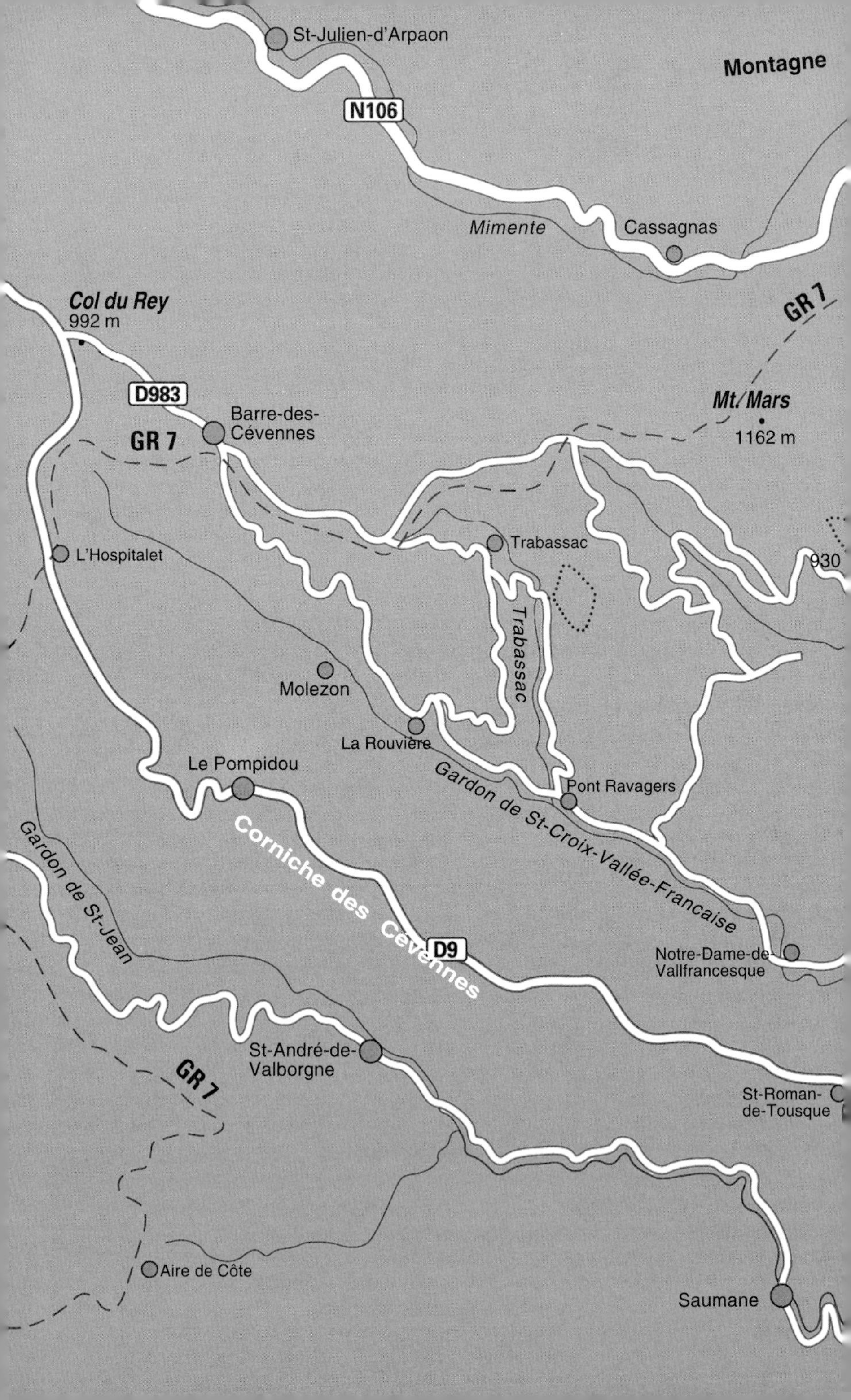

St-Julien-d'Arpaon
Montagne
N106
Mimente
Cassagnas
GR 7
Col du Rey
992 m
D983
Barre-des-
Cévennes
GR 7
Mt. Mars
1162 m
Trabassac
930
L'Hospitalet
Trabassac
Molezon
La Rouvière
Le Pompidou
Pont Ravagers
Gardon de St-Croix-Vallée-Francaise
Corniche des Cevennes
Gardon de St-Jean
D9
Notre-Dame-de-
Vallfrancesque
St-André-de-
Valborgne
GR 7
St-Roman-
de-Tousque
Aire de Côte
Saumane

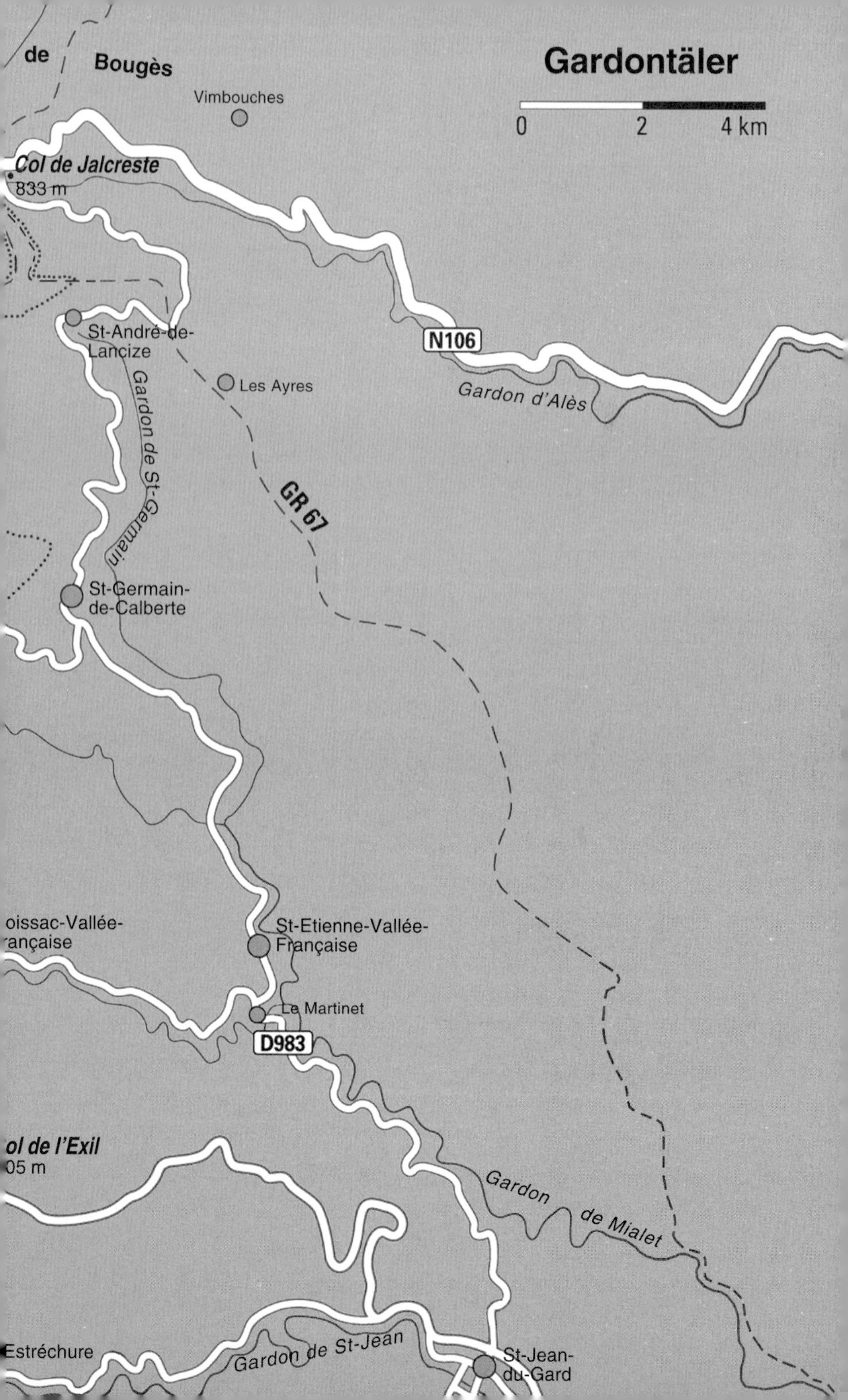

Gardontäler
0
2
4 km
de
Bougès
Vimbouches
Col de Jalcreste
833 m
St-André-de-
Lancize
Les Ayres
N106
Gardon d'Alès
Gardon de St-Germain
GR 67
St-Germain-
de-Calberte
oissac-Vallée-
rançaise
St-Etienne-Vallée-
Française
Le Martinet
D983
ol de l'Exil
05 m
Gardon
de Mialet
Estréchure
Gardon de St-Jean
St-Jean-
du-Gard

Schiefergestein

fließenden Gebirgsflüsse entwickeln eine aushöhlende Kraft, die in den fragilen Schieferfelsen wenig Widerstand findet. So wurden in Jahrmillionen tiefe Erosionstäler gegraben. Das mediterrane Klima wird durch die Wasserscheide modifiziert, die zwischen den Bergen Lozère und Aigoual liegt: Wenn die warme Luft vom Mittelmeer aufsteigt und auf kalte atlantische Strömungen stößt, kommt es zu äußerst heftigen Wolkenbrüchen. Die Flüsse, die in den trockenen Sommermonaten niedrigen Wasserstand haben, werden dann unerwartet zu reißenden Strömen. Die Regengüsse provozieren Erdrutsche, und in den berüchtigten »gardonnades«, den Überschwemmungen, die plötzlich und verheerend auftreten können, werden Ufervegetation und Erdmaterial fortgetragen.

Um landwirtschaftlich nutzbare Flächen zu schaffen und den fruchtbaren Boden vor Abschwemmung zu schützen, wurden die Hänge terrassiert und mit Steinmauern befestigt. Bis weit in die Berge hinein wurden an den Südhängen Wein und Oliven angebaut. Die Klassiker des Berglands aber waren die Eßkastanie und der Maulbeerbaum (S. 29ff). Bis zum Ende des letzten Jahrhunderts waren Eßkastanien und Seidenraupenzucht die Grundlagen einer kargen bäuerlichen Existenz in den Cevennen. Der abrupte Sturz des Seiden- und Kastanienpreises leitete, wie überall in den Cevennen, eine massive Landflucht auch aus den Gardontälern ein. Heute sind die Ortschaften in den Tälern Vallée Borgne und Vallée Française lebhafte touristische Anziehungspunkte geworden.

Im Kernland der Cevennen zieht sich über die Kammlinien der Bergrücken das traditionelle Wegenetz der »Drailles«. In begrenztem Umfang werden auf diesen Höhenwegen immer noch Schafherden aus der Garrigue auf die Sommerweiden der Gebirgsmassive getrieben. Ein Netz von Nebenschneisen, die von verschiedenen Sammel- und Ausgangsstellen aus in das Gebirge führen, sortiert sich auf drei »Fernstraßen«. Sie ziehen noch größer und breiter als sog. »collectrices« ihre Spur über die kahlen Kammlinien. Zwei große Pisten prägen das Wegenetz in den Cevennen der Gardontäler:

- Die Draille de la Margeride beginnt in St-Hippolyte-du-Fort, steigt über den faszinierenden Gratweg vom Col de l'Asclier zum Mas de Bonperrier, erreicht den alten Herden-Halteplatz Aire de Côte und führt über die Can de l'Hospitalet und Florac auf die Hochflächen der Margeride im Département Lozère.
- Die Draille du Languedoc oder Draille de Gévaudan hat ihre Sammelstellen in St-Jean-du-Gard, Alès, Cendras und Portes, führt über die Serre da la Vieille Morte und die Montagne de Mortissou auf den Sommet du Cayla. Dann senkt sie sich auf die Paßhöhe von Jalcreste hinab. Der Col de Jalcreste ist Sammelstelle für die transversalen Schneisen und wichtige Haltestation, bevor die »Collectrice de Jalcreste« auf den Col de la Croix de Berthel und zum Mont Lozère hinaufführt. Über den Mont Lozère hinaus geht es Richtung Montagne du Goulet und weiter auf die Anhöhen der Margeride.

In der Garrigue sind die Drailles mit Straßen überbaut worden. In den Cevennen ergeben sie ein Netz von Fernwanderwegen, die von Bergrücken zu Bergrücken immer tiefer in eine wilde und einsame Berglandschaft hineinführen. Gîtes d'étape sind an den großen Strecken eingerichtet, wo ehemals Haltestationen für die Herden waren.

1. Von Paßhöhe zu Paßhöhe: Auf der Schneise der Transhumance zwischen Col de Jalcreste und Col des Abeilles

»In diesem wilden Tal näherte ich mich nun Cassagnas, einer Gruppe schwarzgedeckter Häuser inmitten von Kastaniengärten und in der klaren Luft überragt von vielen Felsengipfeln. Die Straße entlang der Mimente ist noch neu«, schreibt R.L. Stevenson am 2. Oktober 1879 in seiner Reisebeschreibung. Die Rede ist von der Nationalstraße 106, die Alès mit Florac verbindet. In großen Serpentinen führt die mittlerweile großzügig ausgebaute Straße von Alès über La Grand-Combe durch die Vallée Longue in die immer noch abgelegene, wilde Gebirgsgegend.

Lebhafte Etappe und ideales Absteigequartier während der Passage ist das Hotel-Restaurant auf der Paßhöhe Col de Jalcreste. Hier kreuzen sich heute Fern-, Reit- und Nahwanderwege. Einstmals war der Ort Haltestation im Wegverlauf der berühmten »Draille du Languedoc«. Einen langen, landschaftlich sehr eindrucksvollen Abschnitt der alten Schneise der Transhumance hat der Nationalpark in Verbindung mit kleineren Wirtschaftspfaden zwischen den verstreut liegenden Dörfern zu einem überschaubaren Rundwanderweg ausgeschildert. Der »Sentier des Abeilles« (»Abeilles«

Blick von den Cevennenkämme

Höhenflächen der Montagne du Bougès

meint hier nicht »Bienen«, sondern kommt von dem okzitanischen Wort »abelhièr« und bedeutet »Herdenkollektiv«) erschließt den typischen Landschaftscharakter der »Cevenne« der Cevennen: Ein zunächst recht steiler Anstieg führt auf den Sommet du Cayla. Einmal auf der Paßhöhe, erkennt man die Schneise der »Draille du Languedoc«, die von Les Ayres und Le Pendedis kommt, und geht nun bergauf und bergab über die Kammlinie. Vom Col des Abeilles gelangt man auf einem breiten schattigen Forstweg zum Col de Jalcreste zurück. Der Rundblick vom Sommet du Cayla ist sicher einer der schönsten in den Cevennen.

Hinweise für die Wanderung

- **Anfahrt und Ausgangspunkt**: Von Alès und Florac führt die N 106 durch die Vallée Longue zum Col de Jalcreste; Parkplätze sind vor dem Hotel-Restaurant. Die Wanderung beginnt gegenüber von dem Hotel neben der nach Süden abzweigenden D 984 Richtung St-Germain-de-Calberte.
- **Dauer**: 4 Std.
- **Typ und Schwierigkeitsgrad**: Rundwanderweg auf schattigen Waldwegen und über baumlose Kammlinien
- **Höhenunterschied**: 244 m
- **Orientierung**: zuverlässige Markierung durch ein gelbes Holzschild mit einer Biene auf grünem Grund; auch rot-weiße Markierung der GR 7 und GR 67.
- **Karte**: IGN Nr. 2740 Et, Corniche des Cévennes
- **Jahres-/Tageszeit**: März bis Oktober, im Sommer steht die Sonne auf dem Südhang, es gibt immer wieder schattige Partien.

Wanderweg

Man orientiert sich an dem Abzweig der D 984 nach St-Germain-de-Calberte; westlich der Straße führt ein geteerter Weg in den Wald. Gelbe Holzschilder weisen verschiedene Wegziele auf. Wir folgen dem »Sentier de découverte du Col des Abeilles« und beginnen – der Biene auf grünem Grund folgend – mit dem Anstieg auf den Sommet du Cayla. Auf der weichen Grasnarbe geht es zunächst recht steil bergan. Stellenweise führt der Weg durch ausgewaschene Schieferwannen. Beim Blick zurück schaut man auf den Col de Jalcreste und dahinter auf das Massiv des Bougès. Beim weiteren Anstieg passiert man eine »Quille« aus Schieferplatten. Diese sorgfältig aufeinander geschichteten Steinhaufen sind die altertümlichen Markierungszeichen in dieser weiträumigen Landschaft. Nach ca. 40 bis 50 Min. ist der Sommet du Cayla (1068 m) erreicht. Der Blick geht in die Vallée Longue des Gardon d'Alès. Gegen Norden zeichnet sich die Silhouette des Mont Lozère mit den markanten »Rochers de Trenze« oberhalb von Vialas ab. Richtung Süden blickt man in das Tal des Gardon de Saint-Germain. Wir folgen dem Hinweisschild und halten uns links: die »Draille du Languedoc« zieht sich gut erkennbar über die Kammlinie. Wind und Wetter haben die Kuppen freigelegt, Schieferbrocken türmen sich übereinander, Heidebüschel sitzen dazwischen und Krüppelkiefern klammern sich hier und da an das »Blätterteig«-Gestein.

Nach einem guten Kilometer bergauf und bergab verläßt man die Trasse des alten Herdenweges, biegt rechts ab und gelangt nach kurzer Zeit auf einen Panoramaweg. Es ist der alte Wirtschaftspfad, der nach Les Ayres/Le Pendedis führt.

Der Weg schmiegt sich in halber Höhe an den sonnigen Südhang unterhalb des Sommet du Cayla. Von dort aus geht der Blick tief in die Vallée Française und auf die Silhouette der sich im blauen Dunst verlierenden Hügelkuppen und Höhenzüge der »Cevenne«. Hangabwärts liegt in 400 m Höhe, auf Wiesenterrassen gebettet und der Südsonne zugewandt, der Weiler St-André-de-Lancize. Terrassen mit Eßkastanien ziehen sich den Berg hinauf.

Wir kommen durch einen verwilderten Kastanienhain, durchqueren eine kleine Felsenpartie und gehen in der Rundung der Hanginnenseite weiter bis zum Col des Abeilles (984 m). Ein kurzer Stichweg führt

In der Nähe von Alès

von hier aus auf den breiten Forstweg, der in ca. 75 Min. die N 106 westlich vom Col de Jalcreste erreicht. Es geht durch einen prächtigen Wald von Koniferen: Mit Douglastannen, Lärchen und Fichten wurde hier aufgeforstet. Am Forsthaus von Solpéran vorbei verläuft der bequeme Waldweg in großen Kehren im Halbschatten.

Das Hôtel-Restaurant du Col de Jalcreste mit seiner Bar ist ein beliebter Treffpunkt. Der Wirt serviert hier rustikale Gerichte: Choucroute (Kohl) mit Speck, Würsten und Schinken, Kartoffelsuppe, Charcuterie (Wurstplatte) und Bergkäse stehen auf der Speisekarte.

Ein lohnendes Ausflugsziel ist – ergänzend zur Wanderung – aber auch die Ferme-Auberge in Vimbouches, einem kleinen Weiler tief in einem Cevennen-Seitental, das zu der Gemeinde St-Frézal-de-Ventalon gehört (Abzweig D 29 von der N 106). Catherine und Jean-Yves Pin bereiten auf feine cevenolische Art die Gerichte aus dem zu, was ihr Hof zu bieten hat: Zicklein-Braten, Entenbrust an Steinpilzen, eine ausgezeichnete Foie-Gras, Entenconfit, selbstgemachten Ziegenkäse, feine Gemüse und Salate aus dem Garten und Kastanien-Desserts. Menüs zu 95 und 135 F werden in einem gemütlichen Gastraum mit Kamin oder auf der Terrasse serviert, täglich mittags und abends außer Freitagmittag, nur auf Vorbestellung, Tel. 04 66 45 54 00.

Eine Reisebeschreibung von 1878

Kurz nach zwei Uhr machte ich mich auf, überquerte die Mimente und nahm einen holprigen Fußweg nach Süden einen Hügelhang hinauf, der mit losen Steinbrocken und Büscheln von Heidekraut bedeckt war. Wie es des Landes so der Brauch ist, verlor sich der Pfad auf der Höhe. Ich ließ meine Eselin Erika mampfen und ging allein weiter, um einen Weg zu suchen.

Ich befand mich jetzt auf der Wasserscheide zweier großer Abflußgebiete. Hinter mir strömten alle Flüsse in die Garonne und den Atlantik, vor mir hatte ich das Rhônebecken. Wie vom Mont Lozère kann man von hier aus bei klarem Wetter den Golf von Lion glitzern sehen, und von hier aus mögen Salomons Männer nach den Segeln von Sir Cloudesly Shovel mit der lange versprochenen Hilfe aus England Ausschau gehalten haben. Man kann diesen Kamm als das Herz des Landes der Camisarden auffassen. Vier der fünf Legionen lagerten rund um ihn herum und fast in Sichtweite, Salomon und Joany im Norden, Castanet und Roland im Süden. Nachdem der königliche Brigadegeneral Julien seine berüchtigte Heldentat, die Verwüstung der Hoch-Cevennen im Oktober und November 1703, vollbracht hatte – 460 Dörfer und Weiler wurden mit Feuer und Axt dem Erdboden gleichgemacht – hätte ein auf diesem Höhenzug stehender Mann keine einzige Rauchfahne gesehen, sondern er hätte auf ein schweigendes, entvölkertes Land herabgeblickt. Zeit und menschlicher Fleiß haben diese Trümmer nun wieder aufgebaut, Cassagnas hat abermals Dächer, aus denen vom häuslichen Schlot Rauch aufsteigt, und in den Kastaniengärten kehrt so mancher wohlhabende Farmer nach getanem Tagewerk in eine lauschige Ecke zu seinen Kindern am prasselnden Herd zurück. Und dennoch war es wohl die wildeste Aussicht meiner gesamten Wanderung. Gipfel über Gipfel, Hügelkette über Hügelkette verliefen brandend in Richtung Süden, ausgekehlt und modelliert von den Wintergüssen, im Federschmuck der Kastanien von Kopf bis Fuß und hier und da aufbrechend in eine Krone von Felszacken. Die Sonne, noch weit vom Untergang, legte einen goldenen Dunstschleier über die Hügelkuppen, aber die Täler waren bereits in tiefe, stille Schatten getaucht.

R.L. Stevenson, Reise mit dem Esel durch die Cevennen

Unterwegs: Alès

Wer Alès ansteuert, um von da aus einen Ausgangspunkt für Touren in die Cevennen zu erreichen, muß sich durch ein Netz von Umgehungsstraßen kämpfen, die kilometerlang durch eine Zone von Gewerbeansiedlungen, Supermärkten, Lagerhallen und Wohnblocks führen. Der Eindruck dieser öden Vorstadtzentren ist so nachhaltig, daß man froh ist, die Ausfallstraßen von Alès zu erreichen, ohne überhaupt das Stadtzentrum gesehen zu haben. Dabei lohnt sich ein Besuch der Innenstadt. Der alte Stadtkern von Alès schmiegt sich in eine Flußschleife des Gardon d'Alès, der sich weiter südlich mit dem Gardon d'Anduze zum Gard verbindet.

Geschäftsstraßen, schöne kleine Boulevards, auf denen sich die Straßencafés aneinanderreihen, Märkte und Läden sind die städtischen Anziehungspunkte von Alès. Die Gassen der Altstadt haben die in der modernen Stadtplanung übliche Verwandlung erfahren: Es sind überwiegend reine Fußgänger- und Einkaufspassagen. Quirlige Zentren sind die Place de l'Abbaye mit der großen, modernen Markthalle und den umliegenden Bars und Bistros und die Place G. Péri an der linken Uferseite des Gardon.

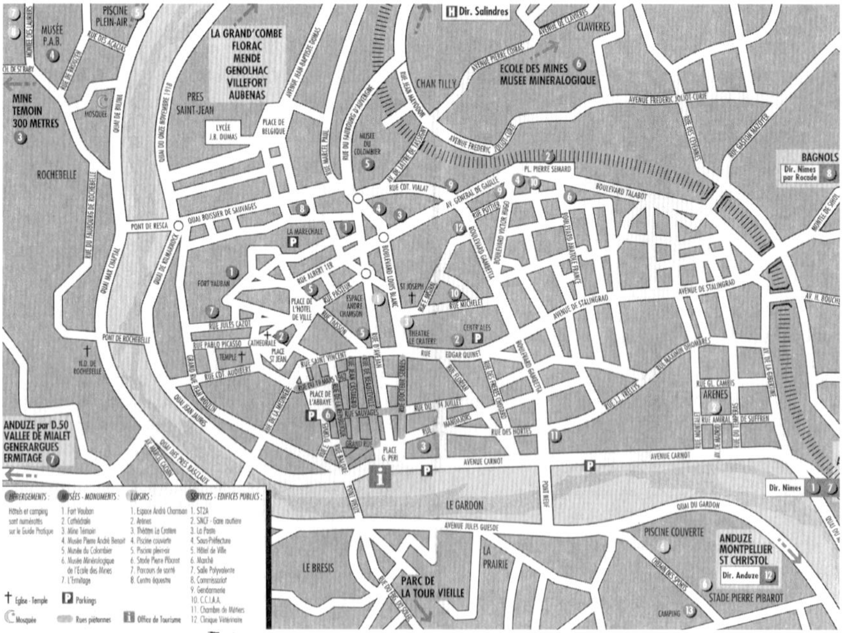

Alès, Zentrum

Die Avenue Carnot führt am Flußufer entlang; von den Brücken Pont Vieux und Pont Neuf zeigt sich die Stadtanlage von ihrer schönsten Seite.

Alès-en-Cévennes heißt die Stadt in den Touristikbroschüren. Dieser Name verbürgt das touristische Programm von Alès: Es will die Hauptstadt der Cevennen sein. Dabei liegt die Stadt keineswegs in den Cevennen, wie der Name suggeriert. Der Gardon d'Alès hat die westlich gelegenen Hügelketten der Cevennenausläufer hinter sich gelassen und die Ebene des Languedoc erreicht. Dennoch ist Alès ein städtisches Zentrum des Bergumlands und war dies, dank seiner Lage zwischen der Ebene des Languedoc und dem Gebirge, seit jeher.

Die ersten zunächst keltischen, dann römischen Ansiedlungen befanden sich am Schnittpunkt von zwei wichtigen alten Verbindungswegen: Eine nach Norden abzweigende Nebenstrecke der klassischen Mittelmeerroute Via Domitia erreichte hier die Straße der Arverner, die von Nîmes durch die Cevennen nach Gergovie in der Nähe von Le Puy führte. Diese sog. Régordane (S. 148f) verband die Ebene des Languedoc mit dem Zentralmassiv. Die römische Siedlung Alestum, später die mittelalterliche Stadt Alès, wurde als Markt- und Messeplatz an den alten Maultier- und Fuhrwerkpassagen bedeutsam.

Die Baronnie Alès gehörte der Adelsfamilie Pelet, einer verwandten Linie der reichen Familie von Anduze, die das Bergland der Cevennen zunehmend unter ihre Kontrolle brachte. Aufgrund einer ungünstigen Heiratsallianz mußten die Pelets ihren Besitz mit der Familie von Anduze teilen, so daß es in Alès von 1170 bis zur Französischen Revolution zwei Schlösser gab. Wirtschaftlicher Mittelpunkt der Region wurde Alès erst, als die Macht der Familie d'Anduze gebrochen war. Als Vasallen des Grafen von Toulouse wurde ihre Streitmacht im Kreuzzug gegen die Katharer 1229 geschlagen. Daraufhin mußte die Familie ihre Besitzungen an den König von Frankreich abtreten.

Seit 1250 gab es die ersten Kohlebergwerke in der Umgebung von Alès, und in der Handwerksszene der Altstadt tauchten bald die ersten Seidenspinner und Seidenweber auf.

Nach den Religionskriegen (S. 20ff), in denen Alès eine wichtige Rolle als strategische Bastion der aufständischen protestantischen Truppen spielte, begann der industrielle Aufschwung der Seidenproduktion: Vom 18. bis zum Beginn des 19. Jh. war Alès der maßgebliche Umschlagplatz für Kokonernten und Rohseiden aus den Cevennen.

In der zweiten Hälfte des 19. Jh. wurde Alès durch den Bergbau im Kohlebecken von La Grand-Combe ein Industriezentrum des Languedoc. Westlich des Gardon d'Alès ist im Vorort Rochebelle ein altes Bergwerk zu besichtigen, in dem noch von 1945 bis 1968 Bergbauarbeiter ausgebildet wurden. Die insgesamt 600 m langen Schächte und Galerien sind seit dem Niedergang des Kohlebergbaus in der Umgebung von Alès als Bergbaumuseum (La mine témoin, Tel. 04 66 30 45 15) hergerichtet worden, in denen die Entwicklung des industriellen Kohleabbaus, inklusive der Kinderarbeit des 19. Jh., demonstriert werden.

Heute ist Alès das administrative Zentrum der Cevennen mit Behörden, Banken, Geschäften und einer Reihe verschiedener Schulen. Immer noch üben die Märkte von Alès eine große Anziehungskraft aus: Lebensmittelmarkt von Montag- bis Samstagvormittag in den Halles de l'Abbaye, Flohmarkt am Sonntagmorgen auf der Avenue Carnot und drei Antiquitätenmärkte, die im Januar, April und August stattfinden.

Adressen

30100 Alès

- Office de Tourisme, Place Gabriel Péri, Tel. 04 66 52 32 15/ Fax 04 66 52 57 09

30110 La Grand-Combe

- Office de Tourisme, Square Mendès France, Tel. 04 66 54 90 00
- Jugendherberge »L'Anesse«, Tel. 04 66 34 27 82

48160 Le Collet-de-Dèze

- Syndicat d'Initiative, Tel. 04 66 45 40 71
- »Hôtel du Vieux Moulin«, 04 66 45 52 62
- Restaurant »La Source«, 04 66 45 42 34
- Restaurant »La Table Lozeriènne«, Tel. 04 66 45 57 38
- Chambres/Table d'Hôte »Lou Rey« bei David Sawalich, 550 m hoch am Hang gelegen, schöner Ausblick, freundlicher Empfang, gute Küche, Frühstücksspezialität: selbstgebackenes Brot und Apfelsaft, ganzjährig geöffnet, Tel. 04 66 45 58 58
- Chambres/Table d'Hôte im cevenolischen Mas »Le Lauzas« bei Pierette Charton-Coudert, ganzjährig, Tel. 04 66 41 03 88

48240 St-Frézal-de-Ventalon

- Chambres/Table d'Hôte im restaurierten Mas »Le Viala« bei Bernard und Maryse Bruguès, ganzjährig geöffnet, Tel. 04 66 45 54 08
- »Ferme-Auberge de l'Escudelou« bei Jean-Yves Pin in Vimbouches, ganzjährig geöffnet, Tel. 04 66 45 54 00

48240 St-Privat-de-Vallongue

- »Hôtel-Restaurant du Col de Jalcreste«, Tel. 04 66 45 04 93
- »Restaurant Le Ventadou«, Tel. 04 66 45 31 24
- Restaurant »L'Auberge Larguier« in Les Ayres: Simone und Claudette servieren rustikale Gerichte, Flußkrebse, Lamm, Kaninchen und Gemüse aus dem Garten, Tel. 04 66 45 90 26
- Gîte d'étape Col de Jalcreste bei M. Arrighi, Tel. 04 66 45 04 93

48400 Cassagnas

- »Hôtel Stevenson«, Tel. 04 66 45 20 34
- Restaurant »Le Pirsch«, Tel. 04 66 45 00 58
- Gîte d'étape im Mas de la Frutgère bei M. u. Mme Saintemarie, Tel. 04 66 45 15 03

48240 St-André-de-Lancize

- Gîte d'étape »Les Ayres« in schöner Lage an der Draille du Languedoc bei Dominique Imbert, Tel. 04 66 45 90 95
- Gîte d'étape »du Valès«, bei Mme Kieffer-Moussiaux, Tel. 04 66 45 93 20

2. In die cevenolischen Hochtäler: Ziegenkäse und Schinken vom Schloß

In der Vallée Française und auf den Erkundungswegen des »Écomusée de la Cévenne«

Die Vallée Française gilt als das schönste der Gardontäler. Wegen seiner weiten, besonders sonnigen Lage, war es seit jeher bevorzugt. Romanische Kirchen, Schlösser und Hofbesitze des cevenolischen Landadels, Signaltürme, Magnaneries und recht stattliche Ortschaften liegen im Tal des Gardon de Ste-Croix. Kleinstädtische Bars, Landgasthäuser und Jahrhundertwendehotels laden hier zum Verweilen ein.

Das reizvolle Tal hat einen Namen, der nach einer Erklärung verlangt: Im 5. Jh. eroberten die Westgoten den Süden und Westen Frankreichs. Von Norden her drängten die Franken und Burgunder vor und erkämpften sich das Gebiet von Aquitanien und das westliche Languedoc mit der Hauptstadt Toulouse. Die Gebiete um die sieben Städte Nîmes, Maguelone, Béziers, Agde, Carcassone, Narbonne und Elne, das Reich der sog. Septimania, blieb bis in das 8. Jh. im Besitz der Westgoten. In der Vallée Française, heißt es, wurde der Vormarsch des Frankenkönigs Clodwig aufgehalten, so daß durch dieses Tal die Grenze zum Frankenland verlief.

Zusammen mit regionalen Initiativen lenkt die Behörde des Nationalparks seit 1989 den »sanften Tourismus« in das Tal, von dem die Bewohner profitieren sollen. »Écomusée de la Cévenne« heißt das Gesamtprojekt, in dem charakteristische Bestandteile der alten Wirtschaftsweise und Kultur restauriert und in ihrem ursprünglichen Zusammenhang vor Ort für die Besichtigung museumsdidaktisch erschlossen werden. Allein in diesem Tal gibt es fünf »Museums«-Stationen: das Musée du Cévenol in Pont Ravagers, die Tour du Canourgue (mit Erkundungsweg), die Magnanerie de La Roque (Seidenraupenzucht), die Gehöfte von La Roquette und der Erkundungsweg um Barre-des-Cévennes und Umgebung. An Ort und Stelle finden die Besucher ausführliches Informationsmaterial und Wegbeschreibungen, die vom Nationalpark herausgegeben werden. Man muß vor Beginn auf die entsprechenden »Zettelkästen« achten. Hier wird der Versuch unternommen, »sich auf eine neue Art einer kleinen Region zu nähern«, die ein »reiches, natürliches und kulturelles Erbe« hat. Die staatliche Pflege des »Patrimoine« hat nebenher den sehr unmittelbaren Zweck, eine Belebung der Ortschaften, des Hotel- und Restaurantwesens zu bewirken und die Ferienangebote auf den alten und neuen Bauernhöfen bekanntzumachen.

Autofahrt

Von St-Jean-du-Gard folgt die D 983 zunächst dem Tal des Gardon de Mialet, begleitet unterhalb von St-Etienne-Vallée-Française den Gardon de Ste-Croix und führt hinauf bis nach Barre-des-Cévennes. Dieses kleine, alte Paßstädtchen war der Durchgangsort für jeden, der von Südosten kommend, die Cevennen durchquert hatte und weiter nach Florac wollte.

Die eigentliche Vallée Française beginnt in dem Ort Le Martinet, wo sich der Gardon de Mialet in den Gardon de Ste-Croix und den Gardon de St-Germain verzweigt. Fette Wiesen liegen in der Vallée Française des Gardon de Ste-Croix. Schon im März blühen dort Magnolien und Gardenien, Palmen wachsen in den Gärten. Die Vallée Française ist ein geschütztes, südlich ausgerichtetes Tal, kennt milde Winter und hat mediterrane Vegetation. Halbhoch liegen an der Hangseite mit dem sanfteren Gefälle die Weiler und Dörfer, von einem grünen Areal

Schieferhaus und Palme in der Vallée Française

von Terrassen umgeben, auf denen u.a. Wein angebaut wird. Oberhalb davon beginnen die Kastanienhaine, die allerdings schon massiv von Kiefern durchsetzt sind.

Das **Schloß von Moissac** steht als romantisch schöne Ruine in der Landschaft; der Festungscharakter ist den Erkertürmen immer noch anzusehen. Es gehörte dem Adelsgeschlecht von Anduze, das seinen Machtbereich im 13. Jh. in die Vallée Française ausgedehnt hatte. Seiner Absicherung diente ein weit verzweigtes Netz von Signaltürmen, das von Tornac bis Florac gebaut wurde. Weiter oben in der Vallée Française nahm der Turm von **Canourgue** die Signale auf. Er ist instandgesetzt und kann im Rahmen eines vom Nationalpark eingerichteten Erkundungsweges besichtigt werden.

Vielerorts sind neue Besitzer in die verlassenen Häuser der Ortschaften gezogen. Seit etwa 30 Jahren siedeln sich Jungbauern (»neo-ruraux«) in den Hochtälern an, betreiben eine kleine Landwirtschaft mit Ziegen- und Schafzucht und spezialisieren sich auf die lokale Feinkostproduktion.

In Moissac gibt es eine landwirtschaftliche Kooperative für Ziegenkäse. Hier und auch in anderen »Fromageries« auf den Höfen werden die kleinen, runden Ziegenkäse hergestellt, die »Pélardons« genannt werden. Die Coopérative Laitière »Le Pélardon des Cévennes« ist in dem Weiler La Pélucarié, kurz vor Moissac, zu finden. Hier kann man Ziegenkäse in verschiedenen Altersstadien kaufen (Tel. 04 66 45 72 35).

Bei **Boissonade** weiter oben im Tal steht die Kirche von **Notre-Dame-de-Valfrancesque**. Sie stammt aus dem 11. Jh., gehörte zu der Abtei Saint-Gilles und ist bekannt als eine der ältesten Kirchen der Cevennen. Ihr massiver, gedrungener Bau ist nicht aus Schiefer, sondern aus Kersantit, einem widerstandsfähigeren Gestein, aus dem sonst nur die Fenster- und Türrahmen gemeißelt wurden. Sie hat ein Portal mit doppelten Gesimsen und Rundbogen.

Die Ortschaft **Ste-Croix-Vallée-Française** überrascht durch die Pracht ihrer alten Häuser, die sich an der gegenüberliegenden Flußseite um die Kirche (11.–13. Jh.) gruppieren. Das Schloß aus dem 16. Jh. ist heute Sitz von Mairie und Schule. Das Gebäude der Seidenspinnmanufaktur von Ste-Croix ist Eigentum des Nationalparks und für das »Écomusée de la Cévenne« instandgesetzt worden.

Von **Pont Ravagers** zweigt eine schmale Straße ab und folgt dem Flüßchen Trabassac Richtung Norden. In knappen Kehren schraubt sie sich hoch bis zu den talobersten Weilern. Umgeben von Terrassenmauern, stehen die Schieferhäusern hoch aufragend am Hang. Der Weiler La Roquette wurde von der Parkbehörde instandgesetzt. An der Brücke über den Trabassac beginnt ein Erkundungspfad, der die interessierten Besucher mit allen Bereichen bäuerlicher Existenz und der Landschafts-»Architektur« in den Gardon-Hochtälern bekannt macht.

Wie das Leben auf einem cevenolischen Landhof heute aussieht, kann man unmittelbar erleben, wenn man dem Hinweisschild »Table d'Hôte/Chambre d'Hôte« folgt, das bei der Straßenabbiegung von Pont Ravagers nach La Roquette steht. »La Devèze« ist ein bescheidenes Landschlößchen aus Schiefer, in dem heute Marie-Claude und Corinne Charbonnier wirtschaften. Sie sind vor einigen Jahren von Paris hierher übersiedelt, halten eine Ziegenherde und mästen ein paar Schweine. Die Ferkel werden im Frühjahr gekauft und im darauffolgenden Winter geschlachtet: Im Februar hängen die Landschinken und -würste an der Zimmerdecke zum Trocknen. Etwa 40 Liter Ziegenmilch werden täglich in der Fromagerie des Hauses zu Käse verarbeitet. Die »Pelardons« und die großen »Tommes de chèvre« liegen in dem sauberen, säuerlich riechenden kühlen Keller auf den Gittern zum Reifen. Mit hausgemachten Pasteten und »Terrinen«, eingelegten Tomaten und Paprika und der eigenen Charcuterie werden die Gäste des »Table d'Hôte« bewirtet. Drei gepflegte Fremdenzimmer werden vermietet. Im Taubenturm des ehemaligen Schlosses ist ein Gîte d'étape untergebracht.

Salade au chèvre chaud, eine Spezialität mit Ziegenkäse:
Für den warmen Ziegenkäse zum Salat muß man Pelardons auswählen, die sich fest anfühlen, beim leichten Druck in die Mitte aber nachgeben. Dann haben sie die richtige Konsistenz für die Erwärmung. Die kreisrunden, kleinen Käse werden (1 pro Person) in eine Gratinform gelegt, mit Olivenöl begossen, mit aromatischen, frischen Kräutern belegt und 20–30 Min. im Backofen erwärmt. Währenddessen bereitet man die Salatsauce aus Olivenöl, Weinessig, Salz, Pfeffer und Knoblauch zu. Die Pelardons werden auf dem Salat angerichtet.
Variante: Die Pelardons mit einer Scheibe dünnen Schinken umwickeln und im Backofen erwärmen.

Spaziergang

- **Dauer**: 1 bis 1.30 Std für 2,5 km
- **Orientierung**: Markierung des Parks (Broschüre im Zettelkasten beim Parkplatz; darauf beziehen sich die Nummern.)

Der Spaziergang beginnt unterhalb des Weilers La Roquette auf der Höhe der Abzweigung nach Le Devèze bei der Brücke (1) über den **Trabassac**. Der Fluß kommt mit so großen Wassermengen aus den Bergen herunter, daß damit die **Mühle von La Devèze** (2) betrieben werden konnte. Von der Brücke aus sieht man den künstlichen Steinkanal, der das Wasser vom Fluß abzweigte und zur Mühle lenkte. Dort wurde es in einem künstlich angelegten Becken (cevenol. »gorga«) aufgefangen. Mit der Wucht des auf diese Weise aufgestauten Wassers setzten die Mühlenräder drei Mahlsteine in Bewegung. Einer mahlte Getreide, ein anderer preßte Nußöl, ein dritter konnte Gerste schälen oder getrocknete Kastanien zerkleinern.

Oberhalb der Mühle verläßt der Spazierweg die Straße, steigt auf einem noch kleineren Sträßchen bergan und gelangt in felsige Landschaft (3). Steineichen (chênes verts) können in der dünnen Bodenschicht wachsen, die den Schieferfelsen bedeckt. Der Schiefer ist hier allgegenwärtig. Das alte Sedimentgestein wurde im Prozeß der Gebirgsentstehung aufgebrochen; es zerbarst und wurde Schicht für Schicht von den Verwerfungen zusammengepreßt. Hierbei entstand der für die Gesteinsstruktur typische Charakter des »Blätterteigs«.

Der Pfad führt in ein kleines Bachtal: Hier fließt der »Passet« (4) in lebhaften Kaskaden über die Schieferplatten, sprudelt unter einer Felsgrotte entlang und fällt über die nächste Terrasse hinab. Auf jedem Absatz schmiegt sich ein Stück Gartenland an das Wasser. Felsen, Kastanie und Kermeseiche spenden Schatten für Holztisch und Bänke, die für ein Picknick auf der Wiese stehen. Vor dem **Mas Chaptal** (5), dem unteren Gebäudekomplex des Weilers, findet man den Brotbackofen (6). Die kleine Aushöhlung in der linken Ecke diente zur Entleerung der Asche. Auf den Terrassen (bancels) stehen die sorgfältig zurückgeschnittenen Maulbeerbäume (7), deren Blätter die Seidenraupen mästeten. Ein paar Schritte höher sieht man das kleine Haus, in dem die Kastanien getrocknet wurden: In dem unteren Stockwerk der »clède« (8) wurde im Herbst Tag und Nacht über mehrere Wochen hinweg ein schwelendes Feuer unterhalten, das die Kastanien, die im oberen Teil auf Gittern ausgebreitet lagen, langsam trocknete.

Hinter dem Haus entdeckt man ein Gewirr von kleinen Steinwegen (trencats). Diese in den Cevennen hochnotwendige Baumaßnahme wurde gemeinschaftlich durchgeführt. Die Wege wurden mit aus Bruchstein geschichteten Mauern eingefaßt und sorgfältig instand gehalten. Zusätzlich dienten sie als Kanalsystem, in dem die bei schweren Regenfällen sturzbachartig vom Berg herunterkommenden Wassermassen und Geröllbestandteile aufgefangen wurden. Terrassenmauern und Gebäude sollten nicht beschädigt werden, der Erdboden wurde so vor dem Abrutschen bewahrt.

An Kermeseiche (9), Maulbeerbäumen und Zypresse (10) vorbei erreicht man den **Dreschplatz** (l'aire à battre, airol – 11) und schließlich die Bienenstöcke (12). Hierzu dienten ausgehöhlte Kastanienstämme, die sorgfältig nebeneinander aufgereiht unter einer dicken Buchsbaumhecke stehen.

Hinter dem **Mas Mazdal**, dem oberen Gebäudekomplex, liegt auf der Wiese der protestantische Hausfriedhof (13). Über die Weidewiesen geht es hinauf in die Zone des »Garten-Waldes«, dem auf Terrassen kunstvoll angelegten Kastanienwald (15). Gleich hinter dem kleinen Taleinschnitt führt der Weg wieder bergab durch die »Châtaignerie«: Baumstämme sind ausgehöhlt, umgeknackt und zerborsten, aber sie treiben immer noch grünes Kastanienlaub aus. Ginster hat die Terrassenkulturen verwildert.

Zurück auf der D 983 wird die **Autofahrt** talaufwärts fortgesetzt. Wir kommen in die Kommune von **Molezon**. Dort gibt es verschiedene Chambres/Table d'Hôtes-Angebote und eine Ferme-Auberge. Kurz hinter dem Turm von Canourgue, wo ein weiterer Erkundungsgang eingeplant werden kann, steigt die D 983 aus dem Tal auf. Langsam verliert die Landschaft ihren südlichen Charakter. Nadelwälder breiten sich aus, bevor die Straße die nackten Kuppen der »haut pays« bei **Barre-des-Cévennes** erreicht. Der ehemals wichtige Marktflecken ist heute ein Ferien- und Wandergebiet (siehe den von der Parkbehörde eingerichteten Erkundungsweg). Vom Col du Rey kann man über die Corniche des Cévennes nach St-Jean-du-Gard zurückfahren (S. 203f.).

Alternativ führt unten im Gardontal die D 61 noch tiefer in den Talschluß hinein. Am Wege liegt hier der Weiler **La Roque**, wo eine alte Magnanerie zu besichtigen ist. Üblicherweise erhöhten die Bauern ihr Haus um ein Stockwerk, um einen Raum für die Aufzucht der Seidenraupen zu haben. Die Magnanerie von La Roque bildete als reine Zuchtanstalt eine Ausnahme. Hier wurde zu einem Zeitunkt, als die Seidenraupenzucht durch die Krankheit »Pebrine« bereits stark bedroht war, die Zucht in größerem Umfang unter strenger Einhaltung der Hygienevorschriften betrieben.

Es gibt einige schöne, schloßähnliche Landhäuser im oberen Tal des Gardon, die zeigen, wie relativ klein die Besitzungen des hiesigen Landadels waren. Ein französisches Sprichwort spottet: »Nobles de la Cévenne Trois dans un oeuf, Monsieur de la Coquille, Monsieur du Blanc, Monsieur du Jaune.« (Die Adligen der Cevenne passen zu dritt in ein Ei, Monsieur Eierschale, Monsieur Eiweiß und Monsieur Eigelb.)

Adressen

48330 St-Etienne-Vallée-Française

- Syndicat d'Initiative, Tel. 04 66 45 71 61
- »Auberge Le Martinet«, Tel. 04 66 45 70 30

- Ferme-Auberge »Les Poussiels«, freundliche Unterkunft oberhalb des Tales bei Mme Philip, Tel. 04 66 45 75 84
- Chambres/Table d'Hôte bei Bernard und Martine Chatin in Le Ranc des Avelacs, Tel. 04 66 45 71 80, Fax 04 66 45 75 58
- Gîte d'étape und Chambres/Table d'Hôte bei Mme Donnet in dem Schiefer-Weiler Pont-de-Burgen in der Nähe der Badegumpen des Flusses Merlet; Wanderer, die mit dem Auto ankommen, werden nicht aufgenommen, Tel. 04 66 45 73 94
- Gîte d'étape im Château Marouls bei Alain Pigache, auch Vermietung von Packeseln, Tel. 04 66 45 75 30

48110 Moissac/St-Roman-de-Tousque

- Restaurant »Relais du Col de l'Exil«, Tel. 04 66 44 72 72
- »Auberge La Patache«, Tel. 04 66 44 73 76
- Ferme Auberge bei Mireille und Alain Barthelemy in Fobies, ganzjährig geöffnet, Tel. 04 66 44 73 25
- Chambres/Table d'Hôte in Le Cambon bei M. Divoux, ganzjährig geöffnet, Tel. 04 66 44 73 13
- Table d'Hôte in »Le Rivet« am Ende der Vallée Française: frische Forellen, Gemüse-Gratins und Desserts aus Gartenfrüchten, Tel. 04 66 44 70 49

48110 Ste-Croix-Vallée-Française

- Syndicat d'Initiative, Tel. 04 66 44 70 41
- Le Musée du Cévenol, Pont-Ravagers, Tel. 04 66 44 71 02
- Magnanerie de la Roque in Molezon, Tel. 04 66 45 11 77
- »Hôtel-Restaurant La Baraka«, Tel. 04 66 44 74 20
- »Restaurant L'Oultre«, Tel. 04 66 44 70 29
- Chambres/Table d'Hôte bei Marie-Claude u. Corinne Charbonnier in La Devèze, im Seitental des Flüßchens Trabassac/Pont-Ravagers, Tel. 04 66 44 74 41
- Chambres/Table d'Hôte im Mas d'Arbousses bei Familie Devresse, Tel. 04 66 45 73 54

48400 Barre-des-Cévennes

- Office de Tourisme, Tel. 04 66 45 05 07 (Mairie)
- »Hôtel Bellevue«, Tel. 04 66 45 05 15
- »Restaurant des Ormes«, 04 66 45 05 17
- Gîte d'étape »La Croisette« mit üppigen Mahlzeiten bei M. und Mme Combes, Tel. 04 66 45 05 28 und bei Mme Michel, Tel. 04 66 45 05 14

3. In den Kamisardenwäldern bei St-Germain-de-Calberte: Rocs de Galta

Tiefe, einsame Wälder überziehen die Berge des Kernlandes der Cevennen. Am Südhang unterhalb der Serre de la Can liegt die Ortschaft Saint-Germain-de-Calberte, umgeben von Terrassenkulturen über dem nach ihr benannten Gardon.

Bis Anfang unseres Jahrhunderts fanden in dem Ort berühmte Märkte statt, und es gab seinerzeit 13 Cafébars. Zwischen 1850 und 1930 beschäftigte eine Seidenspinnerei fünfzig Frauen. Heute gibt es nur noch ein Café am Platz in der Nähe einer spätromanischen Kirche. Das Dorf hat eine Sparkasse, eine Bäckerei und ein paar andere Läden. Beim Schlendern durch den Ort sollte man das schöne Portal der Kirche und die alte Kapelle des Templerordens nicht übersehen. Seitdem die Gemeinde in den 60er Jahren überlegt hatte, wie sie den drohenden Niedergang des Ortes aufhalten kann, eine Bestandsaufnahme von der Anzahl der verfallenden Höfe angestellt und mit der Kontaktaufnahme zu Käufern begonnen hatte, haben sich inzwischen eine Menge »neo-ruraux« dort angesiedelt und bewirtschaften die sonnigen Terrassenhänge. Auf dem Berg Serre de la Can liegt in den Wäldern versteckt eine moderne Hotelanlage mit Ferienhaussiedlung, Reithof und Schwimmbad. Mit den Besitzern von Zweitwohnun-

Steinstele als Wegweiser

gen und Gästen des Feriendorfes hat das Dorf im Sommer mehr als tausend Bewohner.

Die Wanderung beginnt auf dem Bergrücken Serre de la Can und führt auf Forstwegen durch Kastanien- und später Pinienwald. Landschaftlicher Höhepunkt ist der Kammweg durch niedrigen mediterranen Buschwald und eine schroffe Felslandschaft aus Schiefer. Man steigt über die Rocs de Galta und hat dabei faszinierende Rundblikke auf die Bergkämme der Cevennen. Eine prähistorische Grabstätte liegt auf dem Höhenweg, und ein Menhir steht an der Wegkreuzung der alten »Route royale«.

Hinweise für die Wanderung

- **Anfahrt und Ausgangspunkt**: Von St-Jean-du-Gard führt die D 983 in die Vallée Française, verläßt das Tal bei St-Etienne und geht als D 984 nach St-Germain. An der Kirche führt eine Straße zur Serre de la Can. Bei der Hotelanlage stellt man den Wagen ab und beginnt die Wanderung.
- **Dauer**: 2.30 Std.
- **Typ und Schwierigkeitsgrad**: leichte Rundwanderung über Forst- u. Kammwege
- **Höhenunterschied**: 150 m
- **Orientierung**: Eidechse auf grünem Grund und Holzschilder
- **Karte**: IGN Nr. 2740 Et, Corniche des Cévennes
- **Jahres-/Tageszeit**: das ganze Jahr zu jeder Tageszeit

Wanderweg

An der Hotel-Anlage »Lou Serre de la Cam«, die im Wald versteckt liegt, beginnt der Wanderweg. Am Schwimmbassin und den Pferdeställen vorbei, folgen wir der Wegmarkierung »Eidechse auf grünem Grund« zu den Rocs de Galta und laufen in einem von Pinien durchmischten Eßkastanienwald bergan. Mehrere Wege kreuzen sich kurze Zeit später in der Nähe eines Wasserreservoirs. Wir nehmen den GR 67a, der auch als Reitweg zum Col de Jalcreste/ Barre-des-Cévennes ausgewiesen ist. Dies ist die alte »königliche Straße« (Route royale), die 1703 auf Befehl des Intendanten des Languedoc angelegt wurde, um mit Truppen zum Kampf gegen die aufständische Bergguerilla der Kamisarden vorrücken zu können. Eine knappe Stunde geht es durch Pinienwald, dann erreicht man den Menhir (Pierre Plantée) an der Wegkreuzung. Er ist 1,50 m hoch, 80 cm breit und hat noch deutlich sichtbare eingravierte Zeichen.

Hier beschreibt der Weg eine Kehre und führt oberhalb des bisherigen Forstweges auf den Kamm, der zunehmend eine von der Erosion freigelegte Landschaft aus Schieferfelsen wird. Der Weg läuft Richtung Südosten und erreicht zwischen Ginster, Steineichen und Krüppelkiefern die erste Schiefertafel. Wir steigen hinauf und wieder hinunter. Der nächste Buckel wird linkerhand umgangen, dann geht es die Anhöhe hinauf. Zwischen Krüppelkiefern, Heide und Stein ist eine prähistorische Grabstelle zu finden. Es ist ein sog. »Koffer«-Grab, von rechteckigen Schieferplatten eingefaßt. Wie auch der

Menhir stammt es aus der Megalithkultur um 2500 v. Chr.

Der Weg steigt nun auf und ab durch die Felslandschaft der Rocs de Galta. In dem bizarren Schieferplattenrelief lassen sich einigermaßen bequem fantastische Aussichtspunkte erklettern. Nach Südosten fällt der Berg schroff ab. Das Eidechsenzeichen führt im Prinzip immer ein Stück links um ausgesetzte Felspartien herum, bis sich der Pfad unterhalb eines Steilabfalls (30 Min. seit Menhir) nach links neigt. Er führt durch einen Birkenwald und mündet in einen breiten Forstweg. Auf ihm geht es weiter Richtung Süden. Der Weg vollzieht schließlich einen Schwenk nach links und gelangt durch schattigen Wald zu dem Wasserreservoir, das vom Hinweg schon bekannt ist. Das Eidechsenzeichen leitet den Waldweg hinunter bis zum Reithof.

Lesen wir ein weiteres Mal die Reiseschilderung unseres wandernden Dichters R.L. Stevenson:

Geweckt wurde ich (Donnerstag, 3. Oktober 1878) durch schmetternden Hahnenschrei und das Gackern zufriedener Hennen. Als ich an das Fenster des sauberen und komfortablen Zimmers trat, blickte ich hinaus auf einen sonnigen Morgen in einem weiten Tal von Kastaniengärten. Es war noch früh, und das Krähen der Hähne, das schräge Licht und die langen Schatten lockten mich auszugehen und mich umzuschauen.

(...) St-Germain-de-Calberte ist eine ansehnliche Gemeinde. Zur Zeit der Glaubenswirren und unmittelbar vor der Verwüstung wurde sie von 275 Familien bewohnt, von denen nur neun katholisch waren. Für eine Volkszählung brauchte der curé von Haus zu Haus 17 Septembertage, wenngleich er beritten war. Aber obwohl Kreisstadt, ist der Ort kaum größer als ein Dorf. Er liegt auf Terrassen an einem steilen Hang inmitten mächtiger Kastanien (...) Alles ist jetzt so ruhig, der Puls des Lebens schlägt so langsam in diesem Bergnest (...) Ich suchte Zuflucht auf den Terrassen, die hier einen grünen Rasenteppich haben, und versuchte, mit einem Bleistift die unnachahmlichen Attitüden der Kastanien beim Recken ihres Baldachins aus Laub nachzuzeichnen. Ab und zu rauschte eine Brise vorüber, und die Maronen purzelten um mich herum auf den Rasen mit einem schwachen, dumpfen Laut. Das Geräusch ähnelte dem vereinzelten Fall großer Hagelschlossen, doch war es hier verknüpft mit einem freudigen, menschlichen Gefühl von einer nahenden Ernte und von Farmern, die sich den Lohn für ihre Mühe ausrechnen. Wenn ich aufsah, konnte ich die braune Marone durch die schon geplatzte Hülle lugen sehen. Und zwischen den Stämmen erfaßte das Auge ein Amphitheater von besonnten Hügeln unter grünem Laub. (...) Selten habe ich einen Erdenfleck tiefer genossen.

Adressen

48370 St-Germain-de-Calberte

- Syndicat d'Initiative, Tel. 04 66 45 93 66
- Das Château Saint-Pierre ist inzwischen restauriert worden; Daniel Darnas betreibt hier das traditionelle Ziselierhandwerk (Metall meißeln und stechen), Tel. 04 66 45 90 30
- »Hôtel Lou Raïol«, cevenolische Küche zu vernünftigen Preisen in einem gemütlichen Lokal, Menüs zwischen 59 und 129 F, Le Pendedis, Tel. 04 66 45 52 02
- Außerhalb des Ortes liegt die Hotelanlage und das Ferienzentrum »Lou Serre de la Cam«, mit Reitzentrum und Restaurant »Le petit Calbertois« auf dem Berg Serre de la Can; Tel. 04 66 45 93 58; von dort aus begleiten Nanou und Pino (Tel. 04 66 45 94 30) Ausritte zu den Rocs de Galta, in die Haute Gardonnenque und zum Mont de Mars.
- Ferme-Auberge »Le Pradel« bei M. und Mme Béchard, ganzjährig geöffnet, Tel. 04 66 45 92 46
- Chambres/Table d'Hôte in Vernet bei Mme Lamy, ganzjährig geöffnet, Tel. 04 66 45 91 94, und bei Mme Mar-

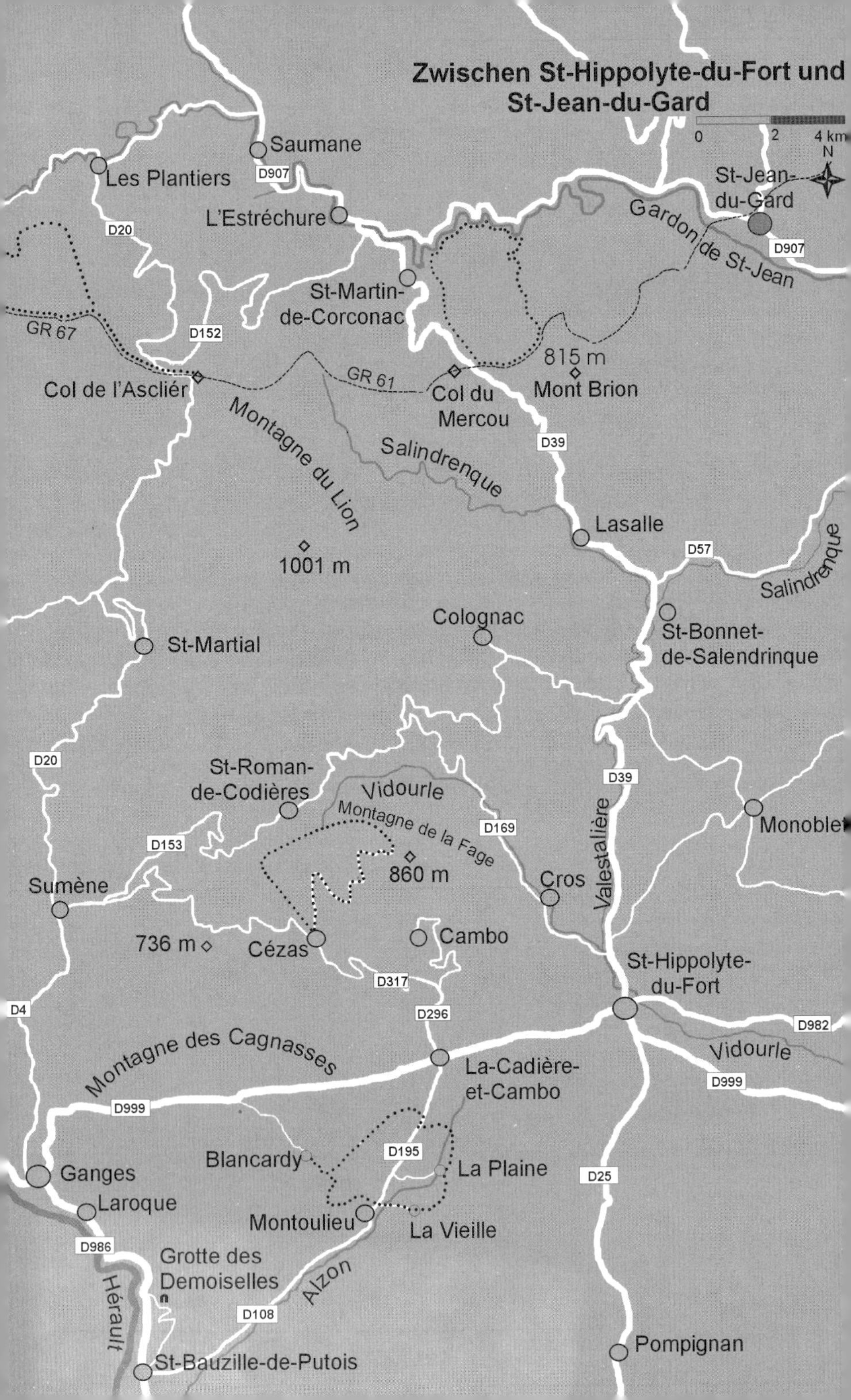
Zwischen St-Hippolyte-du-Fort und St-Jean-du-Gard
0
2
4 km
N
Saumane
Les Plantiers
D907
L'Estréchure
D20
St-Jean-du-Gard
Gardon de St-Jean
D907
St-Martin-de-Corconac
GR 67
D152
815 m
Col de l'Asclièr
GR 61
Col du Mercou
Mont Brion
Montagne du Lion
D39
Salindrenque
Lasalle
1001 m
D57
Salindrenque
Colognac
St-Bonnet-de-Salendrinque
St-Martial
D20
St-Roman-de-Codières
Vidourle
D39
Montagne de la Fage
D169
Monoblet
D153
Valestalière
860 m
Sumène
Cros
736 m
Cézas
Cambo
St-Hippolyte-du-Fort
D317
D296
D4
D982
Montagne des Cagnasses
La-Cadière-et-Cambo
Vidourle
D999
D999
D195
Blancardy
La Plaine
Ganges
D25
Laroque
Montoulieu
La Vieille
D986
Grotte des Demoiselles
Alzon
Hérault
D108
St-Bauzille-de-Putois
Pompignan

tin in Mazelet Bas, Tel. 04 66 45 90 45
- Ferme-Auberge »Sou Cami« in La Borie-Le Pendedis bei Laurence und Roland Deleuze, ganzjährig geöffnet, aber nur bei Vorbestellung unter Tel. 04 66 45 54 70
- Gîte d'étape bei M. und Mme Mohcini in Lou Serre de la Can, Tel. 04 66 45 93 58
- Gîte d'étape in Reynols bei Mme Feuz, Tel. 04 66 45 75 17

4. Aus der Vallée Borgne auf den Paßweg

Überblick

Zwischen der **Vallée Borgne** und den Taleinschnitten der Salindrenque und später des Hérault liegt der Bergrücken **Serre de Borgne**. Über seine Kammlinie zieht sich die Schneise des uralten Herdenweges, die »**Draille de la Margeride**«. Auf die ehemaligen Tal-, Aufstiegs- und Paßwege einer abgeschiedenen Berglandschaft führen zwei Ausflüge.

Die erste Wanderung bietet einen landschaftstypischen Querschnitt durch das Bergrelief der Cévenne. Sie führt zunächst durch die abwechslungsreiche Flußlandschaft des Gardon de Saint-Jean. Der ehemalige Postkutschenweg folgt dem tief zerklüfteten Schiefertal am Flußlauf entlang und führt halbhoch am Hang an vereinzelten Weilern, Landgütern und an dem kleinen Schloß von Bussas vorbei. Bei dem idyllisch am Fluß gelegenen Mas von Soucy rauscht der Fluß durch eine scharf geschnittene Engstelle. Hier führt der Weg oberhalb einer Bachschlucht aus dem Tal hinaus und in einem langen, gemächlichen Anstieg auf den Col de Mercou (570 m). Von dort geht es über die Kammlinie durch Mischwald zum Col de Briontet (660 m), dem Ausgangspunkt für die Besteigung des Mont Brion (815 m). Oberhalb der Vallée Obscure führt ein schattiger Waldweg an der Flanke des Bergrückens wieder hinunter in das Gardontal.

Die Rundtour verbindet die alte Talpassage mit dem Paßweg. Der »Paß des Merkur« ist eine Station auf der alten »Fernstraßen«-Schneise, der »Draille de la Margeride«. Sie beginnt in St-Hippolyte und trifft im Liron auf die Nebenstrecke, die von St-Jean-du-Gard über den Bergrücken führt. Die Masse der vereinten Schafherden wälzte sich über die Schafbrücke am **Col de l'Asclier** und bewegte sich weiter Richtung Florac. Aber auch Reisende, Kaufleute und Maultierkarawanen zogen auf der alten Draille über das Gebirge, und so wird hier wie anderswo in den Cevennen gerne Merkur, der Gott der Händler, in der Namensgebung zitiert.

Der zweite Ausflug beginnt mit einer eindrucksvollen Autostrecke auf einer schmalen und kurvenreichen Straße von L'Estréchure (an der D 907) zum **Col de l'Asclier**. Die D 152 führt über den Weiler Milliérines, steigt in Serpentinen an und erreicht den Höhenkamm des Bergzuges. In der weltabgeschiedenen Einsamkeit des Col de l'Asclier trifft man auf den Herdenweg, der hier auf dem »**Pont Moutonnier**«, einer nur für den Durchzug der Schafe errichteten Brücke, über den Straßeneinschnitt hinweggeführt wird. Dieser Weg aus der Tiefebene des Languedoc auf die Hochflächen der Margeride, nördlich des Mont Lozère, hat eine

»Draille de la Margeride« am Col de l'Asclier

lange Vergangenheit. Schon vor vielen Jahrhunderten wurden auf ihm Tiere getrieben und Gebrauchsgüter transportiert. Der Wanderweg folgt dieser Schneise, die von Paß zu Paß durch offene, unberührte Berglandschaft führt – ein klassischer Höhenwanderweg in den Südcevennen mit Panoramablicken.

Aus dem Tal des Gardon de St-Jean zum Col de Mercou (Mont Brion)

Hinweise für die Wanderung

- **Anfahrt**: Von St-Jean-du-Gard fährt man auf der D 907 durch das Gardontal Richtung St-André-de-Valborgne. Nach 5 km muß man den Parkplatz an der linken Straßenseite anfahren, der den Abzweig zum Schloß von Bussas anzeigt. Ein asphaltierter Weg führt zum Fluß hinunter.
- **Dauer**: 4.45 Std.
- **Typ und Schwierigkeitsgrad**: ein ausgedehnter Rundweg mit leichter, aber anhaltender Steigung im ersten Drittel des Weges; man geht auf alten Wirtschafts- und Waldwegen.
- **Höhenunterschied**: 510 m
- Orientierung: Das kleine Schild mit Postkutsche ist in so großen Abständen angebracht, daß die Orientierung auch anhand der Karte erfolgen muß. Ein großer Teil des Aufstiegs verläuft über den zuverlässig markierten GR 61 A, der Paßweg ist als GR 61 gekennzeichnet. Der Abstieg ist nicht markiert.
- **Karte**: IGN Nr. 2741 ET, St-Hippolyte-du-Fort, Anduze, St-Jean-du-Gard
- **Jahres-/Tageszeit**: ganzjährig, schattige Wege

Wanderweg

Der Wanderweg beginnt auf der kleinen Teerstraße, die am Parkplatz von der D 907 abzweigt und durch Tannenwald in das Gardontal hinunterführt. Man überquert den Fluß auf der schlichten, geländerlosen Betonbrücke (unterhalb des Hauses le Ca-

Im Gardon de St-Jean ...

banis), verläßt die Straße kurz danach und steigt beim ersten Abzweig links hoch. Dabei fällt der Blick auf die alte Hängebrücke, die den Fluß zwischen Felsen und steil abfallenden Uferhängen überspannt. Sie gehört zum Besitz des Schlosses von Bussas und ist nicht für die Benutzung freigegeben. Der (private) Weg den Hang hinauf erreicht – 20 Min. nach Beginn – eine kleine, grasbewachsene Plattform. Ein Schild am Baum mit der Postkutschensilhouette ist die Markierung, der man nach rechts folgt.

Der alte, steingepflasterte Weg führt zu dem (bewohnten) Schloß von Bussas hinunter und folgt dem Hinweisschild nach St-Martin-de-Corconac (zweites Postkutschenzeichen am Baum!). Zunächst geht es durch schattigen Kastanien- und Tannenwald, dann steigt der Weg leicht bergan, erreicht eine Felskuppe und neigt sich auf der anderen Seite in das Tal hinunter. Dieser Wegabschnitt ist ein kleiner Höhepunkt der Wanderung. Wir gehen durch eine wild zerklüftete Felslandschaft. Die Steineichen klammern sich an die schräg abfallenden

... am Mas von Soucy

Schieferplatten. Zwei aus Trockensteinen geschichtete Brücken führen über die Felsenge zu dem schmalen, hohen Cevennenhaus von **Soucy**, das auf dem Felsvorsprung am Fluß steht. Nach starken Regenfällen stürzen schäumende Wassermassen zwischen den Felsen hindurch (20 Min. seit dem ersten Postkutschenzeichen).

Vor der zweibogigen Brücke über den Rouquet verläßt unser Weg die Talschneise und begleitet diesen Zufluß des Gardon in südlicher Richtung. Auf dem schmalen, z.T. wildüberwucherten Pfad rechtsseitig des tief eingeschnittenen Bergbaches passiert man eine Hausruine und geht weiter bergan. Der Pfad führt durch dichte Vegetation, über bemooste Steine, durch Farnkraut und wildes Unterholz. Teilweise verläuft er als kleiner Hangweg über der schmalen Schlucht. Auf großen Steinen führt er über drei kleine Zuflüsse des Rouquet. Das **Mas de Vallongue** steht an der gegenüberliegenden Seite des Rouquet auf einer Lichtung von grünen Uferterrassen. Dorthin führt eine grasbewachsene Steinbrücke mit Eisengeländer. Man kann links oder rechts um den Weiler herumgehen und stößt auf die kleine Stichstraße, die ihn mit der Landstraße D 39a verbindet (35 Min. ab Soucy).

Auf der kaum befahrenen Straße geht man links weiter, überquert nach einer Schleife den Zufluß des Rouquet, den Roucou, und steigt durch ein mit Nuß- und Maulbeerbäumen bestandenes Wiesental des Roucou weiter hoch. Wir befinden uns auf der Grande Randonnée 61A, die von St-Martin-de-Corconac zum Col du Mercou führt. Der Weg führt durch lichten Mischwald stetig bergan, folgt zunächst dem Hinweisschild nach Le Verdier, erreicht im letzten Abschnitt wieder eine kleine Landstraße und gelangt nach 50 Min. (seit der Brücke von Vallongue) auf den Col du Mercou (570 m). Der GR 61 geht von hier aus weiter über den Kamm und schlängelt sich durch das dichte Unterholz der Garrigue zum Col de Briontet.

Alternativ zum GR kann auch der breite, befahrbare Weg gewählt werden, der nach dem im letzten Abschnitt landschaftlich etwas eintönigen Aufstieg eine angenehme Abwechslung ist. Er zieht sich an der offenen Südflanke des Passes entlang nach Osten und bietet schöne Ausblicke in das südlich gelegene Tal der Salindrenque mit den Dörfern **Soudorgues** und **Lasalle**. Das steinige Wegstück von einem Paß zum anderen führt durch lichten Steineichenwald, kreuzt im letzten Abschnitt einen breiten Forstweg, der aus dem Tal hochkommt, und führt dann noch einmal durch dichten Laubwald kurz bergab. Dann ist die breite Waldlichtung am **Col de Briontet** (660 m) erreicht, auf der sich mehrere Wege kreuzen (40 Min. für den Paßweg).

Von hier aus kann man auf einem bequemen Weg mit weitem Panoramablick zum **Mont Brion** aufsteigen (hin und zurück etwa 40 Min.). Anschließend beginnt der Rückweg an dieser Kreuzung. Wir verlassen den GR 61 und schlagen den breiten Forstweg in nördlicher Richtung ein, der über den Kamm in die Vallée Obscure hinunterführt (vom bisherigen Wanderweg her gesehen, auf der Lichtung der erste Abzweig nach links). In einer Stunde geht es vom Paß über die Nordflanke des Bergrückens durch hohen Tannen- und Eichenwald mit weiten Blicken in das Tal von St-Jean zum Château de Vallée Obscure. Der alte Landbesitz liegt tief in einem Wald von Zedern und Kastanien. Für den weiteren Abstieg bleibt man auf dem Weg und erreicht wieder die Landschaft aus Felsen und Steineichenwald im Tal des Gardon. Der letzte Wegabschnitt führt auf einem Balkonweg durch die wildromantische Felsszenerie des Gardontals. Der ehemalige Postkutschenweg von Peyroles nach St-Martin führt am Hof L'Arenas vorbei und vollzieht jede Schleife des Flusses mit, bis der Ausgangspunkt erreicht ist. (Vom Schloß bis zur Betonbrücke 60 Min.)

Vom Col de l'Asclier zum Berghof Bonperrier

Die Wanderung vom Col de l'Asclier nach Bonperrier folgt dem zuverlässig markierten GR 6/GR 67. Der Weg verläuft ohne Anstrengung in gemäßigtem Auf und Ab auf Höhen um knapp 1000 m und erreicht in 45 Min. den **Col de l'Homme Mort**. Der Aussichtsweg über die baumlose Kammlinie ist besonders im Herbst sehr reizvoll, wenn die Farnwiesen und Eßkastanienwälder in den Taleinschnitten gelb und rot gefärbt sind. Die »Draille de la Transhumance« (S. 170f) zieht sich nun als breiter Weg an den Berghängen über dem Tal des Gardon de St-Jean entlang und eröffnet immer schönere Blicke auf die weite Berglandschaft der Cevennen und einsame, talabwärts gelegene Weiler. Nach 30 Min. verengt sich die Schneise zu einem Feldweg und führt an geschichteten Mauern entlang über Weideflächen zu dem ehemaligen **Berghof Bonperrier**, der nur noch ein Ruinenanwesen ist.

Wer für den Rückweg denselben Weg nicht noch einmal gehen will, sondern eine schöne, wenn auch anstrengendere Variante vorzieht, folgt dem GR 6A, der von Bonperrier zu dem Weiler La Bessède hinabsteigt. In einer ausladenden Schleife führt er durch schattenspendende Wälder und erreicht erst nach einem Anstieg von ca. 600 Höhenmetern wieder den Kammweg kurz vor dem Col de l'Homme Mort. (Statt 30 Min. Kammweg muß man dafür etwa 1.45 Std. berechnen.)

Adressen

30124 L'Estréchure

- Gîte d'étape im Château in St-Martin-de-Corconac am Ufer des Gardon bei M. Humbert, Tel. 04 66 83 90 10
- Hôtel-Restaurant »Auberge Cévenole«, Tel. 04 66 83 91 60

30122 Les Plantiers

- »Hôtel-Restaurant Valgrand« mit schöner Terrasse, Spez.: Wildschweinpaté, mit Kräutern gefüllte Forellen, Flußkrebse u. Kastanienkuchen, Tel. 04 66 83 92 51
- Restaurant »La Sariette«, Tel. 04 66 83 92 71
- Gîte d'étape bei M. Bosio, 04 66 83 91 25, und im »Relais La Bessède« bei M. Victor, Tel. 04 66 83 92 32

30940 St-André-de-Valborgne

- Office de Tourisme, Les Quais, Tel. 04 66 60 32 11
- Hôtel-Restaurant »Bourgade« an der Place de l'Eglise, Tel. 04 66 60 30 72
- Hôtel-Restaurant »La Vallée«, Tel. 04 66 60 32 90
- Im Ortszentrum liegt das Restaurant »Chez Jacky« mit glyzinienüberrankter Terrasse und einem Speisenangebot von Steinpilzen, Forellen, Flußkrebsen, Lamm und Ziegenkäse.
- Gîte d'étape in Roubigiès bei M. Roche, Tel. 04 66 60 31 27

30460 Lasalle

- Office de Tourisme, Centre F. Viala, Tel./Fax 04 66 85 27 27

- Hotel-Restaurant »Les Camisards«, Tel. 04 66 85 20 50
- Hotel-Restaurant »L'Enclos«, Tel. 04 66 85 44 30
- Gîte d'étape communal, T. 04 66 85 43 94
- Chambres/Tables d'Hôte im cevenolischen Mas »Le Canton« in der Nähe des Weilers Caderle (D 153 ab St-Jean)

5. Auf der »Corniche des Cévennes« von Anduze nach Florac

(Abstecher in die Täler des Gardon de Mialet und der Salindrenque)

Anduze

Anduze liegt an dem schmalen Durchbruch des Gardon d'Anduze durch die Barriere des Kalksteinrückens – der östlichen Bruchkante der Cevennen. Am linken Ufer rückt die letzte Häuserzeile an die steile Felskante des Höhenrückens von Peyremale. An der rechten Seite schmiegen sich die Häuser zwischen den Fluß und den Steilabfall der kahlen Bergkuppe von Saint-Julien. Dank dieser Lage galt Anduze als ein »**Tor der Cevennen**«.

Schon zur Zeit der keltischen Besiedlung verlief an dieser Stelle ein alter Weg aus der Ebene des Languedoc in die Cevennen. Diese sog. »Route des Gabales« führte seit dem 3. Jh. v. Chr. von Nîmes in die Gegend des heutigen Mende, das Land des keltischen Volksstammes der Gabalen. Die Römer verbesserten das keltische Wegenetz in die »Monts Cebennae« für den Handel zwischen der gallisch-römischen Siedlung »Andusia« (heute Anduze) und dem Bergland des Zentralmassivs. Im Mittelalter zogen Maultierkarawanen auf diesem Wege in die Berge. Im 17. Jh. wurde er als »Route Royale« zur Einfallschneise der Dragoner des Königs Ludwig XIII. und im 18. Jh. der Truppen Ludwigs XIV. im Kampf gegen die Kamisarden (S. 20ff). Erst der Bau der Talstraßen durch die Vallée Borgne und Vallée Française am Ende des 19. Jh. entwertete

Anduze, das »Tor der Cevennen«

die Höhenstraße. 1956 wurde die alte Straße geteert und ist seitdem die touristische Panoramastraße der Gardon-Höhenrücken. Vom Col de St-Pierre bis zur Can de l'Hospitalet führt die D 9 die Bezeichnung »Corniche des Cévennes«.

Seit dem 10. Jh. waren die Seigneurs von Anduze die Herren der südlichen Cevennen und der angrenzenden Languedoc-Ebene. Auf der Bergkuppe des rechten Gardonufers bauten sie die Burg von Saint-Julien und verschafften sich in den folgenden Jahrhunderten durch Fehden und Allianzen große Domänen in den Cevennen. Ihren Machtbereich sicherten sie u.a. durch ein Netz von Signaltürmen, darunter den Signalturm von Sauve, der mit den Burgtürmen Fressac, Saint-Roman-de-Codières, Soudorgues und Lasalle in Verbindung stand. Der Schloßturm von Tornac oberhalb des Gardon d'Anduze, das Schloß Moissac und der Turm von Canourgue überwachten die Vallée Française.

Die guten Verbindungen des Hauses Anduze zu den Grafen von Toulouse führten dazu, daß nach dem erfolgreichen Feldzug gegen die Katharer und Raymond VI. von Toulouse, bei dem der Papst den König von Frankreich und seine Ritter um Unterstützung gebeten hatte, im Jahre 1229 mit den Besitzungen von Toulouse auch die der Herren von Anduze an die Krone fielen. Die Könige von Frankreich zählten vom 9. bis zum 11. Jh. durchaus nicht zu den reichsten Seigneurs in Frankreich. Der Besitz der Grafschaft Toulouse, die bis dahin ihre Unabhängigkeit vom König bewahrt hatte, vergrößerte die königliche Domäne und stärkte die zentrale Macht der Kapetingerkönige erheblich. König Ludwig IX. (1226–1270) liquidierte die Unabhängigkeit der mächtigen Feudalherren in Südfrankreich und war damit auch Herr in den südlichen Cevennen, in Anduze, Alès, in der Vallée Borgne und der Vallée Française. Er verbot die Privatkriege zwischen den Feudalherren, machte sein königliches Gericht zur höchsten Instanz und erhob das Monopol auf das Prägen von Münzen.

Anduze entwickelte sich dank seiner günstige Lage zwischen Languedoc und Cevennen zu einem Zentrum von Handel und Handwerk. Mit der Verbreitung der Seidenraupenzucht in den Südcevennen blühten das Textilgewerbe und der Handel mit Rohseide. Schon im 13. Jh. erwähnten die Archive den Bürger Raymond Cuassargues, der den Beruf eines Seidenfadenziehers ausübte. Der hübsche Brunnen mit dem pagodenförmigen Dach, der auf dem Marktplatz steht, wurde 1649 von einem Seidenhändler aus Anduze nach chinesischem Vorbild errichtet.

Im 16. Jh. brachten Händler, Handwerksgesellen und Bibelverkäufer die calvinistischen Ideen aus Genf mit nach Anduze. Die Stadt reformierte sich, wurde ein wichtiger Stützpunkt und Sicherheitsplatz der Hugenotten. 1622 war sie eine der letzten Bastionen des protestantischen Widerstandes in den Cevennen, als die Hugenotten mit dem Herzog von Rohan gegen die Truppen Ludwigs XIII. und Richelieus kämpften. Nach der Kapitulation und dem sog. »Gnadenedikt von Alès« mußten die Stadtmauern geschleift werden. 60% der Familien verließen das sog. »Genf der Cevennen«, um im protestantischen Ausland eine sichere Existenz zu finden. Von den Befestigungsanlagen ist heute nur noch der Uhrturm zu sehen (Tour de l'horloge), der 1320 erbaut wurde.

Mit dem Niedergang der Seidenherstellung in den Cevennen sank die Bedeutung von Anduze als Handelsstadt beträchtlich. Die großen Messen und Märkte fanden hier nicht mehr statt. Ein bedeutender Gewerbezweig aus dieser Zeit hat sich bis heute gehalten. An den Einfallsstraßen von Anduze liegen die Verkaufsplätze der Keramikwerkstätten, in denen die berühmten »vases d'Anduze« hergestellt werden. Seit dem 18. Jh. wurden die bunt glasierten Keramiktöpfe vornehmlich für das königliche Schloß,

Anduze, Marktplatz

Vases d'Anduze

genauer die Parkanlagen und die Orangerie von Versailles angefertigt. Mittlerweile sind sie überall auf den Terrassen und in den Gärten der südfranzösischen Villen zu sehen.

Heute ist Anduze ein kleines Zentrum des Tourismus in den Südcevennen. Durch das »Tor der Cevennen« drängeln sich im Sommer die Autokolonnen der Urlauber. Die Umgebung von Anduze und der Gardontäler von Anduze und Mialet präsentieren sich als traditionsbewußtes Kernland der Cevenolen und können mit einigen Gedenkstätten aufwarten, die an die Kämpfe der Kamisarden und den Widerstand der Hugenotten erinnern. Auf dem linken Gardonufer führt die D 129 aus Anduze heraus. Hinter **Générargues** begleitet die D 50 den abzweigenden Gardon de Mialet durch das »**Tal der Kamisarden**«. Diese Bezeichnung ist allerdings eine werbewirksame Übertreibung der Tourismusbranche. Historischer Bezugspunkt ist der kleine Weiler **Le Mas-Soubeyran**, der etwas abseits der Talstraße mit ineinandergeschachtelten Häusern, gepflasterten Gewölbegassen und Bogenterrassen am Hang liegt. Dort lebte der Schweinehirt Pierre Laporte, der unter dem Namen Roland in den Kamisardenkriegen von 1702 bis 1704 die Rebellentruppe in den unteren Gardontälern anführte. In dem Haus der Familie Laporte wurde das »**Musée du Désert**« (»Museum der Wüste«) eingerichtet. Es dokumentiert die Verfolgung der Hugenotten in den Cevennen und dient auch als Ort jährlich wiederkehrender Treffen der Protestanten in Südfrankreich. Die Bezeichnung »Museum der Wüste« erinnert an die Zeit vor und nach dem Widerruf des Edikts von Nantes (etwa von 1685 bis 1789), als die Protestanten allen Verfolgungsmaßnahmen zum Trotz ihre Kultversammlungen heimlich in den abgelegenen Bergen abhielten. Das Museum umfaßt das Wohnhaus der Familie Laporte, so wie es damals eingerichtet war: das Schlafzimmer Rolands, den durch den Schrank versteckten Fluchtweg und die Küche. Eine reiche Dokumentensammlung wird durch frühe Bibel- und Psalterausgaben ergänzt (Öffnungszeiten: 1. März bis 30. Nov. 9.30–12 Uhr und 14.30–18 Uhr).

Im Tal der Salindrenque

Wanderung

Der Fernwanderweg »Tour des Cévennes« folgt der Straße von Anduze nach Mialet, teilweise auf kleineren Nebenwegen. Man kann also das sog. Kamisardental auch zu Fuß erkunden und findet dort das Museum der Hugenotten in Le Mas-Soubeyran, die »Grotte de Trabuc«, die als Waffenlager und Versteck der Rebellen bekannt wurde, und talaufwärts hinter Mialet die »Kamisardenbrücke«. Der GR 61 schlägt einen Bogen zum nächst größeren Ort, dem am Gardon de St-Jean gelegenen Landstädtchen St-Jean-du-Gard. Von dort fährt ein Touristenzug zurück nach Anduze.

Rechts des Gardon d'Anduze führt die D 907 aus Anduze heraus am Fluß entlang durch die Vallée Borgne. Die Straße überquert den Gardon, der hier nach St-Jean-du-Gard benannt ist, auf der Höhe der alten Filature von Salindre am Zufluß der Salindrenque. Eine Auto-/Rad-Tour auf der D 57 durch das Tal der Salindrenque nach Lasalle bietet einen landschaftstypischen Einblick in ein idyllisches, südlich gelegenes Tal der Niedercevennen. Am Hang oberhalb der Weiden liegen stattliche Weiler und die Herrensitze des ehemaligen kleinen Landadels in den Cevennen.

St-Jean-du-Gard

Die Fahrt durch das Tal des **Gardon de Saint-Jean** führt an der linken Seite des Flusses tiefer in die Cevennen hinein. Bald weitet es sich. An seinem Ufer liegt in einer kleinen Schwemmlandniederung St-Jean-du-Gard. Am alten Weg von Anduze durch die Cevennen in die Grafschaft Gévaudan war St-Jean eine wichtige Etappe. Zwischen dem Ufer des Flusses und der Handelsstraße (der heutigen »Grand' Rue«) siedelten sich Händler, Handwerker und Gastwirte an. Der Stadtgründung ging allerdings auch hier – wie fast immer in den Cevennen – die Gründung einer Priorei voran. Im 12. Jh. errichteten Benediktiner der Abtei St-Gilles (Languedoc) die Niederlassung Saint-Jean-du-Gardonnenque. Sie terrassierten die Hänge und bauten Getreide, Eßkastanien, Oliven, Wein und Obst an. Ein Relikt der Priorei ist der Uhrturm am Marktplatz.

Seit dem 15. Jh. war St-Jean ein kleines Landstädtchen mit etwa 3000 Einwohnern, zahlreichen Herbergs- und Reparaturbetrieben und einer stattlichen Zahl von Handwerkern der Leder- und Wollverarbeitung. Außerhalb des Stadtkerns zwischen Grand' Rue und Gardon lagen Landgüter und Adelssitze an den Hängen. 1560 waren so gut wie alle Bürger der Sadt zum calvinistischen Glauben übergetreten und wurden bereits unter der Regentschaft Heinrichs II. schwer drangsaliert. Der Generalleutnant des Languedoc, der Graf von Villiers, wurde beauftragt, mit allen Mitteln wieder den katholischen Glauben durchzusetzen. Seine Soldaten plünderten die Häuser und Schlösser und zündeten sie an. Erst mit dem Edikt von Nantes wurde St-Jean-du-Gard als hugenottische Stadt anerkannt.

Die Entwicklung der Seidenraupenzucht und der lokale Handel an der Straßenpassage zwischen Languedoc und Gévaudan begünstigte seit dem 17. Jh. die kleine Bourgeoisie von St-Jean-du-Gard. Einige reich verzierte Türportale in der Grand' Rue bezeugen den ehemaligen Reichtum etlicher Bürger. Er geht zurück auf den Aufschwung der Seidenindustrie im 19. Jh., als in 23 Seidenspinnereien der Stadt Rohseide gesponnen wurde. Für eine kurze, hektische Zeit wurde die Nachfrage der Lyoner Tuchfabrikanten nach heimischer Rohseide bedient (S. 30ff). Das Gebäude der ehemaligen Seidenspinnerei »Maison Rouge« ist noch heute in einer Seitenstraße der Grand' Rue zu sehen. Hier wurde 1957–64 ein letzter Versuch unternommen, mit modernen japanischen Maschinen die Seidenspinnerei aufrechtzuerhalten.

Heute lebt die Stadt vom Tourismus in den Sommermonaten. Für ihn wurde die aufgegebene Eisenbahnlinie, die erst vor gut 90 Jahren durchgesetzt und dann von Anduze bis St-Jean gebaut worden war, wieder in Betrieb genommen. Von Ostern bis Allerheiligen fährt eine alte Dampflok durch das Gardontal. Auch die Markttage von St-Jean üben eine große Anziehungskraft im ganzen Umland aus. An jedem Dienstagvormittag herrscht großer Andrang vor den Marktständen, die gegenüber den Kaimauern des Gardon aufgebaut sind.

In den Gewölbehallen einer alten Herberge in der Grand' Rue ist das »**Musée des Vallées Cévenoles**« (»Museum der Cevennentäler«) untergebracht. Es zeigt in den komplett eingerichteten Wohn- und Wirtschaftsräumen eines Bauernhauses alle Bereiche der bäuerlichen Lebens- und Arbeitsweise, u.a. die Gerätschaften für den Wein- und Getreideanbau, die Kastanien- und Seidenraupenzucht und die Herstellung von Ziegenkäse. (Öffnungszeiten 1. Okt. bis 30. April jeden Sonntagnachmittag 14–18 Uhr; 1. Mai bis 30. Juni und 1. bis 30. Sept. täglich außer Montag und Sonntagvormittag

St-Jean-du-Gard

10.30–12.30 Uhr und 14–19 Uhr; im Juli und August täglich außer Montag und Sonntagvormittag 10.30–19 Uhr.)

Auf der D 907 geht es von St-Jean-du-Gard ein kurzes Stück weiter talaufwärts. Erst nach etwa 2 km führt die rechts abzweigende D 260 aus dem Borgne-Tal heraus, steigt an der sanft abfallenden Südostflanke des Bergrückens in Serpentinen an und erreicht den **Col de St-Pierre** (597 m). Von hier aus führt ein sehr steiler Fußweg in 20 Min. auf die Felskuppe, zum Signal de St-Pierre hinauf.

»Corniche des Cévennes«

Der Spur der alten »Straße der Gabalen«, bzw. ihrer Nachfolger, folgt die Höhenstraße D 9 durch eine menschenleere, streckenweise kahle Landschaft. Als gut ausgebaute Panoramastraße zieht sich die »**Corniche des Cévennes**« ca. 35 km lang über den Kamm und bietet faszinierende Ausblicke, mal in das tief zwischen den Bergrücken eingebettete Gardontal der Vallée Française, mal der Vallée Borgne. 4,5 km hinter St-

Pierre ist eine Strecke des alten Maultierweges im Schieferhang zu erkennen. Die Ortschaft **St-Roman-de-Tousque** liegt direkt auf dem Kamm, nicht – wie es normalerweise üblich ist – an der geschützten Flanke des Berges. Mit Reparatur- und Herbergsbetrieben war sie ein wichtiger Etappenort an der alten Straße.

Die Straße neigt sich leicht abwärts und erreicht die Ortschaft **Le Pompidou** am Fuß der Barriere des kleinen Kalksteinplateaus **Can de l'Hospitalet**. Das Landschaftsrelief ändert sich deutlich: Die Schieferformationen gehen über in das helle Kalkgestein aus Meeresablagerungen. Die Straße steigt in großen Kehren auf über 1000 m Höhe an und erreicht den scharf geschnittenen Höhenrücken, der durch den Grabenbruch des Tarnon vom Causse Méjean getrennt ist. Die Fahrt über die leere, vegetationsarme Karstlandschaft bietet großartige Panoramablicke auf den Causse Méjean und die Massive von Aigoual und Lozère.

Auf der Hochfläche, der Wetterscheide zwischen atlantischen und mediterranen Klimaströmungen, liegt der Weiler **L'Hospitalet** – seit alters her Etappenquartier und Herberge. Die markante Felsengruppe in der Nähe des Weilers war einer der heimlichen Treffpunkte der Hugenotten.

Am **Col du Rey** (987 m) beeindruckt der Blick auf die 500 m hohe Steilwand des **Causse Méjean**. Nach Norden hin dehnen sich die kahlen Hochflächen der Can de Ferrières und Can de Tardonnenche aus, deren weltentrückte Einsamkeit und Stille Jean Carrière in seinem Roman »Der Sperber von Maheux« beschreibt (S. 210). Südöstlich zweigt die Straße ab, die über den ehemals bedeutsamen Marktflecken **Barre-des-Cévennes** in die Vallée Française hinunterführt.

Geologisch aufschlußreich ist der Felsvorsprung bei **St-Laurent-de-Trèves**, auf dem Fußabdrücke von Dinosauriern aus dem Jura entdeckt wurden. Vor 190 Mio. Jahren reichte ein seichtes Meer an die »Küste« der sich bereits leicht abzeichnenden westlichen Bruchkante der Cevennen, wo die Riesenechsen lebten (S. 13 u. 250).

Florac

Vor der Kulisse des Causse Méjean schlängelt sich die Straße in das Tal des Tarnon hinunter. Hier liegt unterhalb des Steilabfalls des Causse Méjean, am Zusammenfluß von Tarnon, Mimente und Tarn, das Städtchen **Florac**. Der Tarn trennt die Südflanke des Lozère-Massivs vom Bougès-Gebirge, die Mimente bildet den Taleinschnitt zwischen Bougès und dem Höhenrücken der »Corniche«, der Tarnon trennt den Vor-Causse Can de l'Hospitalet und das Aigoual-Massiv von dem Causse Méjean. Florac liegt an der Nahtstelle zwischen Cevennen und Causses.

Seit alters her trafen sich hier die Wege der Schafstriften. Sie kamen von den Höhenzügen der inneren Cevennen (sog. »Collectrice de l'Asclié«) und vom Aigoual-Massiv (sog. »Collectrice de la Luzette«) und führten von hier aus entweder über den Mont Lozère oder über den Causse de Sauveterre auf die Weidehochflächen von Aubrac und Margeride. So profitierte der kleine Marktflecken Florac im Laufe der Geschichte vom Durchzug der Herden und auch Händler, die auf denselben Wegen in das Hinterland der Cevennen und das Zentralmassiv gelangten. Florac war ein wichtiger Ort, wenngleich sich der Wohlstand in Grenzen hielt. Seine Lage war nicht zu vergleichen mit der von St-Jean-du-Gard oder Anduze und Alès an den klimatisch und verkehrstechnisch begünstigten, südöstlich gelegenen Talausgängen der Cevennen. Die Seidenraupenzucht blieb hier marginal.

Seit 1215 gehörte Florac zum Besitz des Raymond von Anduze, der seinen Einflußbereich von dort aus in die Baronnien des Gévaudan und gegen dessen obersten Feudalherren, den Bischof von Mende, auszudehnen trachtete. Die Bürger von Florac erzwangen 1291 eine gewisse kommunale

Alte Postkarte

Selbständigkeit von den Herren von Anduze, vor allem die Zusicherung einer eigenen kleinen Gerichtsbarkeit und die Festlegung von Höchstgrenzen der seigneuralen Abgaben.

Während der Religionskriege blieb Florac gespalten: Ein großer Teil der Bevölkerung war 1562 zum calvinistischen Glauben übergetreten, aber es blieb eine starke katholische Fraktion in der Stadt. Die Mauern, zum Schutz vor vagabundierenden Söldnerbanden und der Schwarzen Pest im 14. Jh. errichtet, mußten nach dem Frieden von Alès geschleift werden. Eine starke gegenreformatorische Glaubensbewegung konnte die hugenottische Bevölkerung von Florac nicht bekehren. Erst mit der Aufhebung des Edikts von Nantes und den brutalen Verfolgungsmaßnahmen der königlichen Dragoner wurden die Protestanten zum Widerruf (»je me réunis«) gezwungen. Anfang des 18. Jh. formierte sich hier der Widerstand der Kamisarden in dem dreijährigen Krieg gegen die Truppen Ludwigs XIV.

Heute ist Florac eine anziehende kleine Touristenstadt mit schönen Plätzen, einem schattigen Platanen-Boulevard und zahlreichen Straßencafés. Die Wasserläufe der »Source du Pêcher«, die in der mächtigen Felswand des Causse Méjean entspringt, fließen in Kaskaden durch die Altstadt. Das Schloß aus dem hellen Kalkstein der Umgebung stammt aus dem 17. Jh. und ersetzte den zerstörten Bau von Raymond d'Anduze. Nach der Revolution von 1789 wurden die Türme geschleift, das Schloß diente danach zunächst als Gefängnis und dann als Krankenhaus. Heute hat die Behörde des Nationalparks hier ihren Sitz. Im Erdgeschoß befindet sich ein Informationszentrum des Parks. Dieses stellt u.a. sorgfältig ausgearbeitete Tourenvorschläge für die nähere Umgebung Floracs zur Verfügung. Ein ausgeschilderter Rundweg führt zu der »Source du Pêcher«. Zwei weitere Vorschläge zeigen, wie man von Florac aus bequem an dem Steilabfall des Causse Méjean hinauflaufen und das Plateau erreichen kann.

Jean Carrière: Der Sperber von Maheux

Am eindrucksvollsten dort oben ist jedoch die Stille. Die Geräusche, die ein aufmerksames Ohr auf diesen Höhen wahrzunehmen vermag, lassen sie nur noch spürbarer oder bedrückender werden, je nach Stimmung, in der man sich gerade befindet. Der Wind atmet – eine Metapher, die unerläßlich ist für das seelische Gleichgewicht angesichts dieses Panoramas kahler Berge, das sich in seiner erdhaften Unerschütterlichkeit in endlosen Weiten erstreckt –, Blätter knistern unter dem Regen, irgendein Tier wühlt in seinem Strohlager, Kastanien fallen samt ihrer Stachelschale durch die Zweige, nichts erschreckt mehr als diese Peitschenhiebe im Blätterwerk. [...] Die Straßen führen in zu großer Entfernung an diesen blinden Tälern vorbei, als daß das Brummen der wenigen Fahrzeuge bis zu ihnen dringen könnte. Und es ist auch kein Land, in das der Klang der Glocken mühelos hineingetragen würde. Die Dörfer sind zu sehr eingeschlossen, die Entfernungen zu groß, die Hindernisse zu zahlreich, die Berghänge zu schroff, als daß ihr Läuten zu hören wäre, so wie es an ländlichen Vormittagen über friedlich gewellte Felder hinweg ertönt, wenn die Hähne sich heiser krähen und die Stunden plötzlich leer und sonntäglich geworden sind durch dieses dünne Gebimmel, das sich im Grünen verliert. Hier hat der Sonntag keine besondere Würze. Zu jeder Jahreszeit und an jedem der sieben Tage herrscht die gleiche Stille. Nichts füllt sie als dieses gleichgültige Atmen der Welt, mit der man sich bis ans Ende der Tage wird abfinden müssen. [...]

Adressen

30140 Anduze

- Office de Tourisme, Plan de Brie, BP 6, Tel. 04 66 61 98 17
- Hôtel-Restaurant »La Porte des Cévennes« an der Route de St-Jean-du-Gard, Logis de France, Tel. 04 66 61 73 65/ Fax 04 66 61 99 44
- »Hostellerie du Manoir« an der Route de St-Jean-du-Gard, Tel. 04 66 61 81 19
- »Hôtel-Restaurant La Regaliere« an der Route de St-Jean-du-Gard, Logis de France, Tel. 04 66 61 81 93/ Fax 04 66 61 85 94
- Restaurant »Ferme de Cornadel«, provencalische und cevenolische Küche bei Karine Anfosso, Spezialitäten: Fleisch und Fisch, frisch auf dem Holzfeuer gegrillt, Brasoucade de poissons vom Holzfeuer, Tel. 04 66 61 79 44
- Gîte d'étape bei M. und Mme Drôme 11, Rue du Luxembourg, Tel. 04 66 61 70 27

30140 Générargues

- Bambouseraie de Prafrance (Bambuspark), 1. Mrz bis 15. Nov. tägl. 9.30–19 Uhr, Tel. 04 66 61 70 47/ Fax 04 66 61 64 15, Internet http:/www.bambouseraie.fr
- Ganz in der Nähe von Anduze liegt am Waldhang über dem Tal des Gardon de Mialet das feine Hôtel-Restaurant/ Feinschmeckerlokal »Les Trois Barbus«, Menüs 98–300 F, außerhalb der Saison sonntags abends, montags und dienstags geschlossen, Tel. 04 66 61 72 12
- »Hôtel-Restaurant Le Mont Sauve«, einfache und gemütliche cevenolische Herberge, Tel. 04 66 61 96 43
- Restaurant »Aire du Roucan« an der Route de Mialet, anspruchsvolle franz.-cevenolische Küche ab 99 F, Tel. 04 66 61 61 59

30140 Mialet

- »Musée du Désert« in Le Mas-Soubeyran, Tel. 04 66 85 02 72
- »Grotte de Trabuc«, Öffnungszeiten erfragen unter Tel. 04 66 85 03 28
- Hôtel-Restaurant »Le Pradinas«, Tel. 04 66 85 01 34
- Hôtel-Restaurant »Les Grottes de Trabuc«, Tel. 04 66 85 02 81
- Auberge du Fer à Cheval, lohnende Eßadresse, 1.12.–20.3. geschlossen, Tel. 04 66 85 02 80
- Gîte d'étape in Campmau bei M. Clément, Tel. 04 66 55 60 64
- Ferme-Auberge im Hameau de Paussan

bei Jean-Luc und Ginette Perez, Tel. 04 66 85 00 58

30270 St-Jean-du-Gard

- Office de Tourisme, Place Rabaut St. Etienne, Tel. 04 66 85 32 11
- »Musée des Vallées Cévenoles« 95, Grand' Rue, Tel. 04 66 85 10 48, Fax 04 66 85 13 61
- »Filature de Maison Rouge«, Rue de l'Industrie, nur von außen zu besichtigen
- Viermal am Tag fährt der Touristenzug in der Saison (1.6.–31.8.) von Anduze nach St-Jean-du-Gard (9.30, 11.30, 15.00, 17.00 Uhr) und von St-Jean-du-Gard nach Anduze (10.30, 14.00, 16.00, 18.00 Uhr); April bis Mai täglich außer Montag; im September am Dienstag, Mittwoch, Donnerstag, Samstag und Sonntag; im Oktober nur am Sonntag. Der Zug hält am Bambuspark von Prafrance in Générargues. Auskünfte über die »Ligne Touristique« am Bahnhof St-Jean, Tel. 04 66 85 13 17/ Fax 04 66 85 19 06
- Hôtel-Restaurant »L'Oronge«, charmantes Hotel mit klassischer französisch-cevenolischer Küche, sehr freundlicher Empfang durch Mme Berthier, Tel. 04 66 85 30 34
- »Hôtel-Restaurant Auberge du Perás«, Route de Nîmes, Logis de France, Tel. 04 66 85 35 94
- »Hôtel-Restaurant La Corniche des Cévennes«, Quartier Le Razet, Tel. 04 66 85 30 38
- Gîte d'étape in Le Moulinet bei M. Launay, Tel. 04 66 85 10 98

48400 Vébron/L 'Hospitalet

- Hôtel-Restaurant »Chez Claudette Adoul«, Tel. 04 66 44 01 59
- Hôtel-Restaurant »Huguet-TSE«, Tel. 04 66 44 00 58 und »Auberge du Tarnon«, Tel. 04 66 44 00 05

48110 Le Pompidou

- Ferme-Auberge »Le Village« an der D 9 bei Catherine und Jean-Marie Causse, Gerichte auf der Basis der Produkte aus dem eigenen Geflügelhof, vom 20.12. bis 10.1. geschlossen,Tel. 04 66 60 31 82
- Gîte d'étape bei M. und Mme Pin, Tel. 04 66 44 01 60

48400 Florac

- Office de Tourisme, Ave. Jean Monestier, Tel. 04 66 45 01 14, Fax 04 66 45 65 27
- »Parc national des Cévennes« im Château de Florac, B.P. 15, Tel. 04 66 49 53 01 eMail: pnc@bsi.fr, Internet: http://www.bsi.fr/pnc
- Im Rahmen des Écomusée des »Parc national des Cévennes« sind in Saint-Laurent-de-Trèves, an den Kalktafeln an der Corniche des Cévennes die Fußabdrücke von »Grallator«, dem Dinosaurier, zu besichtigen; Öffnungszeiten von Ostern bis zum 11.11., Erkundigungen bei der Behörde des Nationalparks, s.o.
- »Grand Hôtel du Parc«, gediegenes altes Hotel der Jahrhundertwende mit viel Charme, regionale Feinschmeckerküche, Menüs zwischen 95 und 200 F; 15. März bis 1. Dez. geöffnet, Tel. 04 66 45 03 05/ Fax 04 66 45 11 81
- Hôtel »Le Rochefort«, Logis de France, Restaurant »Le Dolmen«, offen v. Ostern bis Allerheiligen, Tel. 04 66 45 02 57
- Restaurant-Glacier »La Source du Pêcher«, Tel. 04 66 45 03 01
- Restaurant »Chez Martine Coulomb« in der Rue du Thérond; sehr freundlicher Empfang, kleine, erlesene Speisekarte und wechselnde Ausstellungen, Chambre d'Hôte, Tel. 04 66 45 27 75
- Gîte d'étape im Ancien presbytère bei M. Lagrave, Rue du Pêcher, Tel. 04 66 45 24 54
- Gîte communal bei Mme Rives, Rue de l'Eglise, Tel. 04 66 45 14 93
- Gîte d'étape bei M. Serrano in Le-Pont-du-Tarn, 1 km außerhalb von Florac, Tel. 04 66 45 20 89

VI. DIE SÜDCEVENNEN: DAS AIGOUAL-MASSIV UND SEINE VORGEBIRGE

Überblick

Nur noch 80 km vom Mittelmeer entfernt liegt der Gipfel der Süd-Cevennen: der Mont Aigoual mit 1567 m Höhe. Die südöstlichen Flanken des Aigoual sind steil: Tiefe Erosionstäler sind hier in das Granit-Massiv eingegraben. 1000 Höhenmeter überwindet der Hérault am Südhang des Aigoual auf einer Strecke von nur 8 km von der Quelle bis Valleraugue. Über die steilen Abhänge wird Gesteins- und Erdmaterial zu Tal geschwemmt und damit der Erosionsprozeß gefördert, der die Kuppe des Massivs schon freigelegt hat. Heftige Niederschläge speisen die Gebirgsflüsse. Der Mont Aigoual, dessen Name vom lateinischen »aqua« herrührt, ist der »Berg der Wasser«. Vom Mittelmeer hochtreibende Regenwolken finden an den steilen Südhängen des Massivs ihre Barriere und entleeren sich in mitunter sintflutartigen Regenfällen. Sommerliche Hitzeperioden, Niederschlag – 2000mm im Jahresdurchschnitt – Schnee, Nebel und Windstürme kennzeichnen das extreme Bergklima auf dem Aigoual.

Deutlich unterschieden ist das Relief im Norden und im Westen, auf der atlantischen Seite: Dort haben die regelmäßigen, aber bedeutend schwächeren Niederschläge sanfte Abhänge gebildet. Hier entspringen Tarnon, Jonte, Bétuzon, Brèze, Trévezel und Dourbie und fließen gemächlicher durch waldreiche, schöne und einsame Schluchten, bevor sie in die Kalkstein-Causses eindringen.

Blick vom Mont Aigoual

St-Martial, ein typisches Cevennendorf am Berghang

Die einheimische Bevölkerung der Bergdörfer in den Cevennen mied die unwirtliche Gipfelregion des Aigoual. Von Berufs wegen kamen nur die Schäfer und Forstarbeiter auf den Berg. Erst im 19. Jahrhundert war die Bergwelt zum Gegenstand eines Erkundungsinteresses geworden. Der Kenntnisstand auf dem Gebiet der Geographie, Meteorologie und Höhenkunde hatte sich beträchtlich erweitert. Seit der Jahrhundertmitte entstanden die staatlichen Wetterdienste, und es begann ein gewisser nationaler Wettbewerb um die Errichtung von möglichst hoch gelegenen Observatorien. Ein Netz von Wetterwarten wurde auf den Berggipfeln Europas geknüpft. »Météo France« baute 1873 das erste Observatorium in den Pyrenäen, es folgten die Wetterstationen auf dem Aigoual (1887) und auf dem Montblanc (1893).

Ein Entdecker- und »Gipfelstürmer«-Tourismus setzte ein, die einsamen Bergregionen wurden als Naturerlebnis entdeckt. Eine erste touristische Attraktion war das Observatorium auf dem Aigoual. Berg- und Wandertouristen kamen von Valleraugue, Le Vigan und Meyrueis. So schreibt der »Hachette« von 1908:

Der Aigoual ist mit seinen 1567 m Höhe der beherrschende Gipfel in den Mittelmeer-Cevennen und der schönste Berganstieg in dem gesamten System, eingeschlossen der Mézenc und der Pilat.(...) Die Eröffnung des Grand Hôtel du Mont-Aigoual im Jahre 1908 zwischen dem Col de la Sereyrède und dem Gipfel, oberhalb des großen Cirque de l' Hérault, in 1400 m Höhe wird in Zukunft den Aigoual zu einem Zentrum des Tourismus und zu einer Berg-Station ersten Ranges machen.

Paul Joanne, Les Cévennes, Paris Librairie Hachette, 1908

Heute führt die Landstraße (D 269) vom Col de la Sereyrède, der Paßstation an der alten Draille, den Autoverkehr direkt auf den Gipfel des Berges.

Ausgedehnte Buchen- und Tannenwälder überziehen die Kämme und Täler des

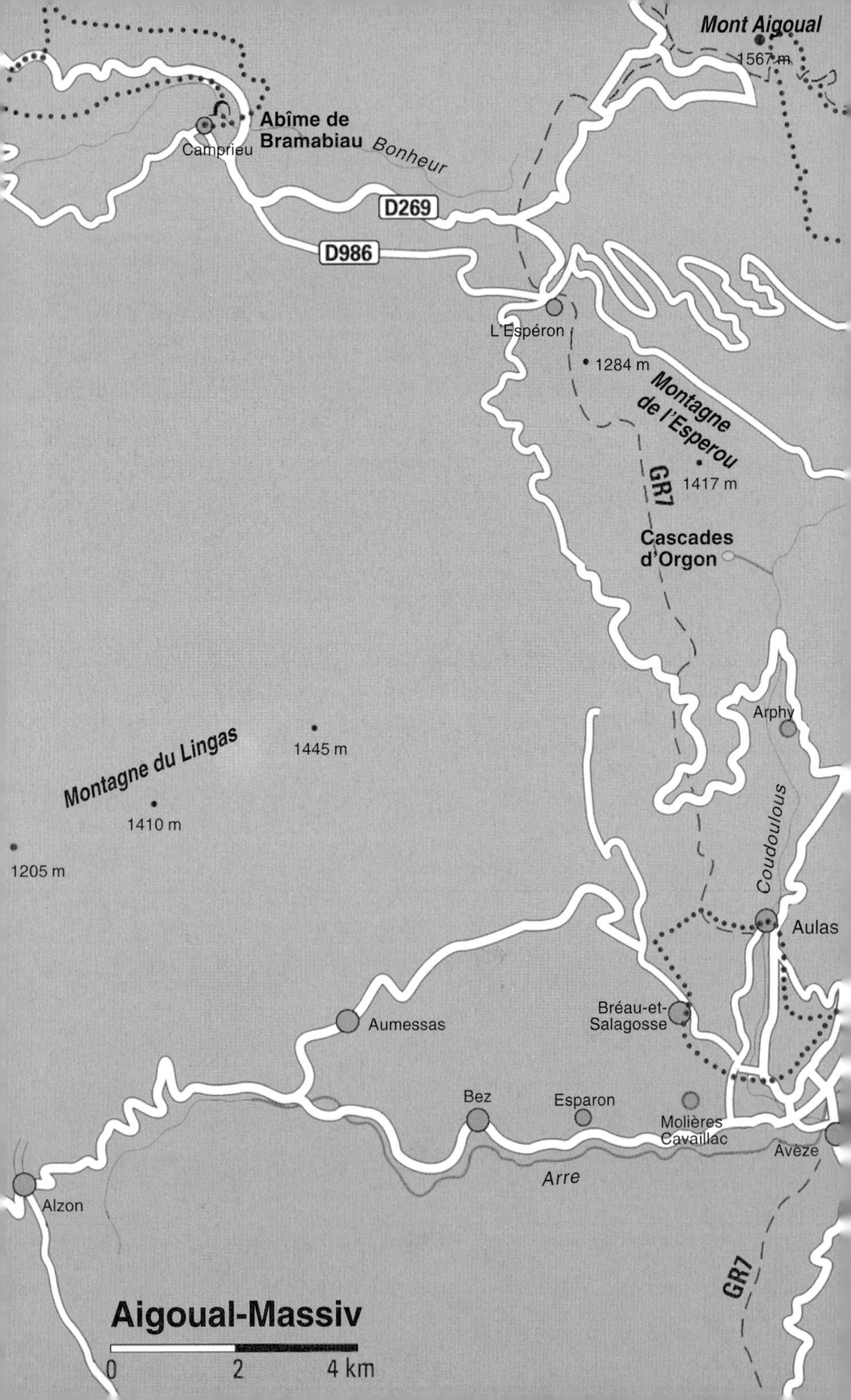

Mont Aigoual
1567 m
Abîme de Bramabiau
Camprieu
Bonheur
D269
D986
L'Espéron
1284 m
Montagne de l'Esperou
1417 m
GR7
Cascades d'Orgon
Arphy
Coudoulous
Montagne du Lingas
1445 m
1410 m
1205 m
Aulas
Bréau-et-Salagosse
Aumessas
Bez
Esparon
Molières Cavaillac
Avèze
Arre
Alzon
GR7
Aigoual-Massiv
0
2
4 km

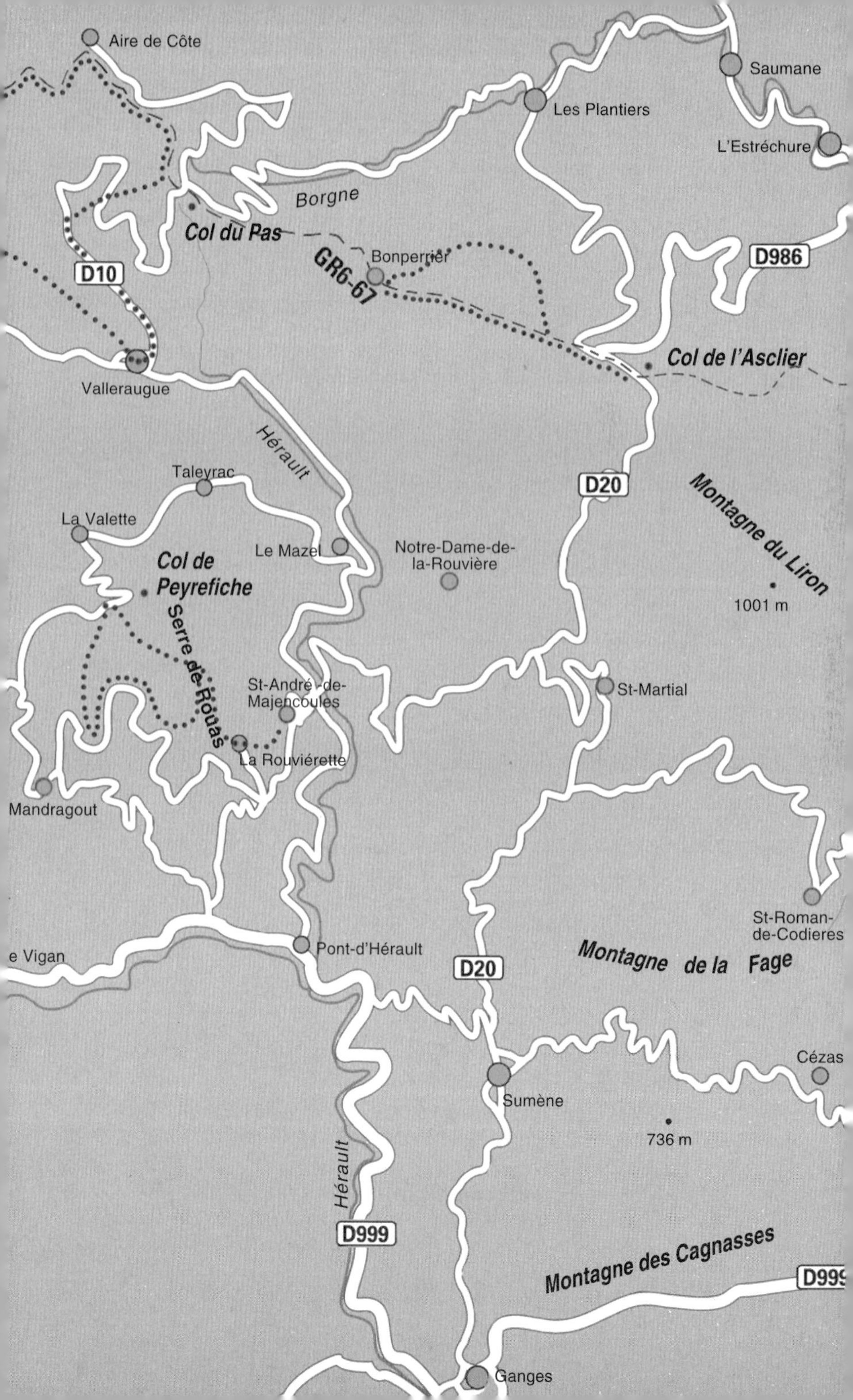

Aire de Côte
Saumane
Les Plantiers
L'Estréchure
Borgne
Col du Pas
D986
Bonperrier
GR6-67
D10
Col de l'Asclier
Valleraugue
Hérault
D20
Taleyrac
Montagne du Liron
La Valette
Le Mazel
Notre-Dame-de-la-Rouvière
Col de Peyrefiche
1001 m
Serre de Rouas
St-Martial
St-André -de-Majencoules
La Rouviérette
Mandragout
St-Roman-de-Codieres
Pont-d'Hérault
e Vigan
D20
Montagne de la Fage
Cézas
Sumène
736 m
Hérault
D999
Montagne des Cagnasses
D999
Ganges

Aigoual-Massivs so endlos weit und dicht, daß man sich kaum vorstellen kann, daß der Aigoual in den Hochtälern und auf den Kuppen um die vorletzte Jahrhundertwende ähnlich kahl und leer war wie die benachbarten Causses. Die Abholzung der Buchenwaldbestände für das Brennholz der Sägewerke und Glasbläsereien in den Ortschaften am Rand der Cevennen führte zur weitgehenden Verödung der Berghänge. Noch dazu wurden durch Brandrodung die Weideflächen für die Wanderschäferei vergrößert.

Ende des letzten Jahrhunderts wurde auf Betreiben von Georges Fabre ein staatliches Aufforstungsprogramm auf dem Aigoual-Massiv eingeleitet. Erdrutsche, Auswaschungs- und Abtragungsprozesse waren in Verbindung mit den wiederkehrenden Überschwemmungsfluten der Gebirgsflüsse zu einer schwerwiegenden Bedrohung für die Taldörfer geworden. So wurden seit 1875 ausgedehnte Fichten-, Tannen- und Buchenwälder gepflanzt, die heute eine Waldfläche von mehr als 15 000 ha bedekken.

Im **L'Hort-de-Dieu** (»Garten Gottes«), einer windgeschützten, sonnigen Ecke unterhalb des Gipfels, ist noch heute eine der fünf exotischen Pflanzenschulen zu besichtigen, die man in den südlichen Regionen des Aigoual-Massivs im letzten Jahrhundert angelegt hatte. In diesen botanischen Gärten wurden Baumsorten aus Amerika und Afrika angepflanzt, um zu erproben, welche schnell wachsenden und zugleich widerstandsfähigen Arten in diesem Klima gedeihen können.

Das ausgedehnte Wander- und Reitwegenetz im Aigoual bedient sich auch hier der alten Viehschneisen der Transhumance und der ursprünglichen, z.T. wieder sorgsam gepflasterten Verbindungswege zwischen den Dörfern. Kleine Zentren des Bergtourismus sind **Le Vigan**, **Valleraugue** und **L'Espérou**, eine bescheidene Wintersportstation in der Nähe des Col de la Sereyrède.

Eine Routenempfehlung aus den Anfängen des Berg-Tourismus:

Valleraugue, Kantonsstadt mit 2443 Einwohnern auf 364 m Höhe, auf dem Talgrund inmitten eines sehr schönen Kessels von Bergen gelegen, am Zusammenfluß des Rivière de Mallet, Ursprungsfluß des Hérault, der vom Aigoual herunterfließt, mit dem Clareau: erst hier, wo sich die beiden Flüsse in Valleraugue treffen, trägt der Fluß den Namen Hérault. Valleraugue besitzt – von Elektrizität beleuchtet – bedeutende Seidenspinnereien. Auf der rechten Seite des Hérault dehnt sich ein stattlicher Quai aus, an dem sich das Hotel Bourbon und das Post-Telegraphen-Amt befinden. Der Rest der Stadt bietet nur dunkle Gassen.(...)

Valleraugue, am Fuß des Aigoual und durch Telefon mit dem Forsthaus von Sereyrède und telegraphisch mit dem Observatorium verbunden, ist ein ausgezeichneter Ausgangspunkt für die Besteigung des schönen Gipfels. Es sind 28 km auf der Fahrstraße bis zum Observatorium (5 Std für den Aufstieg, 2 ½ Std. für den Abstieg, Kutsche mit zwei Pferden für 15 bis 20 fr. bis nach Sereyrède, bis zum Observatorium 25 bis 30 fr.).

Man könnte sich auch, obwohl das eine ziemlich lange Tour ist und selten von dieser Ecke aus gemacht wird, von Valleraugue nach Meyrueis (47 km) über Camprieu und Bramabiau kutschieren lassen. Wenn man früh am Morgen losfährt, würde man in Camprieu ankommen, um dort zu frühstücken, dann den Bramabiau besichtigen; zum Mittagessen könnte man sich nach Meyrueis begeben. Für diese Tour stellt das Hotel Bourbon eine Kutsche mit 2 Pferden für 40, 50 fr. zur Verfügung, inkl. der Zusatzstrecke von 12 km hin und zurück, um die Touristen auf den Aigoual zu fahren. Wie auch immer, wir würden vorzugsweise empfehlen, diese Tour auf den Berg zu Fuß zu machen, während sich die Pferde in Sereyrède ausruhen können.

Hachette, 1908

1. In den Vorgebirgen des Aigoual-Massivs

Mit Blick auf das Aigoual-Massiv und die Gesamtcevennen: auf dem Balkonweg der Montagne de la Fage

Die Montagne de la Fage ist ein erster, dem Aigoual-Massiv vorgelagerter Bergriegel westlich von St-Hippolyte-du-Fort. Er gehört in die Kette der Kalksteingebirge am südöstlichen Rand der Cevennen. Diese Bergrücken sind nicht höher als 900 m und bestehen aus Muschelkalkablagerungen des Jura-Meeres. In der Hügellandschaft der Garrigues liegt das Städtchen **St-Hippolyte-du-Fort**, das sich wie Ganges, Durfort oder Anduze als »Tor in die Cevennen« bezeichnet. In der Umgebung liegen ausgedehnte Weinberge, die sich die Hügel hinaufziehen, bis die nach Kräutern duftende Buschwaldvegetation beginnt.

In den kühlen Kastanien- und Buchenwäldern an der Nordostflanke des Fage-Gebirges entspringt der Fluß Vidourle. Er durchschneidet die Kalksteinberge, schlängelt sich durch die Ebene um Nîmes und mündet in die meernahen Étangs. Die Flußlandschaft der sog. Vidourlenque zeigt die typischen Eigenarten von Wassersystemen in einer Kalksteinformation. Ebenso wie seine vielen kleinen Zuflüsse l'Argentesse, le Négo-Bonte, le Brestalou, le Crieulon, le Rieumassel, le Donlibre, le Quiquilhan und le Cresponon verschwindet der Vidourle in unterirdische Höhlensysteme, bildet dort Seitenarme, Grotten und Seen aus und tritt anderswo wieder zutage. In der Kalktafel der Garrigue ist das Labyrinth von unterirdischen Flußläufen ab Sauve so weit verzweigt, daß ein Großteil des Verbindungsnetzes der Flüsse speläologisch noch nicht erforscht ist.

Die oberirdisch streckenweise trockenen Flußbetten verwandeln sich schon durch die kräftigen Regengüsse einer Nacht in reißende, kleine Flüsse und überschwemmen schnell die Furt für Weg und Straße. Der Vidourle kann binnen weniger Stunden von einem Rinnsal zu einem Strom werden. Die Bewohner von Quissac, Salinelles und Sommières kennen riesige Flutwellen, die zwei- bis dreimal im Jahrhundert die Landschaft verwüsten. »Vidourlade« ist der Name für die brutale, alles mit sich wegreißende Überschwemmungswelle, die sich nach sturzartigen Regenfällen überraschend schnell aufbauen kann. So bewahrt die Stadt Sommières die Erinnerung an eine Nacht des Jahres 1684, als der Fluß das ganze Getreide von den Dreschplätzen wegschwemmte. Am 17. September 1858 konnten sich die Bewohner von Sommières kaum in Sicherheit bringen, als die »vidourlade« unvorhergesehen heranschwoll und den Marktplatz der Stadt überflutete. Im »Jahr des Vidourle« 1958 erreichte der Fluß binnen kürzester Zeit einen Hochwasserstand von 6–7 m.

Schnurgerade führt die D 999 von **St-Hippolyte-du-Fort** an dem Kalksteinriegel der **Montagne des Cagnasses** vorbei durch eine breite, grüne Senke von Weinfeldern in die Cevennenvorberge von Ganges. Die Verbindung war bereits zu gallischer Zeit als günstiger Weg am Südrand der Cevennen bekannt: Eine »Route des Ruthènes« verlief von Nîmes über St-Hippolyte und Ganges nach Le Vigan und weiter nach Millau. Zahlreiche Schilder machen an der Straße

Romanische Kirche in La Cadière

Cézas

auf Höfe und Weindomänen aufmerksam, die verstreut in der Hügellandschaft liegen.

Bei **La Cadière-et-Cambo** biegt die kleine D 296 von der Hauptstraße ab, überquert eine aufgelassene Eisenbahntrasse und erreicht das Dorf in den Weinfeldern am Fuß des Bergriegels. Unter der Südsonne werden die Kalksteinquader der romanischen Kirche von La Cadière gleißend hell. Sie steht im Zentrum des verschlafenen Dorfplatzes mit Brunnen, Platanen und Bar. Der Kirchenbau hat schöne, ausgewogene Proportionen. Hinter dem Ort ragen die mächtigen Felsen der Schlucht des Flüßchens Argentesse auf. Die Straße führt durch diese Felsenge und kommt zu den Bergdörfern **Cézas** und **Cambo**, die in geschützter, geradezu versteckter Lage an den Südhängen des Fage-Gebirges liegen.

Der Wanderweg führt von Cézas über den Südhang der Montagne de la Fage und erreicht nach einem längeren, leichten Anstieg durch lichten Laub-, später durch Tannenwald die offene Kammlinie des Bergrükkens. Ein Balkonweg führt an der Bergkuppe entlang und bietet in 932 m Höhe einen erstklassigen Panoramablick auf die Cevennen, die südliche Garrigue-Hügelkette, die Weinebenen des Languedoc bis hin zur Küste vor Montpellier.

Hinweise für die Wanderung

- **Anfahrt**: St-Hippolyte verläßt man auf der D 999 Richtung Ganges, biegt auf die D 296 rechts ab nach La Cadière und fährt weiter Richtung Cambo; auf die D 317 abbiegen und an der Montagne des Cagnasses entlang nach Cézas hochfahren. Das Auto kann vor dem Ortseingang abgestellt werden.
- **Dauer**: 2.45 Std.
- **Typ und Schwierigkeitsgrad**: leichter Rundwanderweg auf breiten Wald- und Kammwegen; Rückweg über Wiesen an Weidengattern entlang.
- **Höhenunterschied**: 315 m
- **Orientierung**: Brandschutzwege (Schilder »D.F.C.I.«), später blaue, dann rote Markierung
- **Karte**: IGN Nr. 2741 Et St-Hippolyte-du-Fort
- **Jahres-/Tageszeit**: das ganze Jahr, wegen des Südhangaufstiegs bevorzugt Herbst bis Frühling oder nicht gerade in der Mittagszeit. Es gibt immer wieder schattige Waldpassagen.

Wanderweg

Malerisch liegen die Natursteinhäuser, Gärten und Gassen von Cézas an einem sanft ansteigenden Bergrücken. Der Wanderweg beginnt am Ortseingang gegenüber dem Metallkreuz am DFCI G 8 und führt östlich am Ort entlang. Schon nach einigen Asphaltkehren aufwärts kann man die schöne Dorfanlage betrachten. Südostwärts öffnet sich der Blick in die Ebene der Vidourlenque. An der Kreuzung verläßt der Weg die Asphaltstraße und führt durch lichten Wald von niedrigen, laubabwerfenden Eichen und Eschen. Von Brombeergestrüpp überwucherte Mauern, verwilderte Terrassen und verwaiste Steinhäuser, ehemals Bergerien, erinnern an die frühere Wirtschaftsweise. Heute versinken die Ruinen unter einer dichten Decke aus Jasmin, kratzigem Unterholz und wilden Rosen. Waldflächen haben die südöstlich ausgerichteten Terrassenhänge erobert. Ein wenig eintönig und schattenlos verläuft der erste Wegabschnitt.

Nach 1 Std. 20 Min. stoßen wir auf eine

Kreuzung, schlagen den DFCI G 10 nach links ein und steigen nach dieser Spitzkehre den Weg durch kühlenden Tannenwald bergan. Nur noch etwa 40 Min. braucht man von hier bis zum Paß: Bei stetiger leichter Steigung quert der Weg eine breite Schneise für den Herdenauftrieb und hält sich an der Wegkreuzung mit einer (bisher noch nicht vorgekommenen) blauen Markierung rechts. An einer von Dornenhecken überwucherten, verfallenen Bergerie vorbei gelangt man schließlich auf einen breiten Querweg. Auf der weich gepolsterten Grasnarbe laufen wir links weiter hinauf und können dabei durch den Tannensaum immer schon mal einen vielversprechenden Blick auf die Hügelkette um Colognac und in das Tal des Vidourle werfen. Dann hat die breite Schneise die Paßhöhe erreicht. Hier überrascht der grandiose Weitblick! Man kann den Blick über die gesamten Cevennen schweifen lassen, vom Aiguoal bis zu den Konturen des Lozère-Massivs. Man erkennt den Col de l'Asclier, unterhalb davon den Gebirgsrücken des Liron. Weiler und Dörfer liegen verstreut auf den Südhängen, eingerahmt von Kastanienhainen und Wiesenterrassen. Am Fuß des Berges entspringt in der Nähe des Dorfes St-Roman-de-Codières der Vidourle.

Der Weg führt zu einem kleinen Radiosender (931 m), und hier nun wird der Blick frei für die Südseite des Gebirges; er erfaßt die Landschaft bis zum Golfe du Lion. Wegweiser zeigen an, daß man auf den vorgesehenen Trittstufen den Zaun übersteigen muß, um auf der anderen Seite den Weg bergab zu finden. Eine idyllische Wiesenlandschaft mit alten Bäumen lädt zum Rasten ein. Hier beginnt die rote Markierung (an den Bäumen am östlichen Wiesenrand) und führt zuverlässig den Berg hinunter bis nach Cézas. Dazu hält man sich im Prinzip am Zaun entlang, geht die Wiese hinunter und umrundet sie mit einer Biegung nach rechts. Auf dem deutlich erkennbaren, grasbewachsenen Weg geht es

Alter Cevennenpfad

dann links den Berg hinunter. Die rote Markierung legt dem Wanderer immer mal nahe, über den Zaun zu klettern und sich seinen Weg durch das Unterholz zu suchen. Diesseits des Zaunes ist Weidegelände, das möglicherweise nicht immer betretbar ist. Nur in dem Fall muß man den etwas mühseligen Weg durch das Gestrüpp jenseits des Zaunes finden.

Man kommt durch einen noch jungen Kastanienwald und sieht schon die roten Dächer von Cézas. Ein kleiner Schwenk nach links, dann geht es über den Zaun und schließlich zwischen efeuberankten Mauern durch die Dorfgassen zum Ausgangspunkt hinunter.

Adressen

30170 St-Hippolyte-du-Fort

- Office de Tourisme, »Les Casernes«, B.P. 59, Tel. 04 66 77 91 65/ Fax 04 66 77 25 36

- »Écomusée de la Soie«, Seidenmuseum in der ehemaligen Filature du Pont-de-Fer, Tel. 04 66 77 66 47
- »Restaurant Le Plan«, kleinstädtischer Gasthof neben der Kirche mit einfacher, empfehlenswerter Küche zu günstigen Preisen; empfehlenswert Zitronenforelle und Lachs-Lasagne, Tel. 04 66 77 91 55
- »Hôtel-Restaurant Auberge Cigaloise«, Logis de France, am Ortsrand gelegen mit Blick auf Weinfelder, Route de Nîmes, Tel. 04 66 77 64 59
- »Restaurant L'Armourier«, freundliches Lokal mit schattiger Terrasse an der Straße Richtung Monoblet, 04 66 77 26 19
- Unterkünfte und Ferme Auberge im »Le Buisson« in der Nähe des Dorfes Cros bei M. und Mme Aigoin, Tel. 04 66 77 60 93

30170 La Cadière-et-Cambo

- Hôtel-Restaurant »Auberge de la Cadière«, Tel. 04 67 77 67 10

30440 Sumène

- Office de Tourisme, 9, Rue des Tilleuls, Tel./Fax 04 67 81 30 16
- »Hôtel-Restaurant à la Rose«, Rue du Pont-Petit, Tel. 04 67 81 30 30
- Das Restaurant »Le Cokatoo« an der Place du Plan serviert den »Assiettes de Pays«, ein Tagesgericht aus lokalen Produkten mit einem Getränk zum günstigen Preis (max. 70 F); Tel. 04 67 81 39 02
- »Auberge du Mas de Daumet«, Route de St-Martial, Tel. 04 67 81 35 98: auf halbem Weg von Sumène nach St-Martial, gediegene Küche mit frischen Produkten der Region, schöner Blick von der Terrasse in das Tal des Rieutord.

30440 St-Romain-de-Codières

- »Auberge de Bourras«, Spezialitäten des Hauses sind Entenbrust, Forellen und Flußkrebse, in den Schulferien und an den Wochenenden geöffnet, Tel. 04 67 81 35 23
- »Café la Tour«, Tel. 04 67 81 35 34
- »Gîte d'étape du Mas Lacoste«, gekocht wird auf Vorbestellung unter Tel. 04 67 81 38 01

30440 St-Martial

- Hôtel-Restaurant »La Terrasse« bei Dominique, idyllisches Dorflokal an der Place du Portail mit Tischen unter Platanen, Tel. 04 67 81 33 11

Zwischen Weinbergen und Garrigue um St-Hippolyte-du-Fort: Eingemachtes aus der Bauernküche des Languedoc

Auf alten Verbindungswegen geht die Wanderung abwechselnd auf die sanften Garrigue-Höhenzüge hinauf und in die Senken der Weinfelder hinab. Die bequeme, nur gut dreistündige Runde ist so zusammengestellt, daß eine Mahlzeit in einer der Ferme-Auberges eingeplant werden kann. Voranmeldung ist erforderlich. An der Kante des Plateaus von Thaurac wird man den »freien Flug« der Drachenflieger beobachten können. Am Weg liegt die massige Burgruine des Castellas von Montoulieu.

Zwischen der Mittelmeerküste und den »Murailles du Languedoc«, den Kreidefelswänden am Rand der karstigen Causses liegt das Département Hérault. Ausgedehnte Weinanbaugebiete prägen das Gesicht der Landschaft in der Ebene. Das herausragende Gebäude einer Ortschaft ist – so heißt es – nicht die Kirche, das Rathaus oder das Schloß, sondern die Coopérative der Weinbauern. Im Oberen Hérault allerdings, wo die Weinfelder an die karstigen Ausläufer der Garrigue stoßen, ist der Weinanbau weniger rentabel, die Anbauflächen sind insgesamt kleiner.

So findet man in den Senken unterhalb der Karstgebirge zwischen St-Bauzille-de-Putois, Montoulieu, Moulès-et-Baucels und Ganges, oder auch in dem abgelegenen Tal der Buèges, kleine Winzerdörfer, abgelegene Domänen und Höfe, die mit Hinweisschildern »Ferme-Auberge«, »Table d'Hôte«, »Gîtes ruraux« auf sich aufmerksam machen. Man sollte nicht versäumen, von diesen Angeboten Gebrauch zu machen.

Freundlich eingerichtete Gastzimmer und reichhaltige Menüs aus regionalen und hofeigenen Produkten erwarten die Touristen.

Um mit der Bezeichnung »Ferme-Auberge – Bienvenu à la Ferme« werben zu dürfen, muß der Landwirt bestimmte Auflagen des Landwirtschaftsministeriums erfüllen: Er muß nachweisen, daß er überwiegend von bäuerlicher Produktion lebt, darf nur die Produkte seines Hofes und regionale Spezialitäten anbieten und muß sicherstellen, daß die Gästebetreuung weitgehend im familiären Rahmen stattfindet. Das Programm »agriculture et tourisme« soll den Bauern- und Winzerbetrieben eine zusätzliche Erwerbsquelle eröffnen. Mit einer Liste von Adressen und der Aussicht auf einen angenehmen Aufenthalt in den Fermes zwischen Meer und Montagne wirbt der Prospekt der »Chambre d'Agriculture de l'Hérault«, der in Lattes bestellt werden kann (S. 224).

Die Wanderung in den nordöstlichen Ausläufern des Kalkplateaus von Thaurac und in die daran angrenzenden Weingebiete führt von einer Ferme zur anderen. Sie beginnt in der Ebene zwischen St-Hippolyte und Ganges: Unterhalb der Garrigue-Anhöhe des kleinen Bergriegels liegt die Domaine de Blancardy. Im Innenhof des massigen Gebäudes oder in seinen Gewölberäumen wird aufgetragen, was Haus und Hof zu bieten haben: Pasteten, Geflügelterrinen, Foie gras. Dazu wird der für die Region typische Süßwein Cartagène serviert. Der Geflügelhof bestreitet auch den 2. Gang: Entenconfit, als Alternative Entenbrust, aber auch Ziegenbraten, Ratatouille und Kartoffelgratin. Das Turmgebäude beherbergt drei Gästezimmer mit Ausblick auf die Weinfelder vor den Cevennenausläufern.

Über den Bergrücken hinüber gelangt man auf der anderen Seite zum »Mas Domergue« an der D 108, dessen Besitzer Ziegenbauern sind. Entsprechend gestaltet sich die Speisekarte: Ziegenkäse (pelardons), warm und gebacken zu frischem Gartensalat, Zicklein in Rotwein (»cabri en sauce«) und wieder Ziegenkäse in allen Reifestadien auf der Käseplatte. Von Ostern bis Allerheiligen wird hier an Sonn- und Feiertagen mittags gekocht, im Juli und August jeden Abend.

Auf der anderen Straßenseite ziehen sich die Weinberge auf den nächsten Bergrücken hoch. Dort liegt, von alten Maulbeerbäumen beschattet, die »Domaine de la Devèze«. Wein, Cartagène, Apfelsaft und andere Produkte des Hofes werden hier verkauft.

Hinweise für die Wanderung

- **Anfahrt und Ausgangspunkt**: Schilder an der D 999 zwischen St-Hippolyte und Ganges weisen auf den Abzweig zur Domaine de Blancardy hin.
- **Dauer**: 3.15 Std.
- **Typ und Schwierigkeitsgrad**: leichte Rundwanderung
- **Höhenunterschied**: 145 m
- **Orientierung**: blaue Markierung wechselt mit gelber Markierung ab.
- **Karte**: IGN Nr. 2741 Et St-Hippolyte-du-Fort, Anduze, St-Jean-du-Gard
- **Jahres-/Tageszeit**: ganzjährig, im Sommer die Mittagshitze meiden.

Wegbeschreibung

Weithin gut sichtbar führt der Weg nordöstlich am Hof Blancardy vorbei und schlängelt sich durch niedrigen Buschwald von Ginster, Wachholder, Buchsbaum und Steineichen auf die Anhöhe. An der ersten Kreuzung den mittleren, begrünten Weg, an der nächsten den linken Weg wählen.

Er erreicht die Anhöhe und gibt den Blick in das Tal und auf den gegenüberliegenden Rücken frei. Hocharomatisch riecht der wilde Berglavendel; am Wegesrand blühen im Mai Klatschmohn, Salbei und Orchideen. Auf der Hügelkuppe taucht zum ersten Mal die blaue Markierung am Feldgatter auf (30 Min. seit Blancardy). Hier wird der Rückweg vom Berg herunterkommen. Rechterhand haben Bulldozer eine

Domaine Blancardy

breite Schneise freigelegt. Unterhalb der Ruinen von L'Escalière, eines alten Gehöfts, das an die Felsen gebaut wurde und jetzt von wilden Rosen überwuchert ist, endet die gelbe Spur an einer der »Rampen«, die vor dem Steilabfall des **Plateau de Thaurac** liegen, einem Treffpunkt der Drachenflieger.

Der Weg verläßt die Garrigue und geht durch Wiesen und Weinberge hinab (die blaue Markierung sieht man am Strommast auf dem Weg durch die Senke). Dabei blickt man rechterhand auf Montoulieu und linkerhand auf das in der Nähe der Straße liegende **Mas de Domergue**. Je nach Tageszeit und Gesamtplanung kann man von hier aus auf der Straße zu der Ferme-Auberge de Domergue laufen, um dort die Mittagsmahlzeit einzunehmen. (Wegen sehr eingeschränkter Öffnungszeiten unbedingt vorbestellen. Das Mas ist auch zu einem späteren Zeitpunkt der Wanderung gut zu erreichen, z.B. von La Plaine aus. Die Gehzeit bis dahin beträgt noch etwa 1 Std.)

Auf dem Wanderweg geht es weiter über die D 108, an den mit Maulbeerbäumen bewachsenen Uferwiesen des Alzon entlang in Richtung **La Vieille** zu. Gleich hinter dem ersten Haus des Dorfes biegt der Weg am Metallkreuz unter einer Kastanie nach links ab. Als schmaler Pfad führt er durch die Wiesen und an einem Weinfeld vorbei. Dann kommt man in einen wilden Kastanienwald und schließlich an der kleinen Straße heraus. Wir laufen auf der Landstraße links hinunter. Vor uns liegt eine idyllische Wegpassage durch die Weinhügel. Linkerhand blickt man auf den Kirchturm von Montoulieu, dahinter auf die Kalkwände des Thaurac. Nach einer engen Haarnadelkurve erreicht die winzige Straße die von alten Bäumen beschattete **Domaine von Devèze**. Von hier aus könnte man abermals rasch zum Hof von Domergue gelangen.

Unser Wanderweg macht eine weitere Runde in die Weinfelder und schlägt einen größeren Bogen. Dazu läuft man auf der Landstraße, auf der man gekommen ist, wieder ein Stück zurück. Nach kurzer Zeit gelangt man an die Kreuzung, an der die blaue Markierung nach rechts und nach links zeigt: Von rechts sind wir gekommen, links gehen wir weiter, bis wir auf der Höhe eines kleinen, von Mauern eingefaßten Friedhofs angelangt sind. Hier biegt der gelb markierte Weg links von der Straße ab und hält sich unterhalb eines mit Stacheldraht eingezäunten Geländes. Das Schild »Toro« (»Stier«) ist ernst zu nehmen. Wir gehen an dem ausgedehnten Weidegelände entlang, auf dem die schwarzen Stiere für die Stierkämpfe in Nîmes und Alès herangezüchtet werden. Durch einen kleinen Steineichenwald nähert man sich wieder dem Flüßchen Alzon und bald den Häusern (Gîtes ruraux) von **Les Carmes** und **Le Bousquet**. Der Weg endet an dem Weidegatter, überquert den Fluß nach links und erreicht die Landstraße. Dort führt uns die gelbe Markierung nach rechts und auf der Höhe des Schildes (»Camping à la Ferme«) nach links auf den Feldweg, der abermals auf die Anhöhe zustrebt. Der Weg scheint an einer breiten Wiesenschneise zu enden, die sich nach links an einem Hügelhang hochzieht. Im niedergetretenen Gras erkennt man die Wegspur.

Man überquert die »Flugschneise«, die für die Drachenflieger vorgesehen ist, und findet auf der anderen Seite blau markierte Steine, die den Weg kennzeichnen, der von rechts hochkommt. Wir gehen links den Berg hinauf, von dem die Drachenflieger heruntergleiten (Strommasten geben die grobe Richtung an, und die gelbe Markierung ist eine zusätzliche Orientierung).

Das Ziel ist die Burgruine des »**Castellas de Montoulieu**«, die (knapp 1 Std. von Domaine de la Devèze hierher) etwas abseits des Weges auf dem Bergvorsprung liegt. Die strategische Lage der Burg beeindruckt. Wenn man auf die Mauern steigt, überblickt man die Talsenke von Cadière bis zum Hérault. Mit nur einem Schießschartenfenster, einer engen Zutrittspforte und meterdicken Mauern war der Burgturm eine martialische Festung.

Der Weg führt breit und gemächlich über den Bergrücken, verläßt die breitere Schneise einmal nach rechts und geht als Pfad durch den Buschwald. Bald öffnet sich der Blick auf die andere Seite, auf Ganges, die Cevennen-Vorberge von Cagnasses und Fage, die Weinberge von Blancardy diesseits der Straße und der Domaine de Ginestous am gegenüberliegenden Hang. Am zweiten Weidegatter stößt man wieder auf den Weg, der von Blancardy auf die Anhöhe geführt hat. 50 Min. geht man von der Burgruine zum Ausgangpunkt zurück, wobei man oben eine kurze Strecke lang alle im Umkreis liegenden Etappenziele der Wanderung im Blick hat.

Unterwegs:
Eine touristische Attraktion der Region ist die Tropfsteinhöhle »**Grotte des Demoiselles**« in St-Bauzille-de-Putois. Die wirkungsvoll ausgestrahlten, hallenhaft großen unter-

Kalksteingemäuer in den Südcevennen

irdischen Räume (120 m lang und 52 m hoch) lassen mit ihren säulenartigen Tropfsteinen, die in den Farbschattierungen verschiedener Oxyde leuchten, die Höhle besonders prächtig wirken. Man vergleicht sie gern mit einer Kathedrale und zelebriert dort zu Weihnachten eine unterirdische Messe. Geführte Besichtigungen dauern etwa eine Stunde; der Abstieg ist leicht; die Temperatur in der Höhle liegt ganzjährig bei 15° C.

Öffnungszeiten von Oktober bis März täglich 9.30–12 Uhr und 14–17 Uhr; von April bis Oktober täglich 9–12 Uhr und 14–19 Uhr; im Juli/August ist die Höhle durchgehend 9–19 Uhr geöffnet.

Ganges – aus historischer Sicht:
Ganges (das antike Aganticum), Kantons- und Industriestadt mit 4247 Einwohnern, liegt inmitten eines schönen Bassins, auf allen Seiten von weißen Kalkfelsen umgeben, fast auf einer Halbinsel, die durch den Zusammenfluß der Sumène und des Hérault gebildet wird. (...) Vom Bahnhof aus strebt man

der Stadt zu, indem man die Sumène überquert.(...) Ganges besitzt superbe Platanen-Anpflanzungen, schöne Promenaden, einen angenehmen Platz und lebhafte Springbrunnen. Auf einem Felsen finden sich die Ruinen eines Schlosses, das 1667 durch den Mord an der Marquise von Ganges bekannt wurde. Zahlreiche Fabriken für Strickwaren, Seidenstrümpfe und Seidenhandschuhe, Töpfereien, Gerbereien, etc.
Hachette, 1908

Adressen

- Der Katalog der Ferme-Auberges im Département Hérault ist zu bestellen in 34970 Lattes, Chambre d'Agriculture de l'Hérault, Tel. 04 67 20 88 57

34190 Moulès-et-Baucels
- Domaine de Blancardy bei Laure und Alain Martial, Tel. 04 67 73 94 94/ Fax 04 67 73 55 59
- Domaine des Oliviers, Vin de Pays d'Oc, Cartagène, Apfel- und Traubensaft, Tel. 04 67 73 80 70

34190 St-Bauzille-de-Putois
- Office de Tourisme, Tel. 04 67 73 77 95
- »Grottes des Desmoiselles«, Tel. 04 67 73 70 02
- Einfach und (auch kulinarisch) empfehlenswert: die Ferme-Auberge du Mas Goulet bei Isabelle und Olivier Bataille an der Route de Montpellier (Geflügelgerichte, Gemüsequiches); die Auberge ist an Wochenenden und Feiertagen geöffnet, im Juli und August wird außer Montag täglich gekocht, Tel. 04 67 73 74 18
- Restaurant »Le Verseau«, Av. du Chemin Neuf, Terrasse unter Kirschbäumen, Tel. 04 67 73 74 60

34190 Montoulieu
- Ferme-Auberge du Mas Domergue bei Christian Bussat, Colin Charra et Jean Poudevigne, Tel. 04 67 73 70 88
- »Domaine de la Devèze« bei Claudette, Marcel und Laurent Damais, Weinverkauf und -verköstigung im »Château de la Devèze Monnier«, Tel. 04 67 73 70 21
- »Ecole de Parapente«, Drachenflugschule (Tel. 04 67 73 73 48) mit Ferienwohnungen und Table d'Hôte in »Le Mas de Bruyère«, Tel. 04 67 73 36 96
- »Restaurant Le Grillon« bei Mario und Fabienne, ganzjährig geöffnet, Tel. 04 67 73 79 31

34190 Ganges
- Office de Tourisme am Plan de l'Ormeau, Tel. 04 67 73 00 56/Fax 04 67 73 00 50
- Hôtel-Restaurant »Aux Caves de l'Hérault« 14, Av. Jeu-de-Ballon: gemütliches Hotel der Jahrhundertwende, typisch für die französische Provinz, schlicht und angenehm, Tel. 04 67 73 81 09
- »Hôtel de la Poste« zentral am Plan de l'Ormeau, Tel. 04 67 73 85 88
- Freundliche Unterkunft im »Relais du Pont Vieux« an der Avenue du Vigan bei Mme Goujon, Tel./ Fax 04 67 73 62 79
- Chambres d'Hôte bei Laurence und Vincent Maurin in einer ehemaligen Strickwarenfabrik, Tel. 04 67 73 62 04

34190 Ganges/Cazilhac
- Hôtel-Restaurant »Auberge Les Norias« in einer ehemaligen Seidenspinnerei am Hérault, Spezialitäten des Hauses sind Salat von Flußkrebsen, Millefeuille von Lamm mit Ziegenkäse, Crème brulée von Kastanie, vom 15. 11. bis 12.12. geschlossen, Tel. 04 67 73 55 90
- Chambres d'Hôte »Aux Trois Cèdres« bei Mme Nadia Isnard in der Seidenspinnerei am Hérault; am Wochenende, in den Schulferien und den ganzen Sommer geöffnet, Tel. 04 67 73 50 77, und bei Mme Veit Janin in einem großen Mas an der Route de Brissac; ganzjährig auf Bestellung geöffnet, Tel. 04 67 73 83 20
- Unterkünfte bietet auch das Reitzentrum »L'Etrier des Cévennes« in Le Fesquet-Cazilhac, Tel. 04 67 73 98 91

2. In den Kalksteinbergen zwischen dem Buèges- und dem Héraulttal

Zu den Vorgebirgen am südlichen Rand der Cevennen gehört die Montagne de la Séranne, ein Kalksteinrücken, der etwa südwestlich von Ganges beginnt und von dem benachbarten kleinen Causse de Blandas durch den Grabenbruch der Vis getrennt ist. Die Ausläufer der Séranne grenzen an den Causse de Larzac. Geologisch gehört der Bergriegel zu der südlichen Bruchkante der Cevennen.

Von Ganges führt die D 4 zu den Ortschaften **Cazilhac** und **Brissac**, die sich malerisch an die Nordostflanke des Bergrükkens schmiegen. Ab dann durchquert die D 108 die breite, fruchtbare Senke unterhalb der schroffen Felsvorsprünge der Séranne und gelangt in das Tal der Buèges, einem Zufluß des Hérault. Alte Ortschaften, Weinfelder und Olivenhaine liegen an den Talhängen. Dahinter ragt der karge Felsriegel empor. Es führt keine Straße über die Séranne, aber man kann die Kammlinie (942 m) zu Fuß erreichen und hat einen weiten Ausblick auf den Causse de Blandas, die Schluchten der Vis und die Cevennen. Gegenüber der Séranne liegen die zerklüfteten Anhöhen und Felslandschaften der Garrigue.

Das Buègestal, das schön gelegene Nebental des Hérault, war die erste Verbindung zwischen der Ebene um Montpellier und dem Gebirge, als noch keine Straße durch das Héraulttal führte. Erst als der Hérault-Verlauf durch Staustufen gesichert war, konnte die D 4 durch die Gorges de l'Hérault (St-Guilhem-le-Désert) gebaut werden. Bis dahin profitierten die Orte im Tal der Buèges, **St-André-de-Buèges** und **St-Jean-de-Buèges**, vom lebhaften Durchreiseverkehr. Am Taleingang kontrollierte das auf dem Felsvorsprung gelegene Festungsdorf **Pégairolles-de-Buèges** die Passage.

Von St-Jean-de-Buèges durch die Gorges de la Buèges zur Pont de Vareilles

Am Fuß des markanten, steil aufragenden Felsvorsprungs Roc de tras Castel (372 m) liegt die stattliche Ortschaft St-Jean-de-Buèges. Im Schatten von mächtig hohen Platanen gruppieren sich Häuser und Gassen rund um die Schloßruine, die auf der Anhöhe liegt. Man findet eine romanische Kirche, schattige Brunnenplätze, eine Bar und einen kleinen Laden.

Ein angenehmer Spazierweg führt durch das Tal der Buèges zu der dreibogigen alten Brücke von Vareilles. Dabei kann man entweder hin und zurück am Ufer der Buèges entlanggehen, wo schöne, schattige Badeplätze mit sprudelnden Kaskaden zu finden sind, oder man wählt für eine Strecke den Hangweg, der oberhalb des Flusses durch Garrigue führt. An zwei Furten kann der Fluß überquert werden, wenn der Wasserstand es zuläßt.

Hinweise für den Spazierweg

- **Anfahrt und Ausgangspunkt**: Von Ganges aus so wie oben beschrieben; St-Jean liegt etwa 18 km südlich von Ganges. Ausgangspunkt ist der Ortsteil Quartier de la Terre. Dort führt die Gasse rechterhand der Schloßruinen aus dem Dorf heraus.
- **Dauer**: 2 Std.
- **Typ und Schwierigkeitsgrad**: leichte Strecke auf Waldwegen, die durch den Hangweg zu einer Runde gemacht werden kann.
- **Orientierung**: gelbe Markierung
- **Karte**: IGN Nr. 2742 Ouest, St-Martin-de-Londres
- **Jahres-/Tageszeit**: ganzjährig, Schatten

St-Jean-de-Buèges

Romanische Brücke über die Buèges

Wegbeschreibung

Im südlichen Dorfteil geht es durch die schmalen Gassen des Quartier de la Terre zum Dorfausgang hinauf. In der Nähe der Schloßruinen unterhalb der Steilwand des Roc de tras Castel beginnt der Weg, der linksseitig der Buèges in das Tal hineinführt. Der kleine Parkplatz am Wegesrand ist Ausgangspunkt für die Klettersportler, deren Ziel der markante Felsvorposten ist.

Der Weg führt unterhalb des langgestreckten Felsrückens Le Caussonel entlang. Es geht an Wiesen und kleinen Weinfeldern vorbei. Schon bald zweigt ein Pfad zur ersten Furt rechts ab, wahlweise kann man hier schon die Uferseite wechseln. Wenn man sich weiter am linken Ufer des Flusses hält, erreicht man bequem schöne Bade- und Picknickplätze. Etwa 35 Min. nach Dorfausgang trennen sich die Wege. Der gelb markierte Pfad entfernt sich aus dem schattigen Talgrund und führt eine gerodete Halde links hinauf. Durch schattenlosen Buschwald geht es halbhoch am Hang entlang; dabei mündet der schmale Weg bald in einen frisch geschobenen Fahrweg, der sich ein wenig öde dahinzieht. Noch bevor die Häuser des Weilers Vareilles ganz erreicht sind, biegt man nach rechts auf die **Pont de Vareilles.** Hier ist das Flußbett meistens ausgetrocknet: Die Buèges verliert sich in unterirdischen Gängen im porösen Kalkstein. Nur nach starken Regenfällen fließt das Wasser auch oberirdisch. Rechtsseitig des Flusses geht es zurück nach St-

Schwarzkiefer

St-Jean-de-Buèges

Jean-de-Buèges. Der allerletzte Abschnitt dieses Uferweges ist besonders reizvoll, auch wenn der Pfad stellenweise überwuchert ist. Man passiert ein Klärwerk und erreicht die Landstraße vor dem südlichen Ortseingang.

Wanderung in den »Monts de Désert de St-Guilhem«

Von Pégairolles-de-Buèges führt die D 122 in eine wild zerklüftete, einsame Berglandschaft von Hochplateaus, schroffen Felskämmen und ausgesetzten Gesteinsformationen. Die »Monts de Désert de St-Guilhem« gehören zu einer – wie der Name sagt – sehr abgeschiedenen und herben Vorgebirgsregion in nur mäßiger Höhe (400–700 m) am Südrand der Cevennen. Sie zeigen den typischen Charakter einer verkarsteten Landschaft. Regenwasser und Verwitterungsprozesse haben das poröse Kalkgestein angenagt und ausgehöhlt, Spalten und Schächte hineingetrieben und unterirdisch ihr Abtragungswerk fortgesetzt. Man trifft auf langgestreckte Felstäler (Combes), ausgesetzte Felsvorsprünge und eine immergrüne Vegetation von Ginster, Buchsbaum, Wacholder und Kermeseiche. Am »Roc de la Vigne« finden sich auf eher silikathaltigen Böden auch die Bäume des mediterranen Buschwaldes, der »macchie« (Foto S. 19). Auf den Höhenrücken stehen prächtige Schwarzkiefern (pins de Salzmann), die mit den Laricio-Kiefern von Korsika verwandt sind. Im Frühling blühen Asphodele, Zistrose, Dornginster und Rosmarin.

In einem schmalen Seitental des Hérault ist St-Guilhem-le-Désert erbaut worden. Von der einstigen Einsamkeit, auf die der Name (frz. le désert = die Wüste) anspielt, ist heute nicht mehr viel übrig. St-Guilhem steht in der Liste der »schönsten Dörfer Frankreichs« und ist als mittelalterliches Vorzeigedorf erstrangige Touristenattraktion. Links und rechts vom Fluß Verdus reihen sich die Natursteinhäuser der kleinen, mittelalterlichen Cité mit Fensterstöcken aus Stein und edlen Portalen nebeneinander. Etwas tiefer im Tal liegt die Kirche von St-Guilhem. Sie bildet den Abschluß des großen Platzes, auf dem eine mächtige alte Platane die Caféstühle beschattet.

Die Wanderung führt von einsamen Grasland-Plateaus in eine malerische Berg-

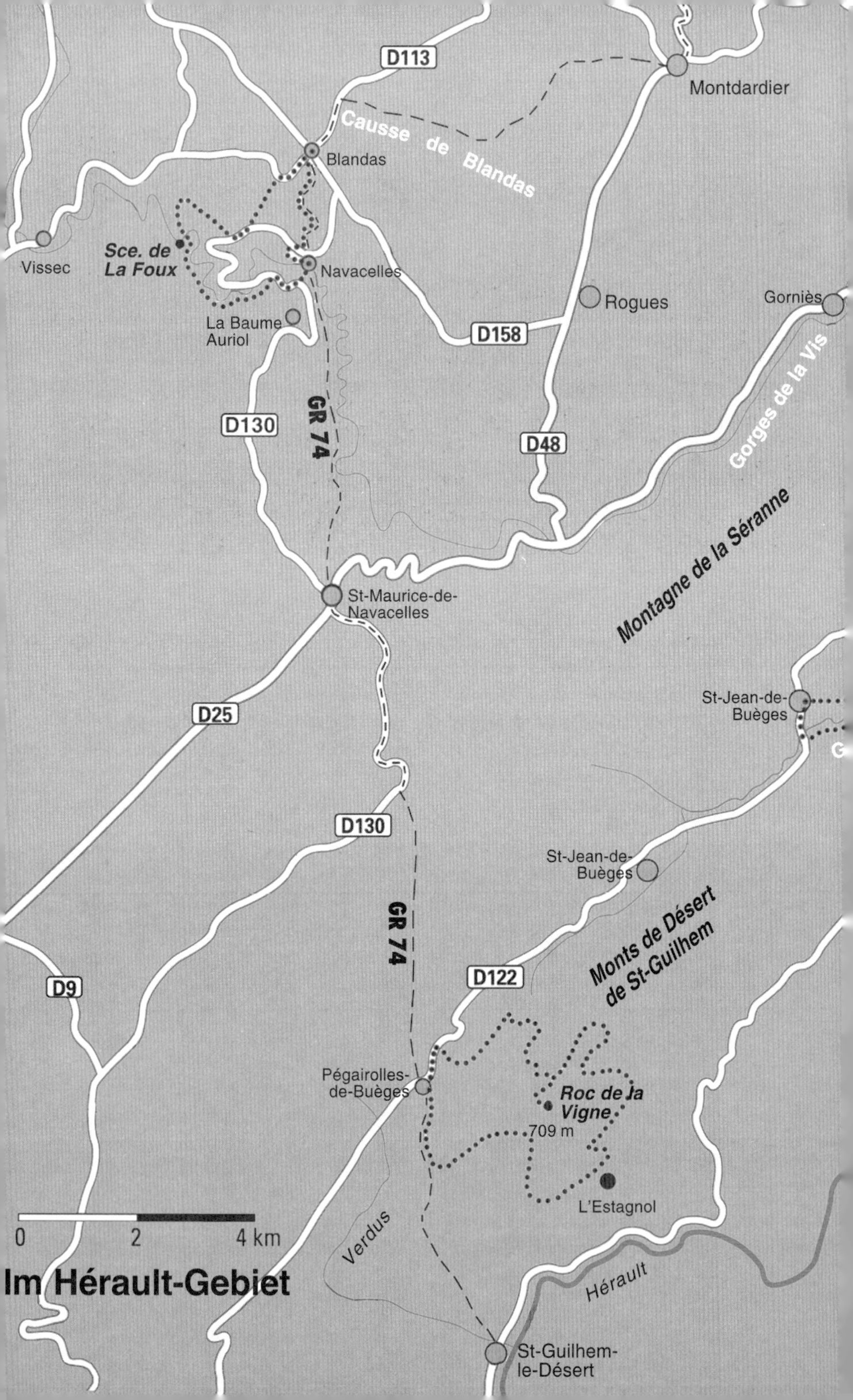

Im Hérault-Gebiet

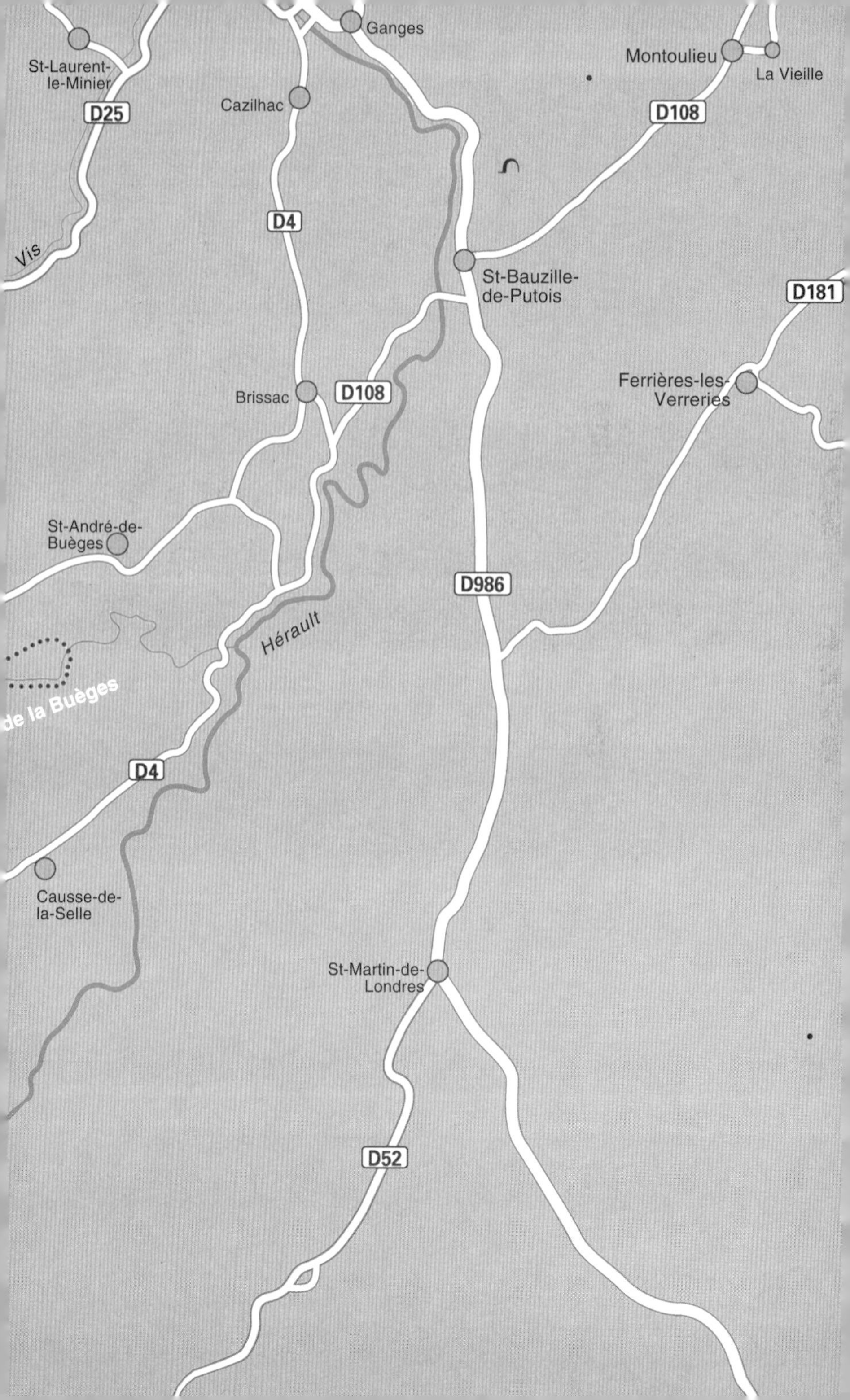
Ganges
St-Laurent-le-Minier
Montoulieu
La Vieille
Cazilhac
D25
D108
D4
Vis
St-Bauzille-de-Putois
D181
Brissac
D108
Ferrières-les-Verreries
St-André-de-Buèges
D986
Hérault
de la Buèges
D4
Causse-de-la-Selle
St-Martin-de-Londres
D52

Dachlandschaft

landschaft mit Felsvorsprüngen, Schwarzkiefern und Macchia-Hängen. Die Felsanhöhe »Roc de la Vigne« bietet einen weiten Blick in die Ebene von Montpellier bis zum Meer. Ein steiniger Weg führt um die Flanke des Felsrückens herum und erreicht den einsam gelegenen Ruinenweiler Estagnol. Von dort steigt der Weg auf die Combe de la Blande, erreicht nach einer großen Runde mit weitem Landschaftsblick die Senke von Les Lavagnes (Einkehrmöglichkeiten) und bald den Ausgangspunkt Mas d'Aubert.

Hinweise für die Wanderung

- **Anfahrt**: Von Ganges aus wie beschrieben; von Montpellier aus auf der N 109 nach Gignac, dann rechts Richtung Montpeyroux und weiter Richtung Arboras. Kurz vor der Brücke vor Arboras nimmt man die D 122 nach rechts und fährt auf kurvenreicher Straße etwa 17 km durch die Berge bis nach Les Lavagnes und weiter zum Mas d'Aubert. Dort kann man das Auto am Straßenrand parken.
- **Ausgangspunkt**: Gegenüber vom Mas d'Aubert beginnt der für Fahrzeuge gesperrte breite Weg.
- **Dauer**: 7 Std.
- **Typ und Schwierigkeitsgrad**: Rundwanderweg, bei dem Ausdauer erforderlich ist. Man kann die Strecke auch halbieren.
- **Höhenunterschied**: 450 m
- **Orientierung**: erst blau, dann kommt rotgelbe Markierung dazu, im letzten Abschnitt rot-weiße Markierung des GR 74
- **Karte**: IGN Nr. 2642 Est Blandas
- **Jahreszeit**: Frühling, Herbst und Winter

Wanderweg

Gegenüber dem Eingangstor zum Mas d'Aubert beginnt der blau markierte breite Wanderweg Richtung Mas d'Agre. Oberhalb der kleinen Flußsenke (Ravin de la Plaine de Lacan) geht es über Grasland mit Gesteinsbrocken und Krüppelkiefern in einer großen Rechtsschleife auf die **Hoch-**

Terrasse in Estagnol

Areale von aufgehäuften Feldsteinen

Im Weiler Estagnol

ebene von Lacan. Ein auffallend hoher Menhir steht am Weg. Auf der weiten, einsamen Hochebene weisen große Steinhaufen (cairns) zwischen den Kiefern rechts hinunter in ein leicht abschüssiges Gelände. Dort verbirgt sich die schlichte Öffnung einer erst jüngst entdeckten Höhle. Der »**Aven de la Capitelle**« hat eine Tiefe von 400 m – angeblich eine Rekord-Tiefe im Languedoc.

Zurück auf dem breiten Weg, gelangen wir bald nach dem Höhlenabstecher auf einen Querweg, biegen scharf nach rechts und kurz darauf nach links ab. Eine abwechslungsreiche Landschaft beginnt mit der nun folgenden Passage, die in der Karte als »Pont d'Agre« bezeichnet ist. Die Felsen werden immer mächtiger, dazwischen wachsen Krüppelkiefern und Asphodelen. Von einer Felsplattform blickt man links hinunter in die Senke der **Combe Louet**. Unterhalb einer steil hochragenden Waldschneise schwenkt unser Waldweg rechts herum und steigt dann in kurzen Serpentinen auf den Berg. Vor einem kleinen Tableau aufeinandergetürmter Felsblöcke mit Kiefern endet der breitere Weg. Von hier führt ein Maultierpfad weiter den Berg hinauf. Bald verbindet ein Seitenpfad nach rechts diesen Weg mit der **Combe de la Blande**, einem Felstal, das unsere Strecke viel später auch erreichen wird. Hier könnte man den Weg also halbieren, indem man gleich nach rechts abbiegt und auf den Höhenweg kommt, der über den »Puech Bouissou« auf den GR 74 führt.

Der große Rundweg macht kurz nach dieser Abzweigung einen Abstecher zum »**Roc de la Vigne**« (709 m). Rechts biegt der ausgetretene Waldpfad ab, der zu den Felsen hochführt. Zerzaust und gebogen stehen Wetterkiefern malerisch an ausgesetzten Stellen des Höhenrückens (Abb. S. 19). Dort geht der Blick tief in die südliche Berglandschaft. Vom höchsten Punkt aus sieht man von Nord nach West den Gebirgsrücken der Séranne, vom Roc Planc bis zum Pic Baudille, im Osten den Pic St-Loup und im Süden die Garrigue und die Weinfelder bis zur Ebene von Montpellier.

Nach dem 30minütigen Abstecher zurück auf dem Maultierpfad, geht es Richtung Nordosten weiter durch den Wald. Stetig leicht absteigend führt der Geröllpfad an die Kreuzung, an der links der Weg nach Mas d'Agre abzweigt. Der Wanderweg schwenkt mit der blauen Markierung rechts um die Kuppe von **Montagresse** herum in Richtung Estagnol. Nun geht es immer an der Ostflanke des Montagresse entlang. Wir wandern im Halbschatten des bis zu 5 m hohen Buschwaldes und kommen mal auf sonnenbeschienene Felsvorsprünge, dann wieder in kühlere Nischen.

In dem verlassenen Weiler **Estagnol** oberhalb von St-Guilhem hat bis vor kurzem noch ein Hirte gewirtschaftet. Treppenaufgänge, überdachte Terrassen, Steineinfassungen bei den Toren und Fenstern sind weitgehend intakt (s.u.).

Für die Fortsetzung der Wanderung schlägt man nicht den Weg nach links ein – auf ihm würde man das Héraulttal erreichen. Wir halten uns geradeaus und gehen hinter dem letzten Haus in den Buschwald. Bald machen wir einen Schwenk nach rechts um die **Plaine de l'Estagnol**, steigen auf schmalem Geröllweg hinab in die Kerbe des **Ruisseau de la Combe de Légeaux** und auf der anderen Seite wieder hoch. Nach einer Schleife um die Ruinen des **Mas de l'Arbousier** stößt man auf den Weg, der von links aus St-Guilhem-le-Désert über die **Beaume de l'Olivier** hochkommt und weiter zum Roc de la Vigne führt. Zu der blauen ist die rotgelbe Markierung hinzugekommen. Wir schließen uns diesem Weg rechts hoch an und haben nun mit einer stetigen Steigung zu rechnen.

Wieder ragt ein langgestrecktes Felstal vor uns auf, die **Combe de la Blande**. In einer großen Schleife gelangt man in ihre mächtige Runde, macht am Felsen, den Zeichen folgend, eine Spitzkehre und gelangt auf einem Geröllpfad schließlich auf die Höhe des Kammes. Von dort erreicht man den Weg, der rechts vom Roc de la Vigne herunterkommt, und geht auf dem Kamm Richtung Südwesten weiter. Die Steigungen sind jetzt geschafft, der letzte Wegabschnitt ist unbeschwerlich.

Im Schatten des Macchiawaldes geht es gemächlich über die Combe de la Blande bis zum Felsabschluß. Schwarzkiefern und Felsen ergeben jetzt und auf dem weiteren Weg wieder eine prächtige Bergkulisse, die zum Verweilen einlädt.

Über den **Puech Bouissou** steigt man auf bequemem Pfad und ohne Geröll weiter hinab. Dabei blickt man rechter Hand auf die Séranne und geradeaus tief in die Hügelketten der Garrigue. Der Weg schlängelt sich gut sichtbar vor uns hinab und erreicht schließlich den GR 74. Ihm folgt man nach rechts auf einem zunächst breit ausgefahrenen Forstweg, den man nach der Forstweg-Absperrung wieder verlassen muß, weil er auf die Straße führt. Rechts zweigt der alte Verbindungsweg ab, der nun wieder seinen ursprünglichen Charakter hat: Steingepflastert oder auch mit Gras bewachsen, zieht er sich durch die Senke bis nach **Les Lavagnes** (»Lavognes« sind natürliche Wasserbecken und Tränkstellen für die Tiere in der trokkenen Karstlandschaft). Es gibt eine Einkehrmöglichkeit. Von hier ist es nicht mehr weit bis zum Mas d'Aubert, das man der Einfachheit halber auch über die Landstraße erreichen kann. Idyllischer durchquert der GR das Grasland und erreicht den Ausgangspunkt.

Unterwegs I: St-Guilhem-le-Désert

Der heilige Wilhelm, Graf von Toulouse und Herzog von Aquitanien, hatte sich für den Frankenkönig Karl den Großen in zahlreichen Kriegen und Eroberungsfeldzügen herumgeschlagen. Irgendwann – es heißt, nach dem Tod seiner Frau – hatte er genug, suchte Läuterung und zog sich mit der Erlaubnis seines Lehnsherren in das einsame Seitental des Hérault zurück. Gellone hieß der Ort, in dem er nach dem Vorbild seines Freundes Benedikt von Aniane im Jahre 806 eine kleine Abtei gründete. Karl der Große schenkte dem Kloster einen Splitter des Heiligen Kreuzes, und mit dieser Reliquie wurde die stille Ermitage rasch zu einem illustren Wallfahrtsort. Auch die Jakobspilger machten hier Station auf dem Weg nach Santiago de Compostela. Eine veritable Handwerker- und Herbergsstadt entwikkelte sich. Sie lebte von den durchreisenden Pilgern, die sich hier für den Weitermarsch verproviantierten, ausruhten und badeten.

Gut 200 Jahre später wurde die heutige Kirche geweiht (1076). Das Kirchenschiff und der Narthex stammen noch aus dieser Zeit. Die Apsis und das Querschiff wurden Ende des 11. Jh. angebaut. Die Überreste des hl. Wilhelm wurden 1138 aus der Krypta der ehemaligen Abtei in den Chor der Kirche gebracht.

Kirche, Kreuzgang und Klostergebäude von St-Guilhem gelten als eines der schönsten frühromanischen Bauwerke des Languedoc. Bemerkenswert sind die Chorapsis mit Halbkuppelgewölbe und der zweistöckige Kreuzgang, der im Süden an die Kirche grenzt. Davon sind nur noch die nördliche und westliche, zum Teil wieder aufgebaute Galerie vorhanden. Sehenswert ist das Refektorium mit Kreuzgratgewölbe an der Westseite des Kreuzgangs. Teile des Kreuzgangs sind in das Cloister-Museum von New York überführt worden.

Vom Dorfplatz führt ein schöner **Spazierweg** auf der **Rue du Bout du Monde** am Ufer des Verdus entlang in die markante Felsenrunde **Cirque de l'Infernet**. Besichtigenswert sind in der Umgebung von St-Guilhem-le Désert ferner die Schluchten des Hérault, die **Pont du Diable** (»Teufelsbrükke«), die etwa um 1030 von den Abteien von Aniane und Gellone gebaut wurde, und die unterirdischen Tropfsteine der »**Grotte de Clamouse**«. Die Höhle ist einzigartig wegen ihrer wassertragenden, sprudelnden und glucksenden Flußläufe – daher auch ihr Name (frz. clameur = Geschrei, Brausen, Getöse). Sie ist ganzjährig täglich zu besichtigen, in der Nebensaison 10–17 Uhr, in der Hochsaison 10–19 Uhr.

Unterwegs II: Estagnol
Die Bauweise der Häuser in der Garrigue und auf den Causses nutzte mehrere Ebenen: In den unteren Gewölben war die Schäferei, in den hinteren Gebäudeteilen die Scheune für Heu und Futtermittel. Thermisch günstig eingebettet, lag der gemeinsam genutzte Wohnraum davor. Eine Außentreppe führte auf die überdachte Terrasse mit Rundbogen, Steinbank und rundem Steintisch. Die »salle commune« war Küche, Eß- und Schlafraum zugleich, ihr Mittelpunkt die mächtige Feuerstelle, die fast die gesamte Breite des Raumes einnahm.

Adressen

34150 Gignac
- Office du Tourisme Gorges et vallée de l'Hérault, Place Général-Claprède, Tel. 04 67 57 58 83
- »Hôtel-Restaurant du Vieux Moulin«, Chemin de l'Auberge, ganzjährig geöffnet, Tel. 04 67 57 57 95
- Ferme-Auberge »Le Pelican« bei Isabelle und Baudoin Thillaye du Boullay; ausgezeichnete regionale Küche mit Produkten vom Hof und sehr gutem, eigenem Wein, 3 km von Gignac entfernt, im Sommer jeden Tag geöffnet, von November bis Juni Samstagabend und Sonntagmittag, Tel./Fax 04 67 57 68 92

34380 St-Jean-de-Buèges
- Maison de Pays, Tel. 04 67 73 12 73/ Fax 04 67 73 12 38
- »Auberge de la Vallée«, schlichter Gasthof (Spezialitäten: la Broufade, ein üppiges Rindfleisch-Gericht, Omelette mit Trüffeln), mittags und abends, im Winter nur

an Wochenenden geöffnet, Le Grand Chemin, Tel. 04 67 73 11 90

- »Le Grimpadou«, Chambres d'Hôte bei Jean-Luc Coulet, ruhig gelegenes Dorfhaus mit kleinem Garten und gut ausgestatteten Gastzimmern, Fahrradverleih, Tel. 04 67 73 11 34
- Gîte d'étape in ehemaliger Seidenspinnerei bei M. Sicard, Tel. 04 67 73 10 04, im L'Aire de la Séranne, Tel. 04 67 73 11 19 und im Mas d'Aubert bei Mme Segura in Les Lavagnes am GR 74, Tel. 04 67 73 10 25

34190 St-André-de-Buèges

- Chambres d'Hôte in einem charakteristischen Mas des letzten Jh. (Le Mas de la Luzière) bei Mme Viala, Tel. 04 67 73 34 97, und bei Mme Bouec an der Route de Brissac, Tel./Fax 04 67 73 72 67

34380 Causse de la Selle

- »La Ferme des Moreaux«, eine feine Adresse in der Garrigue für Abendessen mit Konzerten, Tel. 04 67 73 12 11

34190 Brissac

- Restaurant »L'Europe«, Tel. 04 67 73 31 16
- Chambres d'Hôte und Pferdestall »Les chevaux d'Aubanel«, Route de Saint-Etienne d'Issensac, Tel. 04 67 73 74 98
- Restaurant »Le Barrage«, Route de Saint-Etienne d'Issensac, Tel. 04 67 73 79 70

34150 St-Guilhem-le-Désert

- Office du Tourisme 9, Rue Font-Portal, Tel. 04 67 57 44 33
- »Sur les traces de Guilhem«, Führungen durch Dorf, Abtei und Museum, im Sommer jeden Nachmittag, sonst auf Anfrage, Tel. 04 67 57 42 44
- Grotte de Clamouse«, Route de Saint-Guilhem-le-Désert, Tel. 04 67 57 71 05
- Restaurant »Fonzes« am Ufer der Gorges de l'Hérault, Gerichte von Forellen und Flußkrebsen, Tel. 04 67 57 72 01
- »Hôtel La Taverne de L'Escuelle« 11, Rue du Val de Gellone, Tel. 04 67 52 72 05
- Hôstellerie Saint-Benoît, Route de St-Guilhem-à-Aniane, Tel. 04 67 57 71 63

Seidenspinnerei aus dem 19. Jahrhundert in Le Mazel

Steinbrücke am Fuß des Col de la Lusette

Taleyrac

3. In den Bergdörfern der ehemaligen Seidenraupenzüchter: zwischen dem oberen Héraulttal und dem Col de la Lusette

Den typischen Landschaftscharakter der südlichen, sogenannten mediterranen Cevennen erschließen eine Autorundtour und Wanderung in den Bergen des oberen Héraulttals. An der Südflanke des Aigoual zwischen der Vallée de l'Arre, der wilden und abweisenden Gebirgsbarriere des Col de la Lusette und dem Hérault sind besonders schön gelegene, stattliche Dörfer zu finden. Sie liegen an hoch terrassierten Hängen, die bewirtschaftet sind. Auffällig sind die städtisch anmutenden, hohen und schmalen Häuser von Bergbauern, die im letzten Jahrhundert ihre wirtschaftliche Existenz ganz auf die Aufzucht der Seidenraupen (okz. Magnan) ausgerichtet hatten.

Die Blütezeit der Seidenraupenproduktion in den Cevennen fiel zusammen mit der Errichtung von Seidenspinnereien in den Dörfern, in der Nähe der Kokonproduzenten. Selbst in den kleineren, hochgelegenen Dörfern der Seitentäler findet man die auffallend großen Industriebauten des 19. Jh. Bis dahin beherrschte ein Cevennenhof den Produktionshergang von der Raupenzucht bis zum fertigen Stoff. Eine Bauernfamilie hatte im obersten Stockwerk des Hauses die Magnanerie, besaß einen primitiven Ofen für das Abtöten der Larven in den Kokons und ein Spinnrad; nach dem Dekokonnieren und Ersticken der Larven wurde die eigene Kokonernte versponnen und zu Seidenstoff gewebt. (S. 31ff)

Autorundtour

Die Fahrt führt auf der D 999 von Pont-

La Valette

d'Hérault in das Arretal. Schon bald zweigt rechts die D 329 Richtung **L'Arboux** ab. Auf schmaler, kurvenreicher Straße geht es zu den Weilern der Kommune von Mandagout hinauf. Noch bevor man im Ortsteil Beaulieu ganz in das Dorf Mandagout hineinkommt, fährt man auf der D 329 weiter nach Les Vieilles. Kurz vor dem Weiler zweigt die D 323 ab und schraubt sich weiter die Berghänge hinauf, bis am **Col des Vieilles** (782 m) der Waldrand unterhalb der kahlen, langgestreckten **Serre de la Lusette** erreicht ist. In vielen Kehren geht es von hier aus wieder bergab. In La Valette beginnt das weit geöffnete Valat de Reynus. Die hübsche **Pont du Faous** führt über das idyllisch verlaufende Seitental des Hérault. Ackerterrassen und Obstbaumwiesen liegen zu beiden Seiten des Flusses. Sie werden von den Gehöften um **Taleyrac** bewirtschaftet. Die Häuser dieses stattlichen Dorfes ragen, umgeben von gepflegten Terrassen, hoch über dem Tal des Reynus auf. In **Le Mazel** mündet der Fluß in den Hérault. Hier liegt eine beeindruckende Seidenspinnerei am Ufer des Flusses, die mittlerweile wieder besichtigt werden kann. Auf der D 986 geht es durch einen sehr schönen Abschnitt des Héraulttales zurück nach Pont-d'Hérault.

Wanderung

Die Wanderung beginnt in dem Dorf St-André-de-Majencoules, das oberhalb des Hérault liegt. Dorfanlage, Architektur der Häuser und Industriebauten von St-André bezeugen, ebenso wie Taleyrac und die anderen umliegenden Dörfer, die verhältnismäßig wohlhabende Zeit der Seidenraupenzucht im letzten Jahrhundert.

Ein Maultierpfad führt über die Bergkuppe zu dem Weiler **La Rouviérette**, weiter bis zur **Serre de Rouas** und erreicht auf der ehemaligen Draille den Paß **Col de Peyrefiche**; von dort auf demselben Weg zurück nach St-André. Es geht durch schöne und klimatisch geschützte Berglandschaft auf etwa 350 bis 750 m Höhe.

Blick auf die Kastanienwälder um Mandagout

Hinweise für die Wanderung

- **Anfahrt und Ausgangspunkt**: Auf der D 999 von Ganges Richtung Pont-d'Hérault, dort zweigt die D 986 nach Valleraugue ab. In Peyregrosse führt die D 420 in engen Kurven den Osthang hoch und trifft auf die D 170, die halbhoch am Berg die Dörfer verbindet. Am Ortseingang von St-André-de-Majencoules befindet sich gegenüber der Kirche der geräumige Parkplatz.
- **Dauer**: ca. 3.30 Std.
- **Typ und Schwierigkeitsgrad**: leichte Streckenwanderung
- **Höhenunterschied**: etwa 400 m
- **Orientierung**: Der erste Streckenabschnitt nach La Rouviérette ist Teil von zwei lokalen Rundwanderwegen, die von der Gemeinde ausgeschildert wurden und entstraucht sind; wir finden eine gelbblaue und gelb-grüne Markierung auf dieser Wegstrecke vor; ab La Rouviérette rotweiße GR-Markierung, ab Pierre Plantée zusätzlich gelbe Markierung.
- **Karte**: IGN Nr. 2641 Et Mont Aigoual/Le Vigan
- **Jahres-/Tageszeit**: von März bis Oktober, überwiegend Halbschatten

Wanderweg

Am Ortseingang von St-André kann man den Wagen auf dem Parkplatz abstellen. Es geht an der Kirche und hohen Befestigungsmauern vorbei. Man überquert einen Platz mit Tabakladen (Café eine Gasse tiefer), kommt an hohen Schieferhäusern vorbei und strebt dem südwestlichen Ortsausgang zu. Gegenüber von einem Metallkreuz an der Landstraße führt der gelb-blau ausgeschilderte Weg rechts hoch Richtung La Rouviérette. Er verbindet die untere mit der oberen Straße. Man erreicht die Gebäudeteile einer alten Spinnerei und schaut auf mit Palmen bestandene Innenhöfe. Wir halten uns nach links und bleiben auf der Straße bis zu dem Metallkreuz an der rechten Seite. Auf natürlichen Steinstufen geht es an einem Weinhang entlang in einen

Pont aqueduc de Lacroix im Arretal

verwilderten Kastanienhain hinauf (gelb-blaue und gelb-grüne Markierung begleiten den Pfad). Der Anstieg auf den Kamm ist recht steil, aber kurz. Langsam setzt sich der mediterrane Buschwald durch. Auf dem grasbewachsenen Paß schlängelt sich der Weg an Ginsterhalden und Granitsteinen vorbei und trifft auf die Asphaltstraße, die nach La Rouviérette führt. Wir kreuzen die Straße, gelangen auf die untere Dorfstraße und gehen rechts weiter auf der rot-weiß markierten GR 60B, die bis zur Serre de Rouas und weiter zum Col de Peyrefiche wegweisend ist. (St-André bis La Rouviérette 40 Min.)

Der Weiler schmiegt sich mit Natursteinhäusern, Zypressen, Zedern und Pinien, Obst- und Weinterrassen in den Talschluß eines Zuflusses des Arboux. Südwestlich die charakteristische Silhouette des Pic d'Anjou! Die Straße führt im Bogen durch den herausgeputzten kleinen Ort und geht dann direkt in den rot-weiß und auch noch gelb-blau markierten Maultierpfad über. Es ist der alte Verbindungsweg zwischen den Dörfern dies- und jenseits des Bergrückens und dem Col von Peyrefiche. (Der gelb-grün markierte Weg führt von dem Weiler in einem Bogen zurück nach St-André.)

Unser Wanderweg führt stetig leicht ansteigend geradeaus durch den Buschwald an der **Combe Croze** entlang und erreicht schließlich nach einem kurzen Schwenk nach rechts eine Granitsteingruppe und Wegkreuzung; wir folgen dem rot-weißen markierten Pfad Richtung Nord-Westen und gelangen auf die **Serre de Rouas**. (25 Min. seit La Rouviérette) Dort stehen auf der Kammlinie verwilderte Jahrhundertkastanien. Seit alters her markiert ein Menhir (Pierre Plantée, hinter der Ginstergruppe) die Wegkreuzung. Ab hier folgt man dem gelb markierten Weg, der zunächst leicht bergab, dann wieder bergan in nordwestlicher Richtung zum **Col de Peyrefiche** gelangt (auch rot-weiße Balken des GR 60B). Es ist ein alter Herdenweg, der in den Granit des Massivs hineingeschlagen wurde. Großartige Rundblicke auf dem Paß, über den die D 323 von Mandagout nach La Valette und Taleyrac führt (35 Min. seit Pierre Plantée). Vom Col de Peyrefiche geht

Blick auf St-André-de-Majencoules

es auf demselben Weg wieder zurück nach St-André.

Tip: Eine lohnende Erweiterung dieser Streckenwanderung führt in einer großen Rundevon Weiler zu Weiler und erschließt dieses schöne Gebiet in den Südcevennen weiträumiger: An der Wegkreuzung, die auf der Serre de Rouas durch ein Steinsäule (Pierre Plantée) gekennzeichnet ist, schlägt man den Pfad ein, der in südlicher Richtung durch dichteren Buschwald zum Weiler **Rouas** hinunterführt. Man erreicht die Stichstraße, geht an den Häusern des Weilers in nördlicher Richtung vorbei und verläßt die Landstraße an einer Haarnadelkurve. Der traditionelle Verbindungsweg zwischen den Weilern Rouas und Les Baumelles verläuft erst in nördlicher Richtung und erreicht dann mit Schwenk nach Westen durch einen kühlenden Tannenwald den Weiler **Les Baumelles**, der auf einem südwärts ge-richteten Bergsporn liegt. Den gleichnamigen Fluß überqueren und gleich hinter der Brücke auf die Route de Cargot achten, die rechts abbiegt (Hinweisschild Gîte). In der 2. Haarnadelkurve verläßt man diese Straße und schlägt den Waldweg Richtung Süden ein. Nach ca. 700 m gabelt sich der Weg; wir laufen nach rechts in nördlicher Richtung weiter und gelangen so in stetigem Anstieg überwiegend durch schattigen Wald bis zum Col de Peyrefiche (714 m). Hier geht es auf dem rot-weiß markierten GR 60B in südöstlicher Richtung weiter bis zu einer Wegkreuzung. Nicht den mit einem gelben X gekennzeichneten Weg weitergehen, sondern oberhalb davon den Herdenweg einschlagen, der rot-weiß, aber auch immer wieder gelb markiert ist. So gelangt man wieder zu der Steinsäule und erreicht von hier aus St-André auf der vom Hinweg bekannten Route.

Anchoyade auf gerösteten Brotscheiben
Auf den terrassierten Äckern rund um St-André werden die »Doux St-André«, große, süße Zwiebeln angebaut. Aus ihnen wird diese pikante Anchoyade zubereitet:

Zwei Knoblauchzehen schälen und zerdrücken, drei Zwiebelringe sehr klein schneiden, vier Anchovisfilets abspülen und abtupfen. Alles zusammen in einem Mörser zerkleinern. Nach und nach drei Teelöffel Olivenöl, einen Teelöffel Zitronensaft und einen Eßlöffel gehackte Petersilie untermischen. Die streichfähige Paste wird auf vier leicht geröstete Weißbrotscheiben gestrichen und 15 Min. im Backofen überbacken.

Adressen

30570 Pont-d'Hérault

- »Ferme d'Hôtes du Château d'Isis« in St-Julien-de-la-Nef an der D 999, am Hérault gelegenes, traditionsreiches Haus mit anspruchsvoller franz. Küche (gebratene Foie Gras, Wildgerichte), Tel./Fax 04 67 73 56 22
- »Hôtel-Restaurant Maurice«, an der D 999 bei M. und Mme Pratlong, Tel. 04 67 82 40 02
- »Hôtel Château du Rey« und Restaurant »L'Abeuradou«, schön restauriertes, kleines Schloßgebäude in einem Park, der zum Arretal hinunterführt. Die Zimmer sind in gediegener, alter Pracht ausgestattet; vom 1.1. bis 28.2. geschlossen, Tel. 04 67 82 40 06

30570 St-André-de-Majencoules

- Das ausgeschilderte Wege-Netz in der Umgebung des Ortes wird in einem Faltblatt des Tourismusvereins dargestellt , Auskünfte in der Mairie, Tel. 04 67 82 40 33, oder im Office de Tourisme in Ganges.
- Ferienwohnungen im stattlich restaurierten cevenolischen Mas »Le Château du Pauses«, Tel. 04 67 82 43 40
- Restaurant » Le Moulin du Mazel« am Ufer des Hérault, Tel. 04 67 82 49 16
- An der kurvenreichen Straße D 354 von St-André Richtung D 999 liegt der Weiler Camias und die Ferme-Auberge »Le Serret«, Tel. 04 67 82 49 27

30120 Mandagout

- »Auberge La Borie«, schattige Terrasse mit Panoramablick, vom 1.3. bis 31.12. geöffnet, Tel. 04 67 81 06 03

30570 Notre-Dame-de-la-Rouvière, Valnières

- Mas Corbieres bei Gabrielle und Antoine Brumelt (Gîte d'Anambule); sie vermieten Esel für Wanderungen durch die Cevennen, machen Routenvorschläge und sind bei der Unterbringungsfrage behilflich; auch Gîte d'étape, Tel./Fax 04 67 82 48 10
- »Auberge du Val Fleuri«, von März bis Oktober geöffnet, Tel. 04 67 82 40 76
- Gîte d'étape »La Maison Blanche« bei Mme Szucs im Weiler Coiric, Tel. 04 67 82 47 30

4. Im Viganais von Dorf zu Dorf: Rundwanderung im Tal des Coudoulous

An den Südhängen von Lingas und Aigoual liegen auf vorspringenden Bergspornen und versteckten Plateaus die Dörfer des Viganais. Ein abwechslungsreicher und bequemer Rundwanderweg führt auf alten Maultierpfaden von einem Dorf zum anderen. Hat man die ausufernden Vororte von Le Vigan einmal hinter sich gelassen, geht es über Stege, Hohlwege, durch schattige Wälder und offene, der Südsonne ausgesetzte Landschaften. Dabei werden immer wieder Flüsse überquert. In Aulas gibt es angenehme Einkehrmöglichkeiten.

Die Südflanke des Aigoual-Massivs wird von der **Vallée de l'Arre** begrenzt. Die Arre entspringt nicht unweit von der **Vis** und fließt in west-östlicher Richtung dem **Hérault** zu (Pont-d'Hérault). Zum Süden hin trennt der Fluß die bewaldeten Schiefer- und Granitberge von dem kahlen und trokkenen Kalksteinplateau des **Causse de Blandas**. Die Dörfer profitieren von ihrer Lage

In den Südcevennen

an den Südhängen und dem Wasserreichtum der Gebirgsflüsse.

Im Arretal sind heute großflächig Apfel- und Pfirsich-Plantagen angelegt. Früher reihten sich vielfältigste Obst- und Gemüsekulturen rund um die Dörfer. Oliven- und Weinanbau bereicherten die Erträge der Eßkastanienkulturen in den höheren Lagen. Dörfer wie Aulas, Bréau-et-Salagosse, Bez-et-Esparon, Mars und Arphy mit den hohen Schieferhäusern, die z.T. verzierte Portale haben, stattliche Landbesitze und etliche Mühlenanwesen zeugen vom ehemaligen Wohlstand der Bauernfamilien des Viganais.

In der Vergangenheit waren im Arretal mehrere kleine Industrie- und Gewerbebetriebe ansässig: Sägereien verarbeiteten das Holz aus dem Lingas, Glasbläsereien diente es als Brennstoff. Bald in jeder größeren Ortschaft gab es Seidenspinnereien und Strickereien.

In einer weiten Öffnung der Vallée de l'Arre breitet sich **Le Vigan** aus. Die Stadt ist Unterpräfektur des Département Gard und Verwaltungssitz, hat eine bescheidene moderne Seiden- und Textilindustrie und ist das Zentrum des Tourismus im Viganais. Der Stadtkern von Le Vigan besitzt den Charme eines mediterranen Städtchens. Mittelpunkt ist die »Esplanade«, wo die Caféstühle unter der Linden-Allee aufgereiht sind, zwischen den alten Brunnen auf der Place de Bonald und der Place d'Assas. Diese und zahlreiche andere Brunnen der Stadt werden von dem Wasser des Coudoulous gespeist, der aus dem Gebirge fließt und nach einer unterirdischen Passage bei der Isisquelle wieder zum Vorschein kommt. Hohe Bür-

Brücke in Le Vigan

Aulas im Tal des Coudoulous

L'Arboux

In Aulas

gerhausfassaden mit verzierten Balkonbrüstungen, Bars, Läden und ein alter Kinopalast säumen den kleinen Boulevard. In den Seitenstraßen der Altstadt liegen immer wieder kleine Plätze mit Brunnen. Jeden Samstag, wenn die Marktstände aufgebaut sind, herrscht dort lebhaftes Treiben. Man findet üppige Auslagen von Ziegenkäse, Charcuterie und Honig von den Höfen des cevenolischen Berglands. Zwischen Ständen von Seidenwaren, Stoffen und Kunsthandwerk spielen Straßenmusikanten. Vor der Markthalle trifft man sich zum Einkaufen, Plaudern und Flanieren.

Einblick in die Stadtgeschichte bietet ein Abstecher hinunter an den Fluß. Eine romanische Brücke schwingt sich in zwei Bögen zum alten »quartier« am rechten Arre-Ufer. Sie wurde im 12. Jh. an der Stelle der alten Furt gebaut, die auf dem Weg von Nîmes nach Millau schon in vorrömischer Zeit benutzt wurde. Am linken Flußufer lag die mittelalterliche Vorstadt von Le Vigan. Das hochaufragende Gebäude an der Brükke in der Rue de Calquierès war einst eine Gerberei, im 18. Jh. eine Seidenspinnerei und später eine Handschuhfabrik. Heute ist hier ein **Cevennenmuseum** eingerichtet. Auf drei Etagen werden Gegenstände des bäuerlichen Lebens, Seidenstoffe, Stickereien und Dokumente der lokalen Geschichte gezeigt. Eine Etage ist dem Schriftsteller, Geographen und Archäologen André Chamson gewidmet, der viele Jahre in Le Vigan gelebt und gearbeitet hat. Von der Gartenterrasse über dem Fluß hat man einen schönen Blick auf die Brücke und die gegenüberliegenden Gebäude. Öffnungszeiten des Musée Cévenol täglich außer Dienstag vom 1. April bis 30. Oktober von 10–12 Uhr und 14–18 Uhr, außerhalb der Saison nur am Mittwoch nach Voranmeldung.

Ein schöner, etwa zweistündiger **Spazierweg** führt von der mittelalterlichen Brücke in Le Vigan direkt durch die **Vallée de l'Arre** nach **Avèze**, überquert den Fluß auf einer alten Brücke und gelangt über eine kleine Straße unterhalb der Waldhänge zurück.

Über den geschlossenen Altstadtkern hinaus hat sich die 4500 Einwohner zählende Stadt mächtig ausgedehnt. Zahlreiche Bungalow-Siedlungen erobern die Talhänge und werden flußaufwärts bald die Vororte der nächsten Ortschaft Cavaillac erreicht haben. Hat man aber die rosafarbenen Siedlungen hinter sich gelassen, führen beschauliche Wege die Berge hinauf. Es sind die alten Verbindungen und Maultierpfade, auf denen Kastanienmehl, Seidenraupenkokons und Ziegenkäse aus den Bergdörfern ins Arretal hinunterbefördert wurden. Um den Wandertourismus in das Viganais zu lokken, setzen die Gemeinden die alten Wege instand und markieren Rundtouren von Dorf zu Dorf. Touristisch profitiert Le Vigan von der Nähe zum Wandergebiet um Lingas und Aigoual im Norden und dem Causse de Blandas mit den Schluchten der Vis und ihrem berühmten Mäander im Talkessel von **Navacelles** im Süden (S. 246). Mit einem mehrtägigen Isisfest (Straßenfesten und Blumenkorso), Musikfestival

Weiler in den herbstlichen Südcevennen

und Theateraufführungen in den Sommermonaten bemüht sich die Stadt um kulturelle Angebote.

Hinweise für die Wanderung

- **Anfahrt und Ausgangspunkt**: Von Osten auf der D 999 von Ganges nach Le Vigan nach dem ersten Brunnen Richtung Stadtzentrum fahren. Dann möglichst rasch rechts abbiegen, im Bogen den zentralen Platz umfahren und den westlich der Stadt liegenden Park »Les Châtaigniers« ansteuern. Dort parkt man den Wagen im Schatten und nimmt den Wanderweg auf.
- **Dauer**: knapp 4 Std.
- **Typ und Schwierigkeitsgrad**: leichte Rundtour
- **Höhenunterschied**: 279 m
- **Orientierung**: Markierung der Grande Randonnée 7, später gelbe Markierung
- **Karte**: IGN Nr. 2641 Et Mont Aigoual/ Le Vigan
- **Jahres-/Tageszeit**: ganzjährig, im Sommer ist zu berücksichtigen, daß der Weg über weite Strecken schattenlos ist.

Wanderweg

Am nordwestlichen Ortsrand von Le Vigan gibt es einen hübschen kleinen Kastanienpark. An der Seite kann man den Wagen bequem im Schatten der Platanenallee parken. Die ausgezeichneten Schlachterläden, Gemüse- und Käsehändler des lebhaften Städtchens sollte man evtl. vor der Wanderung aufsuchen, um sich für das Bergpicknick mit Landwurst, Ziegenkäse und Obst auszustatten. Der Wanderweg beginnt am westlichen Parkrand. Wir gehen auf der D 170 Richtung Mandagout etwa 400 m stadtauswärts, machen die Linksbiegung der Straße mit (Markierung des GR 7 beginnt) und laufen – immer noch auf der Straße – an den Häusern von Valamont vorbei. Das Schild »**Circuit de Coudoulous**, 4 heures« ist die örtliche Kennzeichnung des Wanderweges. Kurz nachdem links der alte Wirtschaftsweg von Le Vigan nach Valamont die Straße erreicht, verlassen wir sie und steigen auf kleinem Pfad (GR 7) den terrassierten Hang hinauf. Moosbewachsene Mauern säumen den von der Gemeinde instand gehaltenen, alten Weg von Le Vigan nach **Aulas**. Nach 45 Min. Wanderung blickt man bereits auf die roten Dächer von Aulas hinunter, kreuzt kurz danach die Landstraße (D 48 Richtung L'Espérou) und erreicht über eine kleine Zufahrtsstraße das Dorf. Bevor man über die Brücke die Ortschaft betritt, fällt die Fabrikanlage aus der Jahrhundertwende ins Auge. Es ist die ehemalige Seidenspinnerei von Aulas, die hoch am Ufer des Coudoulous aufragt. Wir passieren ein Restaurant, die alte Post, das »Hôtel de Ville« und eine Caféterrasse, dann führt der GR 7 etwa 20 m hinter dem »Temple«, der protestantischen Kirche, aus dem Ort heraus. (Le Vigan–Aulas 1 Std.)

An der ersten Kreuzung wählt man den Weg mit der Schirmpinie, an der nächsten (Walnußbaum hinter hoher Schiefermauer) schwenkt der Weg an der Gartenmauer rechts herum. Durch aufgegebene Terrassenanlagen laufen wir in 30 Min. von Aulas auf die Anhöhe von **Carnieu**. Hier biegt der GR 7 nach rechts ab und steigt weiter hoch Richtung Montagne d'Aulas (1417 m). Wir folgen links dem schmalen, von Schwarzdorn und Rosen überwucherten Pfad und gelangen nach **Serres** hinunter. (Aulas–Serres 45 Min.)

Das Dorf liegt unterhalb der Ausläufer der Montagne de l'Espérou auf einem Bergvorsprung; von dort blickt man über das Tal des Souls bis zum nächsten Ort Bréau-et-Salagosse. Wir passieren die ersten Häuser, stoßen am Dorfplatz auf einen erfrischenden Brunnen und gehen gegenüber vom Schloßgebäude die Dorfgasse hinunter. Man kommt auf eine geteerte Straße und schlägt an der zweiten Abzweigung die Richtung nach **Le Bruel** ein. Mit Blick auf den Pic d'Anjou geht es weiter die Landstraße hinunter.

Wir halten uns unterhalb von Le Bruel (gelbe Markierung), passieren auf der kleinen Straße (D 272) den Souls und steigen gleich hinter der Brücke links steil nach Bréau-et-Salagosse hinauf. (45 Min. von Serre bis Bréau). An dem großen Dorfplatz steht die Mairie, die Maison Caladon, ein stattliches Gebäude aus dem 16. Jh., das im Dorf als das Schloß bezeichnet wird, und der achteckige »Temple«, die Kirche der Protestanten. Eine Bar oder einen Laden sucht man vergebens. Am Sonntag aber kommt Leben in das verschlafene Dorf, wenn auf dem großen Platz Markt abgehalten wird.

Auf der entgegengesetzten Seite der Mairie verläßt der Wanderweg das Dorf (gelbe Markierung). Hinter der efeubewachsenen Mauer eines Hauses biegt er ab, schneidet die Kurven der D 272a, kommt durch einen kühlenden Laubwald und stößt bei der Brücke über den Rieu wieder auf die Teerstraße. Auf ihr geht es ein Stück weiter bergab, immer am Fluß entlang. Schließlich erreicht man die D 190 am Coudoulous und überquert diesen Fluß auf der Brücke von Andon (30 Min. von Bréau).

Im Coudouloustal zwischen Cavaillac und den Vororten von Le Vigan trifft man auf mehrere Kreuzungen. Etwa 5 Min. läuft man auf der D 251, kreuzt die D 48 und biegt dann links in den Weg nach Le Vigan ein. Die nächsten 30 Min. gehen wir zwar auf der »Ancienne Route de Bréau«, aber wir verlassen die rosa-gekalkten Bungalows der Vorstadt von Le Vigan leider nicht mehr und können auch die öde Teerstraße nicht umgehen. Erst wenn die Passage beginnt, wo Autos nicht mehr fahren dürfen, gibt es wieder den ursprünglichen, von Mauern gesäumten, kühlen und schattigen Hohlweg. Zuletzt führt er wieder als Straße zur Platanenallee beim Kastanienpark (von der Pont-d'Andon bis Le Vigan 45 Min.).

Adressen

30120 Le Vigan

- Office du Tourisme du Pays Viganais, Maison de Pays an der Place Triaire, Tel. 04 67 81 01 72/Fax 04 67 81 86 79
- Musée Cévenol, Rue des Calquières, Tel. 04 67 81 06 86
- Hôtel-Restaurant »Le Relais du Vigan«, nette Eßadresse mit Jazz-Musik in der Sommersaison, Tel. 04 67 81 63 40
- »Hôtel du Commerce« 26, Rue des Barris, Tel. 04 67 81 03 28
- »Hôtel Le Mas de la Prairie«, Logis de France, 1.1. bis 28.2. geschlossen, Av. du Sergent Triaire, Tel. 04 67 81 80 80
- Gîte d'étape municipal, 1, Rue de la Carrierrasse, M. Ducros, Tel. 04 67 81 01 71

30120 Aulas

- Hôtel »Le Mas Quayrol«, Logis de France, April bis Dez. geöffnet, Tel. 04 67 81 12 38

30120 Bréau-et-Salagosse

- Hôtel-Restaurant »Les 4 Saisons« an der Place du village, Tel. 04 67 81 09 36
- Restaurant »Auberge du Col de la Cravate« an der Route du Col du Minier, Tel. 04 67 81 11 50
- Restaurant »Beograd« an der Route d'Aulas, Tel. 04 67 81 12 84
- Gîte d'étape bei Mme Durand, La Place, Tel. 04 67 81 02 16

30770 Alzon

- Office du Tourisme de la Vallée de la Vis, Mairie, Tel. 04 67 82 08 30/ Fax 04 67 82 08 33
- »Hôtel-Restaurant Le Cévenol«, Logis de France, Tel. 04 67 82 06 05
- Gîte communal bei Mme Valérie Damon, Tel. 04 67 82 05 55
- Gîte d'étape bei M. Dupont, Tel. 04 67 82 06 05
- Restaurant im Château du Mazel, Route du Villaret, Tel. 04 67 82 06 33

30120 Arphy

- Gîte d'étape bei M. Parant im Weiler Pratcoustal, außerordentlich schöner Weitblick, Tel. 04 67 81 82 22, und in Cap de Côte bei M. Vivier, Tel. 04 67 81 94 47
- »Restaurant Val d'Arphy«, Tel. 04 67 81 06 30

5. Vom Causse de Blandas in die Schlucht der Vis: Cirque de Navacelles

Im Süden des Viganais liegt zwischen den kargen Höhen des Causse de Larzac und des kleinen Causse de Blandas der grandiose Grabenbruch, den die Vis durchfließt und stetig tiefer eingeschnitten hat.

Die Vis entspringt auf dem Granitplateau der Montagne de Lingas im Südwesten des Aigoual-Massivs, durchbricht auf ihrem Lauf nach Süden bei Alzon die Kalksteinscholle, fließt in einem Bogen um den Causse de Blandas und mündet in den Hérault. Zwischen den gewaltigen Bruchrändern des **Causse de Blandas** und des **Causse de Larzac** windet sich der Fluß in engen Schleifen und Bögen durch das poröse Sedimentgestein. Streckenweise hinterläßt er ein ausgetrocknetes Flußbett und strömt in unterirdischen Höhlen und Galerien weiter. Mit unvermutet kräftigen Wassermassen tritt er andernorts wieder zutage. An drei Stellen hat sich die Vis derartig enge Flußschleifen gegraben, daß sie im Lauf von einigen Jahrtausenden die schmale Basis ihres Mäanders durchbrochen hat. Dabei wurde ein Teil des Flußbettes abgeschnitten und trocken gelegt. Berühmt geworden ist der **Cirque de Navacelles**: Die von der Vis ausgesparte Flußrunde liegt grün bewachsen im Talgrund. Malerisch schmiegt sich das Dorf Navacelles mittendrin an die Flanke einer kleinen Kalksteinerhebung. An der Schnittstelle des alten Mäanders fließt die Vis dann über einen kräftigen Wasserfall talwärts weiter.

Die Wanderroute führt vom Causse de Blandas an den Rand des Grabenbruchs der Vis. Auf dem alten Wirtschaftsweg geht es an der Flanke des Causse in den Talgrund. Beim Abstieg gibt es atemberaubend schöne Ausblicke auf den gegenüberliegenden

Schlucht der Vis, Causse de Larzac, Cirque de Navacelles

Causse de Larzac und die fruchtbare Oase des Cirque de Navacelles zwischen den nur mit spärlicher Vegetation bedeckten Karstplateaus. Eine Überraschung ist schließlich die »**Résurgence de la Vis**«, das kräftige Hervorsprudeln des Flusses am Mühlenhaus von **Foux**. Der zweite Streckenabschnitt folgt den Schleifen des Flußlaufs durch den überwiegend schattigen Talgrund bis zum Dorf Navacelles. Der Rückweg führt mit kräftigem Anstieg die 300 m hohe Bruchwand des Causse de Blandas hinauf zum Dorf Blandas zurück. Der Ab- und Aufstieg ist weitgehend schattenlos; in Navacelles gibt es Einkehrmöglichkeiten.

Hinweise für die Wanderung

- **Anfahrt und Ausgangspunkt**: Von Ganges geht es auf der D 25 an der Vis entlang bis nach Madières, von dort auf der D 48 in Serpentinen auf den Causse de Blandas Richtung Montardier; kurz vorher biegt man links ab auf die D 413 zum Ort Blandas. Von Le Vigan geht es Richtung Avèze, von dort auf der D 48 über Montardier nach Blandas. An der Kirche gibt es Parkmöglichkeiten. Ausgangspunkt der Wanderung ist die Straße D 113 nach Vissec.
- **Dauer**: 3.30 Std.
- **Typ und Schwierigkeitsgrad**: Rundweg auf bequemen, ehemaligen Wirtschaftswegen
- **Höhenunterschied**: 350 m
- **Orientierung**: Auf dem ersten Streckenabschnitt Hinweisschilder und gelegentlich rote Markierung, die ab Bruchkante durch blaue Kennzeichnung ersetzt wird. Aufstiegsrückweg GR 7, rot-weiß markiert.
- **Karte**: IGN Nr. 2642 Est Blandas
- **Jahres-/Tageszeit**: Bevorzugt Frühling, Herbst und Winter; in der sommerlichen Mittagshitze ist der weitgehend schattenlose Ab- und Aufstieg beschwerlich. Im Talgrund gibt es idyllische und schattige Badeplätze.

Wegbeschreibung

In der Ortsmitte des Dorfes Blandas schlägt man die Landstraße D 113 Richtung Vissec ein. Schon bald führt das Holzschild »La Foux Navacelles« an der linken Straßenseite auf den eigentlichen Wanderweg. Man folgt dem Pfad nach links durch eine Wiesensenke, kommt an einer sog. Lavogne (s.u.) vorbei und gelangt auf einen breiten Querweg, den man links weitergeht – an einem Zaun entlang. Gut sichtbar zieht sich der Weg durch die weite, karge Causse-Landschaft von Felsen, Steinen und Trockenwiesen bis zum Grabenbruch der Vis. An der Flanke des Causse geht es auf kleinem Pfad durch Ginster und Buchsbaum stetig bergab. Dabei ist der **Cirque de Navacelles** aus verschiedenen Perspektiven zu betrachten. Dahinter liegen die gigantischen Faltenwürfe der Bruchkante des Causse de Larzac. Der Weg führt kurz in den Schatten von mächtigen Zedern und erreicht die Landstraße. Eine Weile auf der D 713 nach rechts, dann beginnt auf der Höhe der

Wiedererscheinen der Vis an der Mühle von Foux

Brücke über die Vis mit Angler

Haarnadelkurve der »**Circuit Botanique de La Foux**«: Auf dem blau markierten Geröllpfad geht es weiter bergab. Dabei kommt man immer häufiger in den kühlenden Schatten von Zedern und Schirmpinien, bis der Wald ganz erreicht ist und die Schlucht schmaler wird. Unvermittelt gelangt man in die wildromantische Flußlandschaft von **La Foux** (1 Std. seit Dorf Blandas).

In einer imposanten Felsverengung sprudelt die Vis, deren Flußbett talaufwärts sichtbar trocken liegt, mit ungeheuer kräftigen Wassermassen aus einer Felsöffnung hervor. In mehreren Kaskaden rauscht sie über große Felsen tosend in die Tiefe. Ein Seitenarm sprudelt durch den Gewölberaum eines Mühlenhauses aus dem 17. Jh., das mittlerweile wieder instandgesetzt wurde. Unterhalb der übereinander getürmten Felsen beruhigt sich der Wasserstrom, und die Vis fließt grün und tiefblau durch Becken an steil aufragenden Felswänden vorbei weiter zu Tal.

Auf einer natürlichen Felsenbrücke wird die Vis überquert. Dann führen Treppenstufen an der Mühle vorbei. Hinter ihr geht es auf einem schmalen Weg oberhalb des rechten Flußufers talwärts weiter. Das nächste Ziel ist der verlassene Hof Les Pujols, der in der Mitte einer Flußschleife liegt. Von hier folgt der idyllische Talweg in Richtung Osten den Flußschleifen der Vis durch lichten grünen Mischwald von Laub- und immergrünen Bäumen. Im Schutz des Unterholzes am Ufer der Vis sind lauschige Badeplätze zu finden. Vor einer Staustufe entfernt sich der Weg aus dem Talgrund und führt halbhoch unterhalb der steil abfallenden Schluchtwände auf bequemem Weg weiter nach Navacelles. (1.15 Std. seit La Foux.)

Die Lage des Dorfes **Navacelles** am Fuß der markanten Flanke des Causse de Larzac ist bemerkenswert schön. Im Unterschied zu dem kargen Buchsbaumbewuchs auf den Abhängen des Grabenbruchs zeigt die ausgesparte Flußschleife eine üppige Vegetation. Die Vis hat hier so viel Schwemmland abgelagert, so daß eine fruchtbare Oase entstanden ist, die intensiv landwirtschaftlich genutzt wird.

Der Rückweg beginnt an der geschwungenen Steinbrücke über die Vis. Die Wanderwegmarkierung Nr. 7 führt uns auf den alten Verbindungsweg zwischen dem Causse de Blandas und dem Causse de Larzac. Auf teilweise steingepflasterten Serpentinen geht es nach Blandas hinauf (rot-weiße Markierung). Der ehemalige Wirtschaftsweg, der sich auf der gegenüberliegenden Seite sichtbar zum Causse de Larzac hochschlängelt, führt schließlich nach einer letzten kurzen Strecke mit steilem Geröllweganstieg auf die D 713. Auf der Landstraße geht es weiter bis zum Belvédère, der erwartungsgemäß den bisher schon faszinierenden Ausblick auf die Causse-Landschaft dies- und jenseits der Schluchten der Vis noch einmal vergrößert. In dem schlichten »Relais du Cirque de Navacelles« gibt es Erfrischungen. Anschließend geht es zunächst auf der Straße weiter, dann biegt der alte Weg (GR 7) nach links ab und führt über die Wiesen zum Dorf Blandas zurück. (1.15 Std. seit Navacelles.)

Unterwegs
Eine »Lavogne« ist eine typische Erscheinung in der Karstlandschaft der Causses.

Es sind Erdlöcher, die durch Absenkungen im unterhöhlten Kalkstein entstanden sind. Aufgrund einer wasserundurchlässigen Tonschicht an ihrem Grund hält sich in diesen Vertiefungen das Regenwasser, das im übrigen Karstgestein sofort versickert. So sind sogar noch in der Trockenlandschaft der Causses natürliche Tränkstellen für die Tiere vorzufinden.

Adressen

34190 Gornies
- Hôtel-Restaurant »Les Gorges de la Vis«, Tel. 04 67 73 85 05
- Chambres und Table d'Hôte »Le Grenouillet« an der Route de Madières, Tel. 04 67 73 42 82

34190 Madières/Rogues
- »Château de Madières«: Am Fuß des Causse de Blandas liegt das gediegene Hotel-Restaurant, das in den Gemäuern einer Burg aus dem 14. Jh. untergebracht ist. Tel. 04 67 73 84 03
- »Auberge de la Jurade« in dem kleinen Weiler Rogues, freundlicher Empfang und gute Küche, Tel. 04 67 81 53 17

30120 Avèze
- Hôtel-Restaurant »Auberge Cocagne«, Logis de France an der Place du Château, geöffnet vom 19.3. bis zum 20.12., Tel. 04 67 81 02 70

34520 St-Maurice-Navacelles
- Accueil Information Touristique, Tel. 04 67 44 64 65
- »Auberge de la Cascade« im Zentrum des Cirque de Navacelles, Logis de France, Tel. 04 67 81 50 95
- Restaurant-Bar »La Baume Auriol« in aussichtsreicher Höhe oberhalb von Navacelles auf dem Causse de Larzac, Tel. 04 67 44 62 67
- Gîte d'étape »Le Mas Guilhou« bei M. Leuret in Navacelles, Tel. 04 67 81 50 69, und »Les Asphodèles« bei Mme Pons in St-Maurice, Tel. 04 67 44 62 55
- Restaurant-Bar »Relais du Cirque de Navacelles« am Aussichtspunkt an der D 713

30770 Blandas
- Das Café-Hôtel-Restaurant »Le Causse« ist ein kleiner gesellschaftlicher Treffpunkt auf dem Causse de Blandas; üppige Menüs ab 50 F, Tel. 04 67 81 51 55

30440 St-Laurent-le-Minier
- Table d'Hôte in dem »Mas La Blaquiere«, sehr hübsch gelegen an der D 110, Spezialität der Küche: Brennessel-Suppe und Gerichte mit Flußkrebsen und Steinpilzen, Tel. 04 67 73 91 52

6. Kapriolen eines Flusses – vom Verschwinden und Wiedererscheinen des Bonheur (L'Abîme du Bramabiau)

Der Bonheur entspringt im Aigoual-Massiv, fließt über den Causse de Camprieu und verschwindet in der Nähe des Ortes Camprieu in einem Sandsteintunnel. Als Bramabiau tritt der Fluß an der Bruchkante des Causse recht spektakulär wieder zutage: In einer 40 m hohen Kaskade stürzt er aus der Kalksteinspalte heraus und fließt in Richtung Tarn.

An den sanften Westabhängen des Aigoualmassivs ist eine Wander- und Erkundungstour geologisch sehr aufschlußreich. Wir befinden uns am Rand der Granitauffaltungen von **Aigoual** und **Lingas** und gegenüber der Kalkhochebene des **Causse Mejéan.** Hier sind im Umkreis der südlichen Verwerfungskante des Aigoual (an der die Flußtäler von Hérault und Bonheur liegen) Kalkstein und Granit nicht streng getrennt. Östlich der Taleinschnitte von Trévezel und Jonte ragt ein Stück Causse-Landschaft in den Granitgürtel der Westcevennen hinein. Sie besteht aber nicht aus dem Kalkstein der Hochebenen (Meeresablagerungen im Jura), sondern ist kontinentales Gestein aus früheren fluviatilen Ablagerungen (Sand und Lehm) im Trias. Hier lebten Riesenreptilien. Sie stiegen durch den Schlamm der seichten Lagunen und hinterließen (sichtbar in dem versteinerten »Sand«-Stein) ihre Spuren. Jahrmillionen später falteten sich die Cevennen zum zweiten Mal auf. An den Felsen der unterirdischen Flußläufe des kleinen Causse de Camprieu entdeckten die Forscher die Abdrücke von Fußstapfen von Dinosauriern. Bekannt wurden die Abdrücke in den Felsen von St-Laurent-de-Trèves, etwas weiter nördlich an derselben Verwerfungslinie entlang dem Westrand der Cevennen.

Der **Bonheur** gibt ein anschauliches Beispiel für die ungeheure Infiltrations- und Aushöhlungskraft, die ein Fluß in porösem Karstgestein entfaltet. Er entspringt am Aigoual, in der Nähe der Quellen des Hérault, und fließt mit sanfter Neigung nach Westen. Auf dem **Causse de Camprieu** überrascht dann der Fluß, der bis dahin sichtbar und breit durch die Wiesensenken sprudelt, wie er in einem unscheinbaren Felseingang aus rötlichem Sandstein verschwindet.

Für die Bewohner von Camprieu endete hier der Bonheur auf mysteriöse Weise, und sie erfanden Geschichten, um sich einen Reim darauf zu machen. Den Kesselschlund etwa 100 m weiter westlich (»Aven du Balset«), den sie als Abfallgrube nutzten, brachten sie nicht in Zusammenhang mit dem Fluß. Auch die Kaskade des Bramabiau wurde in keinerlei Verbindung mit dem Bonheur gesehen. Das Tosen des Wasserfalls erinnerte sie vor allem bei hohen Wasserständen im Frühjahr an »das Brüllen eines Ochsen«: Bramabiau, »le boeuf qui brâme«, nannten sie diesen Fluß.

Erst Edouard Alfred Martel, Richter in Paris und Höhlenforscher in seiner Freizeit, ging der Sache auf den Grund. Mit einigen Freunden wagte er es, dem verschwindenden Flußlauf des Bonheur nachzusteigen. Tatsächlich konnte er das Berglabyrinth durchqueren (»nicht ohne Schwierigkeiten, unzählige Wasserfälle und schmerzhafte Stöße«) und dem unterirdischen Lauf des Bonheur bis zu seinem Wiedererscheinen am **Abîme du Bramabiau** folgen. 1888 bewies er, daß der Bonheur bei Camprieu sein ursprüngliches Flußbett verlassen hatte, sich in das Karstgestein hinein- und über eine Entfernung von knapp 700 m ein Netz von unterirdischen Armen gegraben hatte. 90 m tiefer trat er wieder aus der Felswand heraus. Bonheur und Bramabiau waren also ein und derselbe Fluß. In verschiedenen Forschungsgängen entdeckten die Speläologen bis 1924

Das Wiedererscheinen des Bonheur am Abgrund des Bramabiau

ein unterirdisches Netz von Fluß- und Aushöhlungsverästelungen, das eine Länge von 6000 m ergab. 1982 war das gesamte fantastische Labyrinth von Gängen und Höhlen, die der Bonheur auf einer Fläche von 25 ha herausgeformt hatte, dokumentiert.

Der Bonheur/Bramabiau eignet sich für die Entdeckung eines unterirdischen Flußverlaufes vom »Absturz« bis zum Wiedererscheinen besonders gut, weil hier auf kurzem Abschnitt verschiedenste Einblicke in die unterirdischen Wasserwege möglich sind. Mit Führung betritt man oberhalb des Wasserfalls des Bramabiau die Felsöffnung. Ohne jedes Risiko und ohne speläologische Ausrüstung kann man das Innere der Karstaushöhlungen betrachten. Wir finden keine Grotte mit Tropfsteinen – dazu ist die Höhle zu jung. Der Fluß ist hochaktiv und sprudelt mit kräftigen Schwällen durch ein Labyrinth von Gesteinsgängen, Spalten und Durchbrüchen, die wirkungsvoll ausgeleuchtet sind. In tiefen Kanälen tost das Wasser dahin.

Der Andrang der Leute, die dieses Spektakel bewundern wollen, ist in der Saison entsprechend groß, die Warteschlange vor dem Eingang der Felspalte lang. Nach Möglichkeit sollte man in der Hochsaison nicht gerade die Wochenenden für die Besichtigung wählen. Geführte Besichtigungen ganztägig von April bis Mitte November.

Hinweise für die Wanderung

- **Anfahrt und Ausgangspunkt**: Camprieu über Le Vigan oder Valleraugue und L'Espérou anfahren und auf dem Dorfplatz beim Brunnen den Wagen abstellen.
- **Dauer**: 4.15 Std.
- **Typ und Schwierigkeitsgrad**: Rundwanderung, überwiegend auf Forstwegen.
- **Höhenunterschied**: 420 m
- **Orientierung**: GR-Markierung, zwischendurch Forstwegnummern
- **Karte**: IGN Nr. 2641 Et Mont Aigoual, Le Vigan
- **Jahres-/Tageszeit**: April bis November, viele schattenspendende Waldwege, passagenweise auch baumlose Wiesen- und Ginsterflächen

Wegbeschreibung

An Brunnen, Post und Mairie von Camprieu geht es in nordwestlicher Richtung vorbei. Dann schlägt man den als GR 64a ausgewiesenen grünen Grasweg ein. Ihm folgen wir in nördlicher Richtung zum Dorf hinaus, stoßen auf die Straße und setzen den Weg durch die Wiese gegenüber vom Metallkreuz fort. Vor uns tut sich eine recht fruchtbare Flußsenke auf, in der im Frühsommer rote und gelbe Orchideen blühen. Gut sichtbar schlängelt sich der Feldweg mit leichtem Schwenk nach rechts durch die Wiesen. Eine rötliche Sandsteinkante begleitet den kräftigen Flußlauf des Bonheur. Nichts verrät sein plötzliches Verschwinden. Man kann es verfolgen, wenn man rechts herum in die Wiesen steigt und sich einer von oben völlig unauffälligen Felsöffnung gegenübersieht, die in eine Art Steintunnel mündet. Über große Steinblöcke kann man ein Stück hinunterkraxeln.

Auf dem GR 66a wird die Wanderung Richtung Nordosten fortgesetzt. Man überquert die D 986, umrundet den Weiler L'Aubespi und steigt den – in den Frühsommerwochen – leuchtend gelben Ginsterhang hinauf. (Von Camprieu zur Croix de Fer 30 Min.) Auf dem Kamm fallen die eingefallenen Granitmauern mit den mächtigen Gewölbebögen eines Causse-Gehöftes in den Blick. Der Weg (jetzt GR 6) folgt der Kammlinie Richtung Westen. Zuerst weiden noch Rinder im Ginster, dann beginnt der Forstweg Nr. 105 durch prächtighohen Tannen- und Buchenwald. 1 Std dauert der bequeme Höhenweg. Man schaut in das weite grüne Hochtal von Camprieu, entdeckt das ehemalige Flußbett des Bonheur und sieht auch schon die Felswände des »**Abîme du Bramabiau**« durch die Bäume. Noch bevor man den auf der Karte eingezeichneten Pièrre Plantée erreicht hat, macht der Weg eine Spitzkehre und fällt unterhalb des gerade gewanderten Balkonweges sanft ab. Man überquert die Landstraße und steigt auf der anderen Seite Richtung St-Saveur weiter ab. An der Kreuzung folgt man nicht dem GR 62 nach links, sondern dem Schild »Sentier arbres et arboustres«. Mit einer großen Schleife gelangt man so ohne Orientierungsprobleme nach **St-Sauveur-des-Pourcils**. (50 Min. seit Verlassen des Kammweges.)

Gut 45 Min. zusätzlich muß man rechnen, wenn hier man den vom Nationalpark eingerichteten botanischen Lehrpfad ablaufen will. In der ehemaligen »Baumschule« sind seltene Pflanzenspezies anzutreffen. Versuchsweise wurden u.a. die Blaue Zeder aus dem Atlas-Gebirge, eine Fichtensorte aus dem Kaukasus und Lawson-Zypressen angepflanzt.

Der Wanderweg wird in Richtung Osten fortgesetzt. An der Weggabelung folgt man dem gelben Hinweisschild zum Parkplatz und Ausgangspunkt des botanischen Gartens. Wir laufen in einer Allee von Riesen-Lebensbäumen (thyas) und kommen an einer 26 m hohen Tanne vorbei, die in Griechenland beheimatet ist. Sie wurde 1896 gepflanzt und hat heute einen Umfang von ca. 3,90 m.

Man bleibt stetig auf demselben Weg und ignoriert links abzweigende Forstwege, bis der Bramabiau erreicht ist. An dieser Gabelung links abbiegen und flußaufwärts weitergehen (Forstweg Nr. 129). An einer kleinen Staustufe vorbei läuft man weiter bis zum links abzweigenden Forstweg Nr. 127. Diesen schattigen Waldweg geht es hinauf bis zu einem restaurierten Forsthaus (»Boissière«). Oberhalb davon zweigt ein durch einen grünen Kreis markierter Weg nach rechts ab. In idyllischer Hanglage geht es auf diesem Weg weiter, bis man wieder auf den GR 62 und auf diesem bald zu dem Kassen-Eingang zur Schlucht gelangt (65 Min. von St-Sauveur bis hierher). Dort beginnt der bequeme Abstieg hinunter in die kühle Felsverengung. Für den letzten Wegabschnitt auf dem GR 62 muß man etwa 30 Min veranschlagen. Das letzte Stück des Weges zurück nach Camprieu ist deutlich markiert.

Adressen

30750 Camprieu

- Office du Tourisme Causses-Aigoual-Cévennes, Pont du Moulin, Tel. 04 67 82 64 67
- Abîme du Bramabiau, Tel. 04 67 82 60 78
- Hôtel-Restaurant »Auberge du Bonheur«, Tel. 04 67 82 60 65
- Restaurant »Au bord du lac« in Le Devois bei M. Andréo, Tel. 04 67 82 61 20

30570 L'Espérou/Valleraugue

- Office de Tourisme, Tel. 04 67 82 25 10
- »Hôtel-Restaurant du Parc«, Logis de France, vom 1.11. bis 31.11.geschlossen, Tel. 04 67 82 60 05
- »Hôtel-Restaurant Le Touring«, Logis de France, vom 1.11. bis 26.12. geschlossen, Tel. 04 67 82 60 04
- Gîte d'étape bei M. Pialot an der Draille du Languedoc Tel. 04 67 82 61 25
- Gîte »Chalet Chante Merle« bei Mme Carayon an der Route de Valleraugue, Tel. 04 67 82 60 14
- Gîte bei M. und Mme Monzo an der Draille du Languedoc, dort gibt es Ställe zum Unterstellen von Pferden; gute Küche, Tel. 04 67 82 64 69
- Gîte »L'Ètoile du Matin« bei M. Asencio in L'Espérou, Tel. 04 67 82 64 59, und »La Flambée« bei M. Bourgade, Tel. 04 67 82 62 20

30750 Dourbies

- Hôtel-Restaurant »Auberge de Dourbies«, Tel. 04 67 82 70 88
- »Ferme-Auberge du Mas Bresson« bei Josiane und Marc Callegari, Tel. 04 67 82 70 02
- Gîte d'étape bei Mme Sanch, Tel. 04 67 82 74 49

7. Wanderung der »4000 Schritte« – von Valleraugue auf den Gipfel des Aigoual

Die große, klassische Wanderung im Aigoual-Massiv erfaßt in einer weiten Runde besonders abwechslungsreiche, charakteristische und schöne Landschaftsabschnitte der Cevennen. Der Weg beginnt im Bergort Valleraugue in 315 m Höhe, erreicht nach einem steilen Anstieg durch Kastanienwälder die Kammlinie oberhalb des Héraulttales, führt durch ein kleines Felsenmeer, überquert die Kaskaden des Bergbaches Fageole und gelangt nach dreieinhalb Stunden Aufstieg auf den Gipfel (1565 m). Der Rückweg verläßt rasch die kahle Kuppe, geht durch tiefen Aufforstungswald bis zum Gîte d'étape Aire de Côte und läuft dann auf der alten »Draille« über die Bergkämme bis zum »Col du Pas«. Mit dem letzten Wegabschnitt verläßt er die Felsenpartie, gelangt wieder in die Kastanienwälder und schließlich auf der Höhe des Weilers Berthezène in das Flußtal des Clarou, der die Landstraße nach Valleraugue begleitet.

Bei Valleraugue

Die Beschwerlichkeit des Weges liegt in seiner Länge. Um diese zu verringern, empfiehlt sich im Sommer eine Aufteilung der Tour in zwei Etappen mit einer Übernachtung in dem Gîte d'étape auf dem Mont Aigoual.

Hinweise für die Wanderung

- **Anfahrt**: Man erreicht Valleraugue am einfachsten über das Héraulttal (D 986 ab Pont-d'Hérault) und parkt das Auto auf dem Parkplatz vor der Kirche.
- **Dauer**: 8 bis 8.30 Std.
- **Typ und Schwierigkeitsgrad**: wegen der Länge und der zu überwindenden Höhenmeter schwer
- **Höhenunterschied**: 1250 m
- **Orientierung**: Die Markierung des Nationalparks »Zwei Fußstapfen auf grünem Grund« ist bis auf den allerletzten Abschnitt zuverlässig; am Schluß werden die Schilder seltener, und man muß die Karte zu Hilfe nehmen.
- **Karte**: IGN Nr. 2641 Et Mont Aigoual, Le Vigan
- **Jahres-/Tageszeit**: Mai bis November
- **Besondere Empfehlungen**: Auch in der schönen Jahreszeit muß man warme Kleidung und Regenzeug mitnehmen. Das Wetter kann sich jäh ändern. Sich erfrischen, baden und Wasser auffüllen kann man in den Kaskaden des Flüßchens Fageole eine gute Stunde unterhalb des Gipfels. Der Gîte d'étape auf dem Mont Aigoual bietet im Sommer angenehme Übernachtungsmöglichkeiten; in dem Gîte équestre (Reiterunterkunft) Aire de Côte kann man das ganze Jahr übernachten und nach Voranmeldung auch eine Mahlzeit bekommen. Es ist sehr ratsam,

Ehemalige Mühle am oberen Hérault

wegen der Länge die Tour in zwei Etappen durchzuführen. Man steigt in den frühen Nachmittagstunden auf den Gipfel, übernachtet dort, kann womöglich den Sonnenaufgang miterleben und dann den gut viereinhalbstündigen Rückweg antreten.

Wanderweg

Links von der Kirche führt ein gepflasterter Weg das Dorf hinauf. Nach ein paar Kehren kommt man oberhalb des Ortes auf einer kleinen Plattform heraus. Hier beginnt die Markierung, die zum Observatorium auf den Aigoual führt. Ein steiler Anstieg bringt uns erst durch einen Pinien-, dann durch einen Kastanienwald rasch auf den Kamm eines langgestreckten Gebirgsrückens.

Schon nach 20 Min. hat man eine stattliche Höhe gewonnen und folgt dem Weg über die Kammlinie. Der erste Teil des dreieinhalbstündigen Aufstiegs verläuft überwiegend im Halb- oder Vollschatten von Kastanien- und Buschwald. Dabei wechseln kurze, steil ansteigende Partien mit langen, gemächlichen Streckenabschnitten, bis man (nach 70 Min.) den Kastanienwald verläßt. Der Pfad schlängelt sich durch Ginsterhalden, führt um die zwei nächsten Buckel herum und erreicht einen kleinen Paß. Tief im Héraulttal ist der Weiler **Mallet** zu sehen. Nun beginnt eine malerische kleine Felsenpartie aus Granitblöcken. Der Pfad hält, stetig ansteigend, auf das Panorama von Felszacken zu.

Nach Durchquerung dieser kargen, vegetationslosen Felsenlandschaft geht der Weg wieder leicht bergab und erreicht 50 Min. nach Verlassen des Kastanienwaldes die Kaskaden des Flüßchens **Fageole**. Im tiefen Schatten alter Buchenbestände findet man Gumpen und kleine Wasserfälle. Der zweite große Abschnitt ist geschafft.

Weiter steigt der Weg durch Buchenwald erst rechtsseitig des Flusses an, überquert ihn und führt linksseitig weiter hinauf. Wetterkiefern stehen an ausgesetzter Stelle. Nach 40 Min. (seit Fluß) stößt der schmale Pfad auf einen breiten Weg. Kurz darauf

Blick vom Aigoual

Auf der Draille de la Margeride

kündigt ein Hinweisschild den »**Hort-de-Dieu**« und damit die Nähe des Gipfels an. Unvermittelt kommt nun zum ersten Mal seit Beginn der Wanderung das Observatorium auf dem Gipfel des Berges in den Blick. Nur noch ein kurzer Anstieg durch Tannenwald auf den **Col de Trépalous**, dann liegt auch die dritte Aufstiegsetappe hinter uns (70 Min. seit Fageole). Man überquert die Straße und geht auf der gegenüberliegenden Seite die Kuppe hinauf, geradewegs auf den monströsen Bau der Jahrhundertwende zu.

Die Aussichtsbalkone des Observatoriums verstärken den Eindruck, auf dem »Dach der Cevennen« zu sein. Bei klarem Wetter ist der Rundblick über das Gebirge fantastisch. Die Wetterwarte zeigt in einer Ausstellung die technischen Geräte der Wetterbeobachtung seit 100 Jahren auf dem wind-, regen- und schneereichen Gipfel dieser Klima- und Wetterscheide. Es gibt eine Getränkebar, den obligaten Verkauf von Karten, Literatur, Honig und Konfitüren und einen passablen Gîte d'étape mit zwei großen Schlafräumen, Küche und sanitären Einrichtungen. Öffnungszeiten des Observatoriums 1. Juli bis 30. Sept. 10–19 Uhr.

Wenn man vor dem Gîte steht und ostwärts blickt, sieht man auf der Grasnarbe die Spur des GR 6, die entlang von Krüppelkiefern die Kuppe hinunterführt. Hier beginnt der Rückweg. Man überquert die Straße und schlägt den Weg ein, der auf der Höhe der »Pièrre Plantée« links abbiegt. Der Spazierweg »Sentier des Botanistes« führt zu dem »Garten Gottes« (»L'Hort-de-Dieu«). Wir benützen diesen Weg ein Stück lang, halten uns aber an die Kennzeichnung mit den beiden Fußstapfen. Erst geht es durch einen Wald von Krüppelkiefern, die hier angepflanzt wurden, um die durch Überweidung, Trockenheit und Erosion verarmten Böden wieder zu kultivieren. Der Felsenweg umrundet die Flanke des **Col de Trépalous**, die nach Süden hin steil abfällt. Die Strecke auf dem Balkonweg verläuft im Windschatten und bietet herrliche Ausblikke, erreicht aber schon bald eine kahle, abschüssige Grasfläche, über die der Wind fegt. Man läuft auf der Grasnarbe des Hanges steil die Kuppe hinunter und findet dort den (grün-weiß markierten) Weg, der weiter hinab in den Forstwald führt.

Von nun an geht es auf einem breiten Weg im Schatten tiefer, aufgeforsteter Wälder in großen Schleifen rasch weiter bergab. Nach 2 Std. (seit Menhir am Rand der Gipfelstraße) erreicht man die große Lichtung von **Aire de Côte**. Etwa 20 Min. läuft man auf der Landstraße D 10d Richtung Col de l'Espinas, dann biegt man rechts ab auf den GR 6/67 und folgt nun einer der landschaftlich schönsten Draille-Passagen in den ganzen Cevennen. Der Weg, auf dem die Schafherden von Saint-Hippolyte-du-Fort über die Bergkämme auf die Sommerweiden der Hochflächen zogen, ist straßenmäßig befestigt und über weite Strecken mit Steinquadern ausgebaut. Er verläuft unterhalb des schmalen Grates durch Felslandschaft

Blick vom Mont Aigoual auf die Höhen der Cevennen

und an prächtigen Wetterföhren vorbei Richtung **Col du Pas** und weiter zum **Col de l'Asclier**. Man erblickt schon das weiße Denkmal der Résistance, das am Paß oberhalb der Straßenkreuzung steht. Noch bevor diese Stelle ganz erreicht ist, biegt man nach rechts ab in Richtung Westen und folgt dem grün ausgeschilderten Weg. (1 Std. von Aire de Côte bis hierher.)

Es beginnt die letzte Etappe, für die man bis nach Valleraugue etwa 1.30 Std. rechnen muß. Der angenehme Weg verliert zügig an Höhe, taucht bald in den Kastanienwald ein, quert die Landstraße D 10 und steigt auf der gegenüberliegenden Straßenseite Richtung **Berthezène** weiter ab. Wir sind wieder in der Zone des Steineichenwaldes. Vorsicht bei der nächsten Weggabelung! Nicht links, sondern nach rechts abbiegen (Schild an der Steineiche!), dann geht es in dreimaligen Zickzack-Kehren in 30 Min. zu dem Weiler hinunter. Bevor man wieder auf die D 10 stößt und dazu den Fluß Clarou überquert, soll man laut Markierung linksseitig des Flusses gehen und erst weiter flußabwärts eine der alten Steinbrücken nehmen. Dazu muß man allerdings privates Gelände passieren und den »Weg« etwas suchen. Man stößt dabei auf Badegumpen des Clarou. Die Straße führt ohne Orientierungsprobleme nach Valleraugue, zieht sich aber zum Schluß ein wenig hin.

Unterwegs:

Der »Garten Gottes« (»**L'Hort-de-Dieu**«) ist eine Baumschule an der geschützten Südflanke des Aigoual, die Ende des 19. Jh. von Botanikern aus Montpellier und Forstleuten angelegt wurde. Es sollte getestet werden, welche ausländischen Baumspezies in diesem, extremen Schwankungen unterworfenen, Klima Widerstandsfähigkeit entwikkeln können. Man versuchte sogar, in einem botanischen Garten exotische Pflanzen zu züchten.

Valleraugue ist ein lebhaftes Städtchen am Fuß des Aigoual, das vom Bergtourismus profitiert. Seine Gründung geht auf das 12. Jh. zurück, als Benediktinermönche die romanische Kirche bauen ließen. Durch das

Aigoual-Massiv vor scharfen Nordwinden geschützt, liegt der Ort in dem milden Mittelmeerklima des Héraulttales. Obstplantagen werden in der Talsohle angebaut, und Terrassenkulturen ziehen sich die Hänge hoch. Zur Zeit des Booms der Seidenherstellung in den Cevennen hatte die Gemeinde 4000 Einwohner (heute 1000). Damals wurden die Gehöfte für die Aufzucht der Seidenraupen ausgebaut und erhöht. Auffallend ist die stattliche Anzahl dieser städtisch anmutenden Häuser an den schmalen Talseiten und an den Hängen.

Adressen

30570 Valleraugue

- Office du Tourisme de Valleraugue, L'Esperou, Mont Aigoual, Maison de Pays, Quartier des Hortes, Tel./Fax 04 67 82 25 10
- Observatoire météorologique du Mont-Aigoual, Tel. 04 67 82 60 01
- »L'Hort-de-Dieu«, Tel. 04 67 82 60 78
- Gîte du Mont-Aigoual auf dem Gipfel bei Mme Daux, von Mai bis September täglich geöffnet, Tel. 04 67 82 62 78
- Hôtel-Restaurant »Le petit Luxembourg«, Rue du Luxembourg, Tel. 04 67 82 20 44
- »Hôtel-Restaurant Les Bruyeres«, Rue André Chamson, Tel. 04 67 82 20 06
- Gîte d'étape »Le Monna« in einer ehemaligen Magnanerie mit schönem Gemeinschaftsraum bei M. und Mme Patrinos in Ardaillès, Tel. 04 67 82 44 59
- Gîte d'étape »Foyer rural« bei M. Viau, Tel. 04 67 82 20 08, und bei M. Néel, Tel. 04 67 82 24 12

48400 Aire de Côte/Bassurels

- Gîte d'étape bei M. und Mme Garcia, Aire de Côte, Tel. 04 66 44 70 47.

PRAKTISCHE REISEINFORMATIONEN

Vor der Reise

Allgemeine Auskünfte, Prospektmaterialien, Hotel- und Restaurantverzeichnisse und Ferienhauskataloge zu den Départements Ardèche, Gard, Lozère und Hérault erhält man in den Amtlichen Französischen Fremdenverkehrsämtern:

Deutschland
- Westendstraße 47
  60325 Frankfurt/Main
  Tel. 01 90 57 00 25/Fax 01 90 59 90 61

Österreich
- Maison de la France
  Argentinierstraße 41a
  1040 Wien
  Tel. 0043/1/503 28 90/
  Fax 0043/1/503 28 71

Schweiz
- Löwenstraße 59
  8023 Zürich
  Tel. 0041/1/211 30 85/
  Fax 0041/1/2 12 16 44

Die **Fremdenverkehrsbüros** in Frankreich (Offices de Tourisme, Syndicats d'Initiative, in allen größeren Orten) schicken auf Anfrage das gewünschte Material zu:

Ardèche
- Comité Départemental du Tourisme de l'Ardèche
  4, Cours du Palais, B.P.221
  07000 Privas
  Tel. 04 75 64 04 66/Fax 04 75 64 23 93
  www.ardeche-guide.com
  eMail: cdt07@ardeche-guide.com

Gard
- Comité Départemental du Tourisme du Gard
  3, Place des Arènes
  30010 Nîmes cedex 4
  Tel. 04 66 36 96 30/Fax 04 66 36 13 14
  eMail: cdtgard@imaginet.fr
- Office de Tourisme
  Place Gabriel Péri
  30100 Alès
  Tel. 04 66 52 32 15/Fax 04 66 52 57 09

Lozère
- Comité Départemental du Tourisme de la Lozère
  14, Boulevard Henri Bourrillon
  48001 Mende Cedex
  Tel. 04 66 65 60 00/Fax 04 66 65 03 55
  eMail: CDT.Lozere@wanadoo.fr
  Loisirs Accueil Lozère, Tel. 04 66 48 48 48
- Maison de la Lozère
  4, Rue Hautefeuille
  75006 Paris
  Tel. 01 43 54 26 64/Fax 01 44 07 00 43
- Maison de la Lozère
  27, Rue de l'Aiguillerie
  34000 Montpellier
  Tel. 04 67 66 36 10/Fax 04 67 60 33 22

Hérault
- Comité Départemental du Tourisme de l'Hérault
  Av. Des Moulins B.P. 3067
  34034 Montpellier cedex 01
  Tel. 04 67 67 71 71/Fax 04 67 67 71 77
  http://www.herault-en-languedoc.com
  eMail: cdt@cdt-herault.fr
- Comité Regional du Tourisme Region Languedoc-Roussillon
  20, Rue de la République
  34000 Montpellier
  Tel. 04 67 22 81 00/Fax 04 67 58 06 10
  www.cr-languedocroussillon.fr/tourisme
  www.sunfrance.com
  eMail: contact.crtlr@sunfrance.com
- Maison de l'Hérault
  8, rue la Harpe
  75005 Paris
  Tel. 01 43 29 86 51/Fax 01 40 46 06 67
  eMail: espace@cdt-herault.fr

Zentrale Auskunftsstelle des
Parc national des Cévennes
Service Découverte et Communication
- Boîte Postale 15
  48400 Florac
  Tel. 04 66 49 53 01
  www.bsi.fr/pnc
  eMail: pnc@bsi.fr

Telefonnummern der **Tourismusbüros** in den wichtigsten Städten und Dörfern:

Ardèche
- 07530 Antraigues, Tel. 04 75 88 23 06
- 07200 Aubenas, Tel. 04 75 89 02 03
- 07700 Bourg-St-Andéol, Tel. 04 75 54 54 20
- 07450 Burzet, Tel. 04 75 94 43 99
- 07260 Joyeuse, Tel. 04 75 39 56 76
- 07120 Labeaume, tel. 04 75 39 79 86
- 07110 Largentière, Tel. 04 75 39 14 28
- 07560 Montpezat-sous-Bauzon, Tel. 04 75 94 57 72
- 07000 Privas, Tel. 04 75 64 33 35
- 07120 Ruoms, Tel. 04 75 93 91 90
- 07700 St-Martin-d'Ardèche, Tel. 04 75 98 70 91
- 07700 St-Marcel-d'Ardèche, Tel. 04 75 06 06 12
- 07400 Le Teil, Tel. 04 75 49 10 46
- 07330 Thueyts, Tel. 04 75 36 46 79
- 07150 Vallon-Pont-d'Arc, Tel. 04 75 88 04 01
- 07600 Vals-les-Bains, Tel. 04 75 37 49 27
- 07140 Les Vans, Tel. 04 75 37 24 48
- 07200 Vogüe, Tel. 04 75 37 01 17
- 07190 Villeneuve-de-Berg, Tel. 04 75 94 89 28
- 07220 Viviers, Tel. 04 75 52 77 00

Gard
- 30101 Alès, Tel. 04 66 52 32 15
- 30140 Anduze, Tel. 04 66 61 98 17
- 30160 Bessèges, Tel. 04 66 25 08 60
- 30750 Camprieu, Tel. 04 67 82 64 67
- 30450 Génolhac, Tel. 04 66 61 18 32
- 30110 La Grand-Combe, Tel. 04 66 54 90 00
- 30460 Lasalle, Tel. 04 66 85 27 27
- 30500 Les Fumades/Allègre, Tel. 04 66 24 80 24
- 30120 Le Vigan, Tel. 04 67 81 01 72
- 30610 Sauve, Tel. 04 66 77 57 51
- 30940 St-André-de-Valborgne, Tel. 04 66 60 32 11
- 30500 St-Ambroix, Tel. 04 66 24 33 36
- 30170 St-Hippolyte-du-Fort, Tel. 04 66 77 91 65
- 30270 St-Jean-du-Gard, Tel. 04 66 85 32 11
- 30440 Sumène, Tel. 04 67 81 30 16
- 30570 Valleraugue, Tel. 04 67 82 25 10

Lozère
- 48400 Barre-des-Cévennes, Tel. 04 66 45 05 07
- 48400 Florac, Tel. 04 66 45 01 14
- 48250 La Bastide-Puylaurent, Tel. 04 66 46 07 55
- 48160 Le Collet-de-Dèze, Tel. 04 66 45 40 71
- 48220 Le Pont-de-Montvert, Tel. 04 66 45 81 94
- 48000 Mende, Tel. 04 66 65 02 69
- 48150 Meyrueis, Tel. 04 66 45 60 33
- 48110 Ste-Croix-Vallée Française, Tel. 04 66 44 70 41
- 48330 St-Etienne-Vallée-Française, Tel. 04 66 45 71 61
- 48240 St-Germain-de-Calberte, Tel. 04 66 45 93 66
- 48220 Vialas, Tel. 04 66 41 05 95
- 48800 Villefort, Tel. 04 66 46 87 30

Hérault
- 34800 Clermont-l'Hérault, Tel. 04 67 96 23 86
- 34190 Ganges, Tel. 04 76 73 00 56
- 34150 Gignac, Tel. 04 67 57 58 83
- 34190 St-Bauzille-de-Putois, Tel. 04 67 73 77 95
- 34150 St-Guilhem-le-Désert, Tel. 04 67 57 44 33

Reisezeit

Reisen und wandern kann man im Bergland der Cevennen und im Cevennenvorland zu jeder Jahreszeit. Gerade in den milden Wintermonaten und in der Vor- und Nachsaison ist das Wandern in den (im Sommer sehr heißen) Südosttälern des Bergvorlands und der Garrigue besonders angenehm. Der Dezember ist gewissermaßen ein letzter Herbstmonat; erst Anfang Januar ist in den Lagen über 1000 m mit Schnee zu rechnen. Dann kann man dort ausgezeichnet Skilanglauf betreiben. Im Oktober/November und März/April ist mit heftigen Regengüssen zu rechnen. Dann werden die Gebirgsflüsse in den wasserundurchlässigen Schiefercevennen zu reißenden Wildbächen. Bei einiger Vorsicht sind die Wege durch die Schluchtlandschaften mit den angeschwollenen Flüssen ein besonderes Erlebnis. Der Frühsommer (Mai/Juni) ist zweifellos die schönste Jahreszeit zum Reisen und Wandern: Die Hitzeperiode hat noch nicht begonnen; die Kälteeinbrüche und Regengüsse, mit denen im März und April zu rechnen ist, sind vorbei; das Klima hat sich stabilisiert. Ähnlich günstige Klimaverhältnisse findet man im Frühherbst, von Ende August bis September. In den heißen Sommermonaten Juli und August herrscht touristische Hochsaison. Bei der Wahl der Reisezeit ist auf jeden Fall zu berücksichtigen, daß ein Großteil der Hotels und Restaurants erst zu Ostern den Betrieb aufnimmt und Ende Oktober (in der Regel spätestens zu Allerheiligen) schließt.

Karten

Eine Übersicht im Reisegebiet bieten die Straßenkarten von Michelin Nr. 76 und 80 im Maßstab 1:200 000.

Besonders nützlich sind die Karten, die vom Institut Géographique National (IGN) herausgegeben werden. In der »Série verte« (Maßstab 1:100 000) erfaßt die Straßenkarte Nr. 59 das Gebiet von Privas bis Alès. In der braunen Serie (Les Speciales de L'IGN: Culture & Environnement) gibt die Karte 3615 IGN (»Parc national des Cévennes«) einen Gesamtüberblick über den Cevennen-Nationalpark. Den Wanderungen liegen die Karten des IGN im Maßstab 1:25 000 (Blaue Serie) zugrunde, die alle Gebiete der Cevennen und des Cevennenvorlands abdecken. Diese Wanderkarten sind aktualisiert durch die neue Serie des IGN »Les Cartes touristiques locales« im Maßstab 1:25 000; sie haben die gleiche Bezifferung wie die vormaligen Karten der blauen Serie und sind notwendiges Begleitmaterial für jede Wanderung, die in diesem Buch vorgestellt wird.

Die Editions Didier Richard geben Karten im Maßstab 1:50 000 heraus, in denen blau markierte Wanderwege eingetragen sind. Zum Nachwandern reichen sie in der Regel nicht aus, weil der Maßstab zu groß ist: Ardèche méridionale, Nr. 21. Alle Detailkarten sind in den Buchläden vor Ort erhältlich, die Michelin-Straßenkarten gibt es an allen großen Tankstellen in Frankreich.

Anreise

...mit dem Auto

Die Cevennen liegen nach Osten hin in den Départements Ardèche und Gard, die an das rechte Rhôneufer heranreichen. Für die Anfahrt empfiehlt sich daher die Rhônetal-Autobahn von Lyon nach Marseille. Wer in die Ardèche und die nördlichen Cevennen reisen will, benutzt die Ausfahrt Privas/Loriol, Montélimar-Nord oder Montélimar-Süd. Bei der erstgenannten Ausfahrt ist von Privas aus der Paß des Escrinet zu überqueren. Von da neigt sich die Serpentinenstraße N 304 in die Ardèchesenke und erreicht die Stadt Aubenas. Von Montélimar-Nord führt die als »Schnellstraße« großzügig ausgebaute N 102 zwischen dem Kalksteinplateau und dem Coiron-Gebirgszug ebenfalls nach Aubenas. Von Montélimar-Süd erreicht man die südlichen Regionen der Ardéche über die reizvolle D 4 von Bourg-St-Andéol nach St-Remèze. Die Fahrt vom Rhônetal Richtung Westen in die Cevennen dauert ca. 1.15 Std. Wer in die Gardontäler und das Lozère-Massiv reisen will, sollte die Autobahnabfahrt Bollène benutzen. Die Fahrt geht über Pont-St-Esprit und Bagnol-sur-Céze auf der D 6 nach Alès und Anduze.

Wer die Südcevennen über das Département Hérault anfährt, sollte ab Orange auf der Autobahn A 9 über Nîmes, Montpellier und Béziers anreisen. Von Nîmes geht es auf der D 999 über Sauve, St-Hippolyte-du-Fort nach Ganges, von Montpellier auf der D 986 nach Le Vigan am Fuß des Mont Aigoual. Wer sein Reiseziel eher im westlichen Teil der Cevennen hat, kann von Lyon auf der Autobahn A 72 nach St-Etiènne und auf der N 88 über Le Puy im Velay vom nördlichen Zentralmassiv in den Süden fahren. Die Nationalstraße N 88 führt über Mende nach Millau.

Die Nord-Süd-Verkehrsader »Autoroute du Soleil« von Lyon nach Marseille erreicht man von Süddeutschland am besten über die Autobahn A 36 von Mulhouse bis nach Dole; dort zweigt die neu erbaute A 39 Richtung Süden ab und erreicht Lyon über Bourg-en-Bresse. Von Nord- und Westdeutschland empfiehlt sich die Anfahrt über Aachen, Trier oder Saarbrücken. Es existiert um Luxemburg herum zwar noch keine durchgängige Autobahnstrecke, aber die Autobahn durch die Ardennen ist verhältnismäßig wenig befahren. Ab Luxembourg geht es auf der A 31 über Metz und Nancy nach Dijon.

Autobahnfahrten sind in Frankreich gebührenpflichtig. Zu Beginn einer Zahlstrecke zieht man ein Ticket aus dem Automaten an den »Péage«-Haltestellen. Beim Erreichen einer neuen Zahlstrecke und bei der Ausfahrt wird die abgefahrene Strecke berechnet. Im Umkreis von größeren Städten ist die Autobahnbenutzung gebührenfrei. Für die Strecke von der deutschen Grenze bis zu den südlichen Autobahnausfahrten im Rhônetal muß man ca. 80 DM veranschlagen. Als Zahlungsmittel werden Kreditkarten, Geldscheine in französischer und ausländischer Währung sowie Münzen in französischer Währung angenommen.

...mit dem Zug

Wer mit dem Zug in die Cevennen reisen will, sollte – wenn es die Anbindung zuläßt – die Strecke über Kehl/Straßburg vermeiden. Sie ist, ebenso wie die Fahrt durch die Schweiz, sehr zeitaufwendig. Die günstigste Verbindung ist der Nachtzug nach Paris. Von Paris (Gare de Lyon) erreicht man mit dem Hochgeschwindigkeitszug TGV (Train à Grande Vitesse) beispielsweise Montélimar in 3 Std., Nîmes in 4¼ Std. Allerdings hält der TGV nur ca. dreimal am Tag in Montélimar, je nach Saison (9.54, 14.08 und 14.16, 20.40 und 22.54 Uhr, Stand 1999); umgekehrt gibt es TGV-Anschluß von Montélimar nach Paris (6.06, 10.37, 13.54, 17.49 Uhr).

Es gibt eine Zugverbindung von Paris nach Nîmes, die mehrere Cevennenorte erreicht, die an der Nationalstraße N 106 liegen. Sie fährt über Clermont-Ferrand und Lagogne und erreicht Villefort, Génolhac, Chamborigaud, La Grand-Combe und Alès. Eine weitere Zugverbindung führt von Paris über Millau nach Béziers. Unter folgenden Telefonnummern sind Auskünfte einzuholen:

Département Ardèche

- Montélimar, Bahnhof, Tel. 04 36 35 35 35
- Aubenas, Busbahnhof, Tel. 04 75 35 01 67

Département Gard

- Alès: Bahnhof, Tel. 04 66 78 29 03, Busbahnhof (gare routière), Tel. 04 66 30 24 86
- Nîmes: Bahnhof, Tel. 04 66 70 41 92 Busbahnhof Tel. 04 66 29 52 00

Département Hérault

- Montpellier: Bahnhof, Tel. 04 67 34 25 10 Busbahnhof, Tel. 04 67 92 01 43
- Béziers: Bahnhof, Tel. 04 67 49 61 89 Autocars G.R.V., Tel. 04 67 28 25 92

Département Lozère

- Mende: Bahnhof, Tel. 04 66 49 00 39 Cévennes Transports (Florac), Tel. 04 66 44 21 63.

Die französische Staatsbahn gibt verschiedene Ermäßigungen, u.a. Jugendlichen unter 26 Jahren (Découverte 12-25) und Reisenden über 60 Jahren (Carte Senior oder Découverte Senior). Weitere Vergünstigungen, die von der Reisezeit und der Länge der Reisestrecke abhängen, sind zu erfragen. Sehr bequem reist man mit dem Autoreisezug nach Südfrankreich. Die Fahrt zu Verladebahnhöfen in Avignon und Narbonne ist kostspielig. Billiger kommt eine Halbierung der Strecke: nach einer Nachtfahrt mit dem Autoreisezug nach Basel/Lörrach beträgt die Autobahnfahrt bis Montélimar/Bollène noch etwa 7–8 Std.

...mit dem Bus

Von allen größeren Städten im Rhônetal fahren Busse der französischen Staatsbahn S.N.C.F. (Verkehrsverbund TER) und von privaten Gesellschaften zu den zentralen Ortschaften der Départements. Es gibt auch Busverbindungen, die in die Täler der Cevennen fahren und hochgelegene Dörfer erreichen, oft aber nur ein- bis zweimal am Tag/in der Woche. Informationen sind einzuholen bei der zentralen Auskunftsstelle unter Tel. 08 36 35 35 35 und bei den Busbahnhöfen.

Im folgenden werden die Buslinien mit den wichtigsten Haltestellen aufgeführt:

- Lalevade–Vals-les-Bains–Aubenas–Privas –Valence: fast stündlich von Privas nach Valence (Cars Charrière, Tel. 04 75 44 14 28 u. Service S.N.C.F.)
- Lalevade–Aubenas–Montélimar: werktags etwa stündlich (Service S.N.C.F.)
- Annonay–Vienne–Lyon (Tourisme Verney, Tel. 04 78 70 21 01)
- Montélimar–Lalevade–Aubenas–Les Vans und Ruoms–Alès: täglich mindestens zweimal (Cars Sotra, Tel. 04 75 39 40 22 und Service S.N.C.F.)
- Montélimar–Privas, nur Sonn- und Feiertage (Cars Gineys, Tel. 04 75 01 87 24)
- Lalevade–Aubenas–Bourg-St-Andéol–Orange–Avignon: zweimal werktags (Cars Sotra, Tel. 04 75 39 40 22)
- Aubenas–Vallon-Pont-d'Arc–Alès (Cars Faure, Tel. 04 75 88 03 55)
- Avignon–Aubenas–Vals-les-Bains (Cars Arsac, Tel. 04 75 94 43 67)
- Burzet–Montpezat–Aubenas: dreimal werktags (Cars Arsac, Tel. 04 75 94 43 67)
- Le Puy–Langogne–Thueyts–Aubenas: zweimal in der Woche 7.35 Uhr von Le Puy nach Aubenas, von Langogne an zwei weiteren Werktagen jeweils einmal am Tag (Cars Hugon Tourisme, Tel. 04 66 49 03 81)
- Saint Thomé–Viviers–Le Teil–Montélimar: nur an einzelnen Wochentagen, Schwerpunkt morgens hin, abends zurück (Cars et Transports Teste)
- Valgorge–Largentière: morgens und mittags hin, morgens, mittags und abends zurück (Autocars Gineste)
- St-Jean-du-Gard–Thoiras–Anduze–Alès: werktags morgens, mittags und abends (Lafont Tourisme, Tel. 04 66 85 30 21)
- St-Hippolyte-du-Fort–Durfort–Tornac–Anduze–Alès und St-Jean-du-Gard: werktags morgens hin, mittags und abends zurück (Lafont Tourisme)
- Lasalle–Thoiras–Anduze: werktags morgens hin, abends zurück (Lafont Tourisme)
- Vigan–Sommières– Nîmes (S.N.C.F. Tel. 04 67 81 03 01)
- Valleraugue (Transports Brignolo, Tel. 04 67 82 20 86)
- Lanuéjols (Transport Causse, Tel. 04 67 82 70 67)
- Aulas–Arphy– Avèze (Transports Montet, Tel. 04 67 81 81 68)
- Aumessas– Arrigas– Alzon– Mandagout–St-André-de-Majencoules (Transports Coulet, Tel. 04 67 81 00 31)

Weitere Busverbindungen sind zu erfragen u.a. bei den Busfirmen

- SARL Cars Fort (St-Jean-du-Gard), Tel. 04 66 85 30 28

- SARL Transports Max Reilhes (Florac), Tel. 04 66 45 00 18
- Besseges Voyages (Besseges), Tel. 04 66 25 26 71
- Hugon Tourisme (Mende), Tel. 04 66 49 03 81

...mit dem Flugzeug
Die Flughäfen von Lyon, Montpellier und Marseille werden von verschiedenen Fluggesellschaften angeflogen; das Problem ist der weitere Anschluß, um in die Cevennen zu gelangen. Alle großen Autoverleihfirmen haben Zweigstellen an den Flughäfen und Bahnhöfen, so daß im voraus ein Mietauto reserviert werden kann. Hierbei ist dringend zu beachten, daß die Autoverleihfirmen oftmals nur Kreditkarten akzeptieren. Neuerdings gibt es auch eine TGV-Verbindung vom Flughafen Lyon/Satolas, die nach Valence führt. Die größeren südfranzösischen Städte Avignon, Montpellier, Nîmes, Toulouse und Perpignan verfügen über Flughäfen, die nur auf der innerfranzösischen Linie Air Inter ab Paris angeflogen werden. Auskünfte in Montpellier Air-France, Tel. 04 67 39 39 39, Air-Inter, Tel. 04 67 22 66 67, Air-Littoral, Tel. 04 67 15 88 88

Unterkunft

In den kleinen touristischen Zentren an den Talausgängen der Cevennen und in der Nähe der berühmten Flußcanyons im Kalksteinplateau westlich der Rhôneniederung gibt es Unterkünfte jeder Art: Hotels, Feriendörfer, Ferienwohnungen und Campingplätze stehen hier in reichlicher Anzahl zur Verfügung. In der Hauptsaison ist eine Vorbestellung erforderlich. Wer außerhalb der Saison (von Ostern bis September) reist, muß sicherstellen, daß sie in Betrieb sind. In den abgelegenen Cevennentälern gibt es selten Hotelunterkünfte, dafür aber immer häufiger attraktive Angebote von Privatquartieren.

Hotels
Ausführliche Hotelverzeichnisse sind bei den Fremdenverkehrsämtern der Départements (S. 259) zu beziehen. Eine Auswahl von Adressen von Landhotels und anderen Unterkünften, bevorzugt in den touristisch abgelegeneren Orten, findet sich am Ende der Routenbeschreibungen. Eine Hilfestellung beim Auffinden weiterer Hotels in den Landstädten und touristischen Zentren ist der rote Guide Michelin und der Hotelführer »Logis de France« (beide im Buchhandel).

Ferienhäuser und Privatzimmer
Ferienhäuser kann man über Reisebüros und Reiseveranstalter buchen. Ein Katalog der ländlichen Ferienhäuser (private Vermieter), der sog. »Gîtes ruraux«, ist zu beziehen bei der

- Maison des Gîtes de France
  59, Saint-Lazare
  75439 Paris
  Tel. 0033/1/ 49 70 75 75/
  Fax 0033/1/42 81 28 53

oder bei den Comités Départemental du Tourisme, Gîtes de France:

- Ardèche: Hébergements et loisirs, 07000 Privas Cedex, 4 Cours du Palais, Tel. 04 75 64 04 66/Fax 04 75 64 23 93
  eMail: cdt07@ardeche-guide.com
  www.ardeche-guide.com
- Gard: Service Loisirs Acceuil, 30010 Nîmes Cedex 4, 3 Place des Arènes, Tel. 04 66 36 96 30/Fax 04 66 67 65 25
- Lozère: Service Loisirs-Acceuil Lozère, 48001 Mende Cedex, 14 Boulevard Henri-Bourrillon, Tel. 04 66 48 48 48/ Fax 04 66 65 03 55
- Hérault: Service Loisirs Accueil, Tel. 04 67 67 71 40/Fax 04 67 67 71 34
  eMail: booking@cdt-herault.fr

Die »Gîtes ruraux« sind preiswerte und in der Ausstattung sehr schlichte Unterkünfte. Vergleichbare Angebote an den »Grünen Tourismus« sind die »Ferme-Auberges« (Landgasthöfe) und »Chambres d'Hôte«

Taleyrac

(Privatzimmer auf dem Land). Verzeichnisse sind bei den Verkehrsämtern oder bei den Landwirtschaftskammern der Départements anzufordern:

- Hérault
  Chambre d'Agriculture de l'Hérault,
  Mas de Saporta
  34970 Lattes
  Tel. 04 67 20 88 00
- Gard
  Gîtes de France et Tourisme vert du Gard
  3, Place des Arènes, B.P. 59
  30007 Nîmes Cedex 4
  Tel. 04 66 27 94 94
  Fax 04 66 27 94 95
- Chambre d'Agriculture
  Mas des Abeilles, 1120 Route de Saint Gilles
  30932 Nîmes Cedex 9
  Tel. 04 66 04 50 60
- Ardèche
  Association Départementale des Fermes-Auberges
  4, Avenue de l'Europe Unie
  07001 Privas Cédex B.P.114
  Tel. 04 75 64 22 22
- Lozère
  Le Relais Agriculture et Tourisme de la Chambre d'Agriculture
  1, Avenue du Père Coudrin
  48000 Mende
  Tel. 04 66 65 62 00
  Fax 04 66 65 19 84

Camping und Gîtes d'étape

Im gesamten Reisegebiet der Ardèche und der Cevennen gibt es viele schön gelegene Campingplätze. Verzeichnisse mit ausführlichen Beschreibungen sind bei den zentralen Fremdenverkehrsämtern der Départements (S. 259) zu erhalten.

»Gîtes d'étape« sind einfache Herbergen (Zimmer für mehrere Personen, Gemeinschaftsküche; teilweise gibt es Abendessen auf Vorbestellung, 30–40 F), die an den Fernwanderwegen eingerichtet wurden. Ein Verzeichnis kann angefordert werden beim

- Parc national des Cévennes
  B.P.15
  48400 Florac
  Tel. 04 66 49 53 01
  eMail: pnc@bsi.fr

Sport

Die auf dem Zentralmassiv entspringenden Flüsse Ardéche, Chassezac, Cèze, Tarn und Lot, die Quellflüsse des Gard (die Gardons) und die vom Mont Aigoual herunterfließenden Gebirgsflüsse Hérault, Dourbie und Trévezel sind beliebte **Wildwasser- und Wanderflüsse**. Vor allem die Passagen, die ganzjährig befahrbar sind und sich für das Kanu-/Kajakwandern von Amateuren eignen, sind bevorzugte touristische Anziehungspunkte. An den Eingängen der spektakulären Canyons liegt ein Bootsverleih neben dem anderen. Hier wird der Handel rasch abgeschlossen, Sportunkundige erhalten die nötigsten Instruktionen; Proviant und Kleidung zum Wechseln kommen in die Tonne, Schwimmwesten werden übergezogen und die Boote zu Wasser gelassen. Der Rücktransfer vom Zielort zum Ausgangspunkt gehört zur Serviceleistung der Verleihfirma. Wer beispielsweise von Vallon-Pont-d'Arc oder Salavas die große Ardèche-Abfahrt machen will, muß die Formalitäten bis spätestens 10 Uhr abgewikkelt haben. Um 18 Uhr beginnt der Rücktransfer in St-Martin-d'Ardèche, und 8 Stunden sind für die 30 km lange Paddelstrecke eher knapp bemessen. Informationen beim »Comité Départemental de Canoê-Kayak«, École de Paste 07000 Privas. Flußwanderkarten gibt es bei der

- Fédération Francaise de Canoê-Kayak
  87, Quai de la Marne, B.P. 58
  94340 Joinville-le-Pont Cedex
  Tel. 01 45 11 08 50

Informationen in Ganges, Hérault: Canoê le Moulin, Tel. 04 67 73 30 73
www.canoe-france.com

Die Landschaftsformation der Flußschluchten bietet optimale Felswände für den **Klettersport** (»**escalade**«). Die Hauptklettergebiete der Ardèche sind z.B. Courpatas, Chabannes und die Boulderblöcke von Lavilledieu, die Kalkwände des Flusses Ardèche in Chauzon und Salavas und die Wände Mazet und Chaulet im Canyon des Chassezac. Der »Guide des sites d'escalade de l'Ardèche« gibt genaue Auskünfte. Er ist zu beziehen mit weiteren Topoguides und Informationen bei der Départements-Verwaltung:

CDFFME 07
2, Rue Pierre-Filliat
07000 Privas
Tel. 04 75 64 85 54
Fax 04 75 64 75 40

Der Topoguide »Escalades en Lozère«, der 1993 von dem Comité départemental de la montagne et de l'escalade herausgegeben wurde, beschreibt Kletterwände in der Umgebung der Rochers de Trenze und von Saint-Julien-de-Tournel; Informationen:

- Cévennes Évasion, Tel. 04 66 45 18 31
- Association Cévennes Aventure
  Maison de Pays, B.P. 1
  30120 Le Vigan,
  Tel. 04 67 81 01 72

Die zahlreichen, tief in den porösen Kalkstein hineingeschnittenen Flußschluchten und Canyons in den Cevennen und in der Ardèche sind schließlich ein prädestiniertes Gebiet für **Höhlentouren** und die neue Sportart des »**Canyoning**«. Hierbei werden durch die Kombination verschiedener Sporttechniken unzugängliche, meist wasserführende Schluchtlandschaften erschlossen. Durch Abseilen, Klettern, Springen und Schwimmen durchquert man den Flußcanyon mit seiner wechselnden Szenerie von Felsabbrüchen, Wasserfällen, Höhlen und Strudelbecken, steilwandigen Engpassagen und Überhängen. Voraussetzung sind entsprechende Kondition und Ausrüstung: Neoprenanzug, Sitzgurt und Abseilmaterial, rutschfeste Profilschuhe und Wasserrucksack sind die wichtigsten Utensilien für den Abstieg durch die phantastische, halb unterirdische Fels- und Wasserlandschaft.

Eine ähnliche Ausrüstung erfordert das Höhlenwandern. Hier wird jedoch von den örtlichen Vereinen immer wieder vor Alleingängen gewarnt. Man sollte sich bei den speläologischen Touren kundigen Führern anvertrauen und sorgfältigst das mögliche Ansteigen der Wasserstände vorausschauend einkalkulieren. Ein Gewitter mit heftigem Regen kann eine Höhle und auch manche Schlucht innerhalb kürzester Zeit unpassierbar machen.

Informationen:

- Cévennes Aventure
  30120 Le Vigan
  Tel. 04 67 81 01 72 oder
  direkt bei J.-C.Bernardon,
  Tel. 04 67 82 06 32
- Ecole de spéléo du club de la Gardonnenque,
  30140 Anduze,
  Tel. 04 66 85 37 28
- Les Intra-Terrestres
  07200 Aubenas,
  Tel. 04 75 35 35 34
  eMail: intra@licorne.net
- EXPLO
  07150 Vallon Pont d'Arc
  Tel. 04 75 88 18 60

07460 Casteljau
  Tel. 04 75 39 37 27
  e.mail: explo01@infonie.fr
  www.guideweb.com/ardeche/explo

- APAC
  07140 Les Vans
  Tel. 04 75 94 93 82
- Alain Pigache in Marouls
  Raum Gardon-Täler
  30270 St-Jean-du-Gard
  Tel. 04 66 45 75 30
- ACRO, Loisirs Sportifs
  Raum Aigoual und Garrigues-Flüsse
  30440 Sumène
  Tel. 04 67 82 50 16
- Cévennes Evasion
  Raum Florac und Causses
  48400 Florac
  Tel. 04 66 45 18 31

Routenbeschreibungen finden sich in: »Spéléo sportive-L'Ardèche« von P. Drouin und T. Marchand, 1989 im EDISUD-Verlag. »Gorges et canyons en Languedoc Roussillon« von J.-P. Lucot und R. Quintilla im EDISUD-Verlag

Informationen über die technischen Besonderheiten und auch Gefahren der neuen Sportart des Canyoning, die in Spanien und Frankreich schon seit langem beliebt und verbreitet ist, sind erstmals in deutscher Sprache zu finden bei Roger Büdeler und Gabriele Flitner, »Canyoning-Atlas Pyrenäen« (franz. u. span. Teil, Sierra de Guara und Mallorca), Rother-Verlag München, 1997.

Das Bergland der Cevennen und Vorcevennen ist durchzogen von einem Reitwegenetz. Es gibt immer mehr Reitställe, in denen man Pferde mieten und zu ein- oder mehrtägigen **Reitwanderungen** (**randonnées équestres**) ausreiten kann. Immer häufiger trifft man in den Cevennen auf Gruppen, die nach dem Vorbild des Wanderpioniers R.L. Stevenson mit einem Esel durch die Berge ziehen, der das Gepäck mitschleppt. Verzeichnisse von Reitställen und Anbietern von »**Packeseln**« (anes bâtés) gibt es in den lokalen Tourismusbüros und u.a. beim

- Comité départemental du tourisme équestre
  07210 Comerac
  Tel. 04 75 65 01 85
- La Burle,
  Tel. 04 75 38 82 44
  eMail: Laburle@wanadoo.fr
- Le Mazet-Centre équestre des gorges de l'Ardèche
  07700 Bidon,
  Tel. 04 75 98 85 51
- Comité départemental pour le tourisme équestre (CODETEREL)
  Tel. 04 67 84 71 71
- Comité départemental d'Équitation, Maison des Sports
  2 Place Charles de Gaulle

48000 Mende
Tel. 04 66 49 12 12

- Maison de Pays du Viganais
  30120 Le Vigan,
  Tel. 04 67 81 01 72

Direkte Auskünfte erteilen

- »Le petit ane bleu«
  07140 Les Vans,
  Tel. 04 75 37 27 98
- Chantal Guillaume von »Tramontane«
  in 48110 St-Martin-de-Lanuscle,
  Tel. 04 66 45 92 44
- Gabrielle und Antoine Brumelot,
  Anambule in Mas Corbières
  30570 Nôtre-Dame-de-la-Rouvière
  Tel. 04 67 82 48 10
- Alain Pigache in Marouls
  in 48330 St-Etienne-Vallée Française,
  Tel. 04 66 45 75 30
- Genti-Ane bei Christian Brochier
  48220 Vialas, Castagnols,
  Tel. 04 66 41 04 16

Packesel, Planwagen, Radtouren und Canyoning organisieren auch die Vereinigungen:

- La Fage
  07140 Montselgues
  Tel. 04 75 36 94 60
- Sport Loisirs Culture, Tel. 04 75 08 09 53
- Itinéraire Passion, Tel. 04 75 88 13 73
- Escapade Loisirs Voyages,
  Tel. 04 75 88 07 87

Die abgeschiedenen Straßen, die über das streckenweise kahle Hochland der Cevennen und die Plateaus der Kalksteinberge oder in Hanglage durch schroffe Täler führen, sind ein Eldorado für **Radfahrer**. Da die Fahrräder, die man vor Ort ausleihen kann, in der Regel nicht so ausgerüstet sind, wie dies die Steigungen in der gebirgigen Landschaft erfordern, bringt man am besten das eigene Fahrrad mit. Zu diesem Zweck muß man es – wenn man mit dem Zug reist – mindestens eine Woche vor Reiseantritt als Reisegepäck bei der Bahn aufgeben, damit es rechtzeitig am Zielbahnhof ist. Verzeichnisse der Fahrradverleihe und Tourenbeschreibungen finden sich in den örtlichen Tourismusbüros und Buchläden. Informationsbroschüren können in den zentralen Verkehrsämtern der Départements (S. 259) angefordert werden. Als Kartenmaterial für Radtouren eignet sich die grüne Serie der IGN-Karten, Maßstab 1:100 000 (Nr. 50, 51, 52, 59, 65, 66).

Wandern

Es gibt in den Cevennen, inzwischen auch außerhalbs des Nationalparks, und in der Garrigue ein sehr gut ausgestattetes Netz von **Wanderwegen**. Seine Grundlage sind die traditionellen Wirtschaftswege zwischen den Ortschaften, die Maultierpfade aus den Tälern auf die Bergkämme und vor allem auch die ehemaligen Fernstraßen, die uralten Wegschneisen der Transhumance, der Umsetzung der Schafherden aus der Ebene auf das Berg-Hochland, denen die Handelskarawanen und Reisenden folgten. Heute

Der sog. »Stevenson-Weg«

verlaufen hier die Routen der Fernwanderwege, die aus der Rhôneniederung über die Kalksteintafel in die Gebirgshochlagen der Cevennen und weiter auf die Plateaus des Zentralmassivs führen. Diese rot-weiß markierten, numerierten und sehr gut instandgehaltenen »Sentiers de Grande Randonnée« (auf Wegweisern »GR« abgekürzt) führen an Wanderhütten und Ortschaften vorbei. Die Wegbeschreibungen dieser Fernwanderwege, die sog. »Topoguides«, enthalten Wanderkarten und die Adressen der Gîtes d'étape (bewirtschaftete und unbewirtschaftete Etappenquartiere); sie sind erhältlich in den örtlichen Buchläden in Frankreich oder im deutschen Buchhandel, sofern er auf französische Reiseliteratur spezialisiert ist.

Im Unterschied zu den Fernwanderwegen ist das kommunale Wegenetz nicht immer zuverlässig vor überwucherndem Gestrüpp freigehalten und markiert. Immer wieder mal geraten Wanderer in Passagen, wo sich die Wege in Ginsterhalden oder im kratzigen Unterholz des Buschwaldes verlieren. Die Rundwandertouren des Nationalparks der Cevennen (27 Wanderwege in dem Buch »Parc national des Cévennes« von Michelle Sabatier) führen unter der Bezeichnung »Sentiers de découverte des paysages« durch charakteristische Landstriche der Cevennen; sie sind zuverlässig durch Holztafeln markiert und werden regelmäßig entstraucht.

Die Beschreibungen der Wanderwege, die in diesem Buch vorgestellt werden, reichen zur Orientierung alleine nicht aus. Es ist absolut unerläßlich, zuverlässiges Kartenmaterial (Maßstab 1:25 000) auf jeder Wanderung bei sich zu haben.

Die Wander- und Radtouren sind in den Karten dieses Buches durch eine gepunktete Linie gekennzeichnet.

Streckenweise folgen die Tourenvorschläge den nationalen Fernwanderwegen, den **Sentiers de Grande Randonnée**, abgekürzt GR, die in ganz Frankreich folgendermaßen rot-weiß markiert sind:

Man ist auf dem richtigen Weg

Diesen Weg nicht nehmen

Beim nächsten Abzweig nach links einbiegen

Beim nächsten Abzweig nach rechts einbiegen

Das gleiche Schema findet sich bei den **GR de Pays**, den regionalen Fernwanderwegen; generell sind die GR de Pays gelb-weiß markiert; in Ausnahmefällen trifft man bei lokalen Routen auch auf die rot-gelben Balken. Im Département Ardèche ist ein System entwickelt worden, das eine nur Verwirrung stiftende Übermarkierung der zahlreichen Wege vermeiden und Einheitlichkeit herstellen will. Unterwegs fällt die grüne Eisenstange mit dem gelben Metall-Hütchen in den Blick. Sie steht an »strate-

gisch« wichtigen Kreuzungen, gibt die Windrichtung und einen Standort-Namen an, der sich auf eine Bezeichnung in der Karte oder einen Fixpunkt in der Landschaft bezieht; ferner sind diverse Hinweisschilder für die Großrichtung einander kreuzender Wanderrouten zu finden. Auf diese Weise sollen Standortbestimmung und Zielrichtung sichergestellt werden. Eine gewisse Schwierigkeit besteht darin, daß diese Richtungsweiser nicht an allen Kreuzungen stehen. Grundsätzlich ist zu beachten, daß die Wegstrecken zwischen den Markierungsstäben gelb-weiß gekennzeichnet sind. Ohne die eigene Orientierung anhand der Landkarte kommt man nach wie vor nicht aus.

Beim **Wandern in der heißen Jahreszeit** ist unbedingt die Tageszeit zu beachten. Wanderungen durch die steinige, niedrige und spärliche Buschwaldvegetation der Garrigue beispielsweise verlaufen streckenweise unter heißer Sonne. Nur kühlende Bäder in den Flüssen können verhindern, daß die sportliche Aktivität zur Strapaze wird. Im Herbst, Winter und Frühjahr übt der immergrüne, mediterrane Buschwald mit seinem intensiven Geruch aromatischer Kräuter wiederum einen besonderen Reiz aus. In den kühlenden Kastanien-, Buchen- und Tannenwäldern der Cevennen sind Hochsommerwanderungen kein klimatisches Problem, wenn man die Aufstiege nicht in die Mittagszeit legt. In den höheren Lagen sind die Temperaturen im Sommer vergleichsweise angenehm frisch. Über 1200 m liegt bisweilen bis in den April hinein noch Schnee, so daß Sommer und Herbst die ideale Wanderzeit ist. Generell empfiehlt es sich, früh aufzubrechen, weil sich die Sicht bei zunehmender Wärme verschlechtert.

Zu bedenken ist ferner, daß das **Wetter in den Cevennen**, auch im Sommer, überraschend schnell umschlagen kann. Starke Wolkenbrüche lassen Bäche und Flüsse anschwellen, machen steinige Pfade zur Rutschpartie und beeinträchtigen die Sicht. Im Rucksack ist daher erstens unbedingt warme Kleidung und ein guter Regen-/Windschutz mitzunehmen. Zweitens gilt die Regel, daß die Wanderung bei einem absehbaren Wetterumbruch, Gewitter und gar aufziehendem sichtbehinderndem Nebel abzubrechen ist. Schließlich ist vor jeder großen Tour die Wettervorhersage (météo) zu verfolgen. Eine Wetterauskunft kann auch telefonisch erfragt werden:

- Mont Aigoual, Tel. 08 36 68 02 30
- Lozère, Tel. 08 36 68 02 48
- Gard, Tel. 04 36 65 12 34
- Ardèche, Tel. 08 36 68 02 07
- Le Vigan, Tel. 04 67 81 03 39
- Ganges, Tel. 04 67 73 84 79

Die in diesem Buch beschriebenen Wanderwege in den Cevennen sind streckenweise sehr steil und überwinden teilweise Höhenunterschiede bis zu 1000 m, auch bei einem Tagesmarsch. Passagenweise führen sie über Geröllhalden, steiniges, unwegsames Gelände und oft dicht an unerwartet schroffen Steilabfällen entlang, die nicht gesichert sind. In den Routenbeschreibungen werden Wegbeschaffenheit und Schwierigkeitsgrad gekennzeichnet.

Zur **Wanderausrüstung** gehören Leichtberg- oder Trekkingschuhe, die dem Fuß genügend Halt geben und eine gute Profilsohle haben. Außer der schon erwähnten Ersatzbekleidung und dem Anorak gegen Wind und Regen empfiehlt es sich, eine Kopfbedeckung, Sonnenschutz und Sonnenbrille, ein Taschenmesser und eine kleine Apothekenausrüstung mitzunehmen. Da es in den abgelegenen Bergorten selten Einkehrmöglichkeiten gibt, muß man sich mit ausreichend Proviant und vor allem reichlich Wasser und evtl. heißem Tee/Kaffee versorgen. Wichtig ist schließlich die Wanderkarte und als Schutzmaßnahme im Gebirge das Mitführen einer Trillerpfeife.

Eine Belästigung des Wanderers können angriffslustige Hof- und Hirtenhunde sein.

Spezialität: Leckere Würste

Hier hilft eine Ultraschall-Hundeabwehr, der sog. »Dazer« (Helps Stop Dog Bites), der von der Firma H+S Trade in 78224 Singen vertrieben wird. Der Artikel ist auch im Jagdgeschäft erhältlich.

Auskünfte über Wege und Routen gibt es bei den Départment-Comités für Wanderungen:

Dép. Lozère

- M. Allain Bastide
  Comité départemental de la randonée pédestre
  14 Boulevard Henri Bourillon
  48001 Mende Cedex
  Tel. 04 66 61 13 77
- Jean-Michel Brunet
  Comité régional de randonée pédestre
  Languedoc-Roussillon
  Résidence le Belvédère
  48000 Mende

Dép. Gard

- Dr. Eric Bosc
  4, Avenue de la résistance
  30270 St-Jean-du-Gard

Dép. Ardèche

- M. Bernard Hofmann
  Le Gamel
  07200 Saint-Cernin

Informationen sind auch zu erhalten bei:

- Fédération française de la randonnée pédestre
  14, Rue Riquet
  75019 Paris
  Tel. 01 44 89 93 93
- »Association sur le chemin de R.L. Stevenson«
  Rue Célestin Freinet
  48400 Florac
  Tel. 04 66 45 05 32

Küche und Weine

Die Küche der Cevennen zeichnet sich durch die deftige Kost der Bergregionen aus. Man findet sie abseits der großen Touristenstrecken in Landgasthäusern, einfachen Restaurants, Auberges und

Auf dem Markt

Feinkostgeschäft

Ferme-Auberges, in denen bodenständige, nach traditionellen Rezepten zubereitete Menüs zu reellen Preisen angeboten werden. Auch auf den Wochenmärkten, in Feinkostläden und selbst in den Lebensmittelabteilungen der großen Supermärkte entdeckt man die Spezialitäten aus Gebirge und Garrigue.

Dazu gehören vor allem die aromatischen Wurstwaren, »Saucisson sec« vom Schwein und Wildschwein, sowie Landschinken. Die landesübliche Palette von hausgemachten Pasteten und Terrinen wird in den Cevennen durch die »Caillettes« bereichert. Dies ist eine Art Knödel aus Kräutern, Mangold und haschiertem Schweinefleisch, auf dessen individuellen und variantenreiche Zubereitung die Köche und Schlachter der verschiedenen Landstriche besonderen Wert legen. In der Jagdsaison findet sich eine reichhaltige Wildpalette in den Auslagen der Boucheries: Fasan, Hase und Wildschwein. Aus den Wäldern kommen im Herbst Steinpilze, Kastanien und Waldbeeren, nicht zu vergessen die Schwarzen Trüffel, die im Dép. Gard, im geringeren Umfang auch im Dép. Ardèche gesucht werden.

In den ländlichen Restaurants beginnt die Menüfolge gerne mit einer kräftigen Suppe, etwa mit einer scharf abgeschmeckten, pürierten Fischsuppe, die mit geröstetem Weißbrot, geriebenem Käse und der klassischen, südfranzösischen »Aïoli«, einer schweren Knoblauchmayonnaise, gegessen wird. Zur deftigen Landküche gehört auch die Gemüsesuppe mit Kastanien und Speck und die Knoblauchsuppe »Aigo boulido«, die aus Knoblauch, Salbei und Olivenöl zubereitet und mit Parmesan und Croutons gegessen wird.

Die Vorspeisenpalette bietet Charcuterie (Wurstwaren), Hasenterrine oder »Paté de gibiers« (Wild-Pastete), Gratins, Terrinen von Zucchini oder Tomaten, ferner Tartes und »Chèvre chaude« (Ziegenkäse), der in feuerfesten Förmchen im Ofen mit Sahne und Thymian gebacken wird. Die Grünen Salate »à la cévenol« erhalten eine kräftig-würzige Note durch die Anreicherung mit ausgelassenem Speck, Maronen und Pfiffer-

Marktszene

lingen oder Knoblauchcroutons und erwärmtem Ziegenkäse.

Schalentiere, Muscheln und Austern sind zur Winterzeit in den Auslagen der Fischabteilungen in den Supermärkten zu finden. Sie gehören zu den Festtagsgerichten in Südfrankreich, auch abseits der Küstenregionen, im Bergland. Zu den Angeboten in den Restaurants gehören Forellen (Truites), gefüllt mit Oliven und Kräutern, Flußkrebse (Écrevisses) und »Brandade«, Stockfisch, der, entsalzt und gedünstet, mit der gehaltvollen Knoblauchmayonnaise »Aïoli« serviert wird.

Unter den Fleischgerichten sind Lamm- und Wildschweinbraten, aber auch Kutteln und Innereien, besonders typisch. Bekannt sind die »Tripes de Ganges« (Kutteln aus Ganges), das »Estouffade de sanglier« (mariniertes und geschmortes Wildschweingulasch) und das »Civet d'agneau« (Lammgeschnetzeltes). Auf vielen Speisekarten findet man »Daube«, das traditionelle Gulaschgericht in Südfrankreich, das regional abgewandelt wird, »Civet de lapin« (Geschnetzeltes vom Kaninchen) und »Volaille« (Geflügel), beispielsweise »Cailles farcies« (gefüllte Wachteln), »Canard rôti« (Entenbraten) und »Pintade« (Perlhuhn).

Eine wichtige Rolle in der Speisefolge eines Menüs spielt der Ziegenkäse in seinen unterschiedlichen Reifungsgraden. »Chèvre chaude« wird in Speck gebraten und mit Walnüssen zu grünem Salat serviert. Als frischer Weichkäse wird er mit Erdbeerkonfitüre oder mit Zucker bestreut zum Dessert gegessen. Auf der klassischen Käseplatte liegen die runden »Pelardons«, die mit zunehmenden Alter schrumpeln und immer pikanter werden. Ihr Aroma entfaltet sich ganz ausgezeichnet in Verbindung mit einem kräftigen Rotwein.

Neben den klassischen »Mousses« und »Flans« werden in den Cevennen Kastanien und Mandeln zu süßen und nahrhaften Desserts verarbeitet: Maroneneis, Maronencrème, kandierte Maronen und Nougat. Bemerkenswert ist die Pâtisserie, die Palette von Kuchen und Backwaren. Da gibt es die »Oreillettes« (Krapfen mit Orangenaroma),

»Tarte aux châtaignes« (Kastanienkuchen), »Gâteau au chocolat« (Kuchen aus schwarzer Schokolade), Mandelkuchen und »Nougat noir«, eine süße und schwere Mischung, die aus einem Kilo Honig und einem Kilo Mandeln zubereitet wird. Honigsorten, die mit der herb-süßen Duftnote der Kastanien aus den Cevennen und mit dem Aroma von Lavendel oder »mille fleurs« (Honig von tausend Blüten) aus der Garrigue kommen, und die Palette von Obst- und Wildfrüchtekonfitüren gehören zu den Spezialitäten der Region, die auf den Wochenmärkten angeboten werden.

Märkte

- Antraigues: Mittwoch
- Anduze: Donnerstag
- Aubenas: Samstag
- Bourg-St-Andéol: Mittwoch
- Florac: Donnerstag
- Joyeuse: Mittwoch
- Génolhac: Dienstag
- Lablachère: Sonntag
- Largentière: Dienstag
- Lassalle: Montag
- Le Bleymard: Samstag
- Le-Pont-de-Montvert: Mittwoch
- Le Vigan: Samstag
- Les Vans: Samstag
- Montpezat-sous-Bauzon: Donnerstag
- Privas: Mittwoch
- Rosières: Montag
- Ruoms: Freitag
- St-Ambroix: Dienstag
- St-Croix-Vallée-Française: Sonntag
- St-Etienne-Vallée Française: Donnerstag
- St-Hippolyte-du-Fort: Dienstag
- St-Jean-du-Gard: Dienstag
- St-Péray: Mittwoch
- Sumène: Mittwoch
- Thueyts: Freitag
- Valgorge: Sonntag
- Vals-les-Bains: Sonntag/Donnerstag
- Valleraugue: Mittwoch
- Vallon-Pont-d'Arc: Donnerstag
- Villefort: Donnerstag
- Viviers: Freitag

Weine

Zwei große Weinbauregionen lassen sich im Gebiet der Ardèche unterscheiden: der Weinanbau im Rhônetal zwischen Vienne und Valence am rechten Rhôneufer (Côtes du Rhône) und die Weinanbauflächen, die man in der sog. Ardèche-Senke zwischen Aubenas und Lablachère und auf dem Kalksteinplateau des »Gras« bis hin zum Rhônetal südlich von Montélimar vorfindet: Côtes du Vivarais bzw. Vin de Pays des Côteaux de l'Ardèche.

Das Rhônetal ist in Frankreich nach dem Bordelais das zweitgrößte Anbaugebiet für Qualitätsweine. Es gehört zu den ältesten und traditionsreichsten Weingebieten Frankreichs. Die Weine unterliegen den strengen Kriterien der sog. »Appellation d'Origine Contrôlée« (u.a. Herkunftsgarantie, Höchstmengenbeschränkungen zur Qualitätssicherung).

Zwischen Vienne und Valence verengt sich das Rhônetal auf einer Länge von 50 km. Charakteristisch sind die Steilhänge am rechten Rhôneufer, auf denen seit Jahrhunderten Weinterrassen angelegt sind. Hier wachsen ausgesprochen elegante Rot- und Weißweine. Zum Département Ardèche gehören die Appellationen »Saint-Joseph«, »Cornas« und »Saint-Péray«. Die Fahrt auf der N 86 am rechten Rhôneufer entlang bietet von Serrières bis Cruas manche Burgruine über den scharf geschnittenen Felsabhängen und einen Querschnitt durch diese berühmten Weinlagen des Départements. Zwischen Champagne und Mauves erstreckt sich das Gebiet der »Appellation Saint-Joseph«, in dem die klassische Rebe Syrah angebaut wird. Der Saint-Joseph gilt als ein großer Rotwein mit Geschmacksanklängen an Johannisbeere, Himbeere und Brombeere. Zwischen der Ortschaft Champagne und dem alten Hafenstädtchen Andance befindet sich die Großkellerei Cave-de-Saint-Désirat (Tel. 04 75 34 22 05). Hier können die Weine der Region und auch der benachbarten Gebiete verkostet werden.

Südlich von Tournon liegen die beiden weiteren Appellation-Gebiete, Cornas und Saint-Péray. Der Cornas ist ein kraftvoller, tanninreicher Rotwein, der mindestens drei Jahre reifen muß. Im Unterschied dazu werden im Gebiet von St-Péray überwiegend die weißen Rebsorten Marsanne und Roussanne angebaut. Das relativ kühle Mikroklima ist eine günstige Voraussetzung für die Erzeugung dieser feinen, trockenen und

säurehaltigen Weißweine. Seit dem letzten Jahrhundert werden hier auch nach traditioneller Methode (Flaschengärung) Schaumweine hergestellt. So ist das geflügelte Wort entstanden:

Pas de fêtes sans gaieté.
Pas de gaieté sans Saint-Péray.

Empfehlenswert ist ein Besuch bei den Winzern Bernard Gripa (Tel. 04 75 08 14 96) und Pierre Gonon (Tel. 04 75 08 07 95) in Mauves, die neben ausgezeichneten Weißweinen der Region Saint-Péray auch hervorragende Rotweine aus dem Gebiet Saint-Joseph erzeugen.

Die übrigen Ardèche-Weine haben nicht den Rang einer »Appellation«, werden aber in den Klassifikationen »Vin de Pays des Coteaux de l'Ardèche« und »Côtes du Vivarais« mehr und mehr qualitätsbewußt ausgebaut. Neben der traditionellen roten Gamay-Rebe fanden auch die berühmten Weißweinreben Chardonnay und Viognier Einzug. Weine der Ardèche-Winzer findet man in den Cooperativen von Lablachère, Rosières und Ruoms. Daneben versuchen eine Anzahl kleiner Weingüter, Qualitätsanbau zu betreiben. Die Domänen »Colombier« in Vallon-Pont-d'Arc, »Mas d'Intras« im Valvignères-Tal und »Vigier« im Tal des Ibie verfügen über ein reichhaltiges Sortiment von Rot- und Weißweinen (Syrah, Cabernet-Sauvignon, Merlot, Chardonnay und Viognier). Der Ausbau findet hier auch in kleineren Gebinden nach der Barrique-Methode (Reife in Holzfässern) statt. Nicht zu vergessen ist die Coopérative in Saint-Remèze (»Les Chais du Vivarais Saint-Remèze«). Die Weine aus den Lagen der Kalksteingarrigue um Saint-Montan, Orgnac und Saint-Remèze sind überwiegend Rotweine aus Grenache- und Syrahtrauben, die der Herkunfts-Bezeichnung »Côtes du Vivarais« ihren Namen hinzufügen dürfen.

An den südlichen Ausläufern der Cevennen (La Séranne, Plateau de Thaurac, Plateau de St-Guilhem-le-Désert«) findet man die Anbauzone der »Coteaux du Languedoc«. Diese reicht von den ausgedehnten

Gebieten in der Ebene um Montpellier bis hoch zu dem Gürtel der Kalksteinberge um Montpeyroux, St-Jean-de-Fos, Brissac und St-Bauzille-de-Putois im Tal des Hérault. Neuerdings haben einige Lagen zwischen dem Karstgebirge und der Ebene den Rang einer Appellation erhalten. Weine der »Appellation d'Origine Contrôlée« (A.O.C.) gibt es beispielsweise im Gebiet Saint-Saturnin (Les Vins de Saint-Saturnin), bei der Cave Coopérative (»Les Coteaux de Buèges«) und in Cabrières (»Les Coteaux de Cabrières«). Landschaftlich eindrucksvoll sind außerdem die Lagen zwischen Ganges, St-Bauzille-de-Putois und St-Hippolyte-du-Fort. Die Domänen Blancardy, Mas Domergue, Ginestous liegen stattlich inmitten großer Weinfelder am Fuß der Cevennenvorgebirge. Von hier bis nach Anduze reichen die nordwestlichen Weinlagen des Départements Gard (»Coteaux Cévenols« und »Coteaux du Vidourle«). Nach der Klassifikation werden sie als »Vins de Pays« eingestuft. Erst weiter südöstlich beginnt das große Anbaugebiet der »Costières des Nîmes« (A.O.C.) in dem Viereck von Meynes, Vauvert, Saint-Gilles und Beaucaire, wo auf sonnenreichen Geröllhängen körperreiche Rotweine heranreifen.

LITERATURAUSWAHL

Zur Geographie und Geschichte

Guide Ardèche, Paris 1999 Hachette Livre

Parc National Cévennes, Paris 1996 Guides Gallimard

Althoff, Dirk: Languedoc und Roussillon, Köln 1992 Du Mont Verlag

Braudel, Fernand (Hrsg.): Die Welt des Mittelmeeres – Zur Geschichte und Geographie kultureller Lebensformen, Frankfurt/Main 1987 Fischer Verlag

Cabanel, Patrick: Histoire de Cévennes, Paris 1998 Presses Universitaires de France

Camusso, Lorenzo: Reisebuch Europa 1492, München/Zürich 1991 Artemis Verlag

Carlat, Michel/Charay, Jean u.a.: Vivarais Ardèche. Paris 1991 Editions Bonneton

Carlat, Michel: L'Ardèche, Les chemins du coeur, Voreppe 1990 Curandera

Chambon, Joseph: Der französische Protestantismus, München 1939 Chr. Kaiser Verlag

Chauvet, Jean-Marie/Deschamps, Éliette Brunel/Hillaire, Christian: Grotte Chauvet. Altsteinzeitliche Höhlenkunst im Tal der Ardèche, Sigmaringen 1995 Verlag Jan Thorbecke

Clavairolle, Françoise/Costa, Michel u.a.: Les Chemins de la Soie, St-Nazaire-des-Gardies 1993 Espace Ecrits

Deggau, Hans-Georg: Cevennen und Languedoc, Köln 1992 Du Mont Verlag

Joanne, Paul: Les Cévennes, Paris 1908 Librairie Hachette

Le Roy Ladurie, Emmanuel: Die Bauern des Languedoc, München 1990 Verlag Klett-Cotta

Magos, Isabelle: Le Guide des Cévennes, Besançon 1991 La Manufacture

Mazon, Albin: Voyage autour de Valgorge, Aubenas 1968

Mazon, Albin: Les Muletiers du Vivarais, du Velay & du Gévaudan, Aubenas 1981

Polunin, Oleg: Bäume und Sträucher Europas, München, Wien, Zürich 1984 BLV

Riou, Michel: Le Guide de l'Ardèche, Besançon 1991 La Manufacture

Sabatier, Michelle (Red.): Les Jardin des Plantes, Revue du Parc national des Cévennes 1988

Sabatier, Michelle (Red.): Pierre sur Pierre, Revue du PNC 1990

Sabatier, Michelle (Red.): Avant l'histoire, Revue du PNC 1993

Sabatier, Michelle (Red.): Roches, Geologie et Paysages, Revue du PNC 1985

Tuchmann, Barbara: Der ferne Spiegel. Hildesheim 1980 Claassen Verlag

Erzählungen und Romane

Carrière, Jean: Der Sperber von Maheux, Heidelberg 1980 Verlag Das Wunderhorn

Chamson, André: L'Auberge de l'Abîme, Paris 1986 Editions Bernard Grasset

Clément, Marie-Christine und Didier: Zu Gast bei Colette, München 1993 Wilhelm Heine Verlag

Daudet, Alphonse: Briefe aus meiner Mühle, Frankfurt/Main 1980 Suhrkamp Verlag

Stendhal: Mémoires d'un Touriste/Reisen in Südfrankreich, Köln 1991 dtv

Stevenson, Robert Louis: Reise mit dem Esel durch die Cevennen, Frankfurt/Main 1986 Eugen Diederichs Verlag

Tieck, Ludwig: Der Aufruhr in den Cevennen, Hamburg 1987 Rowohlt Verlag

White, Kenneth: Briefe aus Gourgounel, Verlag Im Waldgut AG 1987

Sport

Büdeler, Roger und Flitner, Gabriele, Canyoning-Atlas Pyrenäen, München 1997 Berg-Verlag Rother

Chivas, Chantal: Les plus belles randonnées des Cévennes, Grenoble 1996 Editions Glénat

Drouin, P. und Marchand, T.: Spéléo sportive-L'Ardèche, Aix-en-Provence 1989 EDISUD-Verlag

Lombardi, René: Gorges de l'Ardèche, Aix-en-Provence 1998 EDISUD-Verlag

Lucot, J.-P.und Quintilla, R.: Gorges et canyons en Languedoc Roussillon, Aix-en-Provence 1996 EDISUD-Verlag

ORTSREGISTER

A

Abîme du Bramabiau 250, 252
Aigoual-Massiv 10, 212ff
Aiguèze 142f
Aire de Côte 256
Alba-la-Romaine 97, 99
Alès 188
Altier 148
Alzon 245
Anduze 203
Antraigues 60ff
Ardèche 11, 40, 86, 124, 125, 130, 134, 137, 142, 144
Arphy 241, 245
Asperjoc 60
Aubenas 124, 130, 133
Audon 136
Aulas 244
Aven de la Capitelle 231
Aven de la Forestière 111, 145
Aven de Marzal 146
Aven d'Orgnac 111, 145
Avèze 243

B

Balazuc 124, 134ff
Bambouseraie de Prafrance 210
Barre-des-Cévennes 194, 209
Bas Vivarais 124
Bayssac 94
Beaulieu 121
Beaume 63
Beaumont 68
Beauregard 80
Bédouès 177
Bel Air 80
Bellecoste 173f
Belvédère des Bouzèdes 159
Belvédère du Chassezac 154
Berrias-et-Casteljau 120
Berthezène 257
Bessèges 160
Bétuzon 212
Blancardy 221
Blandas 247
Bois de Païolive 114
Boissonade 192
Bonperrier 202
Borne 57
Bourbal 80
Bourg-St-Andéol 101f
Bourren 80
Boyer 78ff
Bréau-et-Salagosse 245
Brès 83
Brèze 212
Brison 69
Brissac 225
Burzet 46

C

Cal 162
Cambo 218
Camprieu 252
Can de Ferrières 208
Can de l'Hospitalet 208
Can de Tardonnenche 208
Canourgue 192
Carnieu 244
Casteljau 120
Castellas de Montoulieu 223
Causse de Blandas 8, 240, 246
Causse de Camprieu 250
Causse de Larzac 246
Causse Mejéan 208, 250
Cazilhac 225
Cézas 218
Cézerènque 158
Chabron 52
Chalas 53, 55
Cham des Bondons 177
Chambon 161
Chames 137f
Chamier 59
Chandolas 106

Chareneuve 162
Charus 85
Chassezac 86, 87, 114
Chassiers 70
Chastanet 56
Chaulet 106
Chauzon 103, 137
Chazalettes 57
Chazalis 110
Cirque de Gaud 141
Cirque de Gens 103
Cirque de l'Infernet 233
Cirque de Navacelles 8, 246f
Cirque d'Endieu 117
Cocurès 177
Col de Briontet 199, 201
Col de Jalcreste 186
Col de la Sereyrède 213
Col de l'Asclier 199, 202
Col de l'Homme Mort 202
Col de Mercou 199
Col de Meyrand 58
Col de Montclar 169
Col de Peyrefiche 238
Col de St-Pierre 207
Col de Trépalous 256
Col des Abeilles 186f
Col des Vieilles 236
Col du Mercou 201
Col du Pal 48
Col du Rey 194, 208
Combe de la Blande 232
Corniche des Cévennes 207ff
Corniche du Vivarais 72ff
Cornilhon 116f
Crau 60, 63
Croix de Bauzon 56
Croix de Boutières 46
Croix de Moise 50
Croix de Pal 49

D
Dent de Rez 99
Département Ardèche 35
Département Gard 36
Département Hérault 36, 220
Département Lozère 36
Dépoudent 81, 83
Dourbie 212
Draille de Gévaudan 184
Draille de la Margeride 184, 199
Draille du Languedoc 184f
Drobie 84

E
Échelle de la Reine 128
Eremitage St-Eugène 114
Estagnol 232f

F
Fargebelle 128
Faugères 83
Felgérolles 172, 174
Féreyrolles 59
Florac 148, 209
Fontfreyde 102
Fontolière 50

G
Ganges 223
Gardon de Mialet 191, 205
Gardon de Saint-Jean 200, 206
Gardon de Ste-Croix 191
Garidel 78ff
Garrigue 91
Générargues 205
Génolhac 148, 159
Gerbier de Jonc 45
Gévaudan 155
Gorges de la Buèges 225
Gorges de l'Ardèche 125
Gorges de l'Hérault 233
Gourdouze 165ff
Grandes Aiguières 163
Gras 98, 102
Grotte Chauvet 146
Grotte de Clamouse 233
Grotte de la Cocalière 146
Grotte de la Madeleine 138, 145
Grotte de St-Arnaud 106
Grotte des Demoiselles 223
Grotte des Huguenots 145
Grottes de St-Marcel-d'Ardèche 146
Guillaume 70

H
Hérault 212, 225, 228
Homol 167

I
Ibie 95

J
Jaujac 129
Joannas 71
Jonte 212
Joyeuse 57
Juvinas 45

L
La Bessède 202
La Boissière 79
La Bombine 80
La Borie 80
La Brousse 84
La Cadière-et-Cambo 218
La Cham des Bondons 176ff
La Chataigneraie 141
La Fage 178
La Fouette 80
La Foux 248
La Garde-Guérin 154f
La Pélucarié 192
La Roche 64f
La Roque 38, 194
La Roquette 192
La Rouviérette 237
La Vialasse 166
La Vieille 222
Labastide-de-Juvinas 45
Labeaume 108
Labégude 36, 45
Lablachère 72f
Lac Ferrand 48ff
Lachamp-Raphaël 45, 60
Lacroix 121
L'Arboux 236
Largentière 70
Larnas 102
L'Aubaret 166
Le Bleymard 148
Le Bousquet 222
Le Bruel 244
Le Faud 49
Le Gua 68ff
Le Martinet 191
Le Mas-Soubeyran 205f
Le Mazel 236
Le Monteil 129
Le Petit Bois 105
Le Pompidou 208
Le Pont de l'Ocre 45
Le Pont-de-Montvert 38, 148, 179
Le Roussel 78
Le Trible 109
Le Vigan 241
Le Villaret 50
Les Baumelles 239
Les Bondons 177
Les Bouzèdes 168f
Les Carmes 222
Les Chambons 56
Les Chaumettes 123
Les Deux-Aygues 68
Les Divols 123
Les Estables 46
Les Grisières 50
Les Helly 98
Les Lauzières 110
Les Lavagnes 230, 232
Les Malfaugères 50
Les Martins 107
Les Salèlles 96
Les Tourrières 166
Les Vans 116
L'Hôpital 172ff
L'Hort-de-Dieu 257
L'Hospitalet 208
Loubaresse 57, 58, 80
Lozère-Massiv 9, 148ff
Luech 160ff

M
Maison-Neuve 106
Mallet 255
Mandagout 236
Mas Camargues 173f
Mas d'Aubert 232
Mas de Domergue 222

Mas de la Bégude 96
Mas de la Vignasse 107
Mas de Serret 140
Mas de Vallongue 201
Mas du Grazel 105
Mas Labeille 163
Mas les Vernades 109
Mas-de-la-Barque 152, 159, 175
Mazet 115
Mende 155
Mézilhac 63
Mialet 206
Milliérines 199
Moissac 192
Molezon 194
Mont Aigoual 212
Mont Brion 199ff
Mont Mézenc 45f
Montagne de Berg 95
Montagne de la Fage 218
Montagne de la Séranne 225
Montagne de la Serre 121
Montagne des Cagnasses 217
Montagresse 232
Montpezat-sous-Bauzon 48ff
Montréal 70
Monts de Désert de St-Guilhem 227
Montselgues 58, 81
Musée du Désert 205

N
Navacelles 248
Nojaret 169
Notre-Dame-de-la-Rouvière 240

O
Orgnac-l'Aven 110

P
Parc national des Cévennes 37
Pégairolles-de-Buèges 225, 227
Péreyres 52
Petit-Paris 80
Pétites Aiguières 163
Peyre 73
Pic Cassini 148
Pierre Froide 166
Plaine de l'Estagnol 232
Planzolles 72, 83
Plateau Ardèchois 40, 48ff
Plateau de Thaurac 222
Pont de la Brousse 84
Pont de Vareilles 225f
Pont du Diable 126, 233
Pont du Faous 236
Pont Ravagers 192
Pont-d'Arc 124
Pont-de-Labeaume 124
Pont-de-l'Huile 40
Pont-d'Hérault 235
Portes 162
Pourcharesses 155
Pradet 93
Prat Sauvage 50
Prat-Clos 59
Privas 44
Puechs des Bondons 176

Q
Quissac 217

R
Ray-Pic 51f
Régordane 149, 155
Résurgence de la Vis 247
Reynouard 98
Rieutord 50
Roc de la Vigne 227, 231
Roc de tras Castel 225
Rochecolombe 92ff
Rochegude 61
Rocher des Abeillères 141
Rochers de Trenze 167
Rocs de Galta 196f
Rouas 239
Runes 178
Ruoms 105, 108

S
Sablières 85
Sagnes-et-Goudoulet 47
Salinelles 217
Sanilhac 68
Sauveplantade 91, 94

Sceautres 99
Séguissous 162
Sénéchas 158
Serre de Barre 114
Serre de Borgne 199
Serre de Cruzières 123
Serre de la Can 195f
Serre de la Lusette 236
Serre de Rouas 238
Serres 244
Sommet de Finiels 148
Sommet de Mejan 53, 55
Sommet du Cayla 186f
Sommières 217
Soucy 201
St-Alban-Auriolles 108
St-Ambroix 163
St-André-de-Buèges 225
St-André-de-Lancize 187
St-André-de-Majencoules 236
St-Bauzille-de-Putois 223
St-Germain-de-Calberte 195
St-Guilhem-le-Désert 227, 232
St-Hippolyte-du-Fort 38, 217
St-Jean-de-Buèges 225
St-Jean-de-Pourcharesse 81ff
St-Jean-du-Gard 38, 206
St-Joseph-des-Bancs 63
St-Laurent-de-Trèves 209
St-Laurent-les-Bains 72
St-Maurice-d'Ibie 95
St-Mélany 84f
St-Montant 101ff
St-Peyre 162
St-Remèze 98
St-Roman-de-Codières 219
St-Roman-de-Tousque 208
St-Sauveur-des-Pourcils 253
Ste-Croix-Vallée-Française 192
Ste-Eulalie 46
Suc du Pal 48
Suzon 162f

T
Taleyrac 236
Tanargue 53ff, 55, 63
Tarabias 161
Tarn 172ff
Tarnon 212
Tastavin 78ff
Tauriers 70
Térondel 78
Térus 81, 83
Thines 72ff, 80
Thueyts 124, 126, 128
Tour de Brison 68ff
Trabassac 193
Trévezel 212

U
Usclades-et-Rieutord 48

V
Valgorge 53, 56
Vallée 79
Vallée Borgne 199
Vallée de l'Arre 240
Vallée Française 191
Vallée Longue 181
Valleraugue 254, 257
Vallon-Pont-d'Arc 124, 141
Vals-les-Bains 45, 48
Valvignères 97
Vareilles 226
Verdus 227
Vestide du Pal 49
Vialas 164f
Vidourle 217, 219
Vieil Audon 135
Viganais 240
Vigier 96
Vigne Merle 83
Villages-de-Morangiès 153
Villefort 148, 152f
Villeneuve-de-Berg 96
Vimbouches 187
Vinezac 71
Vis 8
Vivarais 131
Vogüé 91, 93, 124
Volane 60

Z
Zentralmassiv 9, 12